◇司法职业教育新"双高"精品教材

司法部信息安全与智能装备实验室丛书

U0711912

SHEQU JIAOZHENG

WENSHU ZHIZUO

社区矫正

文书制作

主　编◎王红星　蔡　薇

副主编◎姜晨雪　李　华　韩文伟

参　编◎董浩晴　付成哲　刘利利

　　　　莫　蕾　李　晗

中国政法大学出版社

2025·北京

图书在版编目（CIP）数据

社区矫正文书制作 / 王红星, 蔡薇主编. -- 北京：
中国政法大学出版社, 2025. 7. -- ISBN 978-7-5764
-2198-9

Ⅰ. D926.13

中国国家版本馆CIP数据核字第2025LG1914号

──

出 版 者　　中国政法大学出版社
地　　址　　北京市海淀区西土城路 25 号
邮　　箱　　fadapress@163.com
网　　址　　http://www.cuplpress.com（网络实名：中国政法大学出版社）
电　　话　　010-58908435(第一编辑部) 58908334(邮购部)
承　　印　　北京中科印刷有限公司
开　　本　　787mm×1092mm　1/16
印　　张　　21.25
字　　数　　478 千字
版　　次　　2025 年 7 月第 1 版
印　　次　　2025 年 7 月第 1 次印刷
印　　数　　1~4000 册
定　　价　　76.00 元

编 写 说 明

"社区矫正文书制作"是高职高专社区矫正专业的核心课程，教材编写组在遵循高职高专的教育规律和理念的基础上，根据社区矫正专业人才培养方案以及课程标准，深入行业一线调研，紧密联系社区矫正工作实践，基于社区矫正工作岗位实际需求对教材进行开发设计。

教材编写的思路，以职业能力为依据确定课程的内容，以工作领域为线索组织教材内容结构，以工作场景为载体设置教学活动，以工作任务为导向安排教学顺序，以岗位需求为标准评价学习的效果。整合教学内容，构建教材体系。

本教材由武汉警官职业学院组织专业教师编撰完成。王红星、蔡薇任主编，姜晨雪、李华、韩文伟任副主编。王红星拟定了编写大纲和编排体例，并征求、采纳了团队其他成员的建议和意见。全书由王红星负责审查定稿。编写人员及分工如下（以编写章节为序）：

工作任务一、二、三、四：王红星；

工作任务五、六、七、八：姜晨雪；

工作任务九、十、十一：董浩晴；

工作任务十二、十三、十四：蔡薇；

工作任务十五、十六：付成哲；

工作任务十七、十八、十九：李华；

工作任务二十、二十一：韩文伟；

工作任务二十二、二十三、二十四：刘利利；

工作任务二十五、二十六：莫蕾；

工作任务二十七、二十八：李晗。

总之，本教材无论是从体例上还是内容上，都更贴近基层社区矫正职业岗位的需要，更有利于培养学生的职业能力。该教材在编写过程中，因时间仓促和编者水平所限，存在疏漏乃至错误之处在所难免，敬请全体同仁批评指正。

本书编委会
2025 年 4 月 25 日

目　录

导论

社区矫正执法文书制作的课程概述与相关概念介绍

🔍 学习目标

知识目标：帮助学习者和基层社区矫正工作人员在工作实践中更好地贯彻执行《中华人民共和国社区矫正法》（以下简称《社区矫正法》）与《中华人民共和国社区矫正法实施办法》（以下简称《社区矫正法实施办法》）。

能力目标：以社区矫正执法为中心，规范社区矫正执法文书制作，提高社区矫正工作人员执法能力。

素质目标：链条式地贯通文书应用环节应知应会的相关规定，从而满足社区矫正工作人员高质量贯彻执行社区矫正法律法规的要求。

🔍 工作思维导图

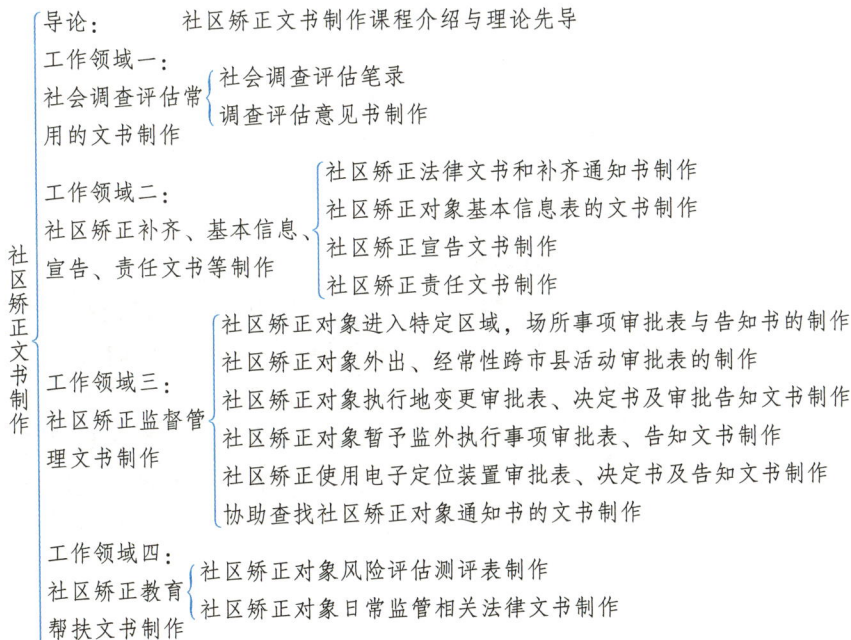

导论：社区矫正文书制作课程介绍与理论先导

工作领域一：社会调查评估常用的文书制作
- 社会调查评估笔录
- 调查评估意见书制作

工作领域二：社区矫正补齐、基本信息、宣告、责任文书等制作
- 社区矫正法律文书和补齐通知书制作
- 社区矫正对象基本信息表的文书制作
- 社区矫正宣告文书制作
- 社区矫正责任文书制作

工作领域三：社区矫正监督管理文书制作
- 社区矫正对象进入特定区域，场所事项审批表与告知书的制作
- 社区矫正对象外出、经常性跨市县活动审批表的制作
- 社区矫正对象执行地变更审批表、决定书及审批告知文书制作
- 社区矫正对象暂予监外执行事项审批表、告知文书制作
- 社区矫正使用电子定位装置审批表、决定书及告知文书制作
- 协助查找社区矫正对象通知书的文书制作

工作领域四：社区矫正教育帮扶文书制作
- 社区矫正对象风险评估测评表制作
- 社区矫正对象日常监管相关法律文书制作

（社区矫正文书制作）

	社区矫正对象考核表制作
	社区矫正训诫（警告）审批表及决定文书制作
工作领域五： 社区矫正司法行 政奖惩文书制作	提请治安管理处罚审核表及治安管理处罚建议书制作
	提请撤销缓刑、撤销假释审核表及建议书制作
	提请收监执行审核表及收监执行建议书制作
	提请逮捕审核表及社区矫正对象逮捕建议书制作
	提请减刑审核表及社区矫正对象减刑建议书制作
工作领域六： 社区矫正解除终 止矫正文书制作	社区矫正期满鉴定表制作
	解除社区矫正宣告书及解除社区矫正证明书制作
	解除（终止）社区矫正通知书制作
工作领域七： 社区矫正执行 文书制作	社区矫正法律文书送达回执
	社区矫正刑事执行工作档案管理
	社区矫正工作中的行政公文
	社区矫正工作中的事务文书

工作任务一 社区矫正文书制作课程介绍与理论先导

🔍 任务目标

1. 了解社区矫正执法文书的工作内容；
2. 熟悉社区矫正执法文书制作的分类与要求；
3. 理解社区矫正执法文书制作的法律效力和意义；
4. 进行爱国主义教育、我国国情教育、社会主义民主与法治教育。

🔍 任务描述

《社区矫正法》自 2020 年 7 月 1 日起正式施行，这是我国首次就社区矫正工作进行专门立法，为我国社区矫正工作的开展提供了法律保障，体现了我国司法理念和司法制度的进步，对推进和规范社区矫正工作、促进社区矫正制度的发展具有重大意义。

社区矫正文书制作是一门实践性非常强的课程。社区矫正文书是社区矫正工作主体在履行社区矫正职责的过程中，依照有关法律法规制作的具有法律效力的文书。它是社区矫正机构在依法对判处缓刑、管制、适用假释、暂予监外执行的矫正对象实施监督管理、教育帮扶等活动中制定和使用的各种公务文书的总称，也是社区矫正工作的重要载体。

🔍 工作场景

罪犯李某因犯盗窃罪被判处有期徒刑 1 年半缓期执行（缓刑），执行地点是当地社区矫正机构。以下是社区矫正对象在接受社区矫正期间的表现及执法文书的制作与执行流程，通常如下所示：

1. 执法依据。本案的执法依据主要包括《中华人民共和国刑法》《中华人民共和国刑事诉讼法》以及《社区矫正法》等相关法律法规，确保社区矫正工作的合法性和规范性。

2. 执法程序。在李某的社区矫正过程中，严格按照执法程序进行。首先，对其进行个人情况的全面评估，包括家庭背景、教育经历、犯罪原因等。其次，制定个性化的矫正计划，并定期对其进行考核。最后，根据其表现调整矫正措施，确保矫正工作的有效性和针对性。

3. 文书制作。在社区矫正执法文书制作方面，本案严格按照规定的格式和内容要求，制作《社区矫正对象考核表》《社区矫正对象奖惩审批表》等必要文书，同时确保文书的填写准确、完整，及时记录李某的矫正情况和考核结果。

4. 实施效果。通过社区矫正执法文书的规范制作和执行，李某在矫正期间表现出了积极的改造态度和行为改变。他按时参加矫正活动，认真完成矫正任务，逐渐融入社会。这不仅体现了社区矫正工作的成效，也为其他类似案件的处理提供了有益的参考。

5. 经验总结。本案的成功处理得益于以下几点经验：一是严格遵循执法依据和程序，确保社区矫正工作的合法性；二是注重个性化矫正计划的制定和执行，提高矫正效果；三是规范执法文书的制作和管理，确保信息的准确性和完整性；四是加强与社区、家庭等各方的沟通协作，形成合力共同推动罪犯的改造。

6. 附件。本案附件包括《社区矫正对象考核表》《社区矫正对象奖惩审批表》等相关文书的扫描件或复印件，以便查阅和存档。

通过本案的处理和总结，我们进一步认识到社区矫正执法文书工作的重要性。未来，我们将继续完善相关制度和措施，加强执法文书的制作和执行工作，为社区矫正事业的发展做出更大的贡献。

🔍 工作任务

社区矫正是与监禁矫正相对的行刑方式，是指将符合社区矫正条件的罪犯置于社区内，由专门的国家机关在相关社会团体和民间组织以及社会志愿者的协助下，在判决、裁定或决定确定的期限内，矫正罪犯的犯罪心理和行为恶习，并促进其顺利回归社会的非监禁刑罚执行活动。随着社区矫正工作在我国的不断推进与深化，对社区矫正工作规范化、专业化的要求日益提高，社区矫正文书作为记录和体现社区矫正工作流程、内容及成果的载体，在整个社区矫正工作中占据着关键地位。准确、规范地制作社区矫正文书，不仅是保障社区矫正工作依法依规开展的需要，更是维护社区矫正对象合法权益、提升社区矫正工作质量和公信力的必然要求。本课程旨在为全面贯彻落实党的二十大精神，坚持问题导向，坚持系统观念，坚持胸怀天下，为严格公正司法，加快建设法治社会，帮助基层社区矫正工作人员在工作实践中更好地贯彻执行《社区矫正法》与《社区矫正法实施办法》，特编写本教材。

任务 1　社区矫正文书制作课程概论

一、社区矫正文书制作课程的性质

社区矫正文书制作是法学、社会学及刑事司法领域的一门专业课程，其性质主要体现在以下几个方面：

（一）实践性

社区矫正文书制作是一门注重实践应用的课程。它不仅仅涉及理论知识的传授，更重要的是要求学生能够掌握各类社区矫正文书的实际制作方法和技巧。在课程学习中，学生需要通过大量的案例分析和模拟操作，来熟悉不同社区矫正文书的结构、内容和格式要求，从而确保在实际工作中能够准确地制作和运用各类文书。

（二）综合性

社区矫正文书制作是一门综合性的课程。它涵盖了法学、社会学、心理学等多个学科的知识，要求学生具备跨学科的知识储备和综合能力。在文书制作过程中，学生需要考虑法律规定、社会影响、矫正对象的心理状况等多种因素，以确保文书的合法性、合理性和有效性。因此，该课程的综合性不仅体现在知识体系的多样性上，也体现在对学生综合素质的要求上。

（三）专业性

社区矫正文书制作是一门专业性很强的课程。它要求学生具备扎实的专业基础知识和较高的专业素养。在课程学习中，学生需要了解社区矫正的基本理论和制度，掌握社区矫正文书制作的规范和要求，熟悉社区矫正工作的实际操作流程。同时，学生还需要具备较强的文字表达能力和逻辑思维能力，以确保制作的文书能够准确地传达信息、清晰地表达思想。

（四）创新性

社区矫正文书制作也是一门具有创新性的课程。随着社区矫正工作的不断发展和完善，社区矫正文书的内容和形式也在不断更新和变化。因此，该课程要求学生具备创新意识和创新能力，能够关注社会热点和前沿问题，不断探索和尝试新的文书制作方法和技巧。同时，学生还需要具备较强的学习能力和适应能力，以应对不断变化的社区矫正工作需求。

综上所述，社区矫正文书制作是一门具有实践性、综合性、专业性和创新性的课程。通过该课程的学习，学生将能够掌握社区矫正文书制作的基本知识和技能，为未来的社区矫正工作打下坚实的基础。

二、社区矫正文书制作课程的目标

社区矫正文书制作是社区矫正工作的重要组成部分，它不仅是法律执行的必要环节，也是对社区矫正对象进行管理和改造的重要工具，更是保障社区矫正工作规范化、法治化的重要手段。因此，开设社区矫正文书制作课程，掌握社区矫正文书制作的知识和技能至关重要，对于提升社区矫正工作人员的业务水平、提高社区矫正工作质量具有重要意义。

（一）知识目标

1. 使学生了解社区矫正工作的相关法律法规和政策，明确社区矫正文书的法律地位和作用。

2. 使学生全面了解社区矫正文书的基本知识，包括社区矫正文书的种类、作用、格式等。

3. 使学生熟练掌握社区矫正文书的制作技巧，能够独立完成各类文书的制作，包括文书的起草、审核、签发、归档等环节。

4. 培养学生的法律意识和职业素养，提高其在社区矫正工作中的实践能力和综合素质。

（二）技能目标

1. 培养学生的文书写作能力，使其能够独立完成社区矫正文书的制作，包括调查报告、评估报告、矫正方案、奖惩决定书等。

2. 提升学生的信息处理能力，使其能够熟练运用各种信息技术手段进行社区矫正信息的收集、整理、分析和利用。

3. 锻炼学生的沟通协调能力，使其能够与其他社区矫正工作人员、社区矫正对象及其家属、相关部门等有效沟通，确保社区矫正工作的顺利进行。

（三）素质目标

1. 培养学生的法律意识和法治精神，使其在工作中始终遵循法律法规和政策要求，确保社区矫正工作的合法性和规范性。

2. 增强学生的责任感和使命感，使其充分认识到社区矫正工作的重要性和意义，以高度的责任心和使命感投入到工作中去。

3. 提升学生的团队协作能力和创新意识，使其能够在团队中发挥自己的优势，共同推动社区矫正工作的创新和发展。

社区矫正文书制作课程目标的设定和实施，对于提高社区矫正工作人员的业务水平、推动社区矫正工作的规范化、法治化具有重要意义。通过本课程的学习，学员将能够系统掌握社区矫正文书制作的基本知识和技能，为今后的工作打下坚实的基础。

三、社区矫正文书制作课程的内容和体系

（一）社区矫正文书制作课程的内容

社区矫正文书制作课程的内容：以职业能力为依据确定课程的内容；以工作领域为线索组织教材内容结构；以工作场景为载体设置教学活动；以工作任务为导向安排教学顺序；以岗位需求为标准评价学习的效果。整合教学内容，构建课程体系，教材共设计了七大工作领域：社区矫正调查评估类文书制作、社区矫正补齐接收宣告类文书制作、社区矫正监督管理审批类文书制作、社区矫正教育帮扶类文书制作、社区矫正司法行政奖惩类文书制作、社区矫正解除（终止）类文书制作、社区矫正执行类文书制作；28项工作任务，每个工作领域都有与之对应的学习目标和思维导图，结合任务描述和工作场景导入每项工作任务，确保每项工作任务便于学生系统地学习和掌握社区矫正文书的制作和使用。

（二）社区矫正文书制作课程的体系设计

社区矫正文书制作课程的体系注重模块化组织，设置了学习目标、工作思维导图、任务目标、任务描述、工作场景、工作任务、工作法律依据、思考练习、拓展学习、知识链接等模块，体例清晰、简洁精练、易于掌握；遵循职业教育教学规律和人才成长规律，在研发时做到理念先进、内容科学、体例新颖、通俗易懂、便于接受；课程内容紧贴行业岗位（群）实践需要和学生学习、成长需要，符合学生的认知特点，体现行业改革与发展的最新成果，力求专业课程教材以真实工作项目、典型工作任务等为载体，将知识、能力和正确价值观的培养有机结合，较好地满足专业人才培养目标要求，与职业能力培养相适应，有效激发学生的学习兴趣和创新潜能。

（三）社区矫正文书制作课程的特点

1. 内容与职业标准（岗位技能要求）有机衔接。教材体现"理论与实务相结合"的特点，避免只重理论而轻实务或只重实务而无理论的缺陷。

2. 深化产教融合、校企合作。教材编写注重培养学生理论联系实际的能力，突出法律职业教育的实战性和实训性特点。

3. 创新教材体例结构。以纸质教材为主体，以数字化资源为补充，最大限度地拓展教材的广度与深度，提升教材资源的丰富性、内容的延展性、使用的可持续性与长期阅读价值，以适应法律职业院校师生教与学的需求和职业教育发展的全新要求。

（四）社区矫正文书制作课程的教学方法

1. 案例教学法。收集大量真实的社区矫正案例，包括成功案例和存在问题的案例，在课堂上进行分析和展示。通过对案例中文书制作的优劣进行讨论，引导学生深入理解文书制作的要点和实际应用技巧，提高学生分析问题和解决问题的能力。

2. 项目驱动教学法。设计若干与社区矫正文书制作相关的项目任务，如模拟完成一个社区矫正对象从入矫到解矫全过程的文书制作。学生以小组为单位完成项目任务，在项目实施过程中，学生需要综合运用所学知识，进行分工协作，共同完成各类文书的制作。通过项目驱动，培养学生的团队合作精神和综合实践能力。

3. 实践操作法。安排充足的实践课程，让学生在计算机上进行实际的文书制作操作。教师在实践过程中巡回指导，及时解决学生遇到的问题，加强学生对文书制作技能的掌握和熟练程度。

4. 讨论法。针对一些在文书制作中容易产生争议或理解困难的问题，组织学生进行课堂讨论。鼓励学生发表自己的观点和看法，促进学生之间的思想交流和碰撞，加深学生对知识的理解和记忆。

（五）社区矫正文书制作课程的考核方法

1. 平时作业。布置与课程内容紧密相关的作业，包括根据给定案例制作社区矫正文书、对已制作的文书进行纠错分析等。通过平时作业，及时检验学生对知识的掌握程度和应用能力，平时作业成绩占总成绩的30%。

2. 课堂表现。观察学生在课堂上的参与度，如是否积极回答问题、参与讨论，是否遵守课堂纪律等。课堂表现成绩占总成绩的20%。

3. 实践考核。在课程实践环节结束后，对学生进行实践考核。给定具体的工作场景和任务，要求学生在规定时间内完成相应的社区矫正文书制作。实践考核主要考查学生的实际操作能力和对知识的综合运用能力，实践考核成绩占总成绩的40%。

4. 期末考试。采用闭卷考试的方式，考查学生对社区矫正文书制作的基本概念、法律依据、文书格式和内容要求等基础知识的掌握情况，以及对一些综合性问题的分析和解决能力。期末考试成绩占总成绩的 10%。

通过本课程的学习，学生将全面掌握社区矫正文书制作的知识与技能，为今后从事社区矫正相关工作奠定坚实的基础，助力我国社区矫正工作的规范化、专业化发展。

任务 2　社区矫正执法文书的内涵

一、社区矫正执法文书制作和使用的主体是社区矫正机关，具体的制作者和使用者是司法行政机关的社区矫正工作者

社区矫正是对罪行轻微或经过一定刑期的执行后不需要继续在监狱服刑的罪犯实行非监禁性刑罚的执行方式，只是罪犯刑罚执行方式的变更，其罪犯的本质特征并没有发生任何改变。在对罪犯实施社区矫正过程中所使用的公务文书只能由具有行刑权的社区矫正机关制作。社区矫正工作者制作社区矫正执法文书并不是一种个人行为，而是代表司法行政机关在依法行使国家赋予的职权，所以社区矫正工作者应当严格依照有关法律的规定制作执法文书，以确保法律的正确实施。

二、社区矫正执法文书的内容限于对社区矫正对象进行监督管理、教育帮扶的特定范围

社区矫正的执法管理工作主要包括对社区矫正对象的调查评估、接收、监督管理、教育矫正、教育帮扶及社区矫正解除和终止等内容。社区矫正执法文书是在上述执法管理活动实施的过程中由社区矫正工作者所制作和使用的，因此，社区矫正执法文书具有符合社区矫正自身性质和特点的特定内容和范围。

三、社区矫正执法文书具有法律效力或法律意义

有的社区矫正执法文书具有法律效力，即这部分社区矫正执法文书一旦完成审批程序，即具有法律效力，非经法定程序不得变更和撤销。例如，《违反社区矫正规定警告决定书》一经作出，即具有法律效力，社区矫正对象将会受到警告处罚。

任务 3　社区矫正执法文书的分类

社区矫正执法文书可以根据职能、工作内容和形式三种标准进行分类。

一、社区矫正执法文书按职能进行分类

1. 社区矫正机关公文。社区矫正机关公文是指社区矫正机关在其行政管理活动中所形成的具有法定效力和规范体式的行政公文。社区矫正机关行政公文分为法定公文和事务公文。法定公文是指中共中央办公厅和国务院办公厅印发的《党政机关公文处理工作条例》规定的文种，包括决议、决定、命令、公报、公告、通告、意见、通知、通报、请示、报告、批复、议案、函、纪要 15 种文书；事务文书是指除去法定的党政机关公文之外的，党政机关在行政管理活动中经常使用的公文，如常见的有计划、总结、简报、调查报告等。

2. 社区矫正专用文书。社区矫正专用文书是专门适用于社区矫正领域的文书，带有明显的行业性和专业性，如社区矫正对象基本信息表、调查评估意见书、社区矫正责任书、社区矫正对象进入特定区域（场所）审批表等。

二、社区矫正执法文书按工作内容进行分类

按照社区矫正工作内容进行分类，可将社区矫正执法文书分为社区矫正机关管理文书、矫正接收类文书、监督管理类文书、教育帮扶类文书、考核奖惩类文书、解除矫正类公务文书。

1. 社区矫正机关管理文书。社区矫正机关管理文书是指社区矫正机关在其管理活动中形成的文书，包括党政机关公文和事务公文。

2. 社区矫正接收类文书。社区矫正接收类文书包括调查评估意见书、接受社区矫正保证书、社区矫正对象基本信息表、社区矫正宣告书等文书。

3. 监督管理类文书。监督管理类文书包括社区矫正对象进入特定区域（场所）审批表、社区矫正对象外出（居住地变更）审批表、违反社区矫正规定警告决定书、社区矫正对象警告审批表、治安管理处罚建议书、收监执行建议书、社区矫正对象脱逃或下落不明情况记录表等文书。

4. 教育帮扶类文书。教育帮扶类文书包括社区矫正对象矫正方案、社区矫正对象志愿帮教协议书、社区矫正对象日常谈话笔录、社区矫正对象公益劳动记录表、社区矫正对象学习教育记录表、社区矫正对象帮困扶助登记表等文书。

5. 考核奖惩类文书。考核奖惩类文书包括社区矫正对象月度考核评议审批表、社区矫正对象加（扣）分审批表、社区矫正对象奖惩审批表、社区矫正对象奖惩通知书等文书。

6. 社区矫正解除类文书。社区矫正解除类文书包括社区矫正期满合议表、社区矫正期满鉴定表、解除社区矫正宣告书、解除社区矫正证明书、解除社区矫正通知书、社区矫正对象死亡通知书等文书。

三、社区矫正执法文书按文书的形式进行分类

按社区矫正执法文书的形式进行分类，一般可以分为以下四类：

1. 表格式文书。表格式文书是指以事先印制的表格为规范文本，使用时只需在空格处填入相应内容的社区矫正执法文书。表格式文书是程式化、标准化程度较高的一类文书，具有明确、直观、简明、制作难度低、时间花费少、便于阅读理解等优点，在社区矫正工作中被广泛运用。例如，《社区矫正对象基本信息表》《社区矫正对象外出审批表》等都属于表格式文书。

2. 填写式文书。填写式文书是指将供选择的项目在文书内留出空白，在制作时按要求在空格内填写相关内容的文书。填写式文书大多采用联单型，例如，《社区矫正对象死亡通知书》分为存根、正本、副本三联式文书，存根由社区矫正机构留存，正本、副本分别送达社区矫正决定机关及人民检察院。填写式文书常用于向特定对象告知某些执法事项，大致分为决定书、通知书和证明书三种类型，如《解除社区矫正证明书》。

3. 拟制式文书。拟制式文书是指通篇需要自行组织文字直接表述的社区矫正执法文书。拟制式文书要求制作人员将相关内容用文字的形式从头到尾写下来，是制作自由度最大的一类文书。拟制式文书按照制作要求又分为定式文书和自由式文书。定式文书的标题一般都是固定的，文书中要写哪些项目、这些项目写在什么位置，都有一定的要求，如《调查评估意见书》《治安管理处罚建议书》等都属于拟制式文书中的定式文书。自由式文书是指除定式文书外，采用一般文章形式出现的文书。

4. 实录式文书。实录式文书是用于如实记录特定工作活动进程及结果的社区矫正执法文书。如《社区矫正对象入矫谈话记录》《社区矫正对象月度走访记录》等属于实录式文书。

任务4　社区矫正执法文书制作的基本要求

为了保证《社区矫正法》和《社区矫正法实施办法》的正确施行，司法部《社区矫正执法文书格式目录及样本》2020 版本一共规范了 20 种社区矫正执法文书格式，内容涵盖适用社区矫正调查评估、交付接收登记、社区矫正宣告、外出与居住地变更审批、警告、撤销缓刑、撤销假释、收监执行、提请减刑、解除社区矫正等各个执法管理节点。根据上述 2020 年版本，结合社区矫正执法文书制作的一般性要求，社区矫正执法文书的制作，应符合以下基本要求：

1. 基本概念清楚，使用通用、规范的专业术语。

2. 文字简练，用词准确，语句通顺，描述确切无误，表达清晰明确，不使用有歧义的字、词、句和模糊的语言。

3. 使用国家标准计量单位和符号，同一文书中应保持计量单位和符号的一致。

4. 使用符合国家通用语言文字相关规范和标准的国家通用语言文字。

5. 数字的表示一般均使用阿拉伯数字，但文书尾部时间应采用汉字。

此外，社区矫正执法文书制作的形式也应遵守以下规则：

1. 社区矫正执法文书印刷格式和纸张使用，应按照《国家行政机关公文格式》（GB/T9704-2012）的要求执行，文书纸张规格为国际标准 A4 型（297mm×210mm）纸。公告用纸大小，可以根据实际需要确定。文书档案的封面、封底，使用 150 克牛皮纸。

2. 对于一式多份且需要加盖骑缝章的文书，采用 A3 型纸或 A3 拼接型纸。

3. 文书档案装订采用左侧棉线装订的方法，不得使用订书机或金属钉装订。

4. 文书标题字体一般用二号小标宋，正文字体一般用三号仿宋。栏目较多的表格式文书，填写时可用小四号仿宋。

5. 文书一律使用蓝黑墨水笔、碳素墨水笔书写或打印机单黑色打印，不得使用油性圆珠笔、铅笔或复写纸书写。

任务5　社区矫正执法文书的法律效力和意义

社区矫正工作者对适用社区矫正的矫正对象进行刑事执行、监督管理、教育帮扶是由法律强制力保证实施的。因此，有的社区矫正执法文书具有法律效力，即这部分社区矫正执法文书一旦完成审批程序，即具有法律效力，非经法定程序不得变更和撤销。例如，《违反社区矫正规定警告决定书》一经作出，即具有法律效力，社区矫正对象将会受到警告处罚。

社区矫正执法文书是社区矫正执法活动的重要载体，是社区矫正执法规范化、制度化的重要表现形式，是衡量执法质量的重要标志，是执法过程的重要证据，也是确保社区矫正执法活动顺利开展、提高执法水平的重要保证。

社区矫正执法文书是刑事执行活动的法定载体，其规范性和严谨性直接体现司法权威。作为刑罚执行的关键凭证，文书系统记录矫正对象从入矫到解矫的全流程，确保执法程序可追溯、可核查。通过权利义务告知书、矫正方案等书面材料，既保障执法程序合法透明，又维护矫正对象的法定权益。标准化文书体系还能统一执法尺度，防范自由裁量权滥用，促进教育矫正与刑事执行的有机统一。这些法律文本不仅是司法权力的具象化表达，更是实现社区矫正法治化、专业化的重要支撑。

🔍 工作法律依据

一、社区矫正执法文书制作法律依据

社区矫正执法文书制作的相关法律依据是 2020 年 7 月施行的《社区矫正法》《社区矫正法实施办法》和司法部社区矫正管理局颁布的 2020 年版本的《社区矫正执法文书格式目录及样本》。

二、社区矫正执法文书格式目录及样本

1. 调查评估意见书；

2. 社区矫正法律文书补齐通知书；

3. 社区矫正对象基本信息表；

4. 社区矫正宣告书；

5. 社区矫正对象（进入特定区域场所、会客、外出、经常跨市县活动、执行地变更、暂予监外执行事项）审批表；

6. 社区矫正对象执行地变更决定书；

7. 社区矫正事项审批告知书；

8. 社区矫正表扬（训诫、警告、使用电子定位装置）审批表；

9. 社区矫正表扬（训诫、警告、使用电子定位装置）决定书；

10. 对社区矫正对象使用电子定位装置告知书；

11. 协助查找社区矫正对象通知书；

12. 提请治安管理处罚（撤销缓刑、撤销假释、收监执行、减刑、逮捕）审核表；

13. 治安管理处罚（撤销缓刑、撤销假释、收监执行）建议书；

14. 社区矫正对象逮捕建议书；

15. 社区矫正对象减刑建议书；

16. 社区矫正期满鉴定表；

17. 解除社区矫正宣告书；

18. 解除社区矫正证明书；

19. 解除（终止）社区矫正通知书；

20. 社区矫正法律文书送达回执。

🔍 拓展学习

法律文书是指对具体案件审理或处理的文字记载及说明，是以文字形式记录案件发生、发展和结果的重要凭证，是保障法律实施的重要工具。法律文书在立法活动、司法审判、行政执法以及公民权益的保护等方面都有着非常重要的意义。

法律文书的概念有广义和狭义之分。广义的法律文书是指有立法权的国家机关和参与法律关系的各类主体，在法律规定的条件下，为实现法律赋予的权力（利）而制作的具有法律效力的规范性和非规范性文件的总称；狭义的法律文书是指司法机关、非诉机关、当事人及其代理人，在进行诉讼或非诉讼活动时，依法制作的具有法律效力或法律意义的各种文书的总称。本教材所讲的法律文书为狭义的法律文书。

与法律文书容易混淆的概念主要有司法文书和诉讼文书。

司法文书是指行使国家司法职能的机关，依法制作或发布的有关处理民事、刑事、行政案件的具有法律效力或法律意义的司法公文，包括人民法院、人民检察院、公安机关（国家安全机关）和监狱等机关在行使国家司法职能时制作的相关法律文书。诉讼文书是指国家司法机关、公安机关（国家安全机关）以及诉讼参与人，根据我国诉讼法的规定，为进行刑事、民事、行政诉讼而制作的各种法律文书。司法文书和诉讼文书均属于法律文书的范畴。

监狱文书是指我国监狱机关在依法管理监狱，对判处死刑缓期二年执行、无期徒刑、有期徒刑的罪犯在执行刑罚、狱政管理、安全防范、教育改造等各项活动中所制作和使用的具有法律意义或法律效力的文书总称。

2002 年 7 月，司法部监狱管理局根据《中华人民共和国刑法》《中华人民共和国刑事诉讼法》和《中华人民共和国监狱法》的有关规定，结合我国监狱工作的实际情况，制定印发了《监狱执法文书格式（试行）》，其中包含各类监狱执法文书共 488 种。目前，这些执法文书在全国监狱机关统一使用。此外，各省、自治区、直辖市监狱管理机关也根据有关法规和本地区的实际情况出台了部分地方性的监狱文书格式，供本地区的监狱统一使用。

🔍 知识链接

工作领域一

社区矫正调查评估常用的文书制作

学习目标

知识目标：帮助学生和基层社区矫正工作人员在实践中更好地掌握社区矫正文书制作的相关知识。

能力目标：提高社区矫正工作人员执法能力，具备填写制作常用文书以及撰写常用文书报告的能力。

素质目标：具备认真负责、耐心细致的良好职业道德和以人为本、遵规守纪、清正廉洁的职业精神。

工作思维导图

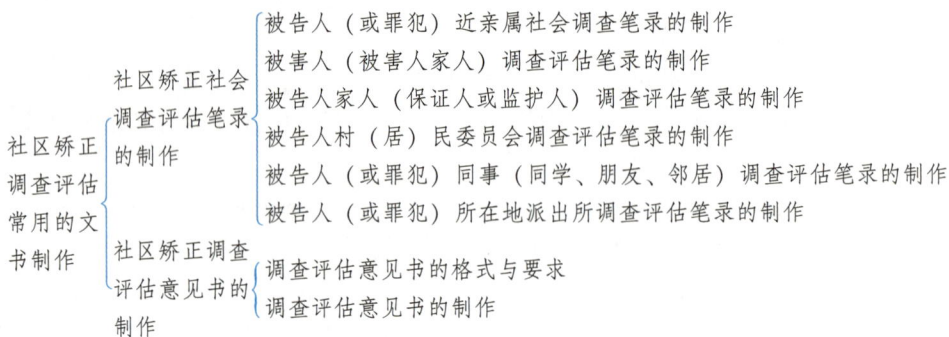

社区矫正调查评估常用的文书制作
- 社区矫正社会调查评估笔录的制作
  - 被告人（或罪犯）近亲属社会调查笔录的制作
  - 被害人（被害人家人）调查评估笔录的制作
  - 被告人家人（保证人或监护人）调查评估笔录的制作
  - 被告人村（居）民委员会调查评估笔录的制作
  - 被告人（或罪犯）同事（同学、朋友、邻居）调查评估笔录的制作
  - 被告人（或罪犯）所在地派出所调查评估笔录的制作
- 社区矫正调查评估意见书的制作
  - 调查评估意见书的格式与要求
  - 调查评估意见书的制作

工作任务二　社区矫正调查评估意见文书制作

任务目标

1. 了解社区矫正调查评估工作流程；

2. 熟悉社区矫正调查评估工作内容和标准；

3. 理解社区矫正调查评估工作意义和重要性；

4. 将理想教育和世界观、人生观教育结合起来，与科学信仰教育结合起来，使学生在社会、人生、事业等方面树立正确的理想与奋斗目标。

🔍 任务描述

开展社区矫正调查评估的主要目的就是通过调查，全面分析被告人或罪犯的人身危险性，使对被告人或罪犯是否适用社区矫正的评判能够建立在和其有关的、体现其再犯可能性的所有因素的综合评价上，以降低社区矫正的适用风险，为预防犯罪和矫正罪犯提供科学依据。社区矫正调查评估工作是一项政策性、法律性非常强的工作，某种程度上可以说是人民法院、公安机关、监狱管理机关职能的延伸，是国家行使刑罚权的具体表现形式。社区矫正调查评估有助于提高非监禁刑适用质量，进而把好社区矫正入口关，提高社区矫正质量。因此调查评估工作是连接非监禁刑适用和社区矫正的重要桥梁。[1]

社区矫正调查评估主要是通过制作调查评估笔录，收集被告人（或者罪犯）的本人情况、家庭和社会关系情况、一贯表现情况，村（居）民委员会的意见、被害方的意见、邻居（同事、同学、朋友等）的意见、派出所的意见等资料，进行整理、分析后，形成调查评估意见书，提交给委托机关，以作为拟适用社区矫正的参考依据。通过这样的执法方式，可以提升人民群众的参与感，增强人民群众的安全感，让执法既有力度又有温度。

🔍 工作场景

王某某，男，1993 年 3 月出生，户籍地、居住地均为××省××市××县。2017 年 7月，因犯非法吸收公众存款罪被××市中级人民法院判处有期徒刑 5 年，刑期为 2016 年5 月 19 日起至 2021 年 5 月 18 日止。判决发生法律效力后，交付××省××监狱执行。××省××监狱于 2020 年 7 月 23 日向××市中级人民法院提出假释建议，并委托××省××市××县司法局社区矫正机构进行调查评估。

王某某居住地社区矫正机构接到××市人民法院的委托调查评估函以后，立即对王某某的基本情况、家庭和社会关系、犯罪行为的后果和影响、人身危险性、对所居住社区的影响、拟禁止的事项，被害人的意见等方面进行了调查评估，完成了调查评估笔录，撰写了调查评估意见，并在规定的时间内提交给××市人民法院，以作为判决或裁定时的参考依据。

根据《社区矫正法》第 17 条第 4 款规定，社区矫正决定机关是指依法判处管制、宣告缓刑、裁定假释、决定暂予监外执行的人民法院和依法批准暂予监外执行的监狱管理机关、公安机关。

《社区矫正法》第 18 条规定，社区矫正决定机关根据需要，可以委托社区矫正机构或者有关社会组织对被告人或者罪犯的社会危险性和对所居住社区的影响，进行调查评估，提出意见，供决定社区矫正时参考。居民委员会、村民委员会等组织应当提供必要的协助。

根据《社区矫正法实施办法》的相关规定，人民法院拟判处管制、宣告缓刑、决

---

〔1〕 李召亮：《社区矫正社会调查适用举要》，载《山东审判》2016 年第 2 期。

定暂予监外执行的，可以委托社区矫正机构或者有关社会组织对被告人或者罪犯的社会危险性和对所居住社区的影响，进行调查评估，提出意见，供决定社区矫正时参考。公安机关对看守所留所服刑罪犯拟暂予监外执行的，可以委托开展调查评估。监狱管理机关对监狱关押罪犯拟提请假释的，应当委托进行调查评估；对监狱关押罪犯拟暂予监外执行的，可以委托进行调查评估。

🔑 工作任务

任务 1　社区矫正社会调查评估笔录的制作

社区矫正社会调查评估笔录（以下简称调查笔录）是社区矫正执法人员根据相关机关的委托，对当事人和其他相关人员进行调查或询问（以下简称调查）而制作的有关调查情况的书面记录。调查笔录的优劣可以直接影响评估意见，因此尤为重要。制作并完成调查笔录是完成调查评估工作的第一个环节，也是为制作调查评估意见书而收集资料的一个过程。调查笔录根据所调查人员的不同，其内容略有不同。

社会调查笔录主要包括调查的时间、地点，调查人姓名、单位，记录人姓名，被调查人的基本情况和犯罪情况等内容（参见下表）。

社会调查笔录

调查时间：＿＿＿年＿＿月＿＿日＿＿时＿＿分至＿＿年＿＿月＿＿日＿＿时＿＿分

调查地点：＿＿＿＿＿＿＿＿＿＿＿＿＿＿＿＿

调查人姓名：＿＿＿＿＿＿＿　单位：＿＿＿＿＿＿＿社区矫正机构/司法所

调查人姓名：＿＿＿＿＿＿＿　单位：＿＿＿＿＿＿＿社区矫正机构/司法所

记录人姓名：＿＿＿＿＿＿

被调查人姓名：＿＿＿＿　性别：＿＿＿＿　年龄：＿＿＿＿　民族：＿＿＿＿

文化程度：＿＿＿＿＿＿　职业：＿＿＿＿＿　工作单位：＿＿＿＿＿＿＿

户籍地址：＿＿＿＿＿＿＿＿＿＿＿＿＿＿＿

现居住地址：＿＿＿＿＿＿＿＿＿　联系电话：＿＿＿＿＿＿＿＿＿

问：我们是＿＿＿＿＿＿＿＿＿＿＿社区矫正机构/司法所的工作人员（出示证件），依据《社区矫正法》《社区矫正法实施办法》等相关规定，受＿＿＿＿＿＿＿法院的委托，依法对您的居所情况、家庭和社会关系、犯罪行为的后果和影响等情况进行调查，您应当如实回答我们的询问并协助调查，不得提供虚假证言，不得伪造、隐匿、毁灭证据，否则将承担法律责任。您有权对被询问的事项自行提供书面材料，有权核对调查笔录，对记载有误或遗漏之处，可提出更正或补充意见，如所回答的问题涉及国家秘密或商业秘密，我们将予以保密。本调查内容，我们会如实反馈给委托法院，并将作为您是否适用社区矫正的依据，以上内容您是否已听清楚？

答：＿＿＿＿＿＿＿＿＿＿＿＿＿＿＿＿＿＿＿＿＿＿＿＿

问：你对本次调查的工作人员需不需要提出回避申请？

答：＿＿＿＿＿＿＿＿＿＿＿＿＿＿＿＿＿＿＿＿＿＿＿＿

问：你的家庭基本情况如何？（家庭成员的姓名、年龄、职业、住址、经济状况、联系方式等）

答：＿＿＿＿＿＿＿＿＿＿＿＿＿＿＿＿＿＿＿＿＿＿＿＿

被调查人：（阅读并签名）　　　　第　　　页，共　　　页

任务1.1 被告人（或罪犯）近亲属社会调查笔录的制作

被告人（或罪犯）近亲属社会调查笔录

问：你的居住地和户籍地不一致，居住地是你的房子吗？如果是租住的，房东是谁？打算居住多长时间？和谁住在一起？

答：_____

问：你目前从事什么职业，职务是什么？是否与单位签订劳动合同或者缴纳保险？经济收入如何？

答：_____

问：你的家庭关系如何？

答：_____

问：你是否为人大代表、政协委员或党员？

答：_____

问：你是否参加组织或社会团体，有无职务？

答：_____

问：你身体状况怎么样？有没有什么疾病或病史？是否有吸毒、酗酒、夜不归宿等不良表现？

答：_____

问：你的性格类型属于哪一类（外向/内向）？有无不良脾气？

答：_____

问：你业余时间一般做什么？有没有什么特长或爱好？平时与哪些人交往？

答：_____

问：你在工作、学习或生活环境中，邻里、同事/同学之间关系如何？有无矛盾？

答：_____

问：你与他人有没有经济纠纷（债务问题）或感情纠纷？

答：_____

问：你在此之前有没有受过什么处罚？具体情况怎样？

答：_____

问：你是因为什么事情而被检察院提起公诉的？请你叙述一下涉案经过。

答：_____

问：你与被害人的关系如何？是共同犯罪还是单独犯罪？是偶然犯罪还是两次以上犯罪？是有预谋还是临时起意的犯罪？

答：_____

问：你对这件事是怎样认识的？

答：_____

问：你的交友范围怎样？是否同具有不良表现的人进行交往？

答：_____

问：你日常是怎样安排时间的？平时出入活动的场所有哪些地方？

答：_____

问：你的案子法院近期会开庭审理，如果你被判处社区矫正，你会如何做？

答：_____

问：你的主要社会关系中谁能够对你起到监管作用？

答：_____

问：如果你接受社区矫正，能不能做到遵纪守法，遵守社区矫正的有关规定？能不能做到自觉接受社区矫正领导小组的帮教和监督？

答：_____

问：你还有什么需要补充的？

答：_____

问：以上你说的是否属实？

答：_____

问：你是否有阅读能力？

答：_____

问：以上笔录请你仔细阅看。如果有误请指出来，我们会立即给予更正。请你确认记录无误后再在笔录上逐页签名，并在最后一页书写"以上笔录经本人核对，记录属实"。

答：_____

被调查人：（阅读并签名）　　　　第　　页，共　　页

任务 1.2　被害人（被害人家人）调查评估笔录的制作

被害人（被害人家人）调查评估笔录主要包括调查的时间、地点，调查人姓名、单位，记录人姓名，被调查人的基本情况、受到侵害的情况，被告人犯罪的情况，对被告人拟适用社区矫正的态度，对被告人拟禁止事项的意见等内容参见（参见下表）。

被害人（被害人家人）调查评估笔录

调查时间：___年___月___日___时___分至___年___月___日___时___分

调查地点：_____

调查人姓名：_____单位：_____社区矫正机构/司法所

调查人姓名：_____单位：_____社区矫正机构/司法所

记录人姓名：_____

被调查人姓名：_____性别：_____出生年月：___年___月

身份证号码：_____

工作单位（职业、职务）：_____

家庭地址：_____联系电话：_____

问：我们是_____社区矫正机构/司法所的工作人员（出示证件），依据《社区矫正法》《社区矫正法实施办法》等相关规定，受_____法院/监狱的委托，依法对_____是否适用社区矫正的情况对您进行调查，希望您如实反映，是否已听清楚？

答：_____

问：请您谈谈案件的具体情况？（包括您的受害情况）

答：_____

问：事后是如何处理的？

答：_____

问：您现在身体状况如何？

答：_____

问：您现在有无工作？

答：_____

问：您和（被告人或罪犯）_____过去或现在的关系如何？

答：_____

问：请您介绍一下（被告人或罪犯）_____的社会关系。

答：_____

问：您认为（被告人或罪犯）_____的犯罪原因、犯罪经过、犯罪后果及犯罪影响是怎样的？

答：_____

问：请您介绍一下（被告人或罪犯）_____的一贯表现情况。

答：_____

问：如果对（被告人或罪犯）_____实行社区矫正，您是否同意，您认为他（她）还能对社会构成危害吗？

答：_____

问：您认为对（被告人或罪犯）_____在社区接受矫正后拟禁止的事项或禁止他（她）进入的区域应该有哪些？

答：_____

问：如果法院/监狱拟对（被告人或罪犯）_____适用社区矫正，您对这件事是怎么看的？

答：_____

问：您还有其他情况需要补充吗？

答：_____

问：以上所说是否属实？

答：_____

被调查人核对意见：_____以上笔录我已看过（已向我宣读过），与我说的相符。

被调查人签字：_____　　　时间：_____年_____月_____日

被害人（被害人家人）：（阅读并签名）　　　第　页，共　页

任务 1.3　被告人家人（保证人或监护人）调查评估笔录的制作

被告人家人（保证人或监护人）调查评估笔录主要包括调查的时间、地点，调查人姓名、单位，记录人姓名，被调查人的基本情况、与被告人的关系，被告人的居住地址、日常表现、与家人的关系、社会交往情况、经济收入、犯罪情况，对被告人适用社区矫正的意见等内容（参见下表）。

被告人家人（保证人或监护人）调查评估笔录

调查时间：_____年_____月_____日_____时_____分至_____年_____月_____日_____时_____分

调查地点：_____

调查人姓名：_____　单位：_____社区矫正机构/司法所

调查人姓名：_____　单位：_____社区矫正机构/司法所

记录人姓名：_____

被调查人姓名：_____　性别：_____　出生年月：_____年_____月

身份证号码：_____

工作单位（职业、职务）：_____

居住地址：_____ 联系电话：_____

与（被告人或罪犯）_____ 是_____ 关系

问：我们是_____ 社区矫正机构/司法所的工作人员（出示证件），依据《社区矫正法》《社区矫正法实施办法》等相关规定，受_____法院（监狱或公安机关）的委托，依法对（被告人或罪犯）_____是否适用社区矫正的情况对您进行调查，希望您如实反映，是否已听清楚？

答：_____

问：您和（被告人或罪犯）_____是什么关系？

答：_____

问：（被告人或罪犯）_____现在居住地在何处？

答：_____

问：（被告人或罪犯）_____的家里有哪些人？和谁居住在一起？（基本情况）

答：_____

问：（被告人或罪犯）_____的性格如何？

答：_____

问：（被告人或罪犯）_____的身体状况如何？

答：_____

问：（被告人或罪犯）_____的平时生活习惯如何？

答：_____

问：（被告人或罪犯）_____的社会交往情况如何？

答：_____

问：（被告人或罪犯）_____与家庭成员、邻居、朋友相处关系如何？

答：_____

问：（被告人或罪犯）_____目前有无固定生活来源或者有无他人、有关单位提供生活来源？

答：_____

问：您对（被告人或罪犯）_____的此次犯罪有何看法？

答：_____

问：如（被告人或罪犯）_____被依法实施社区矫正，您觉得周围的邻居和社区是否会有意见？

答：_____

问：根据《社区矫正法》和《社区矫正法实施办法》的有关规定，如（被告人或罪犯）_____被依法实施社区矫正，必须遵守以下规定：①必须按时到执行地县级社区矫正机构报到，定期到执行地县级社区矫正机构或者是受委托的司法所进行思想汇报和参加集中教育、公益活动、社区服务等；②接受社区矫正机构或受委托的司法所的监督管理；③社区矫正开始的3个月内不准请假，特殊情况外出必须请假，未经批准不得外出等；④如违反社区矫正相关监管规定，将依法给予训诫、警告、拘留、收监执行等处罚。您愿意配合司法所对其进行监管和帮教吗？

答：_____

问：根据《社区矫正法》有关规定，如（被告人或者罪犯）_____被依法实施社区矫正，您应协助做好以下事项：①协助对社区矫正对象进行监督管理和教育帮扶；②督促社区矫正对象按要求向司法所报告有关情况，参加学习及公益活动，自觉遵守有关监督管理规定；③定期向司法所反映社区矫正对象遵纪守法、学习、日常生活和工作等情况；④发现社区矫正对象有违法犯罪或违反监督管理规定的行为，及时向司法所报告。您能做到吗？

答：_____

问：您还有无补充？

答：_____

问：以上所说是否属实？

答：_____

被调查人核对意见：_____以上笔录我已看过（已向我宣读过），与我说的相符。

被调查人签字：_____时间：_____年_____月_____日

被告人家人（保证人或监护人）：（阅读并签名）　第　页，共　页

任务1.4　被告人村（居）民委员会调查评估笔录的制作

被告人村（居）民委员会调查评估笔录主要包括调查的时间、地点，调查人姓名、单位，记录人姓名，被调查人的基本情况、与被告人的关系，被告人的捕前职业、主要经济来源、日常表现、身体状况、性格特点、与家人的关系、与邻里的关系、社会交往情况、犯罪情况，对被告人适用社区矫正的意见等内容（参见下表）。

被告人村（居）民委员会调查评估笔录

调查时间：____年____月____日____时____分至____年____月____日____时____分

调查地点：_____

调查人姓名：_____单位：_____社区矫正机构/司法所

调查人姓名：_____单位：_____社区矫正机构/司法所

记录人：_____

被调查人姓名：_____性别：_____出生年月：_____年_____月

身份证号码：_____

工作单位（职业、职务）：_____联系电话：_____

问：我们是_____社区矫正机构/司法所的工作人员（出示证件），依据《社区矫正法》《社区矫正法实施办法》等相关规定，受_____法院/监狱的委托，依法对（被告人或罪犯）_____是否适用社区矫正的情况对您进行调查，希望您如实反映，是否已听清楚？

答：_____

问：您认识（被告人或罪犯）_____吗？

答：_____

问：（被告人或罪犯）_____现在的居住地在哪里？

答：_____

问：（被告人或罪犯）_____家里有哪些人？（基本情况）

答：_____

问：（被告人或罪犯）_____和谁在一起住？

答：_____

问：（被告人或罪犯）_____目前从事什么工作？

答：_____

问：（被告人或罪犯）_____家庭经济条件怎样？

答：_____

问：（被告人或罪犯）_____性格如何？

答：_____

问：（被告人或罪犯）_____身体状况如何？

答：_____

问：（被告人或罪犯）_____平时生活习惯如何？有无特殊爱好？

答：_____

问：（被告人或罪犯）_____社会交往情况如何？

答：_____

问：（被告人或罪犯）_____与家庭成员、邻居、亲戚朋友相处关系如何？

答：_____

问：（被告人或罪犯）_____目前有无固定生活来源或者有无他人、有关单位提供生活保障？

答：_____

问：（被告人或罪犯）_____以前在社区/村里的表现如何？是否有过其他违法违纪行为？

答：_____

问：（被告人或罪犯）_____此次犯罪的情况您是否清楚？

答：_____

问：如（被告人或罪犯）_____被实施社区矫正，您觉得周围邻居是否会对他有意见？您认为他还能对社会构成危害吗？

答：_____

问：您认为对（被告人或罪犯）_____在社区接受矫正后拟禁止的事项或禁止他（她）进入的区域应该有哪些？

答：_____

问：根据《社区矫正法》的有关规定，如（被告人或罪犯）_____被依法实施社区矫正，必须遵守以下规定：①必须按时到社区矫正机构报到，必须定期进行思想汇报，必须参加集中教育和公益活动；②必须接受社区矫正机构或司法所的监督管理；③社区矫正开始的3个月内不准请假，特殊情况外出必须请假，未经批准不得外出等；④如违反社区矫正相关监管规定，将依法给予训诫、警告、拘留、收监执行等处罚。同时，您应协助做好以下事项：①协助对社区矫正对象进行监督管理和教育帮扶；②督促社区矫正对象按要求向社区矫正机构报告有关情况，参加学习及公益活动情况，自觉遵守有关监督管理规定；③定期向社区矫正机构反映社区矫正对象遵纪守法、学习、日常生活和工作等情况；④发现社区矫正对象有违法犯罪或违反监督管理规定的行为，及时向社区矫正机构报告。您是否愿意协助社区矫正机构落实相关监管帮教措施？

答：_____

问：您还有无补充？

答：_____

问：以上所说是否属实？

答：_____。

被调查人核对意见：_____以上笔录我已看过（已向我宣读过），与我说的相符。

被调查人签字：_____时间：____年____月____日

村（居）民委员会干部：（阅读并签名）　　第　页，共　页

任务 1.5 被告人（或罪犯）同事（同学、朋友、邻居）调查评估笔录的制作

被告人（或罪犯）同事（同学、朋友、邻居）调查评估笔录主要包括调查的时间、地点，调查人姓名、单位，记录人姓名，被调查人的基本情况、与被告人的关系、被告人的基本情况、工作（学习情况）、日常表现、身体状况、性格特点、与家人的关系、与邻里的关系、社会交往情况、经济收入、犯罪情况，对被告人适用社区矫正的意见等内容（参见下表）。

被告人同事（同学、朋友、邻居）调查评估笔录

调查时间：____年____月____日____时____分至____年____月____日____时____分

调查地点：_____

调查人：_____ 记录人：_____

调查事由：依据_____人民法院（监狱、公安机关）的委托，现对（被告人或罪犯）_____一案进行调查。

被调查人姓名：_____，工作单位：_____，与（被告人或罪犯）_____的关系是_____。

问：我们是_____社区矫正机构/司法所的社区矫正工作人员（出示证件），受_____人民法院（监狱、公安机关）的委托，依法对（被告人或罪犯）_____拟适用社区矫正进行调查评估，请予以配合。

下面请您介绍一下（被告人或罪犯）_____的个人基本情况、居所情况。

答：_____

问：请您介绍一下（被告人或罪犯）_____的家庭情况、家庭关系等。

答：_____

问：请您介绍一下（被告人或罪犯）_____的社会关系。

答：_____

问：请您介绍一下（被告人或罪犯）_____的犯罪原因、犯罪经过、犯罪后果及犯罪的影响。

答：_____

问：请您介绍一下（被告人或罪犯）_____的一贯表现情况。

答：_____

问：如果对（被告人或罪犯）_____实行社区矫正，您是否同意，您认为他还能对社会构成危害吗？

答：_____

问：对（被告人或罪犯）_____实施社区矫正以后您能否给予其监督和管理，在生活或工作上遇到困难能否给予其帮助？

答：_____

问：您认为对（被告人或罪犯）_____在社区矫正后拟禁止的事项应该有哪些？

答：_____

问：您是否还有其它情况需要补充？

答：_____

被调查人核对意见：_____以上笔录我已看过（已向我宣读过），与我说的相符。

被调查人签字：＿＿＿＿＿＿＿　　　　　时间：＿＿＿年＿＿＿月＿＿＿日

被告人同事（同学、朋友、邻居）：（阅读并签名）　　第　　页，共　　页

任务1.6　被告人（或罪犯）所在地派出所调查评估笔录的制作

被告人（或罪犯）所在地派出所调查评估笔录主要包括调查时间、地点，调查人姓名，记录人姓名，调查事由，被调查人姓名、工作单位，被告人的居所情况，被告人（或罪犯）此前有无违法犯罪记录的情况，对被告人（罪犯）适用社区矫正的意见等内容（参见下表）。

被告人（罪犯）所在地派出所调查评估笔录

调查时间：＿＿＿年＿＿＿月＿＿＿日＿＿＿时＿＿＿分至＿＿＿年＿＿＿月＿＿＿日＿＿＿时＿＿＿分

调查地点：＿＿＿＿＿＿＿＿＿＿＿＿＿＿＿＿＿＿＿＿＿＿＿＿＿＿＿＿＿＿＿＿＿＿＿＿

调查人姓名：＿＿＿＿＿＿＿＿＿＿　记录人姓名：＿＿＿＿＿＿＿＿＿＿＿＿＿＿＿

调查事由：依据＿＿＿＿＿＿＿＿＿＿人民法院（监狱、公安机关）的委托，现对（被告人或罪犯）＿＿＿＿＿＿＿＿＿违法犯罪情况进行调查。

被调查人姓名：＿＿＿＿＿＿＿＿＿　工作单位：＿＿＿＿＿＿＿＿＿＿＿＿＿＿＿

问：我们是＿＿＿＿＿＿＿＿＿＿社区矫正机构/司法所的社区矫正工作人员（出示证件），受＿＿＿＿＿＿＿＿＿＿＿人民法院（监狱、公安机关）的委托，依法对（被告人或罪犯）＿＿＿＿＿＿＿拟适用社区矫正进行调查评估，请予以配合。

下面请您介绍一下（被告人或罪犯）＿＿＿＿＿＿＿的个人基本情况、居所情况。

答：＿＿＿＿＿＿＿＿＿＿＿＿＿＿＿＿＿＿＿＿＿＿＿＿＿＿＿＿＿＿＿＿＿＿＿＿＿

问：请您介绍一下（被告人或罪犯）＿＿＿＿＿＿＿＿＿有无违法犯罪记录？

答：＿＿＿＿＿＿＿＿＿＿＿＿＿＿＿＿＿＿＿＿＿＿＿＿＿＿＿＿＿＿＿＿＿＿＿＿＿

问：如果对（被告人或罪犯）＿＿＿＿＿＿＿实行社区矫正，您认为他（她）还能对社会构成危害吗？

答：＿＿＿＿＿＿＿＿＿＿＿＿＿＿＿＿＿＿＿＿＿＿＿＿＿＿＿＿＿＿＿＿＿＿＿＿＿

问：您认为对（被告人或罪犯）＿＿＿＿＿＿＿在社区矫正后拟禁止的事项应该有哪些？

答：＿＿＿＿＿＿＿＿＿＿＿＿＿＿＿＿＿＿＿＿＿＿＿＿＿＿＿＿＿＿＿＿＿＿＿＿＿

问：您是否还有其它情况需要补充？

答：＿＿＿＿＿＿＿＿＿＿＿＿＿＿＿＿＿＿＿＿＿＿＿＿＿＿＿＿＿＿＿＿＿＿＿＿＿

被调查人核对意见：＿＿＿＿＿＿以上笔录我已看过（已向我宣读过），与我说的相符。

被调查人签字：＿＿＿＿＿＿＿＿＿＿＿＿＿　时间：＿＿＿年＿＿＿月＿＿＿日

被告人（或罪犯）所在地派出所：（阅读并签名）　　第　　页，共　　页

任务2　社区矫正调查评估意见书的制作

调查评估意见书是社区矫正机构或有关社会组织受人民法院、人民检察院、公安机关、监狱委托，对犯罪嫌疑人、被告人或罪犯的社会危险性和对所居住社区的影响进行充分的社会调查，形成准确的综合评估意见的书面材料，是供决定机关参考的一类文书。

　　调查评估是国际上通行的一项重要的社区矫正工作制度，能够充分体现有关部门拟适用社区矫正制度时的审慎态度，为决定机关依法适用社区矫正提供重要的参考依据，有利于提前预判并降低社会风险，也是把好入口关、保证社区矫正质量和秩序的关键。

任务 2.1　调查评估意见书的格式与要求

一、调查评估意见书的格式

社区矫正调查评估意见书主要由首部、正文、尾部三个部分组成。

（一）首部

首部包括文书标题和字号。标题为"调查评估意见书"，文书字号由年度、社区矫正机构代字、类型代字、文书编号组成，使用阿拉伯数字，例如"（2022）××矫调评字第 1 号"。

（二）正文

1. 受文机关。受文者即调查评估的委托机关。委托机关包括人民法院、公安机关和监狱管理机关或其他委托的机关。如监狱等依法委托社区矫正机构进行调查评估的，可在"委托机关"处进行修改。

2. 文书主体。这是本文书的核心内容，应包括三部分内容：①调查了解到的所有情况，包括被告人或者罪犯的居所情况、家庭和社会关系、犯罪行为的后果和影响、居住地村（居）民委员会意见、被害人意见、拟禁止的事项、社会危险性、对所居住社区的影响等。②社区矫正执法案件审查小组综合评估意见，对调查材料中的积极因素和消极因素进行鉴别归类。③"评估意见"处可以填写被告人或者罪犯适用社区矫正是否存在社会危险性以及对所居住社区的影响，并给出评估结论"适宜社区矫正"或"不适宜社区矫正"。

（三）尾部

文书尾部署上单位名称并加盖公章，并注明时间（年、月、日）和抄送机关。

二、调查评估意见书制作的要求

1. 本文书一式三份，一份存档，一份与相关材料一起提交委托机关，同时抄送执行地县级人民检察院一份。

2. 文书主体部分应做到客观真实、充分全面，避免偏听偏信、受主观因素的影响。

3. 对调查评估意见以及调查中涉及的国家秘密、商业秘密、个人隐私等信息应当保密。

调查评估意见书

（　　）　　　字第　　号

＿＿＿＿＿＿＿＿＿人民法院（公安局、监狱管理局）：

　　受你单位委托，我单位于＿＿年＿＿月＿＿日至＿＿年＿＿月＿＿日对被告人（罪犯）进行了调查评估。有关情况如下：＿＿＿。

综合以上情况，评估意见为＿＿＿＿＿＿＿＿＿＿＿＿＿＿＿＿＿＿＿＿＿＿＿＿＿＿＿＿＿＿

_____。

（公章）

年 月 日

注：抄送_____人民检察院。

三、调查评估内容要求

1. 调查评估程序规范方面。调查评估程序包括对犯罪嫌疑人、被告人或者罪犯的居所情况、家庭和社会关系、犯罪行为的后果和影响，居住地村（居）民委员会意见、被害人意见，拟禁止的事项，社会危险性，对所居住社区的影响等进行调查。另拟适用暂予监外执行的罪犯还可对其病情情况、保证人是否具备保证条件等进行评估。从司法实践角度，应做好以下几点：

（1）调查主体。由社区矫正机构或者有关社会组织2名以上工作人员共同进行。

（2）笔录记录。调查中形成的调查笔录、询问笔录、走访记录等应写明调查时间、调查人员、调查地点，被调查人姓名、身份及联系方式，调查内容等基本情况。形成的笔录应由被调查人签字确认、写明日期。在笔录记录形成后，也应由调查人签字确认。

（3）调取证明材料。进行调查的工作人员向村（居）民委员会、派出所等有关单位调取的相关证明文件，应由出具单位负责人签字或盖章，无法签字或盖章的，工作人员应注明调取证明材料的来源、时间、调取人。

（4）留存保管。调查评估的相关材料除随评估意见提交委托机关外，受委托的社区矫正机构或有关社会组织应当整理留档。

2. 调查评估内容方面。调查评估内容是调查评估的核心所在，即调查评估意见书中需填写的"有关情况如下"的相关内容。应当做到客观真实，避免受主观意识的影响；应当充分全面，避免偏信"一家之言"，通过调查准确反映犯罪嫌疑人、被告人或者罪犯的社会危险性和对所居住社区的影响。从司法实践角度，应调查以下几点：

（1）居所情况：有无住所、居住房屋权属性质、居住状况、共同居住人员等。

（2）家庭关系：家庭成员构成、基本情况、经济状况、接纳程度等。

（3）社会关系：邻里关系、社会交往情况、对适用社区矫正的态度等。

（4）犯罪前表现：工作学习表现、生活情况、违法违规情况等。

（5）悔罪表现：对犯罪行为的认识、悔改态度、罚金刑和附带民事赔偿履行情况、履行能力等。

（6）村（居）民委员会意见：对适用社区矫正的意见、是否愿意协助做好社区矫正相关工作等。

（7）被害人意见：道歉谅解情况、赔偿及消除危害情况、对适用社区矫正的意见等。

（8）社会危险性及再犯可能性：是否有反社会倾向、是否有滥用药物情况、是否有悔过表现行为、是否有对行为的控制能力等。

3. 调查评估意见。综合前述调查情况后，出具调查评估意见应力求客观全面，有充分的调查事实予以支持。

此外，还应当注意：一是要遵守未成年人社区矫正特别规定，即《社区矫正法》第 54 条第 1 款规定："社区矫正机构工作人员和其他依法参与社区矫正工作的人员对履行职责过程中获得的未成年人身份信息应当予以保密。"调查评估意见书涉及对象为未成年人的，应当遵守保密规定。二是要对调查评估意见以及调查中涉及的国家秘密、商业秘密、个人隐私等信息予以保密，不得泄露。

四、调查评估时限要求

社区矫正机构、有关社会组织应当自收到调查评估委托函及所附材料之日起 10 个工作日内完成调查评估，提交评估意见。对于适用刑事案件速裁程序的，应当在 5 个工作日内完成调查评估，提交评估意见。需要延长调查评估时限的，社区矫正机构、有关社会组织应当与委托机关协商，并在协商确定的期限内完成调查评估。

因犯罪嫌疑人、被告人或者罪犯的姓名、居住地不真实、身份不明等原因，社区矫正机构、有关社会组织无法进行调查评估的，应当及时向委托机关说明情况。

五、调查评估方式要求

调查方式可以参考但不限于采取以下方式进行：

1. 走访。走访对象可包括犯罪嫌疑人、被告人或者罪犯的家庭成员，被害人及其近亲属，村（居）民委员会，派出所，犯罪嫌疑人、被告人或者罪犯的工作单位、就读学校有关人员等。

2. 座谈。座谈对象可包括村（居）民委员会，犯罪嫌疑人、被告人或者罪犯的工作单位、就读学校有关人员等。

3. 个别谈话。谈话对象可包括犯罪嫌疑人、被告人或者罪犯的家人、亲朋好友或本人等。

4. 查阅调取相关资料。

5. 要求相关机关或企事业单位协助等。

对调查核实的情况进行综合性评估后，出具评估意见。可根据需要，组织召开由社区民警、社会工作者、社会志愿者、有关单位或部门和社区居民代表等参加的评议会，对适用社区矫正可能产生的社区影响、再犯罪风险以及是否具备监管教育条件等因素进行综合评估。

任务 2.2　调查评估意见书的制作

一、调查评估意见书的制作

案例 1：王某某，男，1990 年 10 月出生，起诉书记载，因犯故意伤害罪于 2020 年 4 月被公安机关刑事拘留并逮捕，2020 年 6 月法院对王某某取保候审。法院现拟对其宣告缓刑，为正确适用刑罚，委托社区矫正机构开展社会调查评估。王某某居住地社区矫正机构接到××省××市××区人民法院的委托调查评估函以后，立即对王某某的基本情况、家庭和社会关系、犯罪行为的后果和影响，被害人的意见，人身危险性、对所居住社区的影响，拟禁止的事项等方面进行了调查评估，完成了调查评估笔录，撰写了调查评估意见，并在规定的时间内提交给××省××市××区人民法院，以作为判决或裁定时的参考依据。

调查评估意见书

（2020）××矫调评字第 1 号

××市××区人民法院：

受你单位委托，我单位于 2020 年 6 月 10 日至 2020 年 6 月 15 日对被告人王某某进行了调查评估。有关情况如下：王某某，男，1990 年 10 月出生，身份证号 420111×××××××××××，初中文化，已婚，居住地为××市××区××街道××号，户籍地为××市××区××街道××号，其自 2000 年于××中学毕业后在自家饭馆干活，2018 年自购小型货翻斗车做道路运输拉渣土。据了解，王某某一岁多丧父，之后母亲再婚。通过走访邻居、村委会，均反映由于家庭特殊性，王某某从小就被祖辈溺爱，且因其曾于某武术学校学习四年，人际交往比较复杂，经常拉帮结派、惹是生非，在村里评价很差，号称"小痞子"。王某某此次涉嫌犯罪是因为与同村郭某发生矛盾后，纠集其朋友对郭某实施报复性打击，造成郭某身体伤害。经与村委会、被害人沟通，均表示不同意其在村内实施社区矫正。

综合以上情况，评估意见为王某某宣告缓刑后，其社会危险性较大，对所居住社区的影响较大，不符合社区矫正的条件。

××市××区社区矫正机构（公章）
2020 年 6 月 17 日

注：抄送××人民检察院。

案例 2：2018 年 4 月，杨某伙同他人盗窃汽车而被判处有期徒刑 8 年。杨某入狱后，因其遵守监规，接受教育积极改造，多次被评为改造积极分子。2020 年 5 月，监狱拟对其提请假释，委托社区矫正机构开展社会调查评估。2020 年 5 月 28 日，由杨某居住地的社区矫正机构组成的调查评估小组，对杨某的社会危险性和对所居住社区的影响进行充分调查和论证，形成准确的综合评估意见的书面材料，提交给委托调查评估的监狱，为决定机关依法适用社区矫正提供重要的参考依据。

根据案例 2 所给材料，制作一份《调查评估意见书》。示例如下。

调查评估意见书

（2020）×矫调评字第 5 号

×××监狱：

受你单位委托，我局于××年×月×日至××年×月×日对罪犯杨某进行了调查评估。有关情况如下：杨某，男，26 岁，未婚，小学文化程度。杨某十几岁时父亲去世，在当地没有违法乱纪行为，无前科。由于家庭困难，18 岁就在外打工，并不断将打工挣的钱邮寄给家乡的母亲。在杨某 20 岁的时候，曾在打工的工地上无私救助过一位工友。该工友在高处作业的时候不慎跌落，是杨某跑过去垫在了这位工友的身下，才导致该工友只受了点轻伤，而杨某却因此住院一周。此外，杨某的亲戚、朋友、邻居都认为杨某是由于长期在外打工交友不慎而误入歧途，而且家里有基本生产生活资料，如果他能够早日返乡照顾母亲，村委会同意在他改造期间加以帮助和监督，其亲属也同意配合。

综合以上情况，评估意见为杨某社区矫正环境较好，适宜执行非监禁刑罚。

（公章）
××年×月×日司法局（公章）
2020 年 7 月 31 日

注：抄送×县人民检察院。

二、制作调查评估意见书的注意与提示

1. 调查评估意见书中"有关情况如下：……"部分是文书的主要内容，也是文书的重点部分。此部分主要记录受委托的司法行政机关根据委托机关的要求，对被告人或者罪犯的居所情况、家庭和社会关系、一贯表现、犯罪行为的后果和影响，居住地村（居）民委员会意见和被害人意见，拟禁止的事项等进行调查了解，形成的评估意见。

2. 调查评估意见书一定要按照调查评估的情况，实事求是地去写，切不可刻意夸大，也不应对一些事情有所隐瞒。

3. 调查评估意见书涉及对象为未成年人的，还要注意保密，除有关单位根据国家规定进行查询外，不对外公开。

案例3：杨某，男，1983年10月出生，因违反《中华人民共和国烟草专卖法》的有关规定，未经许可贩卖电子烟等，于2019年4月1日被法院以非法经营罪判处有期徒刑5年，刑期自2019年4月1日起至2024年4月1日止。杨某入狱后，因其遵守监规，接受教育积极改造，多次被评为改造积极分子，2022年5月杨某被建议适用假释。在假释前，杨某所服刑的监狱委托杨某住所地的司法行政机关对其进行了相关的调查评估。2022年5月28日，由杨某住所地所属的市社区矫正科、原居住地司法所工作人员组成的调查小组对杨某的社区矫正环境开展调查评估工作并就评估结果形成了书面材料。

调查评估意见书

（2022）××矫调评字第3号

××监狱管理局：

受你单位委托，我单位于2022年5月30日至2022年6月5日对罪犯杨某进行了调查评估。有关情况如下：杨某，男，1983年10月出生，汉族，大学本科文化，户籍地为××市××区××街道××号，居住地为××市××区××街道××号，居住地房屋60平方米为其父亲所有，现由父母二人在此居住。其父母均已退休，经济情况稳定，并表示愿意为其提供经济帮助及监督帮教。经查，其无前科劣迹，成长经历正常。此次犯罪为非法经营，在社区无特定被害人，社区及居委会亦同意其适用社区矫正。

综合以上情况，评估意见为杨某适用社区矫正，不存在社会危险性，对所居住社区的影响一般。

××市社区矫正机构（公章）
2022年6月6日

注：抄送××人民检察院。

建议和提示：单纯从调查评估记录的有关情况来看，杨某居住、家庭、社会关系、成长经历、帮教条件以及社区接受程度等各方面均为良好，评估意见为"不存在社会危险性"的认定未见调查事实予以充分支持。后经调查人员了解，其做出该调查评估意见时主要考虑杨某此次犯罪行为为非法经营罪，属破坏社会主义市场经济秩序犯罪，可能存在再犯罪风险，故不宜出具"不存在社会危险性"的意见。虽然调查事项范围较广，但建议还可以开展深入调查，如成长经历方面是否自觉好学、尊敬师长、孝敬父母，家庭关系方面父母的年龄及家庭收入、对子女的管教能力，社会关系方面社区邻里相处是否和睦、愿意接纳等。对于经调查认为确有社会危险性的因素亦应指出相关的调查事实或证据材料，作具体明确表述，供决策机关予以参考。

工作法律依据

社区矫正调查评估工作的法律依据为《社区矫正法》第 18 条，《社区矫正法实施办法》第 13、14 条，《关于规范量刑程序若干问题的意见》第 3 条，《关于适用认罪认罚从宽制度的指导意见》第九点。

思考练习

1. 杨某，男，1964 年 2 月出生，户籍地及居住地为××省××县。2021 年 11 月 1 日，因涉嫌危险驾驶罪被 C 县公安局取保候审。2021 年 12 月 20 日，××省××县人民法院对拟适用社区矫正的被告人杨某，调查其对所居住社区的影响，以发函的形式委托××县司法局社区矫正机构进行调查评估。

××县司法局社区矫正机构收到××省××县人民法院的委托函后，依据《社区矫正法》《社区矫正法实施办法》等规定，组织执行地司法所对被告人杨某家庭情况、社会关系、日常表现、违法行为的后果及居委会意见等进行走访调查，先后听取居住地居委会主任欧某、亲属等人员的意见，并制作了调查笔录。

根据案例所给材料，制作有关调查评估笔录和调查评估意见书。

2. 如果社区矫正决定机关未委托社区矫正机构开展调查评估，而是直接将其适用了社区矫正，你如何看待这件事情？

3. 被告人崔某，女，1958 年 3 月 6 日出生，居民身份证号码是 421××××××××××××，汉族，初中文化，户籍所在地为广东省广州市×区××路×号，政治面貌为群众，系湖北省××市下岗职工，现居住在湖北省×市×区××街道××号。因涉嫌帮助信息网络犯罪活动于 2021 年 10 月被逮捕，随后被起诉至湖北省×市×区人民法院。

请问，如果该区人民法院委托对被告人崔某进行调查评估，应委托哪里的社区矫正机构开展调查评估工作？

4. 目前在司法实践中对调查评估笔录的格式和内容有没有规范化的要求？

5. 目前在司法实践中对调查评估意见书的撰写有没有规范化的要求？

拓展学习

一、对未成年犯进行社区矫正时，是否需要进行审判前调查

根据《社区矫正法》第 52 条、54 条，司法行政机关有义务在社区矫正裁决过程中就提前介入，通过一定的调查工作配合人民法院做出正确的裁决。

总的来说，对未成年犯进行社区矫正时，是需要进行审判前调查的。建立未成年犯审前调查制度，通过对未成年犯的家庭背景、教育经历、社会活动的调查，有利于法官在审理案件时全面考虑"犯罪人"的情况，而不仅仅是"犯罪"的情况，从而客观、公正地作出对未成年人最适宜的判决，同时还有利于实现对该未成年人以后社区矫正的矫正项目设计。

二、调查评估意见表格应用环节的程序要求

（一）侦查阶段发起的调查评估流程

1. 公安机关发送委托社会调查函及相关材料，移送至犯罪嫌疑人居住地的社区矫正机构或者有关社会组织。

2. 社区矫正机构或者有关社会组织收到委托函后，应当指派调查人员开展调查，并及时通知执行地县级人民检察院。

3. 调查人员应当围绕需要调查的事项，通过实地走访、信息化核查等方式展开调查，并在调查过程中留存调查记录，经综合评估形成规范的书面调查评估报告后，提交社区矫正机构或者有关社会组织。

4. 社区矫正机构或者有关社会组织收到调查人员的调查记录和评估报告后，应当认真审核并形成《调查评估意见书》，与相关材料一起提交发起委托的公安机关，同时抄送执行地县级人民检察院。

5. 公安机关在侦查阶段委托社区矫正机构或者有关社会组织进行调查评估，社区矫正机构或者有关社会组织在公安机关移送审查起诉后完成调查评估的，应当及时将评估意见提交受理案件的人民检察院或者人民法院，并抄送公安机关。

（二）审查起诉阶段发起的调查评估流程

1. 人民检察院发送委托社会调查函及相关材料，移送至犯罪嫌疑人居住地的社区矫正机构或者有关社会组织。

2. 社区矫正机构或者有关社会组织收到委托社会调查函后，应当指派调查人员开展调查，并及时通知执行地县级人民检察院。

3. 调查人员应当围绕需要调查的事项，通过实地走访、信息化核查等方式展开调查，并在调查过程中留存调查记录，经综合评估形成规范的书面调查评估报告后，提交社区矫正机构或者有关社会组织。

4. 社区矫正机构或者有关社会组织收到调查人员的调查记录和评估报告后，应当认真审核并形成《调查评估意见书》，与相关材料一起提交发起委托的人民检察院，同时抄送执行地县级人民检察院。

5. 人民检察院提起公诉时，已收到调查评估材料的，应当将材料一并移送，未收到调查评估材料的，应当将委托文书随案移送；在提起公诉后收到调查评估材料的，应当及时移送人民法院。

（三）决定阶段发起的调查评估流程

1. 决定机关发送委托社会调查函及相关材料，移送至被告人、罪犯居住地的社区矫正机构或者有关社会组织。

2. 社区矫正机构或者有关社会组织收到委托社会调查函后，应当指派调查人员开展调查，并及时通知执行地县级人民检察院。

3. 调查人员应当围绕需要调查的事项，通过实地走访、信息化核查等方式展开调查，并在调查过程中留存调查记录，经综合评估形成规范的书面调查评估报告后，提交社区矫正机构或者有关社会组织。

4. 社区矫正机构或者有关社会组织收到调查人员的调查记录和评估报告后，应当认真审核并形成《调查评估意见书》，与相关材料一起提交决定机关，同时抄送执行地县级人民检察院。

5. 决定机关收到《调查评估意见书》后，应当充分参考评估意见后作出决定。决定机关对调查评估意见的采信情况，应当在相关法律文书中说明。

🔍 **知识链接**

工作领域二

社区矫正补齐、基本信息、宣告、责任文书等制作

学习目标

知识目标：掌握社区矫正交付接收工作的一般流程和相关知识。

能力目标：具备规范制作社区矫正交付接收工作中各类法律文书的基本能力。

素质目标：培养依法执政、规范执法、履职尽责、认真负责的职业精神。

工作思维导图

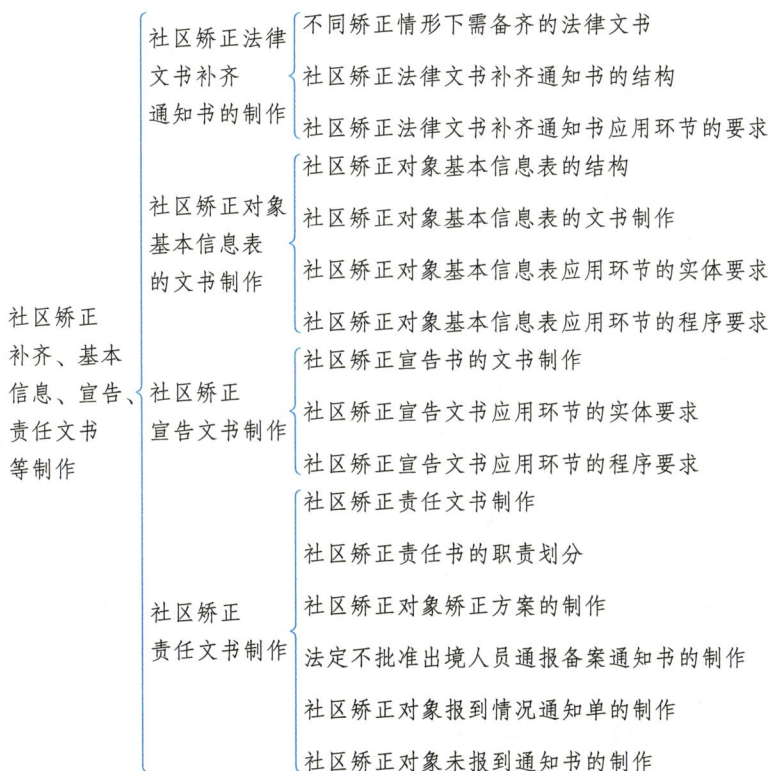

社区矫正补齐、基本信息、宣告、责任文书等制作
- 社区矫正法律文书补齐通知书的制作
  - 不同矫正情形下需备齐的法律文书
  - 社区矫正法律文书补齐通知书的结构
  - 社区矫正法律文书补齐通知书应用环节的要求
- 社区矫正对象基本信息表的文书制作
  - 社区矫正对象基本信息表的结构
  - 社区矫正对象基本信息表的文书制作
  - 社区矫正对象基本信息表应用环节的实体要求
  - 社区矫正对象基本信息表应用环节的程序要求
- 社区矫正宣告文书制作
  - 社区矫正宣告书的文书制作
  - 社区矫正宣告文书应用环节的实体要求
  - 社区矫正宣告文书应用环节的程序要求
- 社区矫正责任文书制作
  - 社区矫正责任文书制作
  - 社区矫正责任书的职责划分
  - 社区矫正对象矫正方案的制作
  - 法定不批准出境人员通报备案通知书的制作
  - 社区矫正对象报到情况通知单的制作
  - 社区矫正对象未报到通知书的制作

工作任务三　社区矫正法律文书补齐通知书的制作

🔍 任务目标

1. 了解社区矫正工作中法律文书补齐通知书的制作流程；
2. 熟悉社区矫正工作中法律文书的内容；
3. 理解社区矫正法律文书补齐的意义和重要性；
4. 使学生正确理解党的基本路线，拥护党的领导，坚持中国特色社会主义道路。

🔍 任务描述

社区矫正法律文书补齐通知书是社区矫正对象报到时，社区矫正机构未收到法律文书或者法律文书不齐全，需要通知社区矫正决定机关送达或者补齐法律文书。

社区矫正机构作为社区矫正工作具体实施的执行机关，其执行依据主要是社区矫正决定机关依法作出的判决、裁定和决定。因此，为体现刑事执行活动的严肃性、程序的规范性、实施的合法性，决定机关应当送达齐全、完备的法律文书，从而使社区矫正机构顺利接收社区矫正对象并无缝衔接实施工作。

🔍 工作场景

2020 年 7 月 25 日，社区矫正对象郭某，男，16 岁，来到××市××县社区矫正中心报到。××县社区矫正中心工作人员在认真查阅完郭某的档案，详细核对社区矫正对象的身份信息时，发现郭某没有监护人陪同办理登记手续，相关法律文书只有人民法院的判决书、执行通知书。社区矫正中心工作人员当即将此事向领导汇报。在领导和社区矫正中心工作人员的共同见证下，先记录在案，为其办理登记手续，并即刻联系其监护人到场协助办理郭某入矫登记手续。同时，通知相关决定机关，在 5 日内补齐法律文书。

根据《社区矫正法实施办法》第 16 条第 2 款规定，社区矫正对象前来报到时，执行地县级社区矫正机构未收到法律文书或者法律文书不齐全，应当先记录在案，为其办理登记接收手续，并通知社区矫正决定机关在 5 日内送达或者补齐法律文书。

实际工作中，可以在社区矫正对象前来报到之时，通过 114 查询电话号码等途径联系决定机关，通知相关决定机关，在 5 日内补齐法律文书。若决定机关无法在报到期限内送达文书原件，可先通过电子传真、邮箱等方式送达文书影印件，核对文书齐全后，社区矫正机构可以为其办理登记接收手续，并通知决定机关补送文书及超期送达的情况说明。待相关文书材料原件送达后再向决定机关寄回执行回执和送达回证。本案例中郭某为未成年人，因此必须通过电话及时联系监护人到场，协助郭某完成入矫登记相关事宜。

在入矫登记过程中，社区矫正中心工作人员向郭某宣读判决书、执行通知书、社区矫正宣告书等法律文书，告知郭某在社区矫正期间其依法享有的权利和义务、应当遵守的规定、被禁止的事项以及违反规定的法律后果。在核对信息和宣读相关法律文书后，社区矫正对象郭某便进入了入矫状态，并在社区矫正责任书、承诺书、宣告书以及其他相关文书上签字。同时工作人员为郭某手机上安装了"矫e通"APP，并要求郭某3日内到司法所报到。

🔑 **工作任务**

制作社区矫正法律文书补齐通知书，核心任务是确保社区矫正工作依法依规、准确有序开展，具体如下：

一是指出问题。明确指出当前已接收法律文书中缺失、错误或不符合规范的具体内容，如法律文书的关键信息模糊、格式错误，如矫正人员身份信息有误、刑期起止时间不明等，让相关单位清楚了解问题所在。

二是要求补正。清晰告知需要补齐、修正法律文书的具体要求和标准，给出合理补正期限，一般根据实际情况在几日内完成，确保相关单位能够在规定时间内完成法律文书的补充和修正工作。

三是跟踪流程。在通知书中注明回复方式和反馈渠道，便于接收单位及时回应，同时也方便社区矫正机构跟踪补正情况，保证整个工作流程的顺畅和信息的及时互通。

四是留存记录。制作完成后，需将通知书进行留存归档，作为社区矫正工作档案的一部分，完整记录整个事件的处理过程，为后续可能的检查、审计或其他相关工作提供准确依据。

任务1　不同矫正情形下需备齐的法律文书

社区矫正机构应当依法核对社区矫正法律文书，法律文书不齐全时应当通知社区矫正决定机关在规定时间内补齐法律文书。

一、人民法院判处管制、缓刑类的法律文书

人民法院判处管制、缓刑罪犯的文书材料包括刑事判决书、执行通知书、结案登记表、起诉书副本、接受社区矫正保证书、社区矫正告知书、送达回执、居住地及执行地核实确定等相关材料。

二、人民法院决定暂予监外执行类的法律文书

人民法院决定暂予监外执行的文书材料包括暂予监外执行决定书、执行通知书、罪犯病情诊断书或罪犯生活不能自理鉴别书及相关病历材料、暂予监外执行具保书、刑事判决书、起诉书副本、结案登记表、接受社区矫正保证书、送达回执、居住地及执行地核实确定等相关材料。

三、人民法院裁定假释类的法律文书

人民法院裁定假释的文书材料包括假释裁定书、刑事判决书、起诉书副本、假释证明书、假释通知书、历次减刑的裁定书复印件、出监所鉴定或考核鉴定材料、接受社区矫正保证书、社区矫正告知书、送达回执、居住地及执行地核实确定等相关材料。

四、监狱管理机关、公安机关批准暂予监外执行类的法律文书

监狱管理机关、公安机关批准暂予监外执行的文书材料包括暂予监外执行决定书或通知书、暂予监外执行审批表、罪犯病情诊断书或罪犯生活不能自理鉴别书及相关病历材料、暂予监外执行具保书、刑事判决书、起诉书副本、历次减刑裁定书、出监所鉴定表或考核鉴定材料、接受社区矫正保证书、送达回执、居住地及执行地核实确定等相关材料。

任务2　社区矫正法律文书补齐通知书的结构

一、社区矫正法律文书补齐通知书的结构

社区矫正法律文书补齐通知书属于填写式文书，共分为两联，第一联由社区矫正机构留存，第二联送达社区矫正决定机关。

（一）第一联的结构和内容

第一联是存根联，由社区矫正机构留存备查，其填写的内容要多于第二联，主要填写文书字号、社区矫正对象的姓名、身份证号、判处（宣告、裁定、决定）日期、社区矫正决定机关、社区矫正机构、社区矫正对象报到日期、法律文书缺少项目等。

（二）第二联的结构和内容

第二联是正本，由首部、正文、尾部三部分构成。

1. 首部。首部包括标题和文书字号。标题就是该文书的名称，即社区矫正法律文书补齐通知书；文书字号由年份、社区矫正机构代字、文书种类代字和文书顺序号组成，如"（2022）××矫补通字第3号"。

2. 正文。正文有受文者、文书主体、联系人和联系电话。受文者为社区矫正决定机关；文书主体主要说明要通知的事项，即缺少的法律文书的种类。

3. 尾部。尾部包括文书制作单位（公章）、文书制作日期。

（三）文书制作要求

1. 文书字号及日期中的数字使用阿拉伯数字，存根联和正本之间加盖骑缝章。

2. 文书中的判处（宣告、裁定、决定）日期以及社区矫正对象的报到日期要填写准确。

3. 社区矫正机构在核对法律文书时，发现可能影响社区矫正执行期限的错误时，应及时与社区矫正决定机关沟通确认，确有错误的，由社区矫正决定机关重新制发，以保障社区矫正工作依法进行，维护社区矫正对象的合法权益。因此，在社区矫正法律文书制作中，应做到严谨、规范、认真。

社区矫正法律文书补齐通知书

（存根）

（　　）　　字第　　号

社区矫正对象_____，身份证号码_____，____年____月____日经_____人民法院（公安局、监狱管理局）判处（宣告、裁定、决定）管制（缓刑、假释、暂予监外执行）。该社区矫正对象已于____年____月____日到_____社区矫正机构报到。经查，未收到相关社区矫正

法律文书（相关法律文书不齐全），根据《中华人民共和国社区矫正法》第二十条之规定，请于五日内补齐_____等相关法律文书。

送达_____人民法院（公安局、监狱管理局）

填发人

批准人

填发日期　　年　月　日

社区矫正法律文书补齐通知书
（正本）

（　）　　字第　号

_____人民法院（公安局、监狱管理局）：

你单位___年___月___日判处（宣告、裁定、决定）管制（缓刑、假释、暂予监外执行）的社区矫正对象_____，身份证号码_____，已于___年___月___日到_____报到。经查，未收到相关社区矫正法律文书（相关法律文书不齐全），根据《中华人民共和国社区矫正法》第二十条之规定，请于五日内补齐_____等相关法律文书。

联系人：　　　　　　　联系电话：

（公章）

年　月　日

二、社区矫正法律文书补齐通知书工作范例与制作说明

（一）社区矫正法律文书补齐通知书工作范例

2021年3月8日，××省××市人民法院对林某某以生产、销售伪劣产品罪判处有期徒刑1年，缓刑1年，依法实行社区矫正。社区矫正期限从2021年3月15日起至2022年3月14日止。判决生效后，人民法院告知林某某在10日内到社区矫正机构报到，林某某于3月15日到社区矫正机构报到，经核对，社区矫正机构发现缺少执行通知书和结案登记表。此刻，社区矫正机构在发现法律文书不齐全时，应当怎么办？是否为林某某办理登记接收手续？请以案例为材料，制作《社区矫正法律文书补齐通知书》。

社区矫正法律文书补齐通知书
（存根）

（2021）×矫补通字第1号

社区矫正对象林某某，身份证号码×××××××××××××××××，2021年3月8日经××人民法院判处缓刑。该社区矫正对象已于2021年3月15日到××社区矫正机构报到。经查，未收到相关社区矫正法律文书（相关法律文书不齐全），根据《中华人民共和国社区矫正法》第二十条之规定，请于五日内补齐执行通知书、结案登记表等相关法律文书。

送达××人民法院（公安局、监狱管理局）

填发人：×××

批准人：×××

填发日期　2021 年 3 月 15 日

社区矫正法律文书补齐通知书

(2021)×矫补通字第 1 号

××人民法院（公安局、监狱管理局）：

你单位 <u>2021 年 3 月 8 日判处缓刑的</u>社区矫正对象林某某，身份证号码×××××××××××××××，已于 <u>2021 年 3 月 15 日</u>到×××社区矫正机构报到。经查，未收到相关社区矫正法律文书（相关法律文书不齐全），根据《中华人民共和国社区矫正法》第二十条之规定，请于五日内补齐<u>执行通知书、结案登记表</u>等相关法律文书。

联系人：×××　　　　　　联系电话：×××××××××

(公章)

2021 年 3 月 15 日

（二）社区矫正法律文书补齐通知书制作说明

本文书根据《社区矫正法》第 20 条、21 条、22 条以及《社区矫正法实施办法》第 16 条的规定制作，用于在社区矫正对象报到时，社区矫正机构未收到法律文书或者法律文书不齐全，需要通知社区矫正决定机关在 5 日内送达或者补齐法律文书。

（三）社区矫正法律文书补齐通知书工作注意与提示

1. 社区矫正对象前来报到时，社区矫正机构未收到法律文书或法律文书不齐全的，应当对社区矫正对象的报到情况先行做好书面记录，为其办理登记接收手续，防止漏管情形发生。

2. 对于社区矫正决定地与执行地不在同一地方的，社区矫正机构应依法转送法律文书，以助力检察机关依法开展法律监督、公安机关依法履职做好治安防控等。

任务3　社区矫正法律文书补齐通知书应用环节的要求

一、社区矫正法律文书补齐通知书的时限要求

社区矫正决定机关应当自判决、裁定或者决定生效之日起 5 日内通知执行地县级社区矫正机构，并在 10 日内将判决书、裁定书、决定书、执行通知书等法律文书送达执行地县级社区矫正机构，同时抄送人民检察院和执行地公安机关。社区矫正决定地与执行地不在同一地方的，由执行地社区矫正机构将法律文书转送所在地的人民检察院、公安机关。收到法律文书后，社区矫正机构应当在 5 日内送达回执。

二、社区矫正法律文书补齐通知书的接收要求

社区矫正机构应当依法接收社区矫正对象。实践中一些地方的社区矫正机构接收入矫标准不统一，有的地方是"见人"即接收，有的地方是"见档"即接收，有的是"见人见档"才接收，有的不愿接收，有的对流动人口、跨省异地交付存在拒收的情

况。对此，《社区矫正法》第 17 条明确规定了社区矫正决定机关判处管制、宣告缓刑、裁定假释、决定或批准暂予监外执行时应当确定社区矫正执行地。因此，社区矫正决定机关确定执行地后，社区矫正机构应当依法接收，不得推诿。

三、社区矫正法律文书补齐通知书的准备工作要求

接到社区矫正决定机关有关通知后，社区矫正机构应做好接收准备工作，并将有关事项告知拟负责承担社区矫正相关工作的司法所。

四、社区矫正法律文书补齐通知书的核对文书要求

1. 收到社区矫正决定机关法律文书后，要认真核对登记，在 5 日内送达回执。

2. 发现法律文书缺项的，应及时通知社区矫正决定机关在 5 日内送达或补齐法律文书。

3. 对于社区矫正决定地与执行地不在同一地方，需要由社区矫正机构转送法律文书的，若社区矫正决定机关未送达需要转送的法律文书，社区矫正机构应当及时通知社区矫正决定机关送达或补齐。

五、社区矫正法律文书补齐通知书的核对身份要求

1. 社区矫正对象在规定时间内报到的，社区矫正机构应对照已收到的法律文书核对其身份，保证是社区矫正对象本人前来报到和接受社区矫正。

2. 对有收到相关法律文书或者法律文书不齐全，而社区矫正对象已经前来报到的，应先记录在案，为其办理登记接收手续。

3. 社区矫正机构先行收到文书的，亦可以及时联系、通知社区矫正对象报到。

六、社区矫正法律文书补齐通知书的登记接收要求

社区矫正机构接收社区矫正对象后应当及时办理登记接收手续。办理完登记接收手续后，告知社区矫正对象到指定的司法所接受社区矫正并通知司法所。

🔍 **工作法律依据**

社区矫正法律文书补齐通知书的法律依据为《社区矫正法》第 17、20、21、22 条，《社区矫正法实施办法》第 16 条。

🔍 **思考练习**

社区矫正对象李某，男，1970 年 8 月出生，户籍地、居住地均为广东省×市。因犯受贿罪被依法判处有期徒刑 11 年，在监狱服刑期间认罪悔罪，表现积极，服刑七年后，被法院裁定假释。居住地司法局收到了×市中级人民法院对罪犯李某予以假释的法律文书后，经检查法律文书只有刑事判决书、起诉书副本等材料。

1. 根据《社区矫正法》《社区矫正法实施办法》的规定，在为社区矫正对象办理接收登记环节中，发现法律文书不齐全的情况应该如何处理？

2. 人民法院裁定假释时的文书材料都有哪些？针对本案例出现的情况，制作一份《社区矫正法律文书补齐通知书》，并作好相应的与人民法院联系沟通的对接业务。

🔍 **拓展学习**

一、制作《罪犯暂不收监通知书》时应注意的事项

1. 不予收监的理由必须准确填写。如：经审查，罪犯王某某送交的法律文书中缺少人民法院执行通知书的结案登记表。

2. 有的人填写的非常笼统，只写了"缺少法律文书"，这是不符合要求的。此理由必须是法定的理由，应当具体说明缺少哪一种法律文书或法律文书的哪个地方记载有误，不能笼统写之。

3. 针对《个别谈话记录——入监个别谈话》，一是询问了解新入监罪犯的身份、个人经历、犯罪事实、判决等情况，还包括是否认罪服判、有无疾病、目前状况如何、直系亲属及关系；二是了解新入监罪犯目前的心理状态和思想状况，通过观察和相互沟通，初步判断罪犯的精神、心理、智力及情绪是否正常等；三是进行稳定罪犯情绪的教育，说明监狱性质和监狱纪律；四是有针对性地提出改造希望和要求；五是对入监罪犯的谈话要及时。

二、制作《罪犯入监登记表》时应注意的事项

1. 刑期起止栏的填写：刑期起止计算要正确。刑期起算日是从被羁押之日起算，而不是入监之日。

2. 本人简历栏的填写：在时间上尽量要首尾衔接，填写时间上不应该有间断。

3. 家庭成员和主要社会关系栏的填写：要填写详细，这与日后会见、教育改造、追逃、社会帮教工作有很大的关系。不能只简单登记父母或子女。

🔍 **知识链接**

工作任务四　社区矫正对象基本信息表的文书制作

🔍 **任务目标**

1. 掌握社区矫正对象基本信息表的结构及填写要求；

2. 了解制作社区矫正对象基本信息表的法律依据；

3. 能够按照社区矫正对象基本信息表的栏目要素、制作规定和实体应用、程序规定，制作社区矫正对象基本信息表；

4. 了解我国的民族团结政策和宗教政策，树立各民族一律平等的思想，自觉维护民族团结和祖国统一。

📌 任务描述

社区矫正对象基本信息表是社区矫正对象报到时，由社区矫正机构根据相关法律文书中的项目，经询问核实后，记录社区矫正对象基本信息的表格。该表格包括社区矫正对象的姓名、性别、民族、出生年月、文化程度、健康状况、原政治面貌、婚姻状况、户籍地、居住地、执行地、原工作单位、联系电话、罪名、刑种、原判刑期、社区矫正决定机关、原羁押场所、禁止令内容、矫正类别、矫正期限、法律文书收到时间及种类、接收方式及报到时间、报到情况、主要犯罪事实、本次犯罪前的违法犯罪记录、个人简历和家庭成员及主要社会关系等信息。

📌 工作场景

李某，男，35 岁，因盗窃罪被判处有期徒刑 3 年，缓刑 4 年。李某在缓刑期间需接受社区矫正管理，目前居住在某市某社区。

采集李某信息主要包括李某的基本身份信息、家庭情况、社会背景、犯罪情况、心理状态、教育经历、职业技能以及社区关系等方面的信息。

1. 设计标准化的信息采集表格，明确需要采集的信息点。

2. 与李某进行面对面沟通，了解其基本信息，并填写表格。

3. 访问李某所在社区，与社区工作人员进行交流，了解其在社区的表现和人际关系。

4. 与李某的家人和亲友进行访谈，了解其家庭背景和社会关系。

5. 查阅李某的犯罪记录和相关法律文书，了解其犯罪情况和判决结果。

6. 通过心理测评工具对李某进行心理状态评估。

将所有采集到的信息进行整理，分析李某的家庭环境、社会背景、心理状态等因素对其接受社区矫正的影响，为后续制定个性化的矫正方案提供依据。

采集李某信息时应注意：

1. 在采集信息时，要确保信息的真实性和准确性，避免夸大或缩小事实。

2. 要尊重李某的隐私权和人格尊严，不得泄露其个人信息。

3. 在采集心理状态信息时，要选择适合李某的心理测评工具，并确保心理测评工具使用的规范性和专业性。

在本次信息采集过程中，我们发现与社区矫正对象的沟通是至关重要的。有效的沟通不仅能够获得更准确的信息，还能够增进彼此的理解和信任，为后续的社区矫正工作打下良好的基础。

今后社区矫正机构要定期对李某进行信息更新，确保信息的实时性和准确性。可以根据采集到的信息，为李某制定个性化的社区矫正方案，加强对其的帮扶和教育。加强社区与社区矫正工作人员的沟通协作，共同推动社区矫正工作的顺利开展。

📌 工作任务

社区矫正对象基本信息表文书制作工作任务涵盖多方面，需要全面准确收集、整理并规范填写各类信息，具体任务如下：

一是全面收集信息。从多维度入手，涵盖身份信息，包括姓名、性别、年龄、身份证号等；犯罪详情，包括犯罪事实、罪名、判决结果；刑罚执行细节，如矫正类型、期限；家庭状况，包含成员信息及关系；就业和经济状况，以及心理健康状况等。

二是准确填写录入。依据收集的信息，在对应表格栏规范录入，杜绝错填、漏填。数字、日期确保精确，文字描述清晰简练，犯罪情节描述要抓住重点。

三是严格审核校对。完成录入后，仔细自查有无错漏，重点核查关键信息。随后由同事或上级二次审核，发现问题及时修正，确保信息表无误。

四是安全存储管理。审核通过的信息表，按档案管理规范编号、分类，存入个人档案。同时做好保密，限制查阅权限，以防信息不当泄露。

任务 1　社区矫正对象基本信息表的结构

社区矫正对象个人基本信息表主要由单位、编号、填表时间，社区矫正对象个人情况，犯罪的基本情况三个部分构成。

一、社区矫正对象单位、编号、填表时间

1. 单位。县级司法行政机关对社区矫正对象建立执行档案时，社区矫正对象个人基本信息表中单位应填写×××司法局；司法所对社区矫正对象建立工作档案时，社区矫正对象个人基本信息表中单位应填写×××司法所。

2. 编号。县级司法行政机关对社区矫正对象建立执行档案时，编号应采取"×司矫正〔20××〕××号"样式填写，其中"×司"中的"×"为行政县名称第一个字，"〔20××〕"为年份，"××"号为县级司法行政机关报到顺序号。

司法所建立工作档案时，编号应采取"×司××所矫正〔20××〕××号"样式填写。其中"××所"为对社区矫正对象进行日常监管的司法所代称。例如，李三是云梦县司法局2022年接收的第75位社区矫正对象，其执行档案中的《社区矫正对象个人基本信息表》编号应填写"云司矫正〔2022〕75号"。李三是云梦县司法局三合司法所2022年接收的第10位社区矫正对象，其工作档案中的《社区矫正对象个人基本信息表》编号应填写"云司三合所矫正〔2022〕10号"。

3. 填表时间。按照××××年××月××日格式填写。

二、社区矫正对象个人情况

在表格内依次填写：社区矫正对象的姓名、曾用名、身份证号码、性别、民族、出生年月、文化程度、健康状况、原政治面貌、婚姻状况、居住地、户籍地、所在工作单位（学校）、联系电话、个人联系电话，并在标示位置粘贴社区矫正对象一寸免冠近照。下面介绍易出现混淆情况的项目的填写方法：

1. 曾用名。曾用名是指社区矫正对象在读书和工作期间曾经使用过的名字。我国公民常住人口登记表、居民户口簿上登载的"曾用名"项目和户口迁移证上登载的"别名"项目均应填写为公民过去在户口登记机关申报登记并正式使用过的姓名。

2. 健康状况。根据社区矫正对象实际情况选择填写良好、重大疾病、残疾中的一项。若填写重大疾病或残疾，则要在备注中说明具体情况。社区矫正对象的健康状况与监督管理中的社区服务紧密相关，尤为重要。

根据《社区矫正法》第42条规定，社区矫正机构可以根据社区矫正对象的个人特长，组织其参加公益活动，修复社会关系，培养社会责任感。具体到地方工作，如《湖北省社区矫正工作细则》第98条规定，社区矫正机构、受委托的司法所按照符合社会公共利益的原则，根据社区矫正对象的劳动能力、健康状况等情况，结合社区矫正对象的个人特长，组织社区矫正对象开展社区服务、公共福利、帮助他人等公益活动。鼓励社区矫正对象自愿认领、自发参加公益活动，帮助社区矫正对象修复社会关系，培养社会责任感。第96条规定，社区矫正对象因身体健康原因不适宜参加集体教育的，可以书面申请减免，并提交相应证明材料。受委托的司法所核实后，报县级社区矫正机构批准。

3. 原政治面貌。填写罪犯在判决前曾参加的政治组织或党派。

4. 婚姻状况。选择填写未婚、已婚、离异、再婚、丧偶。

5. 居住地。居住地是指社区矫正对象现在所居住的地方。社区矫正对象在居住地执行社区矫正；不能确定居住地的，在户籍地执行社区矫正。

6. 户籍地。户籍地是指我国居民户口簿登记的户口所在地。

三、社区矫正对象犯罪的基本情况

在表格内依次填写：罪名、刑种、原判刑期、社区矫正决定机关、原羁押场所、禁止令内容、禁止期限起止日、矫正类别、矫正期限、矫正起止日、法律文书收到时间及种类、接收方式及报到时间、在规定时限内报到、超出规定时限报到、未报到且下落不明、主要犯罪事实、本次犯罪前的违法犯罪记录。以上内容根据起诉书、判决书（裁定书）、结案登记表、执行通知书等法律文书中的记录进行填写。

任务2　社区矫正对象基本信息表的文书制作

社区矫正对象基本信息表文书样本

单位：县（市、区、旗）社区矫正机构（公章）　　　编号：

填写日期：

姓名		曾用名		身份证号码		一寸免冠照片
性别		民族		出生日期		
文化程度		健康状况		政治面貌		婚姻状况	
户籍地						
居住地						

执行地					
原工作单位（就读学校）			联系电话		
个人联系电话					
罪名		刑种		原判刑期	
社区矫正决定机关			原羁押场所		
禁止令内容		禁止期限起止日			
附加刑判项内容					
矫正类别		矫正期限		起止日期	
法律文书收到时间及种类		接受方式及报到时间			
主要犯罪事实					
本次犯罪前的违法犯罪记录					

个人简历	起止时间	所在单位		职务

家庭成员及主要社会关系	姓名	关系	工作单位或家庭住址	联系电话

备注	

任务 2.1　社区矫正对象基本信息表填写范例

案例：社区矫正对象王某，男，1990 年 8 月 1 日出生，因犯交通肇事罪被人民法院判处有期徒刑一年，缓刑一年。判决生效后，法院依法向社区矫正机构送达法律文书，并告知王某到社区矫正机构报到。王某按时报到，社区矫正机构对其登记接收。

社区矫正对象王某基本信息表

单位：××区社区矫正机构（公章）　　　　编号：007

填表日期：2020 年 8 月 1 日

姓名	王某	曾用名	王某某	身份证号码	×××××1990 0801××××	一寸免冠照片
性别	男	民族	汉	出生日期	1990.8.1	
文化程度	高中	健康状况	良好	政治面貌	党员	婚姻状况　已婚
户籍地	××省××市××区××街××小区××号楼×单元×××号					
居住地	××省××市××区××街××小区××号楼×单元×××号					
执行地	××省××市××区					
原工作单位（就读学校）	××公司			联系电话	×××××××××××	
个人联系电话	×××××××××××					
罪名	交通肇事罪	刑种	有期徒刑	原判刑期	有期徒刑一年	
社区矫正决定机关	××人民法院			原羁押场所	×××看守所	
禁止令内容	无		禁止期限起止日		无	
附加刑判项内容	无					
矫正类别	缓刑	矫正期限	一年	起止日期	自×年×月×日 至×年×月×日	

法律文书收到时间及种类	×年×月×日收到刑事判决书、起诉书（副本）、执行通知书、结案登记表、认罪认罚具结书、确定执行地相关材料、调查评估材料、接受社区矫正保证书、社区矫正告知书等。	接受方式及报到时间	××年××月××日，王某自行报到。
主要犯罪事实	××年××月××日，王某驾驶车辆与被害人赵某某相撞，致赵某某死亡。经鉴定，王某负事故全部责任。		
本次犯罪前的违法犯罪记录	无		

个人简历	起止时间	所在单位	职务
	××××	××××	×××
	××××	××××	×××

家庭成员及主要社会关系	姓名	关系	工作单位或家庭住址	联系电话
	王××	父子	××××××××××××	××××××××××
	宋××	母子	××××××××××××	××××××××××
	赵××	夫妻	××××××××	××××××××××

备注	

社区矫正对象基本信息表填写的注意事项：

1. 个人联系电话：社区矫正对象有多个联系电话的，要登记全面，便于日后的监管和查找。

2. 禁止令内容：人民法院裁判文书中明确禁止从事特定活动、进入特定区域和场所、接触特定的人的，在填写基本信息表时应严格按照人民法院刑事判决、裁定认定的内容及期限进行填写。

3. 附加刑判项内容：严格按照人民法院刑事判决、裁定认定的内容填写，对于罚金刑要了解执行情况以便日后提请减刑时予以准确认定；对于附加剥夺政治权利的，写明判决时及历次减刑后的刑期期限。

4. 矫正期限及起止日：应按照决定机关送达的有关法律文书、执行通知书认定的期限进行填写，发现执行文书有误的应及时同决定机关进行联系，保障刑事执行依法进行，维护社区矫正对象的合法权益。

5. 法律文书收到时间及种类：应写明收到决定机关法律文书的时间及收到法律文书的种类。对于法律文书不齐全的，应当先记录在案，为社区矫正对象办理登记接收手续，并通知决定机关补齐法律文书。

6. 超出规定时限报到：查明未按时报到的原因并做好记录，对因无正当理由不按规定时间报到的，应根据具体情形给予相应社区矫正处罚。

任务3　社区矫正对象基本信息表应用环节的实体要求

一、社区矫正对象基本信息的登记接收

社区矫正机构接收社区矫正对象时应当核对法律文书、核实身份、办理接收登记、建立档案。社区矫正对象的接收是标志社区矫正开始的重要环节，是确保社区矫正依法开始、避免漏管情形发生的一项基础性工作。

二、社区矫正对象基本信息的档案建立

（一）社区矫正机构建立社区矫正档案

社区矫正机构接收社区矫正对象后，应当建立社区矫正档案，包括以下内容：

1. 适用社区矫正的法律文书；

2. 接收、监管审批、奖惩、收监执行、解除矫正、终止矫正等有关社区矫正执行活动的法律文书；

3. 进行社区矫正的工作记录；

4. 社区矫正对象接受社区矫正的其他相关材料。

（二）受委托司法所建立社区矫正工作档案

接受委托对社区矫正对象进行日常管理的司法所应当建立工作档案。工作档案中包括社区矫正档案相关文书材料副本、司法所和矫正小组开展社区矫正工作记录、社区矫正对象接受社区矫正的相关材料等。

任务4　社区矫正对象基本信息表应用环节的程序要求

一、决定机关应履行教育告知义务

社区矫正决定机关判处管制、宣告缓刑、裁定假释、决定或批准暂予监外执行，应当按照刑法、刑事诉讼法等法律规定的条件和程序进行。

社区矫正决定机关应当对社区矫正对象进行教育，书面告知其到执行地县级社区矫正机构报到的时间期限以及逾期报到或未报到的后果，责令其按期报到。

二、社区矫正对象按时报到

1. 被判处管制、宣告缓刑、裁定假释的社区矫正对象，应当自判决、裁定生效之

日起 10 日内，凭社区矫正告知书、生效判决书、假释裁定书、有效身份证明等，到执行地社区矫正机构报到。

2. 人民法院决定暂予监外执行的社区矫正对象，由看守所或者执行取保候审、监视居住的公安机关自收到决定之日起 10 日内将社区矫正对象移送社区矫正机构。

3. 监狱管理机关、公安机关批准暂予监外执行的社区矫正对象，由监狱或者看守所自收到批准决定之日起 10 日内将社区矫正对象移送社区矫正机构。

4. 暂予监外执行的社区矫正对象，原服刑地与居住地不在同一省、自治区、直辖市，需要回居住地暂予监外执行的，原服刑地的省级以上监狱管理机关或者设区的市一级以上公安机关应当书面通知罪犯居住地的监狱管理机关、公安机关，由其指定一所监狱、看守所接收社区矫正对象档案，负责办理其收监、刑满释放等手续。

三、社区矫正机构依法接收

1. 被判处管制、宣告缓刑、裁定假释的社区矫正对象报到时，执行地社区矫正机构应当核对法律文书、核实身份，办理登记接收手续。

2. 对社区矫正对象存在因行动不便、自行报到确有困难等特殊情况的，社区矫正机构可以派员到其居住地等场所办理登记接收手续。

3. 执行地社区矫正机构收到法律文书后，发现社区矫正对象未按规定时限报到的，应当立即组织查找，并向社区矫正对象的家属、监护人或直系亲属书面告知社区矫正对象未按规定时间报到的情况及后果。查找不到的，应当及时书面通知公安机关协助查找。公安机关应当采取必要措施进行查找，并将查找到的社区矫正对象的下落信息及时通知执行地社区矫正机构。执行地社区矫正机构应当及时将有关情况书面通报社区矫正决定机关、执行地同级人民检察院；被裁定假释的，还应当同时抄送原服刑的监狱、看守所。

🔍 **工作法律依据**

社区矫正对象基本信息表制作的法律依据是《社区矫正法》第 2、4、19、21、22 条，《社区矫正法实施办法》第 15、17、18 条。

🔍 **思考练习**

李三，男，生于 1980 年 1 月 1 日，身份证号码 420×××19800101××××，汉族，初中文化，农民，住湖北省孝感市云梦县××镇××村 1 组。

李三父亲李大、母亲赵云，都居住在湖北省孝感市云梦县××镇××村 1 组，均为农民。李三有一兄长，名叫李二，在云梦县第一中学任教师。2010 年，李三与王云结婚，于 2012 年生育一子，取名李全。王云婚后到××镇胜利农家乐工作。李三 1996 年 9 月在××镇初中毕业后，随父亲李大在云梦县城区工程队建筑工地打零工，2008 年后，在××镇××村承包了 20 亩土地，种植经济作物。

2022 年 5 月 2 日 1 时许，李三驾驶一辆车牌为鄂 F12345 的白色面包车由云梦县解放路上行驶，当行驶至解放路与朝阳路交会处路段转弯时，与张某驾驶的二轮电瓶车相撞，造成张某受伤后经医院抢救无效死亡。经道路交通事故认定，李三负事故全部责任。李三因涉嫌交通肇事罪，于 2022 年 5 月 2 日被拘留，同月 22 日被逮捕，拘押于云梦县看守所，2022 年 7 月 21 日被取保候审。

云梦县人民检察院以云检公诉刑诉（2022）107 号起诉书指控被告人李三犯交通肇事罪，于 2022 年 10 月 8 日向云梦县人民法院提起公诉。2022 年 10 月 22 日经云梦县人民法院判决，被告人李三犯交通肇事罪，判处有期徒刑 2 年，缓刑 3 年。

根据云梦县人民法院执行通知书，李三的缓刑考验期自 2022 年 11 月 7 日起至 2025 年 11 月 6 日止。

以案例为材料，制作《社区矫正对象基本信息表》。

1. 请思考并讨论：在接收社区矫正对象工作中，发现社区矫正对象的姓名不一致时，矫正机构应该怎么处理？

2. 请思考并讨论，为未成年矫正对象制作矫正方案，应注意哪些问题？

🔍 拓展学习

一、社区矫正工作中涉及的法律基础知识

1. 罪名，指法律规定的某种具体犯罪的名称，是对该种具体犯罪行为本质特征的高度概括。罪名反映了一种犯罪与另一种犯罪的本质区别，是区分此罪与彼罪的根本界限，在实践中一般也是决定能否按照刑法的规定予以数罪并罚的前提和基础。因此，科学确定和适用罪名对于正确定性和准确量刑意义重大。

2. 刑种，是指刑罚的种类，一般分为主刑和附加刑。根据《中华人民共和国刑法》（以下简称《刑法》）第 33 条，主刑的种类如下：管制、拘役、有期徒刑、无期徒刑、死刑；第 34 条规定了罚金、剥夺政治权利与没收财产三种附加刑；第 35 条规定了适用于犯罪的外国人的驱逐出境附加刑。

具体来看，管制是对罪犯不予关押，但限制其一定的自由，依法实行社区矫正的刑罚方法。判处管制的罪犯仍然留在原工作单位或居住地工作或劳动，在劳动中应当同工同酬。管制的期限为 3 个月以上 2 年以下，数罪并罚时不得超过 3 年。

拘役是剥夺犯罪人短期人身自由，就近实行强制劳动改造的刑罚方法。拘役的刑期最短不少于 1 个月，最长不超过 6 个月。

有期徒刑是在一定期限内剥夺犯罪分子的人身自由，并监禁于一定场所的刑罚。有期徒刑的刑期为 6 个月以上 15 年以下。

无期徒刑是剥夺犯罪分子终身自由，并强迫劳动改造的刑罚方法。

死刑是指行刑者基于相关权力，剥夺一个犯人生命的刑罚。

罚金是指人民法院判处犯罪分子向国家缴纳一定数额金钱的刑罚。

剥夺政治权利是指剥夺犯罪人参加国家管理和政治活动权利的刑罚。

没收财产是将犯罪分子个人所有财产的一部或者全部强制无偿地收归国有的刑罚。

驱逐出境是指将犯罪分子从我国境内驱逐到我国境外的一种刑罚。被驱逐出境的外国人，自被驱逐出境之日起 10 年内不准入境。

3. 原判刑期，是指人民法院判决书中对该名社区矫正对象判处有期徒刑（拘役、管制）的刑罚期限。

4. 社区矫正决定机关，是指对被告人（罪犯）判处管制、宣告缓刑、裁定假释、决定暂予监外执行的人民法院（监狱）名称。

5. 原羁押场所，是指被告人（罪犯）被逮捕、拘留以后的，依法执行刑罚或剥夺其公民人身自由的监狱或看守所名称。

6. 禁止令内容。禁止令是指法院下达的禁止当事人实施某种行为的指令。我国刑法中的禁止令应分为管制执行期间的禁止令和缓刑考验期间的禁止令。根据《刑法》第 38 条第 2 款规定，判处管制，可以根据犯罪情况，同时禁止犯罪分子在执行期间从事特定活动，进入特定区域、场所，接触特定的人。根据《刑法》第 72 条第 2 款规定，宣告缓刑，可以根据犯罪情况，同时禁止犯罪分子在缓刑考验期限内从事特定活动，进入特定区域、场所，接触特定的人。在制作社区矫正对象基本信息表时，可按照判决书中特定内容相应填写。

7. 矫正类别，包括缓刑、假释、管制、暂予监外执行四种类型。

缓刑，称暂缓量刑，也称为缓量刑，是指对触犯刑律，经法定程序确认已构成犯罪、应受刑罚处罚的行为人，先行宣告定罪，暂不执行所判处的刑罚，而是由司法行政机关在一定的考验期限内对罪犯进行考察，并根据罪犯在考验期间内的表现，依法决定是否适用具体刑罚的一种制度。缓刑适用于 3 年以下有期徒刑（数罪并罚时决定执行的有期徒刑刑期超过 3 年的，若其中一罪有判处缓刑的量刑，应附加吸收原则，使缓刑不再执行）、拘役，3 年以上有期徒刑或无期徒刑、累犯、犯罪集团首要分子不适用缓刑。另外，死刑缓期二年执行通常称为"死缓"，不是缓刑，注意区分。

假释，是对被判处有期徒刑、无期徒刑的犯罪分子，在执行一定刑期之后，因其遵守监规，接受教育和改造，确有悔改表现，不致再危害社会，而附条件地将其予以提前释放的制度。

管制，在前文"刑种"中已经说明。

暂予监外执行，是指对于被判处无期徒刑、有期徒刑或者拘役的罪犯，由于符合法定情形，决定暂不收监或者收监以后又决定改为暂时监外服刑，由司法行政机关负责执行的刑罚执行制度。对于暂予监外执行的适用条件，《中华人民共和国刑事诉讼法》第 265 条作了明确规定，对被判处有期徒刑或者拘役的罪犯，有下列情形之一的，可以暂予监外执行：①罪犯有严重疾病需保外就医；②罪犯怀孕或者正在哺乳自己的婴儿（哺乳期限按婴儿出生后 1 年计算）；③罪犯生活不能自理，适用暂予监外执行不致危害社会。对被判处无期徒刑的罪犯，有前款第 2 项规定情形的，可以暂予监外执行。对适用保外就医可能有社会危险性的罪犯，或者自伤自残的罪犯，不得保外就医。对罪犯确有严重疾病，必须保外就医的，由省级人民政府指定的医院诊断并开具证明文件。

8. 矫正起止日，是指社区矫正执行机关送达的执行通知书（假释证明书、暂予监外执行决定书）中明确的考验期限。

9. 法律文书收到时间及种类，此处的法律文书为社区矫正对象执法档案中的法律文书；种类包括起诉书、判决书、裁定书、执行通知书（假释证明书、暂予监外执行决定书）。

10. 接收方式及报到时间。接收方式包含了对法律文书和社区矫正对象的接收。法律文书的接收分为人民法院送达、邮寄、社区矫正对象自带三种类型；社区矫正对象接收是指司法行政机关当庭接收、监狱送回、司法行政机关组织接收、社区矫正对象自行报到四种类型。报到时间以县级司法行政机关或司法所实际接收社区矫正对象的时间为准。

11. 在规定时限内报到。《社区矫正法》第21条规定，人民法院判处管制、宣告缓刑、裁定假释的社区矫正对象，应当自判决、裁定生效之日起10日内到执行地社区矫正机构报到。人民法院决定暂予监外执行的社区矫正对象，由看守所或者执行取保候审、监视居住的公安机关自收到决定之日起10日内将社区矫正对象移送社区矫正机构。监狱管理机关、公安机关批准暂予监外执行的社区矫正对象，由监狱或者看守所自收到批准决定之日起10日内将社区矫正对象移送社区矫正机构。《社区矫正法实施办法》第35条规定，社区矫正对象"不按规定时间报到或者接受社区矫正期间脱离监管，超过十日的"，执行地县级社区矫正机构应当给予警告。

根据以上规定，社区矫正对象到居住地县级司法行政机关报到的时间未超过生效之日起10日或在县级司法行政机关报到后3日内到指定的司法所进行了报到的，则填"规定时间内报到"，反之填"实际报到时间××××年××月××日"。若填"实际报到时间××××年××月××日"，应立即制作《协查书》委托公安机关进行查找，超出规定时限报到和未报到且下落不明的，按照未在规定时限内报到填写相应内容。

12. 主要犯罪事实，以判决书中所认定的犯罪事实进行归纳填写。填写时，要突出重点，写清完整的犯罪事实，对犯罪的时间、地点、作案工具，具体实施犯罪行为过程、对受害人身体造成的伤害、财产损失等内容进行简要概括，不必全文照抄。若犯罪行为由多人实施，应写明其在犯罪团伙中的地位和作用。

13. 本次犯罪前的违法犯罪记录，是指社区矫正对象在因本案被捕前曾受过的行政拘留以上的惩处和刑事惩处，可按照结案登记表中记载的违法犯罪记录进行填写。

二、填写社区矫正对象个人简历时应注意的问题

通过向社区矫正对象详细问明后准确填写，以犯罪行为发生时间点为界依次向前追溯，至少填写3条记录，起止时间应精确到月份，以便为司法所提供该社区矫正对象犯罪前较完整的实际经历，并掌握社区矫正对象此前工作（学习）、活动过的单位（学校）、地点以及可能认识的人。

三、填写社区矫正对象家庭成员及主要社会关系时应注意人员关系

1. 家庭成员是指直系亲属，即父母、配偶、子女、亲兄弟姐妹。

2. 主要社会关系主要填写与社区矫正对象在生活上有密切联系的旁系亲属，如岳父母（公婆）、伯叔姑舅姨等。

填写时，家庭主要成员必须全部登记，其次是主要社会关系。应详细准确了解社区矫正对象家庭成员和主要社会关系的姓名、关系、工作单位或家庭住址、联系电话等情况，并予以准确、详细填写，力求不遗漏，方便查找。其意义在于，可通过沟通社区矫正对象家庭成员和主要社会关系，动员他们配合做好社区矫正管控工作；社区矫正对象发生脱管、脱逃时，可通过家庭成员和主要社会关系为查找、追捕提供一定线索。

知识链接

工作任务五　社区矫正宣告文书制作

任务目标

　　1. 掌握社区矫正宣告书制作的相关知识；

　　2. 具备制作社区矫正宣告书的能力；

　　3. 具备认真负责、耐心细致的良好职业道德和以人为本、遵规守纪、清正廉洁的职业精神；

　　4. 让学生成为知法守法，维护社会稳定，运用法律武器自我保护和抵制违法乱纪行为的教育者。

任务描述

　　社区矫正宣告书是指社区矫正机构接收社区矫正对象后，组织或者委托司法所向社区矫正对象宣告其犯罪事实、执行社区矫正的期限以及应当遵守的规定等内容形成的法律文书。

　　入矫宣告既是社区矫正机构或司法所对社区矫正对象实施社区矫正的第一个环节，也是社区矫正对象接受社区矫正的"第一课"。通过规范实施入矫宣告，一方面能够体现社区矫正刑事执行工作的严肃性，增强社区矫正对象在矫正期间严格遵守各项管理规定的意识，强化其身份意识，使其能够自觉接受社区矫正；另一方面有利于保障社区矫正对象的合法权益，明确矫正小组成员的职责任务，提升社区矫正的实施效果。

工作场景

　　2020 年 7 月 13 日，李某某因犯寻衅滋事罪被武汉市东西湖区人民法院判处有期徒刑一年，缓刑一年，同时宣告禁止李某某在缓刑考验期内进入夜总会、酒吧、迪厅、网吧等娱乐场所。判决生效后，李某某按时到社区矫正机构报到。社区矫正机构接收李某某后，为其确定了矫正小组，并对其组织入矫宣告。

🔍 **工作任务**

任务 1   社区矫正宣告书的文书制作

社区矫正宣告书

社区矫正对象＿＿＿＿＿＿＿＿＿：

你因＿＿＿＿＿＿＿＿＿＿＿罪经＿＿＿＿＿＿＿＿人民法院于＿＿年＿月＿日判处＿＿＿＿＿＿

＿＿＿＿＿＿（同时宣告禁止＿＿＿＿）。＿＿年＿月＿日经＿＿＿＿＿人民法院（监狱管理局、公安局）裁定假释（决定、批准暂予监外执行）。在管制（缓刑、假释、暂予监外执行）期间，依法实行社区矫正。社区矫正期限自＿＿＿＿年＿＿月＿＿＿日起至＿＿＿＿年＿＿月＿＿＿日止。现就对你依法实施社区矫正的有关事项宣告如下：

一、遵纪守法，按规定向司法所报告有关情况，遵守外出审批、居住地变更审批、会客等有关规定（遵守人民法院宣告的禁止令），服从监管；按规定参加司法所组织的教育学习和社区服务。

二、如违反社区矫正监督管理规定，将视情节给予警告、治安管理处罚、撤销缓刑、撤销假释、收监执行。

三、人身安全、合法财产和辩护、申诉、控告、检举以及其他未被依法剥夺或限制的权利不受侵犯。

四、司法所为你确立了社区矫正小组，小组成员由＿＿＿＿＿＿＿＿组成，协助对你进行监督、教育、帮助，你应积极配合。

特此宣告。

（公章）

年   月   日

社区矫正对象（签名）：

任务 1.1 依据工作场景的案例制作社区矫正对象李某某的宣告文书

案例：2020 年 7 月 13 日，李某某因犯寻衅滋事罪被人民法院判处有期徒刑一年，缓刑一年，同时宣告禁止李某某在缓刑考验期内进入夜总会、酒吧、迪厅、网吧等娱乐场所。判决生效后，李某某按时到社区矫正机构报到。社区矫正机构接收李某某后，为其确定了矫正小组，并对其组织入矫宣告。

社区矫正宣告书

社区矫正对象李某某：

你因犯寻衅滋事罪，经武汉市东西湖区人民法院于 2022 年 7 月 13 日判处有期徒刑一年，缓刑一年（同时宣告禁止在缓刑考验期内进入夜总会、酒吧、迪厅、网吧等娱乐场所）。社区矫正期限自 2022 年 7 月 13 日起至 2023 年 7 月 12 日止。现就对你依法实施社区矫正的有关事项宣告如下：

一、遵纪守法，按规定向司法所报告有关情况，遵守外出审批、居住地变更审批、会客等有关规定（遵守人民法院宣告的禁止令），服从监管；按规定参加司法所组织的教育学习和社区服务。

二、如违反社区矫正监督管理规定，将视情节给予警告、治安管理处罚、撤销缓刑、撤销假释、收监执行。

三、人身安全、合法财产和辩护、申诉、控告、检举以及其他未被依法剥夺或限制的权利不受侵犯。

四、司法所为你确立了社区矫正小组，小组成员由李××（父亲），章楠（司法所工作人员），洪伟（社会工作者）组成，协助对你进行监督、教育、帮助，你应积极配合。

特此宣告。

（公章） 2022 年 7 月 15 日
社区矫正对象（签名）：李××

任务 1.2　社区矫正宣告文书结构和制作要求

一、社区矫正宣告文书结构

1. 相关法律文书的主要内容。按照判决书、裁定书、决定书、执行通知书等内容相应填写。若有裁定书内容，则选择填写裁定机关：人民法院、监狱管理局、公安局；裁定结果：假释、批准暂予监外执行；社区矫正类别：管制、缓刑、假释、暂予监外执行。

2. 社区矫正期限。以社区矫正执行通知书、假释证明书、决定书中的考验期限为准。

3. 相关规定及违反后果。此部分主要明确社区矫正对象必须遵守的各项规定，包括被禁止的事项、违反规定应承担的法律后果，该社区矫正对象依法享有的权利和被限制行使的权利，以及应当履行的义务。处罚类别中，按社区矫正对象所属类别填写撤销缓刑、撤销假释、收监执行。

4. 矫正小组组成人员及职责。社区矫正小组由司法所工作人员、派出所工作人员、所居住的村（居）委会成员、家庭成员或亲属、监护人、保证人组成。

二、社区矫正宣告文书制作注意事项

1. 社区矫正作为刑事执行活动，在对社区矫正对象宣告时，应对判处刑罚进行全面宣告，包括判处的主刑、附加刑、禁止令等内容，使社区矫正对象明确认识到对其所处刑罚内容并严格遵守，以维护刑事执行的严肃性。

2. 该文书为制式模板，对于已过上诉抗诉期的一审生效判决中，判处管制、宣告缓刑可按照制式格式进行填写；对于二审生效裁判，建议将两审情况宣告完整。

3. 矫正期限要严格按照法律文书认定的期间填写。对于发现法律文书认定期限有误的，要及时同社区矫正决定机关进行沟通改正，确保社区矫正期限准确，切实维护社区矫正对象的合法权益。社区矫正决定机关重新作出法律文书的，社区矫正机构或司法所应按照重新作出的法律文书认定的期限进行宣告。

4. 对于文书中规定的社区矫正期间应当履行的义务、享有的权利及违反监管规定的行为后果等内容，建议可在入矫宣告后的首次教育谈话时予以进一步明确，教育谈话等建议亦由社区矫正对象签字确认。

5. 在社区矫正期间，矫正小组成员发生变化的，社区矫正机构或司法所应将调整后的矫正小组人员组成情况向社区矫正对象补充宣告，文书加盖公章，社区矫正对象签名后存档。

6. 对未成年社区矫正对象的入矫宣告不公开进行。

三、社区矫正宣告书文书制作要点提示

1. 社区矫正宣告书的日期为宣告当天日期，宣告由司法所工作人员主持，矫正小组成员及其他相关人员到场，按照规定程序进行。

2. 填写社区矫正宣告书时要实事求是，切不可随意填写，更不可在没有相关法律文书依据的情况下填写。

3. 社区矫正宣告书应明确以后社区矫正工作中的主要事项。由于篇幅的限制，这些事项一般具有概括性和笼统性，但是作为社区矫正工作人员，应对这里规定的所有事项进行认识和了解，做到心里有数。

4. 此表中括号内的可选项要根据不同矫正类型及不同矫正情形做具体填写。

任务 2　社区矫正宣告书应用环节的实体要求

一、社区矫正入矫宣告文书内容

1. 判决书、裁定书、决定书、执行通知书等有关法律文书的主要内容。

2. 社区矫正期限。

3. 社区矫正对象应当遵守的规定、被剥夺或者限制行使的权利、被禁止的事项以及违反规定的法律后果。

4. 社区矫正对象依法享有的权利。

5. 矫正小组人员组成及职责。

6. 其他有关事项。

二、社区矫正小组组成

矫正小组是指在社区矫正机构和司法所的指导下，组织动员与社区矫正对象有密切联系、最能了解和掌握其思想动态和矫正情况的社会力量，共同做好监督管理和教育帮扶工作的有效载体。

根据需要，矫正小组可以由司法所、居民委员会、村民委员会的人员，社区矫正对象的监护人、家庭成员，所在单位或者就读学校的人员以及社会工作者、志愿者等组成，但不限于上述人员。本着有利于开展教育管理的原则，还可以由参与社区矫正的监狱、戒毒所、派出所、律所、企业单位、社会组织、社会团体等单位的相关人员组成。

社区矫正对象为女性的，矫正小组中应有女性成员。

未成年社区矫正对象的矫正小组应有熟悉未成年人身心特点的人员参加。

三、社区矫正小组责任

社区矫正机构、受委托的司法所与矫正小组签订矫正责任书，明确矫正小组成员的责任和义务，负责落实矫正方案。矫正小组成员主要开展下列工作：

1. 按照矫正方案，开展个案矫正工作；

2. 督促社区矫正对象遵纪守法，遵守社区矫正规定；

3. 参与对社区矫正对象的考核评议、宣告和教育等活动；

4. 对社区矫正对象进行走访谈话，了解其思想、工作和生活情况，及时向社区矫正机构或者司法所报告；

5. 协助对社区矫正对象进行监督管理和教育帮扶；

6. 协助社区矫正机构或者司法所开展其他工作。

任务 3　社区矫正宣告书应用环节的程序要求

一、社区矫正入矫宣告时间

入矫宣告应在接收社区矫正对象后及时进行。社区矫正机构、司法所应当在社区矫正对象纳管后及时制订矫正方案，并根据分类管理的要求、实施效果和社区矫正对象的现实表现等情况适时调整。

二、社区矫正入矫宣告场所

社区矫正机构、司法所一般应当在规范化的宣告室进行入矫宣告。对于确有行动不便情况的社区矫正对象，可以采取上门宣告或约定场地宣告等方式进行。

三、社区矫正入矫宣告程序

1. 宣布纪律。告知参加人员保持安静，关闭手机或将手机调至静音状态，严禁随意走动，确保宣告仪式庄重严肃。

2. 宣读入矫宣告书。由司法所所长（司法所工作人员）向社区矫正对象宣读判决书、裁定书、决定书、执行通知书等有关法律文书的主要内容；宣布社区矫正期限；宣告社区矫正对象应当遵守的规定、被禁止的事项以及违反规定的法律后果；宣告社区矫正对象依法享有的权利和被限制行使的权利，告知必须在法定期限内接受司法所对其实施的矫正监管工作；宣布矫正小组人员组成及职责。宣读后，社区矫正对象应在《社区矫正宣告书》指定位置签名并摁指印。

3. 警示告诫。由司法所所长（司法所工作人员）告知社区矫正对象相关处罚规定。而后，再由派出所民警对社区矫正对象进行适当训诫，使其认识到自己违法犯罪行为的危害性、所执行刑罚的法定性和严肃性，认识到自己现在是一名有罪在身的罪犯。

4. 发放社区矫正管理相关资料。向社区矫正对象发放《社区矫正法》《社区矫正法实施办法》《社区矫正对象须知》《社区矫正对象教育学习读本》等材料，告知执行社区矫正工作相关纪律要求。

5. 社区矫正对象表态。社区矫正对象在听取宣告、告诫后应进行发言，向司法所以及矫正小组成员表态，保证遵纪守法，服从矫正管理，接受矫正小组成员的监督，履行好矫正期间各项义务。

6. 签订责任书。入矫宣告完毕后，应立即组织签订《社区矫正对象保证书》《社区矫正监护人协议书》《社区矫正责任书》《社区矫正志愿者帮教协议书》，并开展入矫谈话，形成《社区矫正对象入矫谈话记录》。

🔍 **工作法律依据**

社区矫正宣告书制作的法律依据是《社区矫正法》第 22、24、25、52 条,《社区矫正法实施办法》第 19、20、55 条。

🔍 **思考练习**

社区矫正对象张某某,男,1955 年 8 月出生,户籍地为陕西省西安市灞桥区,居住地为陕西省西安市新城区。2020 年 1 月因犯侵占罪被陕西省西安市碑林区人民法院判处有期徒刑 2 年 6 个月,剥夺政治权利 2 年,并处罚金 50 万元。2020 年 10 月,西安市中级人民法院二审维持原判。2021 年 6 月入监服刑。因在服刑期间诊断患有 I、II 型糖尿病、糖尿病肾病、肾移植状态、慢性肾衰竭、II 级高血压、很高危,病情严重程度符合《保外就医严重疾病范围》第 3 条第 4 项规定,2023 年 5 月被陕西省监狱管理局决定暂予监外执行,2023 年 5 月 8 日由受委托的执行地司法所进行日常监督管理。

2023 年 5 月 6 日,张某某由陕西省西安监狱派专人押送到执行地新城区司法局报到,依法接受社区矫正。该局为其办理登记接收手续后,张某某来到受委托的执行地司法所报到。执行地司法所依照《社区矫正法》第三章的规定依法开展接收工作,核对法律文书、核实身份、办理接收登记、建立档案,对矫正对象进行入矫宣告,告知矫正对象的犯罪事实、执行社区矫正的期限以及应当遵守的规定,张某某在宣告书上签字确认。

结合案例制定一份《社区矫正宣告书》。

🔍 **拓展学习**

社区矫正宣告

一、宣告程序与内容

1. 基本流程。

时间:接收法律文书后 5 日内完成,特殊情况不超过 10 日。

地点:司法所宣告室或特定场所,环境需庄重严肃。

主体:由社区矫正机构(司法所)主持,可邀请公检法代表、社会组织代表等参与。

2. 宣告内容。

宣读文书:包括判决书、裁定书、决定书及矫正期限。

权利义务告知:义务——定期报告、遵守禁止令、接受信息化核查、参加教育等;权利——知情权、申诉权、人格不受侮辱等。

责任告知:违反规定的后果(警告、治安处罚、撤销缓刑等)。

矫正小组组建:宣布由司法所工作人员、家属、志愿者等组成监督帮扶小组。

3. 签署文件。

矫正对象需签署《接受社区矫正宣告书》及《遵纪守法承诺书》,家属或保证人可能需签署担保协议。

二、宣告参与人员

必要人员：司法所工作人员、矫正对象。

可选人员：决定机关代表（如法官、检察官）；矫正小组成员［家属、村（居）委会干部、心理辅导员等］；社会工作者、志愿者；未成年人案件中，监护人或合适成年人在场。

三、宣告的意义

法律威慑：强化矫正对象对刑罚执行的敬畏感。

明确规则：避免因不知规定而违规，降低再犯罪风险。

教育帮扶：传递"宽严相济"理念，促使其主动配合矫正。

社会参与：通过多方见证，形成监督合力。

四、特殊情形处理

未成年人：不公开宣告，保护隐私，注重心理疏导。

拒绝到场：警告后仍不到场，可提请公安机关协助或依法撤销缓刑。

语言障碍：提供翻译人员或方言解释服务。

五、注意事项

程序合规：严格遵循时限，避免超期宣告导致执法风险。

人性化沟通：避免简单训诫，结合个案情况说明规定的必要性。

记录留痕：全程录音录像，存档宣告笔录及签字文件。

六、地方实践差异

部分地区（如江苏、浙江）推出"智慧宣告"模式，通过视频连线实现远程宣告；上海等地要求心理咨询师参与宣告，评估矫正对象心理状态。

七、后续衔接

宣告后，司法所应在 3 日内制定个性化矫正方案，结合矫正对象犯罪类型、心理状况等设定报告频率、教育内容和公益活动。

🔍 **知识链接**

工作任务六　社区矫正责任文书制作

🔍 **任务目标**

1. 了解社区矫正责任文书制作的相关知识；

2. 掌握制作社区矫正责任文书的能力；

3. 具备认真负责、耐心细致的良好职业道德；

4. 使学生学习以人为本、遵规守纪、清正廉洁的职业精神。

🔍 任务描述

社区矫正责任书是指为了共同做好对社区矫正对象的监督管理和教育帮助，提高矫正质量，司法所与矫正小组共同签订并共同遵守的一种法律文书。社区矫正责任书记录了司法所具体负责的事项和矫正小组具体负责的事项，并由双方签字盖章，旨在明确各方责任，确保矫正工作的顺利进行。

🔍 工作场景

一、社区矫正对象基本信息

姓名：莫某某

性别：男

年龄：35 岁

身份证号码：××××××××××××××××

住址：×××××××××××

犯罪类型：盗窃

判决机关：武汉市东西湖区人民法院

判决时间：2022 年 4 月 25 日

矫正期限：9 个月

二、矫正目标

本次社区矫正的目标是通过一系列的教育、帮扶和监管措施，帮助矫正对象莫某某认识到自己的错误，改正行为，重新融入社会。

具体目标如下：

1. 遵守法律法规，不再违法犯罪。

2. 提高自身素质，增强法治观念。

3. 积极参与社会公益活动，回馈社会。

4. 建立良好的人际关系，融入社区。

三、具体矫正措施

为确保矫正目标的顺利实现，将采取以下措施：

1. 定期报到。矫正对象需每月到社区矫正机构报到一次，汇报生活、工作和学习情况。

2. 教育培训。组织矫正对象参加法治教育、心理辅导和职业技能培训等课程，提高其素质。

3. 公益活动。要求矫正对象参与社区环保、敬老爱幼等公益活动，培养其社会责任感。

4. 监管措施。对矫正对象实施电子监控、限制离境等监管措施，确保其不再违法犯罪。

四、责任落实

为确保矫正工作的顺利进行，将明确各方责任，并严格按照责任分工落实。

1. 社区矫正机构：负责制定矫正计划，组织教育培训和公益活动，对矫正对象进行日常监管。

2. 矫正对象家庭：积极配合社区矫正机构，关心矫正对象的生活和成长，帮助其顺利融入社会。

3. 社区居民：关心和支持社区矫正工作，为矫正对象提供必要的帮助和关爱。

五、评估与反馈

为确保社区矫正工作取得实效，相关部门将定期对矫正效果进行评估，并根据评估结果及时调整矫正措施。同时，相关部门将建立反馈机制，及时收集各方意见和建议，不断完善社区矫正工作。

六、其他事项

1. 本责任文书自签订之日起生效。矫正期满或矫正对象成功融入社会后终止。

2. 本责任文书一式三份，社区矫正机构、矫正对象家庭和莫某某各执一份。

3. 本责任文书未尽事宜，由社区矫正机构与莫某某协商解决。

七、签名

在责任书中的末尾附上签名，包含社区矫正机构负责人签名、社区矫正对象签名、社区矫正对象莫某某家庭代表签名、日期、附则。

责任文书自发布之日起生效，由社区矫正机构负责执行。在执行过程中，如遇特殊情况需调整矫正计划或责任分工的，应及时向上级主管部门报告并经批准后执行。

🔍 **工作任务**

任务1 社区矫正责任文书制作

社区矫正责任书

为了共同做好对社区矫正对象的监督管理和教育帮助，提高矫正质量，司法所与矫正小组签订本责任书，共同遵守。

一、司法所具体做好以下事项：

1. 指导矫正小组对社区矫正对象进行监督管理和教育帮助；

2. 认真听取矫正小组成员反映的情况并及时处理有关事宜。

二、矫正小组具体做好以下事项：

1. 协助对社区矫正对象进行监督管理和教育帮助；

2. 督促社区矫正对象按要求向司法所报告有关情况、参加学习及社区服务，自觉遵守有关监督管理规定；

3. 定期向司法所反映社区矫正对象遵纪守法、学习、日常生活和工作等情况；

4. 发现社区矫正对象有违法犯罪或违反监督管理规定的行为，及时向司法所报告；

5. 根据小组成员所在单位和身份确定的其他社区矫正事项。

（公章）

矫正小组（成员签字）：

年 月 日

社区矫正对象保证书

本人自接到人民法院判决（裁定、决定）书后，保证做到：

1. 自觉接受社区矫正相关规定，履行法律义务，服从社区矫正组织的管理和教育；

2. 按规定与社区矫正监督人、社区矫正志愿者签订监督、帮教协议书；

3. 每周向司法所报告一次，汇报上周活动情况，每月到司法所与矫正工作人员见面汇报一次，递交一份书面情况汇报；

4. 自觉在户籍所在地或居住地的区县范围内活动，因就医、探亲等原因暂时离开活动范围的，按规定请假，需要迁居的，主动向司法所报告，按规定办理相关手续；

5. 认真参加司法所组织的集中教育学习和社区公益活动；

6. 自觉遵守社区矫正其他有关规定。

以上保证如有违反，本人愿按有关法律、法规和相关规定接受处罚。

保证人：

年 月 日

社区矫正监护人协议书

社区矫正对象监护人：＿＿＿＿＿＿＿＿＿＿＿

社区矫正对象：＿＿＿＿＿＿＿＿＿＿＿＿＿＿＿

××司法所依据法律及有关规定，于＿＿＿＿年＿＿＿＿月＿＿＿＿日接收矫正对象＿＿＿＿在本社区实施社区矫正。为加强社区矫正对象的管理，确保矫正质量，本司法所与社区矫正对象监护人及社区矫正对象签订如下协议：

一、社区矫正对象监护人责任：

1. 协助司法所做好社区矫正对象的日常管理和教育工作；

2. 督促社区矫正对象按时到司法所报到，定期汇报思想，参加集中教育学习和社区服务；

3. 及时反映社区矫正对象情况，发现社区矫正对象有违法违纪行为的，及时、主动向司法所报告。

二、社区矫正对象责任：

1. 接受司法所管理；

2. 接受社区矫正对象监护人的监督、帮助和管理；

3. 遵守法律法规；

4. 社区矫正监护人丧失监护资格时，及时向司法所汇报。

此协议一式三份，司法所、社区矫正对象监护人、社区矫正对象各持一份。

司法所（公章）

年 月 日

社区矫正对象监护人（签名、指印）：

年 月 日

社区矫正对象（签名、指印）：

年 月 日

社区矫正志愿者协议书

社区矫正是与监禁矫正相对的行刑方式，是指将符合社区矫正条件的罪犯置于社区内，由专门的国家机关在相关社会团体和民间组织以及社会志愿者的协助下，在判决、裁定或决定的期限内，矫正其犯罪心理和行为恶习，并促使其顺利回归社会的非监禁刑罚执行活动。

一、社区矫正志愿者×××自愿参与社区矫正帮教工作，与社区矫正对象×××建立"一帮一"的矫正帮教关系，"一帮一"时间自_____年____月____日起至_____年____月____日止。

二、社区矫正志愿者主要工作内容如下：

1. 参与社区矫正对象的监督、管理和教育工作；

2. 每月与社区矫正对象进行思想沟通、了解情况；

3. 参与社区矫正对象的行政（司法）奖惩以及矫正期间和矫正期满的评议；

4. 积极向社区及司法所反映社区矫正对象的实际问题或突出困难。

社区矫正志愿者：×××
年　月　日

社区矫正责任书制作注意事项：

1. 矫正小组成员由司法所工作人员、辖区派出所民警、村（社区）干部、村（居）民小组长、社区矫正志愿者、社区矫正对象所在单位（学校）工作人员及监护人组成。矫正小组组长由司法所工作人员担任。矫正小组要因案制宜、因人制宜，融法律约束、道德引导、亲情感化为一体，促进社区矫正对象顺利融入社会。

2. 司法所要在社区矫正日常工作中定期与矫正小组成员沟通联系，指导、督促他们按照责任书内容协助司法所落实对社区矫正对象的监督管理和帮助措施。

3. 司法所发现矫正小组成员不认真履行义务、不能正常发挥作用的，要及时予以调整。

4. 社区矫正对象为女性的，矫正小组中应有女性成员；未成年社区矫正对象的矫正小组应当有熟悉青少年成长特点的人员。

任务2　社区矫正责任书的职责划分

一、负责社区矫正具体工作的责任部门

根据我国《社区矫正法》第8条、9条的有关规定，社区矫正工作部门和人员涉及人民法院、人民检察院、公安机关、司法行政机关、社会工作者和志愿者等。社区矫正工作之所以涉及如此多的部门和人员，是因为社区矫正工作是一项综合性的系统工作，需要相关职能部门和社会各方面密切协作。

人民法院、人民检察院、公安机关和司法行政机关等部门在社区矫正工作中分工明确，各司其职。其中，人民法院对符合社区矫正适用条件的被告人、罪犯依法作出判决、裁定或者决定。人民检察院对社区矫正各执法环节依法实行法律监督。公安机关对违反治安管理规定和重新犯罪的社区矫正对象及时依法处理。司法行政机关负责指导管理、组织实施社区矫正工作。省（自治区、直辖市）、市（地、州）和县（市、

区、旗）司法行政机关应当设立社区矫正工作领导小组办公室，作为同级社区矫正工作领导小组的办事机构，负责指导、监督有关法律、法规和规章的实施，协调相关部门解决社区矫正工作中的重大问题，检查、考核本地区社区矫正实施情况。县级司法行政机关社区矫正机构对社区矫正对象进行监督管理和教育帮助。司法所承担社区矫正日常工作。社会工作者和志愿者在社区矫正机构的组织指导下参与社区矫正工作。有关部门、村（居）民委员会，社区矫正对象所在单位、就读学校、家庭成员或者监护人、保证人等协助社区矫正机构进行社区矫正。

在社区矫正工作中，人民法院、人民检察院、公安机关、司法行政机关等部门在各司其职的基础上，通力合作，相互配合，充分发挥职能作用，共同承担起社区矫正的工作。

二、社区矫正小组在社区矫正工作中的职责

社区矫正小组是执行矫正工作的主体，需要推进有关单位和社区基层组织开展社区矫正工作，并且需要同公安机关一起做好监督考察社区矫正对象和协调社区矫正对象的教育改造和帮助的工作。社区矫正小组的重要职责包括以下几方面：

1. 进行日常的监督。矫正小组应当根据社区矫正对象的个人生活、工作及所处社区的实际情况，及时掌握社区矫正对象的活动情况。社区矫正对象脱离活动区域的，应及时向司法所汇报。

2. 进行思想帮助。矫正小组应当定期到社区矫正对象的家庭、所在单位、就读学校和居住的社区了解、核实社区矫正对象的思想动态和现实表现等情况。矫正小组还应该根据社区矫正对象的心理状态、行为特点等具体情况，采取有针对性的措施进行个别教育和心理辅导，矫正其违法犯罪心理，提高其适应社会能力。

3. 协助司法所工作人员，组织社区矫正对象参加社区服务，帮助社区矫正对象解决生活上遇到的实际困难和问题。

4. 根据社区矫正对象的需要，协调有关部门和单位开展职业培训和就业指导，帮助落实社会保障措施。

三、乡镇、街道司法所在社区矫正工作中应履行的职责

在基层政法机关体系中，司法所作为基层政法组织机构之一，是我国基层司法运行机制中不可缺少的重要组成部分。司法所作为县（市、区、旗）司法局在乡镇（街道）的派出机构，是司法行政机关最基层的组织机构，负责具体组织实施和直接面向广大人民群众开展基层司法行政各项业务工作。在基层社会治安综合治理机构体系中，司法所是司法行政系统参与基层综合治理工作的重要成员单位，是化解人民内部矛盾、预防和减少犯罪工作的最前线。基层组织在离人民群众最近的地方，其工作的展开直接面向有需要的人民群众，在社区矫正工作中，司法所担当着重要的基层组织的职责。

在实践工作中，司法所严格按照法律法规的规定履行着自己的职责，根据《社区矫正法实施办法》第9条的规定，社区矫正机构是县级以上地方人民政府根据需要设置的，负责社区矫正工作具体实施的执行机关。社区矫正机构依法履行以下职责：①接受委托进行调查评估，提出评估意见；②接收社区矫正对象，核对法律文书、核实身份、办理接收登记，建立档案；③组织入矫和解矫宣告，办理入矫和解矫手续；

④建立矫正小组、组织矫正小组开展工作，制定和落实矫正方案；⑤对社区矫正对象进行监督管理，实施考核奖惩；审批会客、外出、变更执行地等事项；了解掌握社区矫正对象的活动情况和行为表现；组织查找失去联系的社区矫正对象，查找后依情形作出处理；⑥提出治安管理处罚建议，提出减刑、撤销缓刑、撤销假释、收监执行等变更刑事执行建议，依法提请逮捕；⑦对社区矫正对象进行教育帮扶，开展法治道德等教育，协调有关方面开展职业技能培训、就业指导，组织公益活动等事项；⑧向有关机关通报社区矫正对象情况，送达法律文书；⑨对社区矫正工作人员开展管理、监督、培训，落实职业保障；⑩其他依法应当履行的职责。设置和撤销社区矫正机构，由县级以上地方人民政府司法行政部门提出意见，按照规定的权限和程序审批。社区矫正日常工作由县级社区矫正机构具体承担；未设置县级社区矫正机构的，由上一级社区矫正机构具体承担。省、市两级社区矫正机构主要负责监督指导、跨区域执法的组织协调以及与同级社区矫正决定机关对接的案件办理工作。第 10 条规定司法所根据社区矫正机构的委托，承担社区矫正相关工作。

任务 3　社区矫正对象矫正方案的制作

社区矫正对象矫正方案贯穿社区矫正对象整个矫正期间，是个别化矫正的有效载体，是社区矫正机构开展社区矫正工作的有力抓手和关键措施，是根据裁判内容和社区矫正对象的性别、年龄、心理特点、健康状况、犯罪原因、犯罪类型、犯罪情节、悔罪表现等情况，制定的有针对性的分类管理、个别化矫正的方案。本文书目前没有固定模板，下面介绍一种司法实践中常用的格式内容，供读者和实务工作者参考。

任务 3.1　社区矫正对象矫正方案的格式

一、文书结构

（一）社区矫正对象基本情况

社区矫正对象的基本情况包括个人基本信息和犯罪情况。

1. 个人基本信息。在本部分依次填写姓名、性别、出生年月、文化程度、家庭住址等内容，此部分可以参照社区矫正基本信息表的内容填写。

2. 犯罪情况。本部分主要填写判决书中认定的犯罪事实，并写明法院的判处结果和社区矫正的期限，以及矫正小组成员情况。

（二）对社区矫正对象的综合评估结果

通过社区矫正审前调查评估、入矫谈话、再犯罪风险评估、心理人格测试等，了解社区矫正对象的犯罪情况、悔罪表现、个性特征、生活环境等，综合主客观因素对矫正对象进行再犯罪可能性分析以及了解目前存在的问题。

（三）拟采取的监督管理、教育帮扶措施

这是社区矫正对象矫正方案的核心内容。社区矫正监督管理和教育帮扶的措施应当详细、具体、明确。对适用禁止令的社区矫正对象，明确禁止令执行内容、监管措施。

（四）矫正目标

社区矫正的目标是促使矫正对象改变不良的心理和行为习惯，使其顺利融入社会。

二、制作要求

1. 社区矫正机构对不同类别的社区矫正对象，在矫正措施和方法上应当有所区别，有针对性地制定矫正措施，做到一人一案。

2. 社区矫正机构、受委托的司法所应当根据分类管理的要求、实施效果以及社区矫正对象的表现等情况，对矫正方案进行相应调整。

任务 3.2　社区矫正对象矫正方案的撰写

社区矫正对象付某某，男，1986 年 12 月 8 日出生，户籍地、居住地均为×省×市×县。2021 年 4 月 9 日因犯交通肇事罪被×市×县人民法院判处有期徒刑 10 个月，缓刑 1 年，缓刑考验期自 2021 年 4 月 9 日起至 2022 年 4 月 8 日止。2021 年 4 月初，×市×区司法局接到×市×县人民法院电话，告知有一名罪犯付某某虽然户籍地与经常居住地均不在×市×区，但一直在×区从事快递揽收、派送工作，为方便工作，付某某希望能够在×区执行社区矫正。×区司法局得知此事后，立即电话联系付某某了解相关情况。经与付某某谈话，实地走访，查看相关材料，×区司法局了解到，付某某户籍地、居住地均在×市×县，未婚未育，父亲早逝，母亲多病、需人照顾、几乎丧失劳动力，家中土地耕种均由付某某一人承担。付某某长期在×区从事快递揽收、派送工作，有一快递承包站点，条件简陋不具备居住条件。付某某向×区司法局表示，自己家庭经济状况较差，工资是家庭经济收入的主要部分。快递行业工作量大，全年少休，日间活动范围均处于×区范围内，能按要求随时前往司法所报到或办理矫正事项。×区距×县 36 公里，摩托车骑行仅需 50 分钟，每日往返路途短。自己将严格遵守社区矫正规定，服从司法所的监管安排，遵纪守法完成矫正，希望×区司法局能够充分考虑他的实际情况，予以接收。根据付某某具体情况，×区司法局研究决定，遵照"最有利于矫正对象接受矫正"的要求，同意接收付某某在×区司法局进行社区矫正，并按照其申请，依法为其办理经常性跨市、县活动审批。基于付某某实际情况，司法所为其组建了由司法所负责人陈某某、社会工作者刘某某、付某某承包的快递站点区域的网格员黄某某、付某某同事杨某某组成的矫正小组。其中杨某某居住地位于×县某村，每日与付某某共同往返，协助对付某某在往返途中进行监管。

请以上述案例为材料，制作一份《社区矫正对象矫正实施方案》，示例如下。

社区矫正对象矫正实施方案

矫正单位：×区司法局　　　矫正责任人：×区司法局　　　　　制定时间：2021 年 4 月 9 日

姓名	付某某	性别	男	出生日期	1986.12.8	文化程度	初中
居住地	×县××村 4 组 16 号		罪名	交通肇事罪		原判刑期	10 个月

续表

矫正类别	缓刑	矫正期限	1年	起止日	自2021年4月9日起至2022年4月8日止
矫正小组成员组成及变动情况	陈某某、刘某某、黄某某、杨某某				
犯罪情况悔罪表现；个性特征；生活环境；风险评估等综合评估情况	从再犯罪的客观条件来说，付某某有经济收入，可以自力更生，所以促使其犯罪的客观因素较小。从再犯罪的主观条件上看，付某某曾犯交通肇事罪，属于过失犯罪，社会危害性较小，且入矫后能认罪服法，所以付某某再犯罪的可能性也较小。通过对付某某进行社区矫正风险评估，最后结果显示其再犯风险较低。				
初期矫正措施	1. 管理登记为严管，每周向司法所口头或电话报告一次，每两周向司法所提交书面汇报一次，以了解付某某日常动态。 2. 付某某每月参加集中劳动、集中学习一次。 3. 矫正小组每月组织开展走访最少一次，重点对付某某的居住地进行走访，了解其返回老家后的状况。 4. 付某某办理了经常跨市、县活动审批工作，准许付某某在×市正常生产生活范围内与×县之间流动，同时要求付某某做好每日早晚定位签到，司法所加强日常位置信息核查和节假日报告工作，并向×县司法局发送协助监管函。				
矫正目标及中期矫正措施	促使付某某遵纪守法，顺利融入社会。				

任务4　法定不批准出境人员通报备案通知书的制作

法定不批准出境人员通报备案通知书是由社区矫正机构呈报有关机关进行审批以限制社区矫正对象出境的表格式执法文书。执行地县级社区矫正机构自社区矫正对象入矫报到之日起5日内，向同级公安机关进行不准出境通报备案。社区矫正机构与公安机关密切配合，及时联动，通过建立社区矫正对象限制出境防范机制，强化了社区矫正监管力度，堵塞了矫正工作衔接漏洞，有效杜绝了社区矫正对象非法出境、脱管、漏管现象的发生。本文书目前没有统一固定模板，下面介绍一种司法实践中常用的格式内容，供读者和实务工作者参考。

任务 4.1　法定不批准出境人员通报备案通知书的格式

一、文书结构

法定不批准出境人员通报备案通知书属于表格式文书，共分为三个部分。

（一）社区矫正对象的基本信息

包括姓名、曾用名、性别、民族、出生地、出生日期、文化程度、婚姻状况、身份证号、出入境证件名称及号码、工作单位、工作单位电话、现住址、户口所在地、个人电话、照片等内容。

（二）通报备案相关信息

包括通报备案期限、是否受控、通报备案事由及法律依据、通报备案意见。通报备案期限即社区矫正期限，通报备案事由及法律依据参考人民法院判决的内容填写。

（三）文书制作单位

包括联系单位、联系电话、联系人以及文书制作日期。

二、制作要求

1. 时限要求。社区矫正机构应当自社区矫正对象入矫报到之日起 5 日内，向同级公安机关进行不准出境通报备案。

2. 对于持有出入境证件的社区矫正对象。社区矫正机构应当自知道社区矫正对象持有出入境证件之日起 5 日内报至市级社区矫正机构，并及时转报至省级社区矫正机构，由省级社区矫正机构办理边控交控手续。

3. 对于持有出入境证件的社区矫正对象，执行地县级社区矫正机构还应制作不准出境决定书（参见下表）。

××市××区司法局不准出境决定书

（　　）×司限出字第××号

×××：

你因犯寻衅滋事罪，被××市××区人民法院判处有期徒刑两年，缓刑两年，缓刑考验期至 2023 年 3 月 2 日，根据《中华人民共和国出境入境管理法》第十二条第二项（适用于外国人为《中华人民共和国出境入境管理法》第二十八条第一项）之规定，决定在缓刑考验期内不准你出境。

××市××区司法局
2021 年 4 月 9 日

任务 4.2　法定不批准出境人员通报备案通知书的撰写

郭某，男，1997 年 10 月 8 日出生，户籍地、居住地均为 X 省 X 市 Y 区平安苑小区 1-1-202。2021 年 12 月，因犯盗窃罪被 X 市 Y 区人民法院判处有期徒刑 1 年，缓刑 2 年，缓刑考验期自 2021 年 12 月 29 日起至 2023 年 12 月 28 日止。2021 年 12 月 28 日，郭某到 Y 区司法局报到，由居住地司法所负责对其社区矫正期间日常管理。经查，郭某持有往来港澳通行证，证件号码为 C844×××××。

请以上述案例为材料，制作《法定不批准出境人员通报备案通知书》。

法定不批准出境人员通报备案通知书

编号：2022 年第 2 号

姓名	郭某	曾用名	无	性别	男	民族	汉	
出生地	X 省 X 市 Y 区		出生日期		1997 年 10 月 8 日			照片
文化程度	高中	婚姻状况	未婚	身份证号码	130×××19971008××××			
出入境证件名称及号码	C844×××××							
工作单位	无			电话	无			
现住址	Y 区平安苑小区 1-1-202			电话	×××××××××××			
户口所在地	X 省 X 市 Y 区平安苑小区 1-1-202							
通报备案期限	2021 年 12 月 29 日至 2023 年 12 月 28 日			是否受控（是）		自动撤控（ ）		
通报备案事由和法律依据	郭某犯盗窃罪 X 省 X 市 Y 区人民法院（2021）鄂×××刑初××号判决书 有期徒刑一年，缓刑二年							
通报备案机关意见								
联系单位	Y 区司法局			联系电话及区号	××××—××××××××			
联系人	×××、×××			填表日期	2022 年 1 月 4 日			

任务 5　社区矫正对象报到情况通知单的制作

社区矫正对象报到情况通知单是指社区矫正对象完成报到后，执行地县级社区矫正机构将矫正对象报到情况及时告知公检法监等部门的法律文书。本文书既是社区矫正机构对矫正对象进行监督管理的依据之一，又是人民法院、人民检察院、公安机关、监狱等部门与社区矫正机构刑事执行信息共享的基础。本文书尚没有统一固定模板，下面介绍一种司法实践中常用的格式内容，供读者和实务工作者参考。

任务 5.1　社区矫正对象报到情况通知单的格式

一、文书结构

（一）文书制作单位

社区矫正对象报到情况通知单的制作单位为执行地县级社区矫正机构。

（二）文书基本内容

社区矫正对象报到情况通知单的内容包括社区矫正对象的姓名、性别、身份证号、社区矫正决定机关、判决（裁定、决定）时间、判决（裁定、决定）文书字号、矫正类别、报到时限、超期报到情况、下落不明情况、居住地隶属派出所等。

二、制作要求

1. 社区矫正对象报到情况通知单一式四份，县级社区矫正机构留存一份、人民法院一份、人民检察院一份、公安机关（监狱、看守所）一份。

2. 文书应加盖社区矫正机构公章。

任务 5.2　社区矫正对象报到情况通知单的撰写

李某，男，1988 年 11 月 15 日出生，住 X 省 X 市 Y 区××公寓 21-1-202。2021 年 10 月，因犯伪造国家机关证件罪被 X 省 X 市 Y 区人民法院判处有期徒刑 6 个月，缓刑 1 年，并处罚金人民币 5000 元，社区矫正期间自 2021 年 11 月 6 日起至 2022 年 11 月 5 日止。2021 年 11 月 10 日，郭某到 Y 区司法局报到，由××街道司法所负责对其社区矫正期间日常管理。

请以上述案例为材料，制作一份《社区矫正对象报到情况通知单》。

社区矫正对象报到情况通知单

（公章）

单位：X 市 Y 区司法局

2021 年 11 月 10 日

姓名	性别	罪名	社区矫正决定机关	裁判文书号及裁判时间	矫正类别	规定报到时限	已在规定时限报到	超出规定时限报到	未报到或下落不明
李某	男	伪造国家机关证件罪	X 市 Y 区人民法院	（2021）冀××××刑初××号 2021 年 10 月 13 日	缓刑	人民法院判决、裁定生效之日起十日内或离开监所之日起十日内	是	否	否

身份证号码	××××××××××××××××××	手机号码	××× ×××× ××××
现住址	Y 区××公寓 21-1-202		
居住地隶属派出所	Y 区××派出所		
备注			

注：送＿＿＿＿＿人民法院，抄报＿＿＿＿＿人民检察院、＿＿＿＿＿公安（分）局、＿＿＿＿＿监狱（看守所）

任务 6 社区矫正对象未报到通知书的制作

社区矫正对象未报到通知书是社区矫正机构通知社区矫正决定机关，社区矫正对象在法院判决生效后未在规定时间内到社区矫正机构报到的法律文书。根据《社区矫正法》第 21 条第 1 款规定，人民法院判处管制、宣告缓刑、裁定假释的社区矫正对象，应当自判决、裁定生效之日起 10 日内到执行地社区矫正机构报到。本文书尚没有统一固定模板，下面介绍一种司法实践中常用的格式内容，供读者和实务工作者参考。

任务 6.1 社区矫正对象未报到通知书的格式

一、文书结构

社区矫正对象未报到通知书属于填写式文书，共分为三联。第一联是存根联，第二联是正本，第三联是回执联。

（一）第一联

第一联是存根联，由社区矫正机构留存备查。主要内容包括收文单位名称，社区矫正对象的姓名、未报到情况，以及社区矫正机构落款。

（二）第二联

第二联是正本，发给作出判决的原审人民法院。

（三）第三联

第三联是回执联。人民法院在收到社区矫正对象未报到通知书后，填写本联，寄发给社区矫正机构。

二、制作要求

1. 社区矫正对象未报到通知书中的收文单位是作出判决的原审人民法院，填写时要与判决书中的信息进行核对。

2. 社区矫正对象未报到通知书为三联式文书，除每一联的落款处加盖公章外，还应该在每联之间加盖骑缝章。

任务 6.2　社区矫正对象未报到通知书的撰写

社区矫正对象赵某某，因犯危险驾驶罪，被×省×市×区人民法院判处拘役 2 个月，缓刑 3 个月，并处罚金 8000 元。按《社区矫正法》的规定，赵某某应自刑事判决书发生法律效力起 10 天内到执行地社区矫正机构报到，但赵某某未按法律规定按时到执行地社区矫正机构报到，已处于脱管状态。赵某某的刑事判决书信息如下：（2021）冀×××刑初×××号，判决日期为 2021 年 10 月 16 日。

请以上述案例为材料，制作《社区矫正对象未报到通知书》。

社区矫正对象未报到通知书

2021 年第（226）号

（存根）

××区人民法院：

社区矫正对象赵某某，身份证号×××××××××××××××××。我局已于 2021 年 10 月 20 日收到你院寄发的判决书、执行通知书等法律文书，赵某某在 2021 年 10 月 16 日至 2021 年 10 月 26 日期间未到我局报到。

×市×区司法局（公章）

2021 年 10 月 29 日

社区矫正对象未报到通知书

2021 年第（226）号

××区人民法院：

社区矫正对象赵某某，身份证号×××××××××××××××××。我局已于 2021 年 10 月 20 日收到你院寄发的判决书、执行通知书等法律文书，赵某某在 2021 年 10 月 16 日至 2021 年 10 月 26 日期间未到我局报到。

×市×区司法局（公章）

2021 年 10 月 29 日

社区矫正对象未报到通知书

2021 年第（226）号

（回执）

××区司法局：

社区矫正对象赵某某，身份证号×××××××××××××××××。我院已于 2021 年 10 月 29 日收到你局寄发的社区矫正对象未报到通知书。

×市×区人民法院（公章）

2021 年 10 月 30 日

🔍 工作法律依据

《社区矫正法》第 25 条：社区矫正机构应当根据社区矫正对象的情况，为其确定矫正小组，负责落实相应的矫正方案。根据需要，矫正小组可以由司法所、居民委员会、村民委员会的人员，社区矫正对象的监护人、家庭成员，所在单位或者就读学校的人员以及社会工作者、志愿者等组成。社区矫正对象为女性的，矫正小组中应有女性成员。

🔍 思考练习

仁某某，男，1984 年 7 月出生，藏族，小学文化，户籍地为西藏自治区阿里地区革吉县亚热乡，居住地为革吉县县城。2019 年 12 月，仁某某在革吉县修理厂修理环卫垃圾车时操作不当，将被害人马某某（修理厂老板）夹在压缩举升器中间，马某某在送往地区人民医院的途中不幸去世。仁某某因犯过失致人死亡罪被革吉县人民法院判处有期徒刑 1 年 6 个月，缓刑 2 年。2019 年 12 月 14 日，仁某某到革吉县司法局报到接受社区矫正，矫正期限 2019 年 12 月 14 日至 2021 年 12 月 13 日。社区矫正小组确定后，司法所与仁某某签订了社区矫正责任书，以明确各自的任务，保证对仁某某的社区矫正工作顺利进行。

请以上述案例为材料，制作一份《社区矫正责任书》。

🔍 拓展学习

社区矫正责任划分

一、矫正对象的责任

1. 遵守法律法规。

履行判决、裁定或决定中规定的义务（如禁止令、活动限制等）。不得参与违法犯罪活动。

2. 配合监督管理。

定期报告：通过书面、电话或信息化手段向司法所汇报活动情况。

接受核查：配合人脸识别、手机定位等信息化核查措施。

外出审批：离开居住地需提前申请，获批准后方可出行。

3. 参与教育帮扶。

参加法治教育、心理辅导、职业技能培训等活动。完成社区服务（公益活动）时长要求。

4. 违反后果。

警告、训诫；情节严重的，可被治安处罚或提请撤销缓刑/假释，收监执行。

二、社区矫正机构的职责

1. 监督职责。

制定个性化矫正方案，明确监管措施（如电子定位、分级管理）。定期核查矫正对象动态，发现违规行为及时处理。

2. 教育帮扶职责。

组织开展法治教育、心理干预、就业指导等帮扶活动。协调解决矫正对象生活困难（如低保申请、住房保障）。

3. 协调与衔接。

与公安机关、法院、检察院等部门协同处理脱管、漏管问题。矫正期满后，组织解除宣告并协助其回归社会。

三、决定机关的责任（法院、检察院、监狱等）

1. 法律文书送达。

判决生效后，及时将法律文书送达执行地社区矫正机构。

2. 协助执行。

配合社区矫正机构调查评估（如审前社会调查）。对撤销缓刑/假释、收监执行等建议依法作出裁定。

四、其他参与单位及个人的责任

1. 村（居）委会、社会组织。

协助司法所开展日常监督、教育帮扶。提供社区服务场所或就业资源。

2. 家属或保证人。

督促矫正对象遵守规定，发现异常及时报告。签署担保协议，承担连带监督责任（部分情形）。

3. 公安机关。

协助查找脱管人员、处置突发事件。对违反禁止令或治安管理的行为，应当依法予以处罚。

五、特殊责任情形

1. 未成年人社区矫正。

责任主体需保护隐私，宣告不公开，教育以感化为主。监护人需全程参与矫正，承担更多监督义务。

2. 暂予监外执行对象。

需定期提交病情复查报告，病情消失或不符合条件时及时收监。

六、责任落实的注意事项

1. 程序合规。

严格区分"应当"与"可以"的责任，避免滥用职权或失职。

2. 人性化执行。

对老、弱、病、残等特殊群体，调整监管强度，侧重帮扶。

3. 动态调整。

根据矫正表现，适时调整管理等级（如从严管控转为普通管理）。

七、违反责任的后果

主体	后果
社区矫正对象	警告→治安处罚→撤销缓刑/假释→收监执行

续表

社区矫正工作人员	失职渎职的，依法给予处分；构成犯罪的，追究刑事责任
保证人	未履行担保义务的，训诫或罚款

🔍 知识链接

工作领域三

社区矫正监督管理的文书制作

🔍 学习目标

知识目标：掌握社区矫正监督管理工作中各类法律文书制作的相关知识。

能力目标：具备制作社区矫正监督管理工作中各类法律文书的基本能力。

素质目标：具备严格执法、规范执法的法治意识，具备履职尽责、勇于创新的职业精神。

🔍 工作思维导图

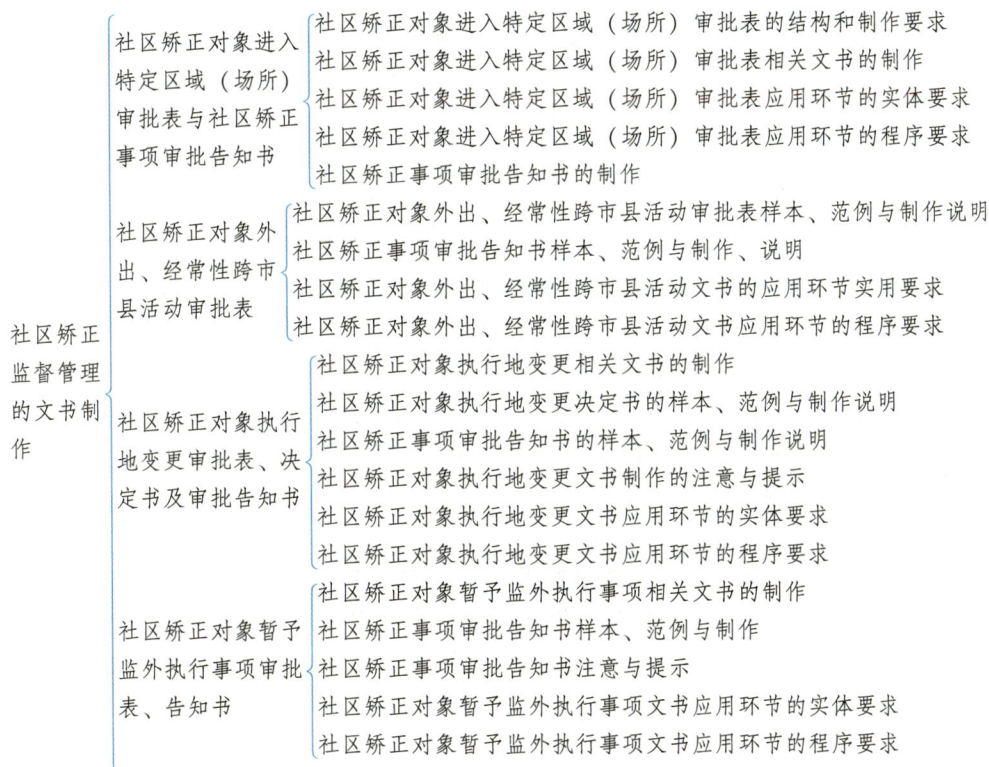

社区矫正监督管理的文书制作
- 社区矫正对象进入特定区域（场所）审批表与社区矫正事项审批告知书
  - 社区矫正对象进入特定区域（场所）审批表的结构和制作要求
  - 社区矫正对象进入特定区域（场所）审批表相关文书的制作
  - 社区矫正对象进入特定区域（场所）审批表应用环节的实体要求
  - 社区矫正对象进入特定区域（场所）审批表应用环节的程序要求
  - 社区矫正事项审批告知书的制作
- 社区矫正对象外出、经常性跨市县活动审批表
  - 社区矫正对象外出、经常性跨市县活动审批表样本、范例与制作说明
  - 社区矫正事项审批告知书样本、范例与制作、说明
  - 社区矫正对象外出、经常性跨市县活动文书的应用环节实用要求
  - 社区矫正对象外出、经常性跨市县活动文书应用环节的程序要求
- 社区矫正对象执行地变更审批表、决定书及审批告知书
  - 社区矫正对象执行地变更相关文书的制作
  - 社区矫正对象执行地变更决定书的样本、范例与制作说明
  - 社区矫正事项审批告知书的样本、范例与制作说明
  - 社区矫正对象执行地变更文书制作的注意与提示
  - 社区矫正对象执行地变更文书应用环节的实体要求
  - 社区矫正对象执行地变更文书应用环节的程序要求
- 社区矫正对象暂予监外执行事项审批表、告知书
  - 社区矫正对象暂予监外执行事项相关文书的制作
  - 社区矫正事项审批告知书样本、范例与制作
  - 社区矫正事项审批告知书注意与提示
  - 社区矫正对象暂予监外执行事项文书应用环节的实体要求
  - 社区矫正对象暂予监外执行事项文书应用环节的程序要求

```
                  ┌ 社区矫正使用电子定位装置审批表的制作
                  │ 社区矫正使用电子定位装置决定书样本、范例及制作说明
社区矫正使用电子   │ 对社区矫正对象使用电子定位装置告知书样本、范例及制作说明
定位装置审批表、  ┤ 社区矫正使用电子定位装置文书注意与提示
决定书及告知书     │ 社区矫正使用电子定位装置文书应用环节的实体要求
                  └ 社区矫正使用电子定位装置文书应用环节的程序要求
                  ┌ 协助查找社区矫正对象通知书制作
协助查找社区矫正   │ 协助查找社区矫正对象通知书文书填写范例
对象通知书        ┤ 协助查找社区矫正对象通知书制作应用环节的实体要求
                  └ 协助查找社区矫正对象通知书制作应用环节的程序要求
```

工作任务七　社区矫正对象进入特定区域（场所）审批表与社区矫正事项审批告知书的制作

🔍 任务目标

1. 了解社区矫正对象进入特定区域（场所）审批表与告知书的相关知识；

2. 掌握制作社区矫正对象进入特定区域场所审批表与告知书的能力；

3. 具备认真负责、耐心细致的良好职业道德和以人为本、遵规守纪、清正廉洁的职业精神。

🔍 任务描述

社区矫正对象进入特定区域（场所）的相关文书有社区矫正对象进入特定区域（场所）审批表和社区矫正事项审批告知书。社区矫正对象被禁止进入特定区域或者场所是根据法院作出的禁止令的判决。禁止令具有强制性法律效力，因此，当禁止令明确禁止进入特定区域或者场所，但社区矫正对象确需进入时，社区矫正机构在审批的过程中必须严格核查事实依据，确保理由充分、依据准确、程序规范。

🔍 工作场景

社区矫正对象张某某，因犯有盗窃罪被判处缓刑，并在社区接受矫正。在矫正期间，张某某需要前往市区的医院接受定期的健康检查，而这家医院位于社区矫正机构划定的限制进入区域。因此，张某某需要向社区矫正机构提交进入特定区域场所的审批表。

工作任务

任务1　社区矫正对象进入特定区域（场所）审批表的结构和制作要求

《社区矫正对象进入特定区域（场所）审批表》主要由以下三部分组成：

一、社区矫正对象基本信息

在表格内依次填写姓名、性别、罪名、刑期、矫正类别、矫正期限、起止日。

二、禁止令、申请内容

1. 禁止令内容：按照社区矫正对象基本信息表中的相应内容填写。

2. 申请进入的区域（场所）：填写判决书中禁止令中相对应的区域（场所）。

3. 申请理由及时间起止：填写社区矫正对象提出进入的区域（场所）的理由及进入时间期限。

三、批示意见

《社区矫正对象进入特定区域（场所）审批表》应由司法所拟写申报意见，签名盖章后上报县级司法行政机关进行审批。

任务2　社区矫正对象进入特定区域（场所）审批表相关文书的制作

任务2.1　社区矫正对象进入特定区域（场所）审批表文书样本

社区矫正对象进入特定区域（场所）审批表

姓名		性别		身份证号码		
户籍地				执行地		
罪名		原判刑期			附加刑	
禁止令 内容				禁止期限 起止日	自　年　月　日 至　年　月　日	
矫正类别		矫正期限		起止日	自　年　月　日 至　年　月　日	
事由及 依据						

续表

呈报单位 意见	（公章） 年　月　日
县级社区矫 正机构意见	（公章） 年　月　日
地市级社区 矫正机构 意见	（公章） 年　月　日
省级社区 矫正机构 意见	（公章） 年　月　日
备注	

注：抄送_____人民法院、_____人民检察院

任务2.2　社区矫正对象进入特定区域（场所）审批表范例与注意事项

案例：李某某，男，因犯寻衅滋事罪被人民法院判处有期徒刑9个月，缓刑1年，同时宣告在缓刑考验期内禁止进入夜总会、酒吧、迪厅、网吧等娱乐场所。在社区矫正期间，经社区矫正机构批准李某某与被害人沟通，并在被害人要求下，李某某需进入网吧，当场对被害人进行道歉并赔偿损失，以消除李某某犯罪造成的不良影响。对此，提请社区矫正机构审批。

社区矫正对象进入特定区域（场所）审批表

姓名	李某某	性别	男	身份证号码	××××××××××××××××××	
户籍地	××省××市××区××街××小区××号楼××单元××号			执行地	××省××市××区	
罪名	寻衅滋事罪	原判刑期		有期徒刑九个月	附加刑	无

续表

禁止令内容	禁止进入夜总会、酒吧、迪厅、网吧等娱乐场所			禁止期限起止日	自 2023 年 1 月 31 日起至 2024 年 1 月 30 日
矫正类别	缓刑	矫正期限	一年	起止日	自 2023 年 1 月 31 日起至 2024 年 1 月 30 日
事由及依据	经与被害人沟通并在被害人强烈要求下，社区矫正对象李某某需要到达××省××市××区××网吧现场，对被害人进行道歉并赔偿被害人损失，以消除李某某犯罪造成的不良影响。根据《中华人民共和国社区矫正法实施办法》第 39 条规定，拟批准社区矫正对象李某某于 2023 年 6 月 20 日 11：00-12：00 进入××省××市××区××网吧。				
呈报单位意见	拟同意，报××省××市××区社区矫正机构审批 ××司法所（公章） ××年××月××日				
县级社区矫正机构意见	同意 ××市××区社区矫正机构（公章） ××年××月××日				
备注					

注：抄送××××人民法院、××××人民检察院。

社区矫正对象进入特定区域（场所）审批表注意与提示：

1. 对于确需进入特定区域或场所等情况，应要求社区矫正对象说明情况并提供相应证明材料，社区矫正机构应通过书面审查，询问本人、同行人、需接触人、特定区域或场所负责人等多种方式进行核实，申请事由合法属实的依程序进行审批，并通知原审人民法院和执行地县级人民检察院。

2. 对批准进入特定区域或场所的社区矫正对象进行教育谈话等工作，明确告知其进入的地点、期限以及违反相关规定的后果。

3. 社区矫正机构可采取通信联络、信息化核查等方式对社区矫正对象进入特定区域或场所的情况进行监管核查。

任务3 社区矫正对象进入特定区域（场所）审批表应用环节的实体要求

一、禁止令概念

禁止令是人民法院根据犯罪分子的犯罪原因、犯罪性质、犯罪手段、犯罪后的悔罪表现、个人一贯表现等情况，充分考虑与犯罪分子所犯罪行的关联程度，有针对性地决定禁止其在管制期间或缓刑考验期内"从事特定活动、进入特定区域"的一项或几项内容。

二、禁止令的执行

1. 社区矫正机构、司法所是社区矫正对象在管制期间、缓刑考验期内执行禁止令的主体。同时，根据执行禁止令的需要，社区矫正机构、司法所可以协调有关部门、单位、场所、个人协助配合执行禁止令。

2. 社区矫正机构、司法所应当于社区矫正对象报到、入矫宣告、日常报告时向其告知禁止令内容，以及违反禁止令的法律后果。

3. 社区矫正对象应当定期以口头及书面的形式向社区矫正机构、司法所报告其遵守禁止令的情况。

三、违反禁止令的处置

社区矫正机构发现社区矫正对象有违反人民法院禁止令情形的，应当立即制止，并调查核实情况，收集有关证据材料，提出处理意见；制止无效的，应当立即通知公安机关到场处置。

四、社区矫正对象违反禁止令的法律后果

1. 给予训诫。社区矫正对象违反关于遵守报告禁止令情况规定，情节轻微的，社区矫正机构应当给予训诫。

2. 给予警告。社区矫正对象违反人民法院禁止令，情节轻微的，社区矫正机构应当给予警告。

3. 提请治安管理处罚。社区矫正对象违反人民法院禁止令，依法应予治安管理处罚的，社区矫正机构应当及时提请同级公安机关依法给予处罚，并向执行地同级人民检察院抄送治安管理处罚建议书副本，及时通知处理结果。

4. 加戴电子定位装置。社区矫正对象违反人民法院禁止令的，经县级司法行政部门负责人批准，可以使用电子定位装置，加强监督管理。

5. 提请撤销缓刑。社区矫正对象在缓刑考验期内违反禁止令且情节严重的，由执行地向社区矫正机构提出撤销缓刑建议。

任务4 社区矫正对象进入特定区域（场所）审批表应用环节的程序要求

一、社区矫正对象进入特定区域（场所）提出申请

1. 社区矫正对象应当提前向司法所提交书面申请。

2. 社区矫正对象应当针对其确需进入特定区域（场所）的情况，提供相应证明材料。

二、社区矫正对象进入特定区域（场所）的审核上报

1. 司法所应当针对社区矫正对象确需进入特定区域（场所）的情况，开展谈话，并做好谈话记录。

2. 司法所收到社区矫正对象的书面申请和相应证明材料后，应当进行审核并填写《社区矫正对象进入特定区域（场所）审批表》。

3. 司法所审核完毕并签署意见后，应当向社区矫正机构上报《社区矫正对象进入特定区域（场所）审批表》并附书面申请及相应证明材料。

三、社区矫正对象进入特定区域（场所）的审批告知

1. 社区矫正机构收到申请后，应当对相关材料进行审查与核实。

2. 社区矫正机构应当根据审查核实情况，作出是否批准的决定。

3. 经审核，社区矫正机构不予批准的，应当在决定作出后及时告知社区矫正对象。

4. 经审核，社区矫正机构予以批准的，应对社区矫正对象进行教育，提出要求。

任务 5　社区矫正事项审批告知书的制作

任务 5.1　社区矫正事项审批告知书的格式

社区矫正事项审批告知文书结构包括以下五个部分：

一、首部

文书名称即"社区矫正事项审批告知书"。

二、字号

文书字号由年度、社区矫正机构代字、类型代字、文书编号组成，使用阿拉伯数字，例"（2022）××矫审告字第 1 号"。

三、事项审批告知情况

此部分是对社区矫正对象申请事项批准与否的填写，应写明社区矫正对象何时提出的何种申请事项以及对事由进行简单描述，并就该事项是否批准进行填写。

四、有关规定及违反后果

此部分主要告知社区矫正对象进行审批事项活动时应遵守的相关要求，包括社区矫正对象必须遵守的各项规定、被禁止的事项、违反规定应承担的法律后果、被限制行使的权利，以及应当履行的义务。比如批准请假外出的列明时限和目的地；同意变更执行地的，告知其到新执行地县级社区矫正机构报到的时间期限以及逾期报到或者未报到的后果等。

五、社区矫正对象签名

此部分要求社区矫正对象在知晓其申请事项批准结果后予以签名确认。

任务 5.2　社区矫正事项审批告知书的制作要求

1. 该告知书一式两份，加盖公章，社区矫正对象签名后存档一份，送社区矫正对象一份。

2. 作为社区矫正对象，对审批事项批准结果有异议时，可以依法向社区矫正机构上级主管部门或同级人民检察院提出控告。

社区矫正事项审批告知书

（　　）字第　　号

社区矫正对象＿＿＿＿＿＿：

你于＿＿＿＿＿年＿＿＿＿＿月＿＿＿＿＿日，因＿＿＿＿＿＿＿＿（事由）提出的＿＿＿＿＿申请，符合/不符合有关法律、法规和社区矫正监督管理规定情形，决定予以批准/不予批准＿＿＿＿＿。

你在进行＿＿＿＿＿活动时，应注意遵守以下要求：＿＿＿＿＿＿＿＿＿＿＿＿

＿＿＿

＿＿＿

＿＿＿

特此告知。

＿＿＿＿＿＿（公章）

年　　月　　日

以上内容我已知晓。

社区矫正对象（签名）：
年　　月　　日

🔍 工作法律依据

社区矫正对象进入特定区域（场所）审批表与社区矫正事项审批告知书的法律依据是《社区矫正法》第23条，《社区矫正法实施办法》第35、36、39条，第40条第1款，第46条第1款。

🔍 思考练习

社区矫正对象高某，男，汉族，1974年7月出生，大专文化程度，户籍所在地为甘肃省永靖县，居住地为上海市静安区。高某因犯诈骗罪被上海市虹口区人民法院判处有期徒刑二年八个月，缓刑二年八个月，并处罚金8000元。社区矫正期限自2021年1月28日起至2023年9月27日止。2021年2月8日，上海市静安区社区矫正管理局依法对社区矫正对象高某进行社区矫正入矫宣告，由执行地司法所负责对其社区矫正期间进行日常管理。

2022年5月23日，高某到司法所报到，提出申请，事由是端午期间其表哥赵某将到家中居住玩耍，因赵某不熟悉当地情况，高某需要于2022年6月2日到车站接其表哥。

结合实例制定一份《社区矫正对象进入特定区域（场所）审批表》。

🔍 **拓展学习**

巧用移民局 APP　浙江省永康市司法局破解出境证件暂管收缴难题[1]

《社区矫正法》虽然没有社区矫正对象不准出境的规定，但从监督管理的工作需要看，应当禁止社区矫正对象出境。同时《中华人民共和国出境入境管理法》第 12 条、28 条规定，中国公民和外国人被判处刑罚尚未执行完毕或者属于刑事案件被告人、犯罪嫌疑人的，不准出境。社区矫正对象在矫正期间属于刑罚尚未执行完毕的情形，应当禁止出境。为防止社区矫正对象违法出境现象的发生，及时做好社区矫正对象的护照（通行证）暂为保管和出境报备工作至关重要。

过去对社区矫正对象持有护照（通行证）的情况掌握，主要依赖于其本人的自主报告。新接收的社区矫正对象在办理入矫手续时，工作人员询问其是否有办理出国（境）证件，已办理的，由社区矫正机构暂为保管，直至解除、终止社区矫正；对遗失或损毁无法上交证件的，及时通报公安机关并督促其去办理作废手续。社区矫正机构完成入矫接收手续后，向公安机关出入境管理部门办理限制出境报备手续。

但上述方法存在监管漏洞：对社区矫正对象的证件持有情况，只要矫正对象本人自主隐瞒或记忆不清，相关部门或单位就不能完全知晓其持有护照（通行证）的真实情况，存在极大的脱管出境隐患。

2022 年 5 月开始，浙江省永康市司法局社区矫正执法大队对社区矫正对象的禁止出境管理工作进行了重新梳理与全面排查。

一是加强对在矫对象排查。执法大队要求各司法所对所有在矫对象的护照（通行证）持有情况进行全面摸底排查。要求在矫对象在司法所当场用其本人手机下载"移民局"APP 或"移民局"小程序，实时查询个人护照（通行证）的持有情况。查询结果与先前自报不符的，按照最新查询情况追加暂管，遗失的要求其本人尽快去公安机关出入境管理部门办理作废手续，并跟踪到底。截至 2022 年 5 月 31 日，共排查出 7 人与自报不符，司法所视情况做出了相应处理，彻底堵住了因隐瞒真实情况或记忆不清而产生的监管漏洞。

二是做好入矫时护照（通行证）核查。矫正中心要求每名新入矫对象本人当场通过"移民局"APP 或"移民局"小程序自查证件持有情况，工作人员做好监督并截图存档，根据查询结果对护照（通行证）实行精准暂管，遗失的及时宣告作废，彻底把好入矫核查关。

三是及时完成报备手续。与公安机关出入境管理部门对接，入矫时即用"浙政钉"平台将报备信息发送给出入境管理部门，充分发挥数据共享与协同治理作用，确保报备工作无死角无盲区，全方位构筑防治社区矫正对象违法出境的"防护网"。

---

〔1〕　柯曙光：《巧用移民局 APP　浙江省永康市司法局破解出境证件暂管收缴难题》，载 http://www.chjzxc.com/index/index/page.html？id＝17987，最后访问日期：2022 年 10 月 20 日。

工作任务八　社区矫正对象外出、经常性跨市县活动审批表的制作

🔍 **任务目标**

1. 了解社区矫正对象会客、外出、经常性跨市县活动审批表的适用对象；

2. 掌握社区矫正对象会客、外出、经常性跨市县活动审批表的内容知识结构；

3. 具备制作社区矫正对象会客、外出、经常性跨市县活动审批表的能力；

4. 增强学生的国防意识和国家安全意识，使他们初步具备基本的军事素质和技能，自觉地捍卫祖国的尊严、独立和统一。

🔍 **任务描述**

社区矫正对象会客、外出、经常性跨市县活动相关文书有社区矫正对象会客、外出、经常性跨市县活动审批表和相应的社区矫正事项审批告知书。考虑到实践中社区矫正对象会客几无应用，经常性跨市县活动本质也是外出，故在此着重于社区矫正对象外出、经常性跨市县活动文书的制作和应用。

社区矫正对象外出审批表是对社区矫正对象确有正当理由需要离开所居住市县，报经社区矫正机构批准的法律文书。社区矫正对象外出审批表包含社区矫正对象基本信息、事实及依据以及司法所、各级社区矫正机构意见等内容。

社区矫正事项告知书是用于社区矫正对象申请外出或经常性跨市县活动事项是否批准、书面告知审批结果的文书，包括申请事项、审批结果、进行活动时应遵守的要求等内容。对于社区矫正对象有正当理由需要外出的，社区矫正机构应当批准；对于社区矫正对象因正常工作和生活需要经常性跨市县活动的，社区矫正机构可以根据情况，简化批准程序和方式。

🔍 **工作场景**

外出案例：李某某，男，因犯非法出售发票罪被人民法院判处拘役 6 个月，缓刑 6 个月。判决生效后，依法实施社区矫正。社区矫正期间，李某某的配偶提出离婚诉讼请求。根据法院通知，李某某需离开社区矫正执行地前往法院应诉。李某某向司法所提出了外出参与诉讼的书面申请，并提交了相关证明材料。社区矫正机构在审核后认为李某某的外出申请合理且符合规定，于是批准了其外出，并要求李某某在外出期间保持与社区矫正机构的联系，及时报告行踪和动态。

　　经常性跨市县活动案例：张某某，男，因犯开设赌场罪被人民法院判处拘役 6 个月，缓刑 6 个月。判决生效后，依法实施社区矫正。社区矫正期间，张某某为家庭经济支柱（母亲患癌、子女就学、需偿还货车贷款），其从事半挂车运输需频繁跨市县接单。张某某向司法所提出了外出书面申请，并提交了相关证明材料。司法所收到张某某提交的书面申请和证明材料后，经审核后认为符合确有正当理由离开居住市县的情形，同意其外出申请，报县级社区矫正机构备案，并要求张某某在外出期间严格遵守相关规定，定期向社区矫正机构报告活动情况。

　　以案例为材料，制作社区矫正对象外出、经常性跨市县活动审批表。

🔍 **工作任务**

任务 1　社区矫正对象外出、经常性跨市县活动审批表样本、范例与制作说明

一、社区矫正对象外出、经常性跨市县活动审批表文书样本

社区矫正对象外出（经常性跨市县活动）审批表

姓名		性别		身份证号码		
户籍地				执行地		
罪名		原判刑期			附加刑	
禁止令 内容				禁止期限 起止日	自　年　月　日 至　年　月　日	
矫正类别		矫正期限		起止日	自　年　月　日 至　年　月　日	
事由及 依据						
呈报单位 意见					（公章） 年　月　日	

续表

县级社区矫正机构意见	（公章） 年　月　日
地市级社区矫正机构意见	（公章） 年　月　日
省级社区矫正机构意见	（公章） 年　月　日
备注	

二、社区矫正对象外出、经常性跨市县活动审批表填写范例

李某某，男，因犯非法出售发票罪被人民法院判处拘役 6 个月，缓刑 6 个月。判决生效后，依法实施社区矫正。社区矫正期间，李某某的配偶提出离婚诉讼请求。根据法院通知，李某某需离开社区矫正执行地前往法院应诉。李某某向司法所提出外出参与诉讼的书面申请，并提交了相关证明材料（参见下表）。

社区矫正对象外出（经常性跨市县活动）审批表

姓名	李某某	性别	男	身份证号码	××××××××××××××××××	
户籍地	河南省××市××区××街××小区××号楼×单元×××号			执行地	山东省××市××区	
罪名	非法出售发票罪	原判刑期		拘役六个月	附加刑	罚金一万元
禁止令内容	无			禁止期限起止日	自　年　月　日 至　年　月　日	
矫正类别	缓刑	矫正期限	六个月	起止日	自 2020 年 5 月 7 日 至 2020 年 11 月 6 日	

事由及依据	根据法院通知，社区矫正对象李某某需于 2020 年 8 月 8 日到达河南省××市××区人民法院参与离婚诉讼。根据《中华人民共和国社区矫正法》第二十七条，《中华人民共和国社区矫正法实施办法》第二十六条、第二十七条规定，拟批准社区矫正对象李某某于 2020 年 8 月 7 日至 2020 年 8 月 9 日到达河南省××市参与离婚诉讼。
呈报单位意见	同意 ××司法所（公章） ××年××月××日
备注	

社区矫正对象外出（经常性跨市县活动）审批表制作说明：

1. 本文书用于社区矫正对象外出或者经常性跨市县活动事项的审批，相关意见栏如不使用，可以删除。

2. 呈报单位包括受委托的司法所以及社区矫正机构等。如呈报单位也是审批机关时，可将"呈报单位意见栏"改为"受委托的司法所意见"等，其余意见栏可删除。由司法所批准的，报执行地县级社区矫正机构备案。

3. 用于外出审批时，审批表一式两份，除一份存档外，对于外出超过 30 日或者 2 个月内外出时间累计超过 30 日，经上一级社区矫正机构批准外出的，执行地县级社区矫正机构应当及时将审批表抄送同级人民检察院。

任务 2　社区矫正事项审批告知书样本、范例与制作说明

一、社区矫正事项审批告知书文书样本

社区矫正事项审批告知书

（　　）××矫审告字第　号

社区矫正对象_____：

　　你于_____年___月_____日，因_____（事由）提出的_____申请，符合/不符合有关法律法规和社区矫正监督管理规定情形，决定批准/不予批准_____。

　　你在进行_____活动时，应注意以下要求_____。

　　特此告知。

（公章）
年　　月　　日

以上内容我已知晓。

社区矫正对象（签名）：
年　　月　　日

二、社区矫正事项审批告知书文书填写范例

李某某，男，因犯非法出售发票罪被人民法院判处拘役 6 个月，缓刑 6 个月。判决生效后，依法实施社区矫正。社区矫正期间，李某某的配偶提出离婚诉讼请求。根据法院通知，李某某需离开社区矫正执行地前往法院应诉。李某某向司法所提出了外出参与诉讼的书面申请，并提交了相关证明材料。司法所收到李某某的书面申请和证明材料后，经审核后认为符合确有正当理由离开居住市县的情形，同意其外出申请，并报县级社区矫正机构备案。

社区矫正事项审批告知书

（2023）××矫审告字第 2 号

社区矫正对象李某某：

你于××年××月××日，因参与离婚诉讼提出的外出至××省××市申请，符合有关法律法规和社区矫正监督管理规定情形，决定批准外出。

你在外出期间，应注意以下要求：1. 你应当于 2023 年 9 月 8 日至 2023 年 9 月 10 日期间外出，外出地点为××省××市，严禁前往其他地点，严禁进入敏感区域；2. 外出期间，你要严格遵守法律法规及社区矫正相关管理规定，并于每日 17：00 通过电话联系的方式向司法所进行报告；3. 你应当于 2023 年 9 月 10 日前返回并向司法所报告，并于 2023 年 9 月 11 日 8：30 前抵达司法所当面销假，报告外出期间相关情况，出示外出车票、食宿等证明原件；4. 如违反外出规定，将视情节给予训诫、警告、提请治安管理处罚、加戴电子定位装置、提请撤销缓刑等处罚。

特此告知。

××区社区矫正机构（公章）
××××年××月××日

以上内容我已知晓。

社区矫正对象（签名）：李某某
××××年××月××日

三、社区矫正事项审批告知书文书制作说明

1. 本文书用于社区矫正对象申请事项是否批准的告知，对外出及经常性跨市县活动事项申请，应当书面告知审批结果，同时告知社区矫正对象进行审批事项活动时应遵守的相关规定，如批准请假外出的需列明时限和目的地。

2. 文书字号由年度、社区矫正机构代字、类型代字、文书编号组成，使用阿拉伯数字，如"（2023）××矫审告字第 2 号"。该告知书一式两份，加盖公章，社区矫正对象签名后存档一份，送社区矫正对象一份。

四、社区矫正事项审批告知书文书注意与提示

1. 对于确有正当理由申请外出的，社区矫正对象要说明外出的事由、时限、地点、拟接触的人员、拟乘坐的交通工具等，并提供相关证明材料。对于申请经常性跨市县的，社区矫正对象要说明工作生活方面的理由，经常去往的市县名称、时间、频次等，并提供相关证明材料。社区矫正机构或司法所在审核审批时，应通过书面审查、询问本人、同行人、需接触人、所在单位等多种方式进行核实，申请事由合法属实的依程序进行审批。

2. 批准社区矫正对象外出或经常性跨市县活动的，社区矫正机构应当落实好对社区矫正对象的教育谈话等工作，明确告知进入的地点、期限、应当遵守的相关监管规定，以及违反监管规定的后果。

3. 社区矫正机构根据需要协商外出目的地社区矫正机构协助监督管理的，还应告知社区矫正对象在到达和离开时向当地社区矫正机构报告，接受监督管理。

4. 社区矫正对象外出或跨市县活动前要掌握其外出活动期间拟途经的路线范围等。社区矫正对象外出期间，社区矫正机构可采取电话通信、实时视频、信息化核查等方式对社区矫正对象的外出情况进行监管，及时掌握社区矫正对象活动等情况。对于社区矫正对象超出拟途经的路线范围等情况，应及时联系核查，防止脱管等情形发生。

5. 经常性跨市县活动批准一次有效期为 6 个月。到期后，社区矫正对象仍需要经常性跨市县活动的，应当重新提出申请。经批准后方可再次进行经常性跨市县活动。

任务 3　社区矫正对象外出、经常性跨市县活动文书应用环节的实体要求

一、社区矫正对象外出与经常性跨市县活动

外出是指社区矫正对象因就医、就学、参与诉讼、处理家庭或者工作重要事务等，需要在短期内临时离开所居住市县的情况。例如，张某居住在河南省某市某区，但是因其患重病需到北京市某医院就医，这种情况就是外出。

经常性跨市县活动是指社区矫正对象因正常工作和生活，需要在一段时间内经常性从所居住的市县前往其他市县活动的情况。例如，李某居住在湖北省鄂州市，但是其工作地点在邻近武汉市江夏区的光谷工业园区的三环加工厂，李某需要每天往返武汉市江夏区和鄂州市上下班，这种情况就是经常性跨市县活动。

二、准确把握社区矫正对象外出的请假事由

社区矫正对象外出的正当理由是指就医、就学、参与诉讼、处理家庭或者工作重要事务等。其中，处理家庭重要事务一般是指以下事务：

1. 结婚、离婚、考试、本人或配偶生育；

2. 因近亲属婚嫁、重病、亡故等，确需本人外出处理的；

3. 春节、清明期间需离开执行地探亲、祭祖的；

4. 涉及本人的仲裁、登记、许可、调解、复议等，确需本人参加的。

处理重要工作事务一般是指确需本人参加的以下事务：

1. 参加生产经营活动，包括投资谈判、签订合同等与生产经营直接相关的活动；

2. 参加涉及企业生产经营的仲裁、登记、许可、调解、复议等活动；

3. 因工作需要参加重要培训、重要会议等活动；

4. 其他重要工作事务。

社区矫正机构、司法所要严格按照法律法规的规定执行，严禁随意扩大或缩小请假外出理由的范围，对于拒不提供有关证明或弄虚作假的，应不予批准。在重点时段、重大活动期间或者遇有特殊情况时，一般不批准社区矫正对象前往活动举办地或重点地区。社区矫正机构、司法所应当严格履行外出审批程序，落实监管教育措施，严防

社区矫正对象不请假外出造成脱管。同时，必须明确法律法规规定的"市"是指直辖市的城市市区、设区的市的城市市区和县级市的辖区。在设区的同一市内跨区活动的，不属于离开所居住的市县。

三、明确社区矫正对象经常性跨市县活动的关键环节

1. 准确把握事由。社区矫正对象需要经常性跨市县活动的理由是指因正常工作和生活需要。非因正常工作和生活需要的，不应当经常性跨市县活动。

2. 严格遵守"经常性"的限制规定。社区矫正对象只有在一段时间内因正常工作和生活需要频繁往来的市县才能认定为"经常性"。例如，一个月只往来一次，就不宜认定为"经常性"。

3. 对于"跨市县"的理解。因正常工作和生活需要经常性跨市县活动的，其本质属于外出，即对"跨市县"的理解应符合外出规定的"离开所居住的市县"，不宜在地域上限制为相邻或省内。

四、社区矫正对象违反外出与经常性跨市县活动相关规定的法律后果

1. 给予训诫。社区矫正对象违反外出规定且情节轻微的，社区矫正机构应当给予训诫。

2. 给予警告。社区矫正对象违反外出规定且情节较重的，社区矫正机构应当给予警告。

3. 提请治安管理处罚。社区矫正对象违反监督管理规定，依法应予治安管理处罚的，社区矫正机构应当及时提请同级公安机关依法给予处罚，并向执行地同级人民检察院抄送治安管理处罚建议书副本，及时通知处理结果。

4. 加戴电子定位装置。社区矫正对象无正当理由，未经批准离开所居住的市县的，经县级司法行政部门负责人批准，可以使用电子定位装置，加强监督管理。

5. 提请撤销缓刑。社区矫正对象在缓刑考验期内脱离监管超过1个月的、因违反监督管理规定受到治安管理处罚仍不改正的、受到社区矫正机构2次警告仍不改正的，由执行地同级社区矫正机构提出撤销缓刑建议。

6. 提请撤销假释。社区矫正对象在假释考验期内脱离监管超过1个月的、受到社区矫正机构2次警告仍不改正的，由执行地同级社区矫正机构提出撤销假释建议。

7. 提请收监执行。暂予监外执行的社区矫正对象未经社区矫正机构批准擅自离开居住的市县，经警告拒不改正，或者拒不报告行踪，脱离监管的，由执行地县级社区矫正机构提出收监执行建议。

任务4　社区矫正对象外出、经常性跨市县活动文书应用环节的程序要求

一、社区矫正对象外出审批程序要求

（一）提出申请

1. 社区矫正对象一般应当提前3日向司法所提交书面申请。

2. 社区矫正对象应当针对其外出请假事由，如实提供诊断证明、单位证明、入学证明或法律文书等材料。

3. 确因情况紧急，社区矫正对象也可以用电话方式提出申请，但需经同意后，及时补办请假手续。

（二）审核上报

1. 司法所收到社区矫正对象外出请假申请后，可通过开展询问谈话、查验证明材料、询问相关人员等方式对社区矫正对象请假理由、期限、目的及证明材料进行审核，并做好谈话记录和工作记录。

2. 司法所收到社区矫正对象的书面申请和相应证明材料后，应当进行审核并填写《社区矫正对象外出（经常性跨市县活动）审批表》；认为需要补充相关证明材料的，可以要求社区矫正对象及时予以补充。

3. 司法所审核完毕后，如社区矫正对象申请外出时间在 7 日内的，可以由司法所批准，并报执行地县级社区矫正机构备案，同时履行告知义务。

4. 司法所审核完毕后，如社区矫正对象申请外出时间超过 7 日的，应当在签署意见后，向执行地县级社区矫正机构上报《社区矫正对象外出（经常性跨市县活动）审批表》并附书面申请及相应证明材料。

（三）审批告知

1. 执行地县级社区矫正机构收到申请后，应当对相关材料进行审查与核实；认为需要补充相关证明材料的，可以要求社区矫正对象及时予以补充；认为需要调查核实相关事实的，可以委托司法所进行调查核实，也可自行调查核实。

2. 对社区矫正对象申请外出时间不超过 30 日的，执行地县级社区矫正机构应当根据审查核实情况，作出是否批准的决定，并履行告知义务。

3. 对社区矫正对象因特殊情况确需外出超过 30 日的，或者 2 个月内外出时间累计超过 30 日的，执行地县级社区矫正机构应当报上一级社区矫正机构审批。

4. 上一级社区矫正机构批准社区矫正对象外出的，执行地县级社区矫正机构应当及时通报同级人民检察院。

（四）外出期间管理

1. 在社区矫正对象外出期间，执行地县级社区矫正机构、受委托的司法所应当通过电话通信、实时视频等方式实施监督管理。

2. 执行地县级社区矫正机构根据需要，可以协商外出目的地社区矫正机构协助监督管理，并要求社区矫正对象在到达和离开时向当地社区矫正机构报告，接受监督管理。外出目的地社区矫正机构在社区矫正对象报告后，可以通过电话通信、实地查访等方式协助监督管理。

（五）销假

社区矫正对象应在外出期限届满前返回居住地，并向执行地县级社区矫正机构或者司法所报告，办理手续。销假时，社区矫正对象应当出具交通、食宿等票据原件，以及其他与外出事项、地点相关的文字、照片、视频资料等证明材料。社区矫正机构或司法所应当对社区矫正对象的销假情况做好记录并留存票据复印件及其他相关证明材料。因特殊原因无法按期返回的，应当及时向社区矫正机构或司法所报告情况，社区矫正机构、司法所做好记录，加强监管。

（六）情况处置

发现社区矫正对象违反外出管理规定的，社区矫正机构或司法所应当责令其立即返回，并视情节依法予以处理。

二、社区矫正对象经常性跨市县活动审批程序要求

（一）提出申请

1. 社区矫正对象一般应当提前 1 个月向司法所提交书面申请，写明理由、经常去往的市县名称、时间、频次等。

2. 社区矫正对象应当针对其经常性跨市县活动情况，如实提供相应证明材料。因正常工作需要经常性跨市县活动的，申请时一般需提供所在工作单位劳动关系证明、有效的统一社会信用代码证（照）复印件、社会保险、派遣证明等材料；因生活需要经常性跨市县活动的，需提供生活来往的本人及近亲属居住证明等材料。

（二）审核上报

1. 司法所应当针对社区矫正对象经常性跨市县活动申请情况，开展询问谈话、查验证明材料、询问与社区矫正对象拟在经常性活动市县共同工作或生活的相关人员，并做好谈话记录、工作记录。

2. 司法所收到社区矫正对象的书面申请和相应证明材料后，应当进行审核并填写《社区矫正对象外出（经常性跨市县活动）审批表》。

3. 司法所审核完毕并签署意见后，应当向执行地县级社区矫正机构上报《社区矫正对象外出（经常性跨市县活动）审批表》并附书面申请及相应证明材料。

（三）审批告知

1. 执行地县级社区矫正机构收到申请后，应当对相关材料进行审查与核实；认为需要补充相关证明材料的，可以要求社区矫正对象及时予以补充；认为需要调查核实相关事实的，可以委托司法所进行调查核实，也可自行调查核实。

2. 执行地县级社区矫正机构应当根据审查核实情况，作出是否批准的决定，并履行告知义务。

3. 执行地县级社区矫正机构批准一次的有效期为 6 个月。

4. 到期后，社区矫正对象仍需要经常性跨市县活动的，应当重新提出申请。

（四）经常性跨市县活动期间管理

1. 在批准经常性跨市县活动的有效期间内，社区矫正对象每次外出前和返回后应当通过书面、电话或者微信等通信联络方式向司法所报告，司法所应当书面记录在案。

2. 被批准经常性跨市县活动的社区矫正对象每月应书面报告外出情况。司法所应每月向区社区矫正机构报备。

🔍 工作法律依据

《社区矫正对象外出（经常性跨市县活动）审批表》和《社区矫正事项审批告知书》的法律依据是《社区矫正法》第 23 条、第 27 条第 1 款、第 29 条第 1 款，《社区矫正法实施办法》第 26、27、28、29、34、35、36 条，第 46 条第 1 款、第 47 条第 1 款、第 49 条第 1 款。

🔍 **思考练习**

社区矫正对象陈某，男，1993年1月出生，户籍地为重庆市永川区，居住地为重庆市荣昌区，2022年1月28日，因犯开设赌场罪被重庆市荣昌区人民法院判处有期徒刑11个月，缓刑1年，并处罚金2万元。社区矫正期限自2022年2月9日起至2023年2月8日止。2022年2月10日，陈某到荣昌区司法局报到，由执行地司法所负责其日常管理。

2022年8月24日，陈某到司法所咨询请假外出相关事宜，陈某表示自己为广西鑫浪电子商务有限公司和广西仟鹤电子科技有限公司的法人，因公司多处仓库租赁合同到期，需要本人前往广西南宁处理仓库租赁和货物盘存等相关业务。司法所要求其提供两家公司的营业执照、库房租赁合同、公司地址等相关材料供司法所核实，根据陈某提供的材料，经司法所初步核实后，证明其所述情况属实。

2022年8月25日，陈某正式向司法所递交了2022年8月29日至2022年9月29日（共32天）前往广西南宁处理公司业务的申请以及有关证明材料。司法所提请荣昌区社区矫正管理局审核，由于陈某请假外出时间超过30天，依据《社区矫正法》第27条、《社区矫正法实施办法》第27条第3款规定，应报上一级社区矫正机构审批。2022年8月26日，经荣昌区社区矫正管理局复核后，报请重庆市社区矫正管理局审批，重庆市社区矫正管理局同意后，荣昌区社区矫正管理局将情况及时通报区人民检察院。

2022年8月29日，荣昌区社区矫正管理局向陈某送达了《社区矫正对象准予外出通知书》《社区矫正事项审批告知书》，告知陈某外出期间应当遵守的法律法规和各项规章制度，要求其保持手机畅通，及时汇报位置信息，严格遵守当地有关规定，做好自身防护措施，按时向司法所报告事情办理进度及身体情况。2022年8月30日，陈某到达广西南宁后，及时发送了与当地地标性建筑的合影，在到达公司后，利用手机软件与工作人员共享了实时位置。在陈某外出期间，司法所工作人员每日对其进行定位核查，确保及时掌握陈某行踪。

2022年9月29日晚，陈某返回荣昌区后，立即通过电话向司法所工作人员报告情况，9月30日上午，陈某到司法所当面销假，并提交了外出期间工作、住宿等有关证明材料。

结合案例制定《社区矫正对象准予外出通知书》和《社区矫正事项审批告知书》。

🔍 **拓展学习**

社区矫正对象外出的申请程序及注意事项

一、外出申请条件

1. 允许外出的正当理由。就医（需提供医院诊断证明）；直系亲属婚丧嫁娶、病危等家庭重大变故；工作需要（如签订劳动合同、参与必要业务活动）；学习、考试（需学校或考试机构证明）；其他正当理由（需社区矫正机构审核认定）。

2. 禁止外出的情形。处于重点监管期（如入矫初期、违反规定被警告后）；申请理由不充分或证明材料不齐全；目的地为边境地区、敏感场所（如赌场、娱乐场所）或可能影响矫正的其他区域。

二、外出申请与审批流程

1. 申请材料。

书面申请：说明外出事由、目的地、起止时间、联系方式。

证明材料：如医院病历、亲属关系证明、单位公函等；《社区矫正对象外出审批表》（由司法所提供）。

2. 审批权限。

7 日以内：由执行地县级社区矫正机构或司法所审批。

超过 7 日：需报经执行地县级社区矫正机构批准，最长不超过 30 日（特殊情况可申请延长）。

3. 审批时限。司法所应在收到申请后 3 个工作日内完成审核，紧急情况（如亲属病危）可即时处理。

4. 特殊情况处理。

紧急就医：可先口头报告，事后补交书面材料。

跨省市活动：需提前与目的地社区矫正机构对接，接受"双地监管"。

三、外出期间的管理要求

1. 定期报告。每日通过电话、APP 或微信向司法所汇报行踪；每 3 日提交书面情况说明（含定位截图、车票等凭证）。

2. 技术监管。保持手机定位、电子腕带等设备 24 小时在线；禁止关闭、损坏定位设备或前往无信号区域。

3. 禁止行为。不得变更外出目的地或延长外出时间（如有特殊情况需重新申请）；不得接触同案犯、进入特定场所（如酒吧、网吧）。

四、违规外出的后果

1. 首次违规：给予警告，计入矫正档案。

2. 2 次以上违规：可提请公安机关给予治安管理处罚（如行政拘留）。

3. 情节严重：如脱管超过 1 个月，依法提请撤销缓刑/假释，收监执行。

五、地方实践差异

1. 浙江省：推行"外出码"制度，通过扫码确认矫正对象行程。

2. 广东省：对频繁外出的对象实行"信用分级管理"，缩短审批时限。

3. 上海市：与铁路、航空部门联动，对违规购票行为实时预警。

🔍 **知识链接**

工作任务九　社区矫正对象执行地变更审批表、 决定书及审批告知文书制作

🔍 **任务目标**

1. 了解社区矫正工作中社区矫正对象执行地变更的工作流程；
2. 熟悉社区矫正工作中社区矫正对象执行地变更的工作内容；
3. 理解社区矫正对象执行地变更的意义和重要性；
4. 进行中华民族优良传统道德教育、社会公德教育和道德评判能力的培养；进行社会主义道德教育、职业道德教育和环境道德教育。

🔍 **任务描述**

社区矫正对象执行地变更文书是指由司法所根据社区矫正对象变更居住地的申请制作，呈报县级司法行政机关审批的表格式执法文书。

社区矫正对象执行地变更文书有《社区矫正对象执行地变更审批表》《社区矫正对象执行地变更决定书》《社区矫正事项审批告知书》三种文书。

《社区矫正对象执行地变更审批表》是对社区矫正对象因迁居等原因需经社区矫正机构审批同意变更执行地的法律文书，包含社区矫正对象基本信息、申请事实及依据，以及司法所、各级社区矫正机构意见等内容。

《社区矫正对象执行地变更决定书》是社区矫正机构对社区矫正对象申请变更执行地经审批后作出决定结果的文书，包括基本信息，社区矫正期限，执行地变更申请时间、事项及理由，社区矫正机构审批后作出的决定等内容。

《社区矫正事项审批告知书》是指社区矫正对象申请执行地变更事项是否获得批准，并书面告知审批结果的文书。该文书包括申请事项、审批结果、进行活动时应遵守的要求等内容。

办理社区矫正对象执行地变更审批，应当做到符合规定、程序严谨，从有利于社区矫正对象接受矫正、融入社会的原则出发，履行审批流程，主动做好工作衔接，避免脱管漏管。

🔍 **工作场景**

郑某某，男，武汉市东西湖区吴家山街社区人。因犯非国家工作人员受贿罪被人民法院判处有期徒刑1年，缓刑1年6个月。判决生效后，依法实施社区矫正。2020年7月，郑某某被所就职公司委派到湖北省分公司江夏区庙山任职，故居住地拟变更至武汉市庙山社区。

🔍 **工作任务**

任务1　社区矫正对象执行地变更审批表的制作

《社区矫正对象执行地变更审批表》由三部分组成。

第一，社区矫正对象基本信息。在表格内依次填写姓名、性别、罪名、原判刑期、矫正类别、矫正期限、起止日。

第二，居住地变更内容。一是拟迁往地，填写社区矫正对象拟变更的居住地。二是居住地变更理由，填写社区矫正对象提出居住地变更的理由及时间期限。

第三，批示意见。审批表应由司法所拟写申报意见，签名盖章后上报现居住地县级司法行政机关进行审批（参见下表）。

社区矫正对象执行地变更审批表

姓名		性别		身份证号码		
户籍地				执行地		
罪名		原判刑期			附加刑	
禁止令内容				禁止期限起止日	自　年　月　日 至　年　月　日	
矫正类别		矫正期限		起止日	自　年　月　日 至　年　月　日	
事由及依据						
呈报单位意见					（公章） 年　月　日	

续表

县级社区矫正机构意见		(公章) 年 月 日
备注		

任务 1.1 社区矫正对象执行地变更审批表填写范例

根据"工作场景"中郑某某的情况，现向司法所提出书面申请并附公司出具的工作调整证明及居住证明等材料。司法所收到申请及证明材料，经审核签署意见后报区级社区矫正机构审批。区级社区矫正机构收到申请后，征求新执行地区级社区矫正机构意见，并根据回复意见作出决定（参见下表）。

社区矫正对象执行地变更审批表

姓名	郑某某	性别	男	身份证号码	××××××××××××××××	
户籍地	湖北省武汉市东西湖区吴家山街××小区××号楼×单元×××号			执行地	武汉市东西湖区	
罪名	非国家工作人员受贿罪		原判刑罚	有期徒刑一年	附加刑	罚金人民币一万元整
禁止令内容	无			禁止期限起止日	自 年 月 日 至 年 月 日	
矫正类别	缓刑	矫正期限	一年六个月	起止日	自 2020 年 1 月 22 日 至 2021 年 7 月 21 日	
事由及依据	社区矫正对象郑某某，因工作原因，经常居住地由武汉市东西湖区吴家山街××小区××号楼×单元×××号迁至湖北省武汉市江夏区××街××小区××号楼×单元×××号，根据《中华人民共和国社区矫正法》第二十七条、《中华人民共和国社区矫正法实施办法》第三十条规定，拟予以变更执行地。					
呈报单位意见	拟同意，报武汉市江夏区社区矫正机构审批。 ××司法所（公章） ××年××月××日					

续表

县级社区矫正机构意见	同意 武汉市江夏区社区矫正机构（公章） ××年××月××日
备注	

社区矫正对象执行地变更审批表制作说明：用于社区矫正对象执行地变更事项的审批，相关意见栏如不使用，可以删除。

任务2　社区矫正对象执行地变更决定书的样本、范例与制作说明

社区矫正对象执行地变更决定书

（　　）字第　　号

社区矫正对象＿＿＿＿，男（女），＿＿年＿＿月＿＿日出生，＿＿族，身份证号码＿＿＿＿＿＿＿＿＿，户籍地＿＿＿＿＿＿＿＿，现执行地＿＿＿＿＿＿＿，因犯＿＿罪经＿＿＿＿＿＿人民法院于＿＿年＿＿月＿＿日判处＿＿。＿＿年＿＿月＿＿日经＿＿＿＿＿＿人民法院（监狱管理局、公安局）裁定假释（决定、批准暂予监外执行）。

社区矫正期限自＿＿年＿＿月＿＿日起至＿＿年＿＿月＿＿日止。

＿＿年＿＿月＿＿日收到社区矫正对象＿＿执行地变更申请，申请由＿＿市（县）变更执行地到＿＿市（县），申请变更理由＿＿＿＿＿＿＿＿＿＿＿＿。

依据《中华人民共和国社区矫正法》第二十七条之规定，决定同意（不予同意）变更到＿＿市（县）执行。

（公章）

年　　月　　日

注：决定书送达社区矫正对象和新执行地县级社区矫正机构，同时抄送＿＿＿＿＿人民法院（公安局、监狱管理局）、＿＿人民检察院、＿＿公安（分）局。

任务2.1　社区矫正对象执行地变更决定书填写范例

《社区矫正对象执行地变更审批表》提交后，社区矫正机构在征求新执行地区级社区矫正机构意见后，作出同意郑某某执行地变更的决定（参见下表）。

社区矫正对象执行地变更决定书

(2020)××矫执更字第1号

社区矫正对象郑某某，男，××××年××月××日出生，×族，身份证号码×××××××××××××××××，

户籍地湖北省武汉市东西湖区吴家山街××小区××号楼×单元×××号，现执行地武汉市东西湖区，因犯非国家工作人员受贿罪经××市××区人民法院××××年××月××日判处有期徒刑一年、缓刑一年六个月。社区矫正期限自 2020 年 1 月 22 日起至 2021 年 7 月 21 日止。

2020 年 7 月 14 日收到社区矫正对象郑某某执行地变更申请，申请由武汉市东西湖区变更执行地到武汉市江夏区，申请变更理由为工作变动迁居。

依据《中华人民共和国社区矫正法》第二十七条之规定，决定同意变更到武汉市江夏区执行。

武汉市江夏区社区矫正机构（公章）
××××年××月××日

注：决定书送达社区矫正对象和新执行地县级社区矫正机构，同时抄送××人民法院、××人民检察院、××公安（分）局。

社区矫正对象执行地变更决定书的制作说明：

1. 文书字号由年度、社区矫正机构代字、类型代字、文书编号组成，使用阿拉伯数字，如"（2020)××矫执更字第 1 号"。文书一式六份：存档一份，一份送社区矫正对象，一份连同审批表、矫正档案、送达回执移交新执行地县级社区矫正机构，另抄送社区矫正决定机关、原执行地县级人民检察院、公安机关各一份。

2. 新执行地县级社区矫正机构收到决定书和档案材料后，在 5 日内送达回执（在受送达人签收处加盖公章），同时将决定书复印件送达所在地县级人民检察院、公安机关。

任务 3　社区矫正事项审批告知书的样本、范例与制作说明

社区矫正事项审批告知书

（　　）字第　　号

社区矫正对象＿＿＿＿＿：

你于＿＿＿年＿＿＿月＿＿＿日，因＿＿＿＿＿＿＿＿＿（事由）提出的＿＿＿＿＿＿申请，符合/不符合有关法律、法规和社区矫正监督管理规定情形，决定予以批准/不予批准＿＿＿＿＿＿＿＿＿＿＿＿＿＿＿＿。

你在进行＿＿＿＿＿活动时，应注意遵守以下要求＿＿＿＿＿＿＿＿＿＿

＿＿＿＿＿＿＿＿＿＿＿＿＿＿＿＿＿＿＿＿＿＿＿＿＿＿＿＿＿

＿＿＿＿＿＿＿＿＿＿＿＿＿＿＿＿＿＿＿＿＿＿＿＿＿＿＿＿。

特此告知。

＿＿＿＿＿＿（公章）
年　　月　　日

以上内容我已知晓。

社区矫正对象（签名）：
年　　月　　日

任务 3.1　社区矫正事项审批告知书填写范例

根据郑某某的情况，社区矫正机构在征求新执行地区级社区矫正机构意见后，作

出同意郑某某执行地变更的决定。现将审批结果告知郑某某，并对其进行教育、告知其相关规定、责令其按时报到（参见下表）。

社区矫正事项审批告知书

（2020）××矫审告字第 3 号

社区矫正对象郑某某：

你于××××年××月××日，因工作变动迁居提出的执行地变更申请，符合有关法律、法规和社区矫正监督管理规定情形，决定予以批准变更执行地。

你在进行报到活动时，应注意遵守以下要求：1. 你应当于××××年××月××日前携带有效身份证明及相关法律文书到湖北省武汉市江夏区社区矫正机构报到；2. 湖北省武汉市江夏区社区矫正机构地址为××××××，联系人为×××，联系电话为×××××××××××；3. 如逾期未报到，社区矫正机构将视情节给予训诫、警告、提请治安管理处罚、加戴电子定位装置、提请撤销缓刑。

特此告知。

武汉市东西湖区社区矫正机构（公章）

××××年××月××日

以上内容我已知晓。

社区矫正对象（签名）：郑某某

××××年××月××日

社区矫正事项审批告知书制作说明：

1. 本文书用于社区矫正对象申请执行地变更事项是否批准的告知，应当书面告知审批结果，同时告知社区矫正对象进行审批事项活动时应遵守的相关要求，同意变更执行地的，告知其到新执行地县级社区矫正机构报到的时间期限以及逾期报到或者未报到的后果等。

2. 文书字号由年度、社区矫正机构代字、类型代字、文书编号组成，使用阿拉伯数字，如"（2020）××矫审告字第 3 号"。该告知书一式两份，加盖公章，社区矫正对象签名后机构存档一份，送社区矫正对象一份。

任务 4   社区矫正对象执行地变更文书制作的注意与提示

1. 在对社区矫正对象执行地变更进行审批时，对于执行地变更申请事项及相关证明材料可以通过书面审查、向相关人员询问等方式开展核实工作并做好记录。

2. 同意变更执行地的，社区矫正机构应当落实好对社区矫正对象的教育责任，明确告知报到的地点、期限以及逾期报到的后果，责令其按时报到，做好执行地变更的衔接工作。

任务 5   社区矫正对象执行地变更文书应用环节的实体要求

一、准确区分执行地和居住地

社区矫正对象可以有多个居住地，但是只能有一个执行地。社区矫正决定机关判处管制、宣告缓刑、裁定假释、决定或批准暂予监外执行时应当确定社区矫正执行地。在社区矫正期间，社区矫正对象需要变更执行地的，应当经社区矫正机构审批。因此，应当准确理解执行地概念，不能随意变更执行地，削弱执法严肃性。

社区矫正执行地为社区矫正对象的居住地。社区矫正对象在多个地方居住的，可以确定经常居住地为执行地。社区矫正对象的居住地、经常居住地无法确定或者不适宜执行社区矫正的，社区矫正决定机关应当根据有利于社区矫正对象接受矫正、更好地融入社会的原则，确定执行地。

二、经常居住地认定条件

社区矫正对象具有固定住所、固定生活来源等，该住所所在地可以确定为经常居住地。社区矫正对象有合法住所且已经或者能够连续居住 6 个月以上的，可以认定为固定住所。社区矫正对象有合法稳定收入，或者家庭成员、近亲属以及其他人员愿意为社区矫正对象生活提供经济支持的，可以认定为具有固定生活来源。

核实经常居住地时，被告人或者罪犯应当如实提供其居住、户籍情况，并提供必要的证明材料：

1. 居民身份证、户口簿、居住证。

2. 所居住房屋所有或者共有的产权证明、生效的购房合同或村（居）委会出具的房屋所有权证明；已经连续或者能够连续居住 6 个月以上的房屋租赁合同；在单位提供的住所可以连续居住 6 个月以上的工作单位证明；为社区矫正对象提供住所的人员的房屋所有权证明和同意其在此居住的书面证明。

3. 劳动单位出具的就业证明，个人创业经营的营业执照，或者其他能够证明其本人具有固定生活来源的证明，或者家庭成员、近亲属以及其他人员愿意为社区矫正对象在其矫正期限内提供经济支持的证明材料。

三、执行地变更事由

社区矫正对象因工作、居所等发生变化导致迁居，需要变更执行地的，方可申请变更执行地。

任务6 社区矫正对象执行地变更文书应用环节的程序要求

一、提出申请

1. 社区矫正对象因工作、居所等变化需要，提出变更执行地等情况。

2. 社区矫正对象应当提前 1 个月提出书面申请。

3. 社区矫正对象应当针对其执行地变更事由提供相应证明材料。

二、审核上报

1. 司法所应当在社区矫正对象报告其发生居所变化、工作变动等情况时做好谈话记录。

2. 司法所收到社区矫正对象的书面申请和相应证明材料后，应当进行审核并填写《社区矫正对象执行地变更审批表》。

3. 司法所审核完毕并签署意见后，应当向执行地县级社区矫正机构上报《社区矫正对象执行地变更审批表》并附书面申请及相应证明材料。

三、审批告知

1. 执行地县级社区矫正机构收到申请后，应当在 5 日内书面征求新执行地县级社区矫正机构的意见。

2. 新执行地的县级社区矫正机构接到征求意见函后，应当在 5 日内开展调查核实。

3. 新执行地县级社区矫正机构根据居住地核实情况作出是否同意接收的意见，并书面回复。

4. 执行地县级社区矫正机构根据回复意见，作出决定。执行地县级社区矫正机构对新执行地县级社区矫正机构的回复意见有异议的，可以报上一级社区矫正机构协调解决。

5. 经审核，执行地县级社区矫正机构不同意变更执行地的，应当在决定作出之日起 5 日内告知社区矫正对象。

6. 经审核，执行地县级社区矫正机构同意变更执行地的，应对社区矫正对象进行教育，书面告知其到新执行地县级社区矫正机构报到的时间期限以及逾期报到或者未报到的后果，责令其按时报到。

四、变更后衔接

1. 同意变更执行地的，原执行地县级社区矫正机构应当在作出决定之日起 5 日内，将有关法律文书和档案材料移交新执行地县级社区矫正机构，并将有关法律文书抄送社区矫正决定机关和原执行地县级人民检察院、公安机关。

2. 新执行地县级社区矫正机构收到法律文书和档案材料后，在 5 日内送达回执，并将有关法律文书抄送所在地县级人民检察院、公安机关。

3. 暂予监外执行的社区矫正对象变更执行地的，公安机关、监狱管理机关在收到社区矫正机构送达的法律文书后，应与新执行地同级公安机关、监狱管理机关办理交接。

新执行地的公安机关、监狱管理机关应指定一所看守所、监狱接收社区矫正对象档案，负责办理其收监、刑满释放等手续。

看守所、监狱在接收档案之日起 5 日内，应当将有关情况通报新执行地县级社区矫正机构。对公安机关批准暂予监外执行的社区矫正对象在同一省、自治区、直辖市变更执行地的，可以不移交档案。

五、报到接收

1. 同意变更执行地的，社区矫正对象应当自收到变更执行地决定之日起 7 日内，到新执行地县级社区矫正机构报到。

2. 新执行地县级社区矫正机构应当核实身份、办理登记接收手续。

3. 发现社区矫正对象未按规定时间报到的，新执行地县级社区矫正机构应当立即通知原执行地县级社区矫正机构，由原执行地县级社区矫正机构组织查找。

4. 社区矫正对象脱管漏管的，原执行地县级社区矫正机构会同新执行地县级社区矫正机构妥善处理。

六、执行地变更异议指定

社区矫正对象提前 1 个月向司法所提出书面申请，司法所在 5 日内审核上报，执行地县级社区矫正机构在 5 日内发函征求新执行地县级社区矫正机构意见，新执行地县级社区矫正机构在 5 日内作出答复，执行地县级社区矫正机构在 5 日内作出是否准予变更决定。省辖市（州）范围内执行地和新执行地的市（州）级社区矫正机构意见不一致的，由省辖市社区矫正机构指定；省辖市（州）范围内执行地与新执行地的县级社区矫正机构意见不一致的，市（州）级社区矫正机构报省级社区矫正机构指定。

🔑 工作法律依据

社区矫正对象执行地变更文书的法律依据为《社区矫正法》第 17、27 条，《社区矫正法实施办法》第 26、27、30、31 条。

🔍 思考练习

谢某，男，1993 年 8 月生，大专文化，已婚，户籍地为四川德阳，住德阳市某县某苑 A 幢 B 室，身份证号为 510602199308××××××，现从事电脑配件销售业。案发前系某县煌旭镇一名办公室主任。因收受贿赂，于 2023 年 4 月 12 日被某县人民法院依法判处有期徒刑 2 年，缓刑 3 年，缓刑考验期为 2023 年 4 月 13 日至 2026 年 4 月 12 日。

2024 年 7 月 14 日，谢某到煌旭司法所反映，其儿子谢××已在绵阳市定居多年，现为父母亲购置了一套商品房，希望能搬去居住。谢某向司法所提出书面申请，填写《社区矫正对象居住地变更审批表》，并提交相关证明材料。

以案例为材料，制作《社区矫正对象居住地变更审批表》。

社区矫正对象居住地变更审批表

姓名	谢某	性别	男	罪名	收受贿赂	原判刑期	二年
矫正类别	缓刑	矫正期限	三年	起止日		自 2023 年 4 月 13 日 至 2026 年 4 月 12 日	
现居住地	德阳市某县某苑 A 幢 B 室			外出目的地 （拟迁往地）		绵阳市	
户籍地	四川德阳			身份证号码		510602199308××××××	
外出理由及时间（居住地变更理由）	因其儿子谢××已在绵阳市定居多年，现为父母亲购置了一套商品房，希望能搬去居住。						

续表

司法所意见	同意居住地变更。该社区矫正对象居住地变更期间，司法所采取的监管措施： 1.…… 2.…… 3.…… <div align="right">（公章）</div><div align="right">2023 年 7 月 19 日</div>
现居住地县级司法行政机关意见	同意居住地变更。要求司法所严格落实对该社区矫正对象居住地变更期间的管控措施，认真履行管控帮教职责，不得引发脱管、漏管或重新犯罪案件。 <div align="right">（公章）</div><div align="right">2023 年 7 月 19 日</div>
备注	

🔍 拓展学习

在《社区矫正对象执行地变更审批表》中，深入了解执行地变更的真实情况及其相关问题是审批流程的重要组成部分。这不仅关系到社区矫正政策的有效实施，也影响到社区矫正对象的改造质量和社区的安全稳定。这要求社区矫正工作人员必须具备教育有尺度、执法有温度、关爱有深度的职业素养，唯有如此，才能为社会和谐稳定提供更加坚实的法治保障。

1. 审批表应详细阐述执行地变更的真实背景和动机，包括变更请求的具体原因、社区矫正对象的个人意愿、家庭状况、职业需求等因素。这些信息对于理解执行地变更的必要性和紧迫性至关重要，有助于审批者做出更为全面和细致的判断。

2. 审批表中应对执行地变更可能涉及的相关问题进行深入分析。这包括变更地点的社区矫正资源配置、监管能力，社区矫正对象在新环境中的适应问题，以及变更对原执行地和新执行地社区安全的潜在影响等。对这些问题的全面分析能够帮助审批者评估执行地变更的可行性和合理性。

3. 审批表应包含对社区矫正对象在新执行地的支持和辅导计划。这包括如何利用新社区的矫正资源，提供个性化的辅导和支持，以及如何通过社区网络为社区矫正对象提供必要的帮助和服务，确保其顺利融入新环境，持续进行有效的社区矫正。

4. 考虑执行地变更过程中的沟通和协调机制。审批表中应详述如何确保原执行地和新执行地之间的信息传递、资源共享和监督责任的平滑过渡，以避免执行地变更过程中出现监管空白或资源错配的问题。

5. 审批表应强调对执行地变更效果的持续跟踪和评估。这包括设定明确的评估指标和周期，定期监测社区矫正对象在新环境中的表现和改造进展，及时调整辅导和支持计划，确保执行地变更达到预期的矫正效果。

通过执行上述内容，审批表将更加全面和深入地反映执行地变更的真实情况和相关问题，有助于提升审批的专业性和有效性，确保社区矫正对象在执行地变更后能够得到有效的监管和支持，促进其积极改造，维护社区的和谐稳定。

🔍 **知识链接**

工作任务十　社区矫正对象暂予监外执行
事项审批表、告知文书制作

🔍 **任务目标**

1. 了解社区矫正对象暂予监外执行事项审批流程；
2. 熟悉社区矫正对象暂予监外执行事项文书应用环节的实体要求和程序要求；
3. 理解制作社区矫正对象暂予监外执行事项文书相关的法律依据；
4. 落实以社会主义核心价值观为导向的人生观、价值观教育。

🔍 **任务描述**

社区矫正对象暂予监外执行事项相关文书有《社区矫正对象暂予监外执行事项审批表》及《社区矫正事项告知书》，是暂予监外执行的社区矫正对象报告身体情况和提交复查情况的期限需要调整时，以及进行病情诊断、妊娠检查或者生活不能自理的鉴别时需要填写的相应法律文书。

需要注意的是，社区矫正对象暂予监外执行事项相关文书从类型上分为社区矫正对象保外就医延期报告类和社区矫正对象病情诊断（妊娠检查、生活不能自理鉴别）类。考虑到社区矫正对象病情诊断（妊娠检查、生活不能自理鉴别）类文书主要是社区矫正机构根据具体实践需要自行协调进行的，故主要以社区矫正对象保外就医延期报告类文书的制作和应用进行举例。掌握了社区矫正对象保外就医延期报告类文书的制作和应用，也就掌握了社区矫正对象病情诊断（妊娠检查、生活不能自理鉴别）类文书的制作和应用。

《社区矫正对象暂予监外执行事项审批表》包含社区矫正对象基本信息、事实及依据以及司法所、各级社区矫正机构意见等内容。社区矫正机构对暂予监外执行罪犯实施社区矫正是刑罚执行方式的变更，即出于对社区矫正对象人权的保护，对符合条件的罪犯采取社区矫正，从而利于其就医就诊、改造自我、回归社会。针对社区矫正对象暂予监外执行事项进行审批时，应当根据社区矫正对象的实际情况，严格审查，确保审批结果事实充分、程序规范。

《社区矫正事项告知书》是用于社区矫正对象暂予监外执行事项是否批准，书面告知审批结果的文书，包括申请事项、审批结果、进行活动时应遵守的要求等内容。

🔍 工作场景

王某某，男，因犯利用邪教组织破坏法律实施罪被人民法院判处有期徒刑 2 年。人民法院经组织对王某某病情诊断后，以其患肺癌晚期（非临床治愈期）等严重疾病为由，对其决定暂予监外执行。决定后交付至社区矫正机构实施社区矫正。社区矫正期间，因王某某病情加重，全身浮肿需长时间卧床，且其保证人即其妻子刘某某患有小儿麻痹症后遗症，双脚畸形行动不便。鉴于王某某的病情及其保证人刘某某身体等情况，经社区矫正机构批准，对王某某提交病情复查期限延长 2 个月。

🔍 工作任务

任务 1　社区矫正对象暂予监外执行事项相关文书的制作

社区矫正对象保外就医延期报告审批表或社区矫正对象病情诊断
（妊娠检查、生活不能自理鉴别）审批表

姓名		性别		身份证号码		
户籍地				执行地		
罪名		原判刑期			附加刑	
禁止令内容				禁止期限起止日	自　年　月　日 至　年　月　日	
矫正类别		矫正期限		起止日	自　年　月　日 至　年　月　日	
事由及依据						
呈报单位意见					（公章） 年　月　日	
县级社区矫正机构意见					（公章） 年　月　日	

地市社区矫正 机构意见	（公章） 年　月　日
省级社区矫正 机构意见	（公章） 年　月　日
备注	

任务 1.1　社区矫正对象暂予监外执行事项相关文书填写范例

根据"工作场景"中王某某的情况，制作《社区矫正对象保外就医延期报告审批表》（参见下表）。

社区矫正对象保外就医延期报告审批表

姓名	王某某	性别	男	身份证号码	××××××××××
户籍地	××省××市××区××街××小区××号楼××单元××号			执行地	××省××市××区
罪名	利用邪教组织破坏法律实施罪	原判刑罚	有期徒刑二年	附加刑	罚金人民币2000元
禁止令内容	无		禁止期限起止日	自　年　月　日至　年　月　日	
矫正类别	暂予监外执行	矫正期限	二年	起止日	自 2020 年 1 月 15 日至 2022 年 1 月 14 日
事由及依据	根据××医院出具的诊断证明，经实地查访、通信联络核实，暂予监外执行社区矫正对象王某某为肺癌晚期，目前全身浮肿需长时间卧床。保证人刘某某为王某某的妻子，因小儿麻痹后遗症导致双腿畸形，行动不便。根据《中华人民共和国社区矫正法实施办法》第二十四条规定，拟延长社区矫正对象王某某病情复查期限两个月。				
呈报单位意见	经审核，情况属实，报××区社区矫正机构批准。 ××司法所（公章） ××××年××月××日				

续表

县级社区矫正机构意见	拟同意，报××市社区矫正机构批准。 ××市××区社区矫正机构（公章） ××××年××月××日
地市社区矫正机构意见	同意。 ××市社区矫正机构（公章） ××××年××月××日
备注	

注：抄送××××人民检察院。

社区矫正对象暂予监外执行事项相关文书制作说明：

1. 本文书用于社区矫正对象暂予监外执行有关事项的审批，相关意见栏如不使用，可以删除。

2. 根据《社区矫正法实施办法》第24条，社区矫正机构调整社区矫正对象报告身体情况和提交复查情况的期限时，审批表名称为《社区矫正对象保外就医延期报告审批表》，文书一式两份，除一份存档外，应当及时抄送执行地县级人民检察院一份。另外，社区矫正机构协调对暂予监外执行的社区矫正对象进行病情诊断、妊娠检查或者生活不能自理的鉴别时，审批表名称为《社区矫正对象病情诊断（妊娠检查、生活不能自理鉴别）审批表》，文书一式一份，审批后存档。

任务2　社区矫正事项审批告知书样本、范例与制作

社区矫正事项审批告知书

（　　）字第　　号

社区矫正对象_____：

你于_____年_____月_____日，因_____（事由）提出的_____申请，符合/不符合有关法律、法规和社区矫正监督管理规定情形，决定予以批准/不予批准_____。

你在进行_____活动时，应注意遵守以下要求_____

_____

_____。

特此告知。

_____（公章）
年　　月　　日

以上内容我已知晓。

社区矫正对象（签名）：
年　　月　　日

任务 2.1 社区矫正事项审批告知书填写范例

根据王某某的情况，填写《社区矫正事项审批告知书》，具体如下：

社区矫正事项审批告知书

(2020)××矫审告字第 4 号

社区矫正对象王某某：

你于××××年××月××日，因个人及保证人身体原因需要延长病情复查期限的申请，符合有关法律、法规和社区矫正监督管理规定情形，决定予以批准延长病情复查期限两个月。

你在社区矫正期间，应注意遵守以下要求：1. 你应当每月报告身体情况，定期到省级人民政府指定的××医院检查，每五个月提交病情复查情况；2. 你要严格遵守法律法规及社区矫正相关管理规定，遇有特殊情况应及时报告；3. 如违反规定，将视情节给予训诫、警告、提请治安管理处罚、加戴电子定位装置、收监执行。

特此告知。

××区社区矫正机构（公章）

××××年××月××日

以上内容我已知晓。

社区矫正对象（签名）：王某某

××××年××月××日

社区矫正事项审批告知书的制作说明：

1. 用于社区矫正对象申请事项是否批准的告知，对暂予监外执行事项申请，应当书面告知审批结果，同时告知社区矫正对象进行审批事项活动时应遵守的相关要求。

2. 文书字号由年度、社区矫正机构代字、类型代字、文书编号组成，使用阿拉伯数字，如"（2020)××矫审告字第 4 号"。该告知书一式两份，加盖公章，社区矫正对象签名后机构存档一份，送社区矫正对象一份。

任务3 社区矫正事项审批告知书注意与提示

1.《社区矫正事项审批告知书》的审批事项包括报告身体情况及提交复查情况的期限两方面内容，社区矫正机构可根据社区矫正对象的申请理由、事项范围、身体情况等作出相应审批。

2. 社区矫正对象申请延长报告身体情况和提交复查情况期限的，应如实提供诊断证明等相应证明材料，如规范就医的门诊病历、检查报告单、诊断证明书、出入院病案等材料。

3. 社区矫正对象提供的相关病情证明材料，应有明确来源、明确诊断，诊断证明及出入院病案等应盖有公章。其中复查情况诊断的病情应同保外就医决定或批准时的严重疾病相符。

4. 社区矫正机构在审批时，可以通过书面审查、实地查访、通信联络等方式进行调查核实，必要时就其身体病情情况向省级人民政府指定医院的有关医师进行询问，并做好相关工作记录，留存影像资料。

5. 社区矫正对象保外就医延期报告的，社区矫正机构、受委托司法所在日常监管时可以通过教育谈话、实地走访、通信联络、查看病情材料等方式及时掌握社区矫正对象身体情况及病情情况等。

任务4 社区矫正对象暂予监外执行事项文书应用环节的实体要求

一、暂予监外执行社区矫正对象的特殊报告义务

暂予监外执行的社区矫正对象应当每个月报告本人身体情况。保外就医的，应当到省级人民政府指定的医院检查，每3个月向执行地县级社区矫正机构、司法所提交病情复查情况。

一般情况下，怀孕社区矫正对象每月、生活不能自理社区矫正对象每6个月，分别向执行地县级社区矫正机构、司法所提交妊娠检验报告、医疗诊断报告。

社区矫正机构根据工作需要，可以协调对暂予监外执行的社区矫正对象进行病情诊断、妊娠检查或者生活不能自理的鉴别。

二、执行机关的审查职责

社区矫正机构、司法所应当对暂予监外执行社区矫正对象依法实施监管教育，及时掌握其身体状况以及疾病治疗、复查结果等情况。

社区矫正机构、司法所每个月当面询问暂予监外执行社区矫正对象的身体情况、治疗情况、日常表现等并形成询问笔录或工作记录。对社区矫正对象提交的病情复查材料、妊娠检验报告、医疗诊断报告等及时进行审查；对哺乳期、生活不能自理的社区矫正对象通过走访等方式及时掌握其身体状况。根据需要向批准、决定机关或者有关监狱、看守所反馈情况。

三、严格把握审批规定要求

(一) 审批条件

1. 保外就医社区矫正对象确实患有严重疾病。一般情况下，保外就医的社区矫正对象只有因病导致行动不便等特殊情形，方可调整报告身体情况和提交复查情况的期限。

2. 保证人确实难以帮助暂予监外执行社区矫正对象履行报告义务。实践中，暂予监外执行社区矫正对象的保证人同样可能出现患病、行动不便等情况，导致无法帮助患严重疾病的暂予监外执行社区矫正对象履行报告义务。

当满足上述条件的情况下，执行地县级社区矫正机构可以根据实际情况，调整矫正对象报告身体情况和提交复查情况的期限。

(二) 审批时限

延长未超过1个月的，由执行地县级社区矫正机构批准；延长1个月以上至3个月以下的，报上一级社区矫正机构批准；延长 3 个月以上的，逐级上报省级社区矫正机构批准。

四、暂予监外执行社区矫正对象违反特殊报告规定的法律后果

（一）给予训诫

暂予监外执行社区矫正对象违反报告规定且情节轻微的，社区矫正机构应当给予训诫。

（二）给予警告

暂予监外执行社区矫正对象违反报告规定且情节较重的，社区矫正机构应当给予警告；保外就医的社区矫正对象无正当理由不按时提交病情复查情况且经教育仍不改正的，社区矫正机构应当给予警告。

（三）提请治安管理处罚

暂予监外执行社区矫正对象违反监督管理规定，依法应予治安管理处罚的，社区矫正机构应当及时提请同级公安机关依法给予处罚，并向执行地同级人民检察院抄送治安管理处罚建议书副本，及时通知处理结果。

（四）加戴电子定位装置

暂予监外执行社区矫正对象违反监督管理规定，被给予治安管理处罚的，经县级司法行政部门负责人批准，可以使用电子定位装置，加强监督管理。

（五）提请收监执行

暂予监外执行的社区矫正对象在保外就医期间不按规定提交病情复查情况，经警告拒不改正的，由执行地县级社区矫正机构提出收监执行建议。

任务 5　社区矫正对象暂予监外执行事项文书应用环节的程序要求

一、提供证明材料

社区矫正对象应当针对其延长报告身体情况和提交复查情况期限的情况，如实提供诊断证明等相应证明材料。

二、审核上报

1. 司法所针对社区矫正对象拟延长报告身体情况和提交复查情况期限的情况，可以通过实地查访、材料审核、电话核查等方式掌握其身体状况以及疾病治疗、复查结果等情况。

2. 司法所应当根据审核情况填写《社区矫正对象保外就医延期报告审批表》，上报执行地县级社区矫正机构并附相应证明材料。

三、审批告知

1. 执行地县级社区矫正机构收到《社区矫正对象保外就医延期报告审批表》后，应当对相关材料进行审查与核实，必要时亦可听取省级人民政府指定医院负责检查的医师的有关意见。

2. 对社区矫正对象延长报告身体情况和提交复查情况期限不超过 1 个月的，执行地县级社区矫正机构应当根据审查核实情况，作出是否批准的决定，并履行告知义务。

对社区矫正对象身体情况和提交复查情况期限 1 个月以上至 3 个月以下的，执行地县级社区矫正机构应当填写《社区矫正对象保外就医延期报告审批表》，报上一级社区矫正机构审批并附相应证明材料。延长 3 个月以上的，逐级上报省级社区矫正机构批准。

3. 批准延长的，执行地县级社区矫正机构应当及时通报同级人民检察院。

🔍 工作法律依据

社区矫正对象暂予监外执行事项文书的法律依据为《社区矫正法》第 23 条、第 29 条第 1 款，《社区矫正法实施办法》第 24、34、35、36、49 条。

🔍 思考练习

陈某，女，1978 年 2 月出生，汉族，小学文化，户籍地、居住地均为浙江省温岭市，因犯开设赌场罪于 2017 年 11 月 28 日被浙江省温岭市人民法院判处有期徒刑 2 年 10 个月，并处罚金 18 000 元。经查，陈某确系怀孕的妇女，不宜收监执行。依照《中华人民共和国刑事诉讼法》第 265 条第 1 款第 2 项的规定，2017 年 12 月 11 日，温岭市人民法院决定对陈某暂予监外执行，暂予监外执行考验期间自 2017 年 12 月 11 日至 2018 年 11 月 25 日止。2017 年 12 月 11 日法院将陈某交付温岭市司法局执行刑罚，同日，陈某到指定司法所报到并实施社区矫正。

以案例为材料，制作《社区矫正对象暂予监外执行事项审批表》。

病情诊断审批表

姓名	陈某	性别	女	身份证号码	××××××××××××××××××
户籍地	浙江省温岭市某苑 A 幢 B 室			执行地	浙江省温岭市
罪名	开设赌场罪			原判刑罚	2 年 10 个月
禁止令内容	无			禁止期限起止日	自 2017 年 12 月 11 日至 2018 年 11 月 25 日
矫正类别	暂予监外执行	矫正期限	11 个月	起止日	自 2017 年 12 月 11 日至 2018 年 11 月 25 日
事由及依据	经查，罪犯陈某确系怀孕的妇女，不宜收监执行。依照《中华人民共和国刑事诉讼法》第 265 条第 1 款第 2 项的规定，拟决定将罪犯陈某暂予监外执行。				

司法所意见	同意暂予监外执行。该社区矫正对象暂予监外执行期间，司法所采取的监管措施： 1. …… 2. …… 3. …… （公章） 2017 年 12 月 11 日
现居住地县级司法行政机关意见	同意暂予监外执行。要求司法所严格落实对该社区矫正对象暂予监外执行期间的管控措施，认真履行管控帮教职责，不得引发脱管、漏管或重新犯罪案件。 （公章） 2017 年 12 月 11 日
备注	

🔍 **拓展学习**

在社区矫正对象暂予监外执行事项审批表中，深入探讨业界最新动态和进行案例分析是至关重要的。这部分内容不仅展现了审批流程的严谨性，也体现了决策制定的信息化和科学化。这要求社区矫正工作人员不仅要具备严谨的工作态度，还要不断提升信息处理能力和执法决策能力，这样在复杂的执法情况下，才能快速准确地做出判断和决策，依法处理各种案件，以确保执法行为合法、正当且有实效。

1. 审批表中应包括案例。具体而言有案例的背景、处理过程、结果以及对后续审批工作的启示。通过对比分析不同案例，审批者可以更好地理解各种因素如何影响社区矫正对象的监外执行结果，从而在类似情况下做出更加周全的决策。

2. 在分析案例时，还应注意综合运用跨学科的知识和方法，例如心理学、社会学、法学等，以全面评估社区矫正对象的状况和监外执行的可行性。这种多维度的分析方法不仅可以提高审批表的学术性和专业性，也有助于审批者从多角度考虑问题，做出更加全面和深入的判断。

3. 审批表中还应考虑到社会环境和公众意见的变化，这些因素对社区矫正的执行和公众接受度有着直接影响。通过关注社会舆论和公众反应，审批者可以更好地把握社会心理和文化背景，进而在审批过程中考虑到更广泛的社会因素。

4. 审批表应强调持续学习和更新知识的重要性。社区矫正领域是一个不断进步和变化的领域，审批者需要不断更新自己的知识库，以适应这一领域的新变化和挑战。

综上所述，在社区矫正对象暂予监外执行事项审批表中，认真进行案例分析，不仅展示了审批流程的深度和广度，也体现了决策的科学性和前瞻性。这有助于提升审批的效率和效果，确保社区矫正工作的有效性。

🔍 **知识链接**

工作任务十一　社区矫正使用电子定位装置审批表、决定书及告知文书制作

🔍 **任务目标**

1. 了解对社区矫正对象使用电子定位装置事项的审批流程；
2. 熟悉社区矫正使用电子定位装置文书应用环节的实体要求和程序要求；
3. 理解制作社区矫正使用电子定位装置文书的相关法律依据；
4. 认识到社区矫正期间矫正对象脱离监管的潜在危害性。

🔍 **任务描述**

　　社区矫正使用电子定位装置文书包括《社区矫正使用电子定位装置审批表》《社区矫正使用电子定位装置决定书》《对社区矫正对象使用电子定位装置告知书》。

　　《社区矫正使用电子定位装置审批表》是社区矫正对象因违反法律法规或者监督管理规定，符合可以使用电子定位装置的情形，经县级司法行政部门负责人批准，对社区矫正对象依法决定使用电子定位装置的法律文书。《社区矫正使用电子定位装置审批表》包含社区矫正对象的基本信息、事实及依据，以及司法所、社区矫正机构、司法行政部门负责人意见等内容。

　　《社区矫正使用电子定位装置决定书》是经审批后认为社区矫正对象符合使用电子定位装置条件的，用于决定对其使用电子定位装置的文书，包括基本信息、在接受矫正期间违反监督管理规定的事实、审批后作出的决定等内容。

　　《对社区矫正对象使用电子定位装置告知书》是用于告知社区矫正对象对其使用电子定位装置，包括使用电子定位装置的期限、要求以及违反监管规定的后果。

　　使用电子定位装置时，应当严格按照法律规定的程序和条件进行，既要维护执法权威和司法公信力，也要保障社区矫正对象的合法权益。

🔍 **工作场景**

　　宋某某，男，因犯生产、销售假药罪被人民法院判处有期徒刑一年，缓刑二年，并处罚金 50 000 元，同时宣告禁止其在缓刑考验期内，从事药品生产、销售及相关活动。判决生效后，依法实施社区矫正。社区矫正期间，司法所工作人员到宋某某住所进行实地查访发现，其住所处有一张药品广告宣传海报。经工作人员调查询问，宋某某承认其帮助他人设计制作药品广告宣传海报样品。现拟对宋某某使用电子定位装置。

🔍 **工作任务**

任务 1　社区矫正使用电子定位装置审批表的制作

社区矫正使用电子定位装置审批表

姓名		性别		身份证号码		
户籍地				执行地		
罪名		原判刑罚			附加刑	
禁止令内容			禁止期限 起止日		自　年　月　日 至　年　月　日	
矫正类别		矫正 期限		起止日	自　年　月　日 至　年　月　日	
事由及依据						
呈报单位 意见					（公章） 年　月　日	
县级社区矫 正机构意见					（公章） 年　月　日	
县级司法行 政部门负责 人意见					（公章） 年　月　日	
备注						

任务 1.1 社区矫正使用电子定位装置审批表填写范例

以"工作场景"中宋某某的案例为材料，制作《社区矫正对象使用电子定位装置审批表》（参见下表）。

社区矫正使用电子定位装置审批表

姓名	宋某某	性别	男	身份证号码	××××××××××	
户籍地	××省××市××区××街××小区××号楼××单元××号			执行地	××省××市××区	
罪名	生产、销售假药罪	原判刑罚		有期徒刑一年	附加刑	罚金人民币五万元整
禁止令内容	禁止在缓刑考验期限内从事药品生产、销售及相关活动			禁止期限起止日	自2020年3月6日至2022年3月5日	
矫正类别	缓刑	矫正期限	二年	起止日	自2020年3月6日至2022年3月5日	
事由及依据	2020年9月15日，司法所工作人员到达社区矫正对象宋某某住所进行实地查访，发现其住所有一张药品广告宣传海报。经调查询问，宋某某承认其帮助他人设计并制作了药品广告宣传海报样品。社区矫正对象宋某某违反禁止令要求，在缓刑考验期限内从事药品相关的广告设计制作活动，符合可以使用电子定位装置的法律情形，根据《中华人民共和国社区矫正法》第二十九条规定，拟对宋某某使用电子定位装置三个月。					
呈报单位意见	拟同意，报市××区社区矫正机构审批。 ××司法所（公章） ××××年××月××日					
县级社区矫正机构意见	拟同意，报××市××区社区矫正机构审批。 ××市××区社区矫正机构（公章） ××××年××月××日					
县级司法行政部门负责人意见	同意。 ××市××区司法局（公章） ××××年××月××日					

备注	

社区矫正使用电子定位装置审批表制作说明：

1. 用于对社区矫正对象使用电子定位装置的审批，审批后存档。

2. 呈报单位包括受委托的司法所以及社区矫正机构等。

3. 使用电子定位装置审批应当经县级司法行政部门负责人审批。

任务 2 社区矫正使用电子定位装置决定书样本、范例及制作说明

社区矫正使用电子定位装置决定书

（ ）字第 号

社区矫正对象＿＿＿＿＿，男（女），＿＿＿年＿＿月＿＿日出生，＿＿＿族，身份证号码＿＿＿＿＿＿＿＿＿＿＿＿＿＿＿＿，在接受社区矫正期间，因＿＿＿，依据《中华人民共和国社区矫正法》第二十九条规定，决定对其使用电子定位装置，期限为＿＿＿＿＿。

（公章）

年 月 日

任务 2.1 社区矫正使用电子定位装置决定书填写范例

根据宋某某的情况，司法所固定相关证据材料，填写《社区矫正使用电子定位装置审批表》后逐级上报审批。现经××市××区司法局局长批准，决定对宋某某使用电子定位装置，期限为 3 个月，并制作《社区矫正使用电子定位装置决定书》（参见下表）。

社区矫正使用电子定位装置决定书

（2020）××矫装决字第 1 号

社区矫正对象宋某某，男，××××年××月××日出生，汉族，身份证号码××××××××××××××××××，在接受社区矫正期间，因在缓刑考验期内从事药品相关的广告设计制作活动，违反了人民法院禁止令，符合使用电子定位装置的法律情形，依据《中华人民共和国社区矫正法》第二十九条规定，决定使用电子定位装置，期限为三个月。

××市××区司法局（公章）

××××年××月××日

《社区矫正使用电子定位装置决定书》的制作说明：

1. 本文书用于对社区矫正对象使用电子定位装置。

2. 本文书中,"在接受社区矫正期间"后应填写社区矫正对象违反监督管理规定的事实。

3. 文书字号由年度、社区矫正机构代字、类型代字、文书编号组成,使用阿拉伯数字,如"(2020)××矫装决字第1号"。该决定书一式两份,存档一份,送达社区矫正对象一份。

任务3 对社区矫正对象使用电子定位装置告知书样本、范例及制作说明

对社区矫正对象使用电子定位装置告知书

社区矫正对象_____:

你在接受社区矫正期间,因_____依据《中华人民共和国社区矫正法》第二十九条第一款第____项规定,对你使用电子定位装置,加强监督管理。使用电子定位装置的期限自____年____月____日起至____年____月____日止。在使用电子定位装置期间,必须遵守以下规定:

一、不得私自拆卸毁坏电子定位装置;

二、如果电子定位装置无法正常使用,应立即向社区矫正机构(受委托的司法所)报告;

三、未经批准不得擅自离开规定的活动区域。

如有违反上述规定之一的,社区矫正机构将依法予以处置。

(公章)

年   月   日

以上内容我已知晓并保证严格遵守。

社区矫正对象(签名):

年   月   日

任务3.1 对社区矫正对象使用电子定位装置告知书填写范例

根据宋某某的情况,经××市××区司法局批准,决定对宋某某使用电子定位装置,期限为3个月。现书面告知宋某某使用电子定位装置的期限、要求以及违反规定的后果,并制作《对社区矫正对象使用电子定位装置告知书》(参见下表)。

对社区矫正对象使用电子定位装置告知书

社区矫正对象宋某某:

你在接受社区矫正期间,因在缓刑考验期内从事药品相关的广告设计制作活动,违反了人民法院禁止令要求,依据《中华人民共和国社区矫正法》第二十九条第一款第(一)项之规定,对你使用电子定位装置,加强监督管理。使用电子定位装置的期限自2020年9月22日起至2020年12月21日止。在使用电子定位装置期间,必须遵守以下规定:

一、不得私自拆卸毁坏电子定位装置;

二、如果电子定位装置无法正常使用,应立即向社区矫正机构(受委托的司法所)报告;

三、未经批准不得擅自离开规定的活动区域。

如有违反上述规定之一的,社区矫正机构将依法予以处置。

××市××区社区矫正机构（公章）

××××年××月××日

以上内容我已知晓并保证严格遵守。

社区矫正对象（签名）：宋某某

××××年××月××日

《对社区矫正对象使用电子定位装置告知书》制作说明：

1. 本文书根据《社区矫正法》第29条、《社区矫正法实施办法》第37条的规定制作，用于告知社区矫正对象监管的期限、要求以及违反监管规定的后果。

2. 文书一式两份，加盖公章，社区矫正对象签名后机构存档一份，送社区矫正对象一份。

任务4 社区矫正使用电子定位装置文书注意与提示

1. 社区矫正对象使用电子定位装置审批要准确把握适用条件，严格按照程序，在开展必要的调查核实并收集固定证据材料后，对违反监督管理规定应当适用电子定位装置的情形予以认定。

2. 使用电子定位装置的审批和决定主体是县级司法行政部门负责人，应盖县级司法行政部门公章。作出决定后由社区矫正机构履行告知义务，使用电子定位装置告知书可加盖社区矫正机构公章。

3. 对未成年社区矫正对象作出使用电子定位装置决定的，应当告知监护人到场并签字。

任务5 社区矫正使用电子定位装置文书应用环节的实体要求

一、电子定位装置的定义

电子定位装置是指运用卫星等定位技术，能对社区矫正对象进行定位等监管，准确掌握其活动范围，并具有防拆、防爆、防水等性能的专门的电子设备，如电子定位腕带等，但不包括手机等设备。

电子定位装置应当具有独立定位功能，应当符合国务院标准化行政主管部门或者国务院司法行政部门发布的技术标准或者规范。目前，已出台的标准为《社区矫正电子定位腕带技术规范》。

二、批准使用电子定位装置的主体

批准使用电子定位装置的主体是县级司法行政部门负责人，既可以是县级司法行政部门分管社区矫正工作的负责人，也可以是县级司法行政部门主要负责人。

需要注意的是，是否批准使用电子定位装置是县级司法行政部门的权力，而非应当履行的义务，即使社区矫正对象符合可以使用电子定位装置的法定情形，也并非必须批准使用，要根据实际情况决定。

三、可以使用电子定位装置的情形

社区矫正对象存在以下情形之一的，可以使用电子定位装置：

1. 违反人民法院禁止令的；

2. 无正当理由，未经批准离开所居住的市、县的；

3. 拒不按照规定报告自己的活动情况，被给予警告的；

4. 违反监督管理规定，被给予治安管理处罚的；

5. 拟提请撤销缓刑、假释或者暂予监外执行收监执行的。

实践中，对于患有严重疾病的，怀孕或者正在哺乳期的妇女，未成年或年满 70 周岁的，以及生活不能自理的社区矫正对象，一般不予使用电子定位装置。

四、对于使用电子定位装置情形需要注意的三点问题

1. 必须符合法定情形。必须明确可以使用电子定位装置的法定情形中没有类似"其他"的兜底性条款，所以要严格符合法律规定的 5 种情形后方可使用，对于某些地方过去对社区矫正对象入矫时普遍使用电子定位装置的做法应当予以纠正。

2. 准确把握期限要求。使用电子定位装置的期限不得超过 3 个月。对于不需要继续使用的，应当及时解除；对于期限届满后，经评估仍存在违反监督管理风险等必须继续使用的，经过批准，期限可以延长，每次不得超过 3 个月。在延长期限时，不仅要符合规定的情形，而且应当履行审批程序。

3. 严格遵守保密规定。社区矫正机构对通过电子定位装置获得的信息应当严格保密，有关信息只能用于社区矫正工作，不得用于其他用途。

任务6　社区矫正使用电子定位装置文书应用环节的程序要求

一、审查上报

1. 司法所发现社区矫正对象有违反法律法规或者监督管理规定，具备可以使用电子定位装置的情形。

2. 司法所应当对社区矫正对象具备可以使用电子定位装置的情形，通过实地查访、通信联络、谈话询问等方式进行调查，并留存相应的工作记录。

3. 司法所应当收集相应证据材料，填写《社区矫正使用电子定位装置审批表》并签署意见。

4. 司法所应当向执行地县级社区矫正机构上报《社区矫正使用电子定位装置审批表》并附相应证据材料。

二、核实上报

1. 执行地县级社区矫正机构收到《社区矫正使用电子定位装置审批表》及相应证据材料后，应当进行核实。

2. 执行地县级社区矫正机构可以针对材料中不明确的地方，采取通信联络或实地调查等方式与司法所进行确认，必要时亦可开展调查核实，并做好工作记录。

3. 执行地县级社区矫正机构应当根据核实情况，形成意见并填写《社区矫正使用电子定位装置审批表》。

4. 执行地县级社区矫正机构应当向县级司法行政部门上报《社区矫正使用电子定位装置审批表》并附相应证据材料。

三、审批决定

1. 县级司法行政部门收到上报的《社区矫正使用电子定位装置审批表》和相应证据材料后，应当进行核实。

2. 县级司法行政部门应当根据审查核实情况，作出是否使用电子定位装置的决定。

3. 决定使用电子定位装置的，县级司法行政部门应当制发《社区矫正使用电子定位装置决定书》并送达执行地县级社区矫正机构。

四、告知加戴

1. 执行地县级社区矫正机构收到县级司法行政部门制发的《社区矫正使用电子定位装置决定书》后，应当制作《对社区矫正对象使用电子定位装置告知书》并立即通知社区矫正对象。

2. 执行地县级社区矫正机构可以组织宣告，有条件的可以召集矫正小组成员参与宣告，向社区矫正对象当面宣读送达《社区矫正使用电子定位装置决定书》，书面告知社区矫正对象使用电子定位装置的期限、要求以及违反规定的后果，并要求社区矫正对象在《对社区矫正对象使用电子定位装置告知书》上签字确认。对未成年社区矫正对象告知使用电子定位装置决定的，不公开进行，但应当告知监护人到场并签字。

3. 执行地县级社区矫正机构负责为社区矫正对象加戴电子定位装置。为社区矫正对象加戴电子定位装置应当由至少2名工作人员实施，其他工作人员予以协助。社区矫正对象为女性的，由女性工作人员为其加戴。对未成年社区矫正对象加戴电子定位装置，应当通知其监护人到场。

五、监督管理

1. 执行地县级社区矫正机构、司法所负责对使用电子定位装置的情况进行监管，做好信息化核查工作，对发现设备异常或社区矫正对象违反规定等情况应当立即调查核实处置，做好记录。

2. 执行地县级社区矫正机构、司法所对使用电子定位装置工作中形成的文书材料、影音资料等应当立卷存档，妥善保管。

3. 司法所应当将使用电子定位装置的情况纳入对社区矫正对象的日常考核结果并记入工作档案。

4. 司法所应当对使用电子定位装置的社区矫正对象，调整矫正方案，制定针对性矫正措施，加强监督管理。

六、教育宣传

1. 对社区矫正对象使用电子定位装置后，应当对其立即开展谈话教育，重申社区矫正相关规定纪律以及违反规定的法律后果，要求社区矫正对象明确身份、遵纪守法、转变思想，认真接受社区矫正，早日回归社会。

2. 执行地县级社区矫正机构或司法所还可以结合使用电子定位装置的情况，采取制作案例并通报的方式，在管辖区域内开展警示教育，引起全体社区矫正对象的重视，杜绝问题的再次发生，但应注重保护社区矫正对象身份信息和个人隐私。

🔍 工作法律依据

社区矫正使用电子定位装置文书的法律依据是《社区矫正法》第 29 条,《社区矫正法实施办法》第 37 条。

🔍 思考练习

制作一份社区矫正对象《接受 GPS 手机定位管理承诺书》。

《接受 GPS 手机定位管理承诺书》是社区矫正对象自愿签署并承诺接受 GPS 手机定位管理相关规定的填写式管理文书。

通过对社区矫正对象进行 GPS 定位管理,可以实时查看人员位置和活动轨迹,并能对社区矫正对象发送消息,听取汇报;可以记录和调出社区矫正对象的档案信息;可以对社区矫正信息进行统计和分析,对于司法所开展日常监管、考核都具有重要意义。

结构和制作要求:

《接受 GPS 手机定位管理承诺书》基本为固定模板。主要由文头、正文、文尾三部分构成。

1. 文头。即以文件名为标题。

2. 正文。社区矫正对象在社区矫正期间接受 GPS 手机定位监督管理相关规定。

3. 文尾。由社区矫正对象在指定位置签名摁手印,并填写时间。

注意事项:对社区矫正对象进行 GPS 手机定位监管后,司法所工作人员应经常性地开展抽查工作,防止出现手机未开机、人机分离等情况。通过抽查发现社区矫正对象一季度内有 3 次及以上脱离监管情形的,可给予 1 次警告。

制作实例如下:

接受 GPS 手机定位管理承诺书

本人在社区矫正期间自愿接受手机定位监督管理,承诺做到以下事项:

1. 妥善保管定位手机,不借予他人使用,不进行人为有意损坏。如发生手机故障、遗失等情况,将在 2 小时内向司法所报告,对于损坏定位手机维修等相关费用由我本人承担。

2. 随身携带定位手机,每天 24 小时处于开机状态,保持通信畅通,因欠费或因电量不足造成停机的,时间不得超过 1 小时,并及时报告司法所。

3. 未经批准不能擅自离开规定的活动区域或进入禁止令禁止的场所。

4. 在接到矫正机构发送的各类矫正工作信息或管理指令后,本人将在 1 小时内按要求作出回应或回复。

5. 在使用定位手机时不发送淫秽、侮辱、恐吓或者其他信息,干扰他人正常生活;不利用手机偷拍、窃听、散布他人隐私;不利用手机从事诈骗等违法犯罪活动。

6. 使用过程中,如因个人原因导致配发的手机、电话号码卡损坏、遗失的,本人应承担相应的赔偿责任。

7. 解除社区矫正之日,我将主动将配发的手机及配件交回司法所。

承诺人:　　　　(指印)

年　　月　　日

🔍 **拓展学习**

在《社区矫正使用电子定位装置审批表》中，对电子定位装置的最新技术发展及法律法规变化的细致描述是至关重要的。这不仅展示了技术进步如何优化社区矫正的实施，也反映了法律对于新兴技术采用的适应性和前瞻性。

1. 技术层面的进展显著提升了电子定位装置的性能和应用范围。近年来，通过集成先进的通信技术、增强型 GPS 定位系统，以及人工智能算法，电子定位装置的追踪精度和数据处理能力得到了显著提升。这些技术的融合不仅使得位置追踪更为精确，还能在矫正对象出现异常行为时提供即时警报，大大增强了监督的实时性和有效性。

2. 从法律法规的角度看，随着电子定位技术的发展，相关的法律框架也在不断演进以确保其合理应用。新修订的法律法规对电子定位装置的使用范围、使用对象的范围条件以及数据的处理和保护等方面作出了明确规定。这些规定旨在确保技术的应用不仅可以提高社区矫正的效率和效果，同时也保障矫正对象的基本权利和隐私。

3. 此外，审批表应预见未来技术和法规可能的发展趋势，对可能出现的新技术应用、法律挑战及其对社区矫正实践的影响进行探讨。这不仅展示了对当前技术和法律环境的深入理解，也体现了对未来发展的预见性和准备性。

综上所述，在制作《社区矫正使用电子定位装置审批表》等相关工作中，深入阐述电子定位装置的技术进展和法律法规的相应变化，是展现社区矫正现代化、法治化步伐的重要内容。通过这样的描述，不仅可以体现出社区矫正工作的科技支持和法律保障，也能够展现出对矫正对象权利的重视和保护。

随着信息技术的快速发展，社区矫正执法工作也面临着数字化和信息化的挑战。为了适应新时代执法要求，社区矫正工作人员需要以科学严谨的工作态度，不断提升信息化处理能力，提高工作效率和优化决策质量，以促进公正执法。

🔍 **知识链接**

工作任务十二　协助查找社区矫正对象通知书的文书制作

🔍 **任务目标**

1. 熟悉协助查找社区矫正对象通知书的基本内容；
2. 掌握协助查找社区矫正对象通知书的制作要求；

3. 能够独立规范制作协助查找社区矫正对象各类通知书的文书；

4. 理解社区矫正对象查找不到可能存在的潜在危害，增强责任心，提高时效性。

任务描述

《协助查找社区矫正对象通知书》是社区矫正对象失去联系后，经社区矫正机构组织查找但查找不到的，通知公安机关协助查找以及将组织查找的情况通报人民检察院时所使用的文书。

工作场景

何某某，男，因犯非法出售发票罪被人民法院判处有期徒刑 1 年，缓刑 1 年。判决生效后，依法实施社区矫正，社区矫正期限自 2020 年 6 月 16 日起至 2021 年 6 月 15 日止。2020 年 9 月 7 日，司法所工作人员在查看社区矫正电子定位时发现，何某某的电子定位于 9 月 6 日出现越界报警后就再无活动轨迹。司法所工作人员多次同何某某电话联系无果，到其居住地实地查访家中无人，同其监督帮教人即何某某母亲联系亦不知何某某去向。司法所立即将情况报告社区矫正机构，社区矫正机构指派 2 名工作人员小张和小李继续同何某某电话联系，并再次实地查访仍无法取得联系。小张向主管领导刘主任汇报了当前遇到的问题，刘主任听后表示，需要尽快制作一份《协助查找社区矫正对象通知书》，通过公安机关和其他相关部门的协助，尽快找到这名失联的社区矫正对象。于是，小张和小李立即起草《协助查找社区矫正对象通知书》。

工作任务

社区矫正对象有两项基本法律义务须遵守：一是依法报到，如实报告活动情况；二是未经批准不得离开居住地。如果社区矫正对象未经批准擅自离开居住地或请假外出后逾期不归，极有可能造成脱管、漏管甚至重新犯罪，危害社会的严重后果。虽然社区矫正机构对社区矫正对象负有监管教育的主体责任，但受能力、条件限制，法律同时赋予公安机关、人民检察院等执法单位协助配合社区矫正机构做好查找失联的社区矫正对象的义务。《协助查找社区矫正对象通知书》就是社区矫正机构与有协助查找义务的有关单位就查找失联社区矫正对象、加强衔接配合的法定文书，协助单位根据该通知书开展查找工作。

《协助查找社区矫正对象通知书》内容包括社区矫正对象的姓名、性别、出生日期、民族、身份证号码、户籍地、执行地等基本信息，社区矫正对象的判决情况、社区矫正的种类、社区矫正期限等判决执行情况信息，说明该社区矫正对象失去联系的具体日期，同时载明"经查找无果，依据《社区矫正法》第 30 条规定，请被通知单位予以配合并协助查找"等。

任务 1　协助查找社区矫正对象通知书文书样表

一、《协助查找社区矫正对象通知书》结构内容

1. 《协助查找社区矫正对象通知书》一式两联。第一联是存根联，由社区矫正机构留存备查，由首部、正文、尾部三部分构成。

（1）首部。首部包括标题和文书字号。标题就是该文书的名称，即"协助查找社区矫正对象通知书"，文书字号由年度、社区矫正机构代字、类型代字和文书编号组成，如"（2022）××矫协查字第1号"。

（2）正文。正文包括社区矫正对象的姓名、性别、出生日期、民族、身份证号、户籍地、执行地，社区矫正对象的判决情况、社区矫正的种类、社区矫正期限、请求予以配合协助查找以及发往相关单位等内容。

（3）尾部。尾部包括填发人、批准人、填发日期等内容。

2.第二联是正文联，由接收协助查找社区矫正对象的机关单位留存，包括首部、正文、尾部三部分。

（1）首部。首部内容与第一联相同，包括标题和文书字号。

（2）正文。正文由受文者、文书主体、联系人和联系电话组成。受文者为协助查找社区矫正对象的机关，一般为公安机关；文书主体内容与第一联基本相同，删去"发往相关单位"的内容。与第一联不同的是，增加了联系人和联系电话，便于受文单位与社区矫正机构的联系。

（3）尾部。尾部包括文书制作单位（公章）和制作日期。

通知书送公安机关等有关单位和个人，并复印送人民检察院。存根和通知书应加盖骑缝章。

二、《协助查找社区矫正对象通知书》样表

协助查找社区矫正对象通知书

（存根）

（　）　字第　号

社区矫正对象＿＿＿＿，男（女），＿＿年＿＿月＿＿日出生，＿＿族，身份证号码＿＿＿＿＿＿，户籍地＿＿＿＿＿，执行地＿＿＿＿。因犯＿＿罪于＿＿年＿＿月＿＿日被＿＿＿人民法院以＿＿号判决书判处＿＿＿。依据＿＿人民法院（公安局、监狱管理机关）＿＿号判决书（裁定书、决定书），在管制（缓刑、假释、暂予监外执行）期间，依法实行社区矫正。社区矫正期限自＿＿年＿＿月＿＿日起至＿＿年＿＿月＿＿日止，社区矫正对象失去联系，经查找无果，依据《中华人民共和国社区矫正法》第三十条规定，请予以配合协助查找。

发往机关（人员）＿＿＿＿公安局（其他有关单位和人员）。

填发人：

批准人：

填发日期：＿＿年＿＿月＿＿日

协助查找社区矫正对象通知书

（　）　字第　号

＿＿＿＿＿＿：

社区矫正对象＿＿＿＿，男（女），＿＿年＿＿月＿＿日出生，＿＿族，身份

证号码＿＿＿＿＿＿＿＿，户籍地＿＿＿＿＿＿，执行地＿＿＿＿＿＿＿＿。因犯＿＿＿＿罪于＿＿＿年＿＿月＿＿日被＿＿＿＿人民法院以＿＿＿＿号判决书判处＿＿。依据＿＿＿＿＿＿人民法院（公安局、监狱管理机关）＿＿＿＿号判决书（裁定书、决定书），在管制（缓刑、假释、暂予监外执行）期间，被依法实行社区矫正。社区矫正期限自＿＿＿年＿＿月＿＿日起至＿＿＿年＿＿月＿＿日止。＿＿＿年＿＿月＿＿日，社区矫正对象＿＿＿＿＿＿失去联系，经查找无果，依据《中华人民共和国社区矫正法》第三十条规定，请予以配合协助。

特此通知。

联系人：　　　　联系电话：

（公章）

年　月　日

任务2　协助查找社区矫正对象通知书文书填写范例

根据"工作场景"中何某某的情况，现拟制发《协助查找社区矫正对象通知书》，通知公安机关予以协助查找。

协助查找社区矫正对象通知书
（存根）

（2020）××矫协查字第1号

社区矫正对象何某某，男，1998年3月7日出生，汉族，身份证号码42090219980307××××，户籍地湖北省孝感市孝南区沿河路西湖小区5号楼1单元××号，执行地湖北省孝感市孝南区。因犯非法出售发票罪于2020年6月4日被孝南区人民法院以（2020）鄂0902刑初××号判决书判处有期徒刑一年、缓刑一年。依据孝南区人民法院（2020）鄂0902刑初××号判决书，在缓刑期间，依法实行社区矫正。社区矫正期限自2020年6月16日起至2021年6月15日止。2020年9月6日，社区矫正对象何某某失去联系，经查找无果，依据《中华人民共和国社区矫正法》第三十条规定，请予以配合协助查找。

发往机关孝南区公安分局。

填发人：小张

批准人：刘主任

填发日期：2020年9月8日

协助查找社区矫正对象通知书

（2020）××矫协查字第1号

孝南区公安分局：

社区矫正对象何某某，男，1998年3月7日出生，汉族，身份证号码42090219980307××××，户籍地湖北省孝感市孝南区沿河路西湖小区5号楼1单元××号，执行地湖北省孝感市孝南区。因犯非法出售发票罪于2020年6月4日被孝南区人民法院以（2020）鄂0902刑初××号判决书判处有期徒刑一年、缓刑一年。依据孝南区人民法院（2020）鄂0902刑初××号判决书，在缓刑期间，依法实行社区矫正。社区矫正期限自2020年6月16日起至2021年6月15日止。2020年9月6日，社区矫正对象何某某失去联系，经查找无果，依据《中华人民共和国社区矫正法》第三十条规定，请予以配合协助。

特此通知。

联系人：小张　　　　联系电话：××××××××××

孝南区社区矫正机构（公章）
2020 年 9 月 8 日

一、协助查找社区矫正对象通知书文书制作说明

1. 本文书用于社区矫正机构发现社区矫正对象失去联系后，经社区矫正机构查找不到时使用。

2. 文书字号由年度、社区矫正机构代字、类型代字、文书编号组成，使用阿拉伯数字，如"（2020)××矫协查字第 1 号"，存根存档，通知送公安机关等有关单位和个人，并复印送人民检察院。

二、协助查找社区矫正对象注意与提示

1. 社区矫正机构、司法所发现社区矫正对象失去联系的，应当先行组织查找，查找不到的及时通知公安机关予以协助查找。

2. 社区矫正机构应当及时将组织查找的情况通报人民检察院。

任务 3　协助查找社区矫正对象通知书应用环节的实体要求

一、协助查找的主要情形

1. 接收报到时的查找。社区矫正机构在收到社区矫正决定机关送达的法律文书后，应当依法接收社区矫正对象。发现社区矫正对象未按规定时间报到的或者失去联系的，应当立即组织查找；查找不到的，应当及时通知公安机关，公安机关收到通知书后应当开展协助查找。

2. 日常监管中的查找。社区矫正机构、受委托的司法所在日常监督管理中，发现社区矫正对象在社区矫正机构报到后，出现未在规定时限内到司法所接受矫正、未按规定报告个人活动情况、未经批准擅自离开所居住的市县、请假外出未按规定时限返回等情况而失去联系的，应当立即组织查找；查找不到的，应当及时通知公安机关，公安机关收到通知书后应当开展协助查找。

执行地县级社区矫正机构应及时将社区矫正对象脱离监管的法律后果告知社区矫正对象近亲属、监护人或者保证人，并将有关情况通知社区矫正对象居住地社区村（居）民委员会。

二、接收单位的查找义务

无论是接收报到时，还是日常监管中，在查找不到社区矫正对象的情况下，社区矫正机构应当及时通知公安机关，公安机关收到《协助查找社区矫正对象通知书》后应当开展协助查找。

任务4　协助查找社区矫正对象通知书应用环节的程序要求

一、建立机制

社区矫正机构和司法所应当建立突发事件处置机制，制定应急处置预案。发现社区矫正对象有紧急情况的，应当立即与公安机关等有关部门协调联动、妥善处置，并将有关情况及时逐级上报。社区矫正机构还须同时将相关情况通报同级人民检察院。

二、发现查找

1. 发现社区矫正对象失去联系的，司法所应当立即进行查找，可以采取通信联络、信息核查、实地查访等方式，查找时应当做好相应工作记录，固定文书、图像视频等证据。

2. 司法所应及时将社区矫正对象失去联系情况以及查找进展上报社区矫正机构。

3. 社区矫正机构接报后，应当立即组织更大范围的查找，并做好工作记录，固定证据。

4. 社区矫正机构如先发现社区矫正对象失去联系的，应当及时通知司法所，共同组织查找。

三、协助查找

1. 司法所在进行查找的同时，可以及时将有关情况通报辖区派出所，请辖区派出所协助查找。

2. 社区矫正机构查找不到的，应当及时通知公安机关，公安机关应当协助查找。

3. 公安机关应当采取必要措施进行查找，并将查找到的社区矫正对象相关下落信息及时通知社区矫正机构。

4. 社区矫正机构应当及时将组织查找的情况通报人民检察院。

四、事后处置

1. 查找到社区矫正对象后，社区矫正机构、司法所应当根据其脱离监管的情形，给予相应处置。

2. 查找到社区矫正对象后，其依旧拒绝接受监督管理的，社区矫正机构应当视情节依法提请公安机关予以治安管理处罚，或者依法提请撤销缓刑、撤销假释、终止监外执行，收监服刑。

五、需要说明的问题

1. 社区矫正机构给予相应处置的时间点：查找到社区矫正对象后。未找到社区矫正对象的，应先积极查找，找到后再作相应处置。

2. 查找到社区矫正对象后，作出相应处置前，应听取社区矫正对象的陈述意见，保障社区矫正对象的合法权益，再根据具体情况做出相应处置。

🔍 工作法律依据

《协助查找社区矫正对象通知书》的法律依据是《社区矫正法》第30条，《社区矫正法实施办法》第38条。

思考练习

1. 社区矫正对象失去联系后，开展协助查找社区矫正对象工作的程序要求有哪些？
2. 当找到社区矫正对象后，如何进行事后处置？
3. 自行收集案例，制作一份《协助查找社区矫正对象通知书》。

拓展学习

在制作《协助查找社区矫正对象通知书》时，需要注意以下几个关键问题，以确保通知书的准确性、有效性和合规性。

1. 准确性核对。

（1）严格核对失联社区矫正对象的个人信息，包括姓名、身份证号、原居住地等，确保信息的准确无误。

（2）核实失联对象的最后活动地点和时间，以便为查找工作提供有价值的线索。

2. 内容明确简洁。

（1）通知书的内容应简明扼要，清晰阐述请求协助查找的目的和重要性。

（2）避免使用模糊或有歧义的措辞，确保信息传达的准确性和一致性。

3. 格式规范正式。

（1）遵循公文写作的标准格式，包括标题、正文、结尾敬语、署名和日期等。

（2）使用正式的语言，体现通知书的严肃性。

4. 法律依据充分。

（1）在通知书中明确引用相关的法律法规条款，为请求协助提供法律依据。

（2）确保所有措施和请求都符合现行法律和政策的要求。

5. 保护隐私。

（1）在处理个人信息时，严格遵守数据保护和隐私法规，确保信息的安全性和保密性。

（2）避免在通知书中泄露不必要的个人敏感信息，以防信息被滥用或侵犯隐私。

6. 协作与沟通。

（1）明确指出需要哪些部门或机构的协助，并提供社区矫正机构详细联系方式和沟通渠道。

（2）强调跨部门协作的重要性，以促进信息共享和高效合作。

7. 紧急性与时效性。

（1）强调查找工作的紧急性和时效性，要求相关部门尽快采取行动。

（2）如有必要，可设置回复或反馈的截止时间，以确保及时响应和处理。

8. 审核与签发。

（1）在正式发出通知书之前，进行严格的审核程序，确保通知内容的准确性和合规性。

（2）由相关负责人签发通知书，以体现其权威性和法律效力。

注意以上问题，可以大大提高《协助查找社区矫正对象通知书》的制作质量，确保其在实际工作中发挥应有的作用。

🔍 **知识链接**

工作领域四

社区矫正教育帮扶文书制作

🔍 学习目标

知识目标：掌握社区矫正教育帮扶工作中各类文书的适用情形、具体格式和制作要求。

能力目标：具备制作社区矫正对象风险评估测评表、教育谈话工作文书、学习教育记录表等法律文书的基本能力。

素质目标：培养耐心细致、实事求是、严谨规范的工作态度，树立同理心、高度社会责任感和攻坚克难的职业担当精神。

🔍 工作思维导图

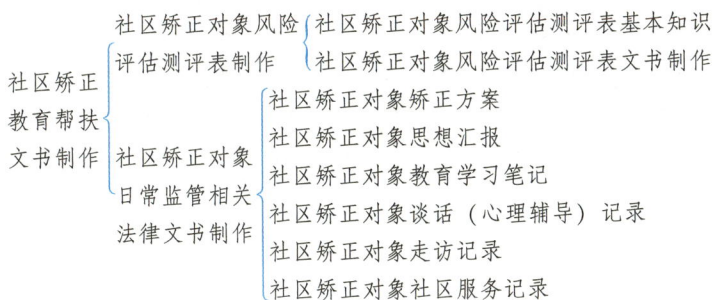

```
                    社区矫正对象风险┌社区矫正对象风险评估测评表基本知识
                    评估测评表制作 └社区矫正对象风险评估测评表文书制作
       社区矫正                    ┌社区矫正对象矫正方案
       教育帮扶                    │社区矫正对象思想汇报
       文书制作                    │社区矫正对象教育学习笔记
                    社区矫正对象   ┤
                    日常监管相关    │社区矫正对象谈话（心理辅导）记录
                    法律文书制作    │社区矫正对象走访记录
                                    └社区矫正对象社区服务记录
```

工作任务十三　社区矫正对象风险评估测评表制作

🔍 任务目标

1. 了解正确开展风险评估测评的注意事项；

2. 理解社区矫正对象风险评估对于科学开展社区矫正、维护社会正常管理秩序的重要作用；

3. 掌握社区矫正对象风险评估测评表的结构与制作要求，并能独立完成评估表制作；

4. 熟悉社区矫正对象风险评估流程，会用心理健康测试（SCL-90）自测量表对社区矫正对象进行量化评估；

5. 培养并树立献身社会主义现代化建设事业的坚定信念。

🔍 任务描述

当社区矫正机构、受委托的司法所在接收社区矫正对象后，为确定其人身危险性和再犯罪可能性，使重新犯罪预防的针对性提高，巩固社区矫正的效果，社区矫正机构、受委托的司法所以多维度指标对社区矫正对象的危害程度进行测试评价，在社区矫正对象入矫时对其开展风险评估。

🔍 工作场景

宽敞明亮的社区矫正中心内，墙上挂着"社区矫正，重在教育，帮助改造，重返社会"的横幅。办公室里，工作人员小陈端坐在电脑前，面前摆放着一份社区矫正对象风险评估测评表制作的任务清单。小陈深知这份风险评估测评表对于社区矫正工作的重要性，它不仅是对矫正对象个人情况的全面把握，更是确保社区矫正工作的安全性和有效性。首先，她从档案柜中取出社区矫正对象的详细档案资料，仔细翻阅，对每个矫正对象的基本情况有一个初步的了解。接下来，她开始梳理风险评估的关键指标，如犯罪类型、改造态度、家庭状况、社会关系等。在电脑上，小陈打开了一个专门用于风险评估的模板，根据每个矫正对象的具体情况，逐一填写各项指标。她不仅录入了定量数据，还结合个人观察和对矫正对象的了解，进行了定性分析。在填写过程中，小陈不仅要考虑矫正对象当前的风险状况，还要预测他们未来可能的变化，确保风险评估的准确性和前瞻性。完成初步填写后，小陈再次仔细检查了每项数据，确保没有遗漏或错误。随后，她利用风险评估软件进行自动计算和分析，生成了每个矫正对象的风险等级和相应的建议措施。最后，小陈将风险评估测评表打印出来，与同事们进行了深入讨论和交流。他们共同研究制定了针对性的矫正方案和风险防控措施，以确保社区矫正工作的顺利进行。

🔍 工作任务

任务1　社区矫正对象风险评估测评表基本知识

一、社区矫正对象风险评估测评表的概念与作用

《社区矫正对象风险评估测评表》是指社区矫正机构、受委托的司法所在接收社区矫正对象后，为确定其人身危险性和再犯罪可能性，以多维度指标对其危害程度进行测试评价所用的表格式管理文书。

人身危险性，又称人的危险状态，是指行为人人格上存在的可能实施犯罪行为以及其他严重违法、违反社会正常行为规范的危险倾向。社区矫正对象的人身危险性，不仅包括其再次实施刑事犯罪的可能性，也包括其严重违反社区矫正监管规定的可能性。社区矫正机构、受委托的司法所在接收社区矫正对象后，可运用科学方法对社区矫正对象的人身危险性、再犯罪可能性、对社会再次造成危害的危险程度进行评估和预测，以了解社区矫正对象的危害程度。这是对社区矫正工作进行分类管理、分类教

育的必要前提和重要基础。

二、社区矫正对象风险评估程序

1. 组建风险评估小组，确定小组成员。成员可从矫正小组成员中选择担任。

2. 开展心理测试。针对社区矫正对象个体性差异确定心理测试方式及内容。

3. 风险评估小组研究制定《社区矫正对象风险评估测评表》。

4. 风险评估小组根据测评内容对社区矫正对象的危险等级和管理等级进行划分。

三、社区矫正对象风险评估测评表的结构与制作要求

《社区矫正对象风险评估测评表》主要由五部分内容组成：

（一）社区矫正对象人员基本信息

在表格内依次填写社区矫正对象的姓名、性别、年龄、身体状况、文化程度，可参照社区矫正对象基本信息表中社区矫正对象个人情况内容进行填写，身体状况与健康状况填写方式一样。

（二）社区矫正对象犯罪基本信息

在表格内依次填写罪名、原判刑期、矫正类别、矫正起止日期，可参照社区矫正对象基本信息表中犯罪基本情况内容进行填写。

（三）社区矫正对象测试项目

此项内容又分为基本因素、个性及心理因素、社会因素、综合因素4个大项，包括22个子项目，总分值为50分。根据社区矫正对象基本信息表、入矫谈话记录以及风险评估小组的调查结果进行填表。在此，就表中个别项目和子项目的内容进行解释：

1. 自控能力，又称自制力，就是一个人控制自己思想感情和举止行为的能力。自制力是坚强的重要标志，与之相反的是任性，即对自己持放纵态度，对自己的言行不加约束，任意胡为，不考虑行为、后果及事态带来的影响。

2. 行政处罚，是指行政机关或其他行政主体依法定职权和程序对违反行政法规但尚未构成犯罪的相对人给予行政制裁的具体行政行为。处罚种类主要有：警告、罚款、没收违法所得和没收非法财物、责令停产停业、暂扣或吊销许可证（执照）、行政拘留。

3. 过失犯罪，是指应当预见自己的行为可能发生危害社会的结果，因为疏忽大意而没有预见，或者已经预见而轻信能够避免，以致发生危害性结果的情形。针对过失犯罪，法律有规定的才负刑事责任。

4. 故意犯罪，是指明知自己的行为会发生危害社会的结果，但是却希望或者放任这种结果发生，因而构成犯罪的，是故意犯罪。故意犯罪应当负刑事责任。

5. 暴力犯罪，是指使用暴力手段（既可以通过器械、武器、爆炸物等，也可以借助于犯罪人本身的体力）或以暴力相威胁，以特定的或者不特定的人或物为侵害对象，蓄意危害他人人身安全、财产安全和社会安全的犯罪行为。

（四）社区矫正对象测试评估打分

测评分值为测评对象所有单项实际测评分值的总和。测评分值在0~15分为低风险，16~25分为中风险，25分以上为高风险。

（五）测评人确认

对社区矫正对象开展风险评估，应当组织2名以上人员作为测评人参加评估测评，其中至少有 1 名是社区矫正机构、受委托的司法所的工作人员。测评人在测评完成后应在指定位置签名，以示对测评结果确认、负责。

四、社区矫正对象风险评估注意事项

1. 测试前，社区矫正工作人员要积极引导社区矫正对象配合测试，使其真实表达内心想法和真实情况，减少测试误差。

2. 在填写心理健康状况选项前应进行心理测试，根据社区矫正对象年龄、生活、工作（学习）等个性化特点选择试题进行测试。

任务2 社区矫正对象风险评估测评表文书制作

任务2.1 社区矫正对象心理健康自测量表文书样表

心理健康状况测试题范例

针对以下40道题，如果感到"常常是"，选"A"；感到"偶尔是"，选"B"；感到"完全没有"，选"C"。

1. 平时不知为什么总觉得心慌意乱，坐立不安。

2. 上床后，怎么也睡不着，即使睡着也容易惊醒。

3. 经常做噩梦，惊恐不安，早晨醒来就感到倦怠无力、焦虑烦躁。

4. 经常早醒 1 小时~2 小时，醒后很难再入睡。

5. 学习的压力常使自己感到非常烦躁，讨厌学习。

6. 读书看报甚至在课堂上也不能专心致志，往往自己也搞不清楚自己在想什么。

7. 遇到不称心的事情便较长时间的沉默少言。

8. 感到很多事情不称心，无端发火。

9. 哪怕是一件小事情，也总是放不下，整日思索。

10. 感到现实生活中没有什么事情能引起自己的乐趣，郁郁寡欢。

11. 老师讲概念，常常听不懂，有时懂得快，忘得也快。

12. 遇到问题常常举棋不定，迟疑再三。

13. 经常与人争吵发火，过后又后悔不已。

14. 经常追悔自己做过的事，有负疚感。

15. 一遇到考试，即使有准备也紧张焦虑。

16. 一遇挫折，便心灰意冷，丧失信心。

17. 非常害怕失败，行动前总是提心吊胆，畏首畏尾。

18. 感情脆弱，稍不顺心，就暗自流泪。

19. 自己瞧不起自己，觉得别人总在嘲笑自己。

20. 喜欢跟自己年幼的玩伴或能力不如自己的人一起玩或比赛。

21. 感到没有人理解自己，烦闷时别人很难使自己高兴。

22. 发现别人在窃窃私语，便怀疑是在背后议论自己。

23. 对别人取得的成绩和荣誉常常表示怀疑，甚至嫉妒。

24. 缺乏安全感，总觉得别人要加害自己。

25. 参加春游等集体活动时，总有孤独感。

26. 害怕见陌生人，人多时说话就脸红。

27. 在黑夜行走或独自在家时有恐惧感。

28. 一旦离开父母，心里就不踏实。

29. 经常怀疑自己接触的东西不干净，反复洗手或换衣服，对清洁极端注意。

30. 担心是否锁门和可能着火，反复检查，经常躺在床上又起来确认，或刚一出门又返回检查。

31. 站在经常有人自杀的场所或悬崖边、大厦顶、阳台上，有摇摇晃晃要跳下去的感觉。

32. 对他人的疾病非常敏感，经常打听，生怕自己也身患同病。

33. 对特定的事物、交通工具（电车、公共汽车等）、尖状物及白色墙壁等认为是特殊的物体有恐惧倾向。

34. 经常怀疑自己发育不良。

35. 一旦与异性交往就脸红心慌或想入非非。

36. 对某个异性伙伴的每一个细微行为都很注意。

37. 怀疑自己患了癌症等严重不治之症，反复看医书或去医院检查。

38. 经常无端头痛，并依赖止痛药或镇静药。

39. 经常有离家出走或脱离集体的想法。

40. 感到内心痛苦无法解脱，只能自伤或自杀。

测评方法：选 A 得 2 分，选 B 得 1 分，选 C 得 0 分。

评价参考：

1. 0~8 分：心理非常健康，请放心。

2. 9~16 分：大致还属于健康的范围，但应有所注意，也可以找老师或同学聊聊。

3. 17~30 分：在心理方面有了一些障碍，应采取适当的方法进行调适，或寻求心理辅导老师帮助。

4. 31~40 分：有可能患了某些心理疾病，应找专门的心理医生进行检查治疗。

5. 41 分以上：有较严重的心理障碍，应及时找专门的心理医生治疗。

任务 2.2　社区矫正对象风险评估测评表填写范例

社区矫正对象风险评估测评表

姓名	伊某某	性别	男	年龄	23 岁
		身体状况	健康	文化程度	高中
罪名	故意伤害	原判刑期	2 年		
矫正类别	缓刑	矫正起止日期	2021 年 7 月 13 日起至 2023 年 7 月 12 日止		
家庭住址	湖北省孝感市云梦县三合镇光萍村 1 组				

项目		子项目	得分
基本因素	1. 犯罪时年龄	（1 分）初次违法犯罪 18 周岁以上（含 18 周岁） （2 分）初次违法犯罪不满 18 周岁	1
	2. 受教育程度	（0 分）大专及以上 （2 分）高中、初中及同等程度 （3 分）小学、半文盲、文盲	2

	3. 就业态度和就业状况	（0分）能自食其力或愿意自食其力 （3分）不能自食其力或不愿自食其力	0
	4. 婚姻家庭状况	（0分）已婚或25周岁以下未婚（家庭稳定） （2分）丧偶、离异、大龄未婚（25周岁以上）或25周岁以下未婚（生活在单亲家庭中等特殊情况）	2
	5. 生活来源	（0分）依靠自己的工作收入 （1分）低保或依靠家庭 （3分）无	0
	6. 固定住所	（0分）有 （3分）无	0
个性及心理因素	7. 自控能力	（0分）能够自我控制 （3分）自控能力较差或有时不能自控	0
	8. 心理健康 状况	（1分）基本健康 （2分）存在心理问题 （3分）患有心理疾病	3
	9. 有精神病史或精神病遗传史	（0分）无 （1分）有	0
	10. 认罪伏法态度	（0分）认罪伏法 （2分）不认罪	0
	11. 对现实社会的心态	（0分）能够正确看待社会现实 （2分）对社会不满甚至仇视	0
	12. 法律知识或法制知识	（1分）法律知识欠缺、法治知识淡薄 （2分）无法律知识和法治观念（法盲）	1
社会因素	13. 交友情况	（0分）无不良交友情况 （3分）有不良交友情况	3
	14. 个人成长经历	（0分）平稳 （1分）有挫折	0
	15. 家庭成员犯罪记录	（0分）无 （1分）有	0
	16. 家属配合矫正工作	（0分）理解支持 （2分）不配合或有抵触情绪以及无家庭支持系统	0

续表

综合因素	17. 违法犯罪案由	（1分）其他 （3分）盗窃、抢劫（抢夺）、涉毒、寻衅滋事	1
	18. 过去受过刑事处罚的记录	（0分）无 （2分）有	0
	19. 过去受过行政处罚的记录	（0分）无 （1分）有（1~2次处罚记录） （3分）有（3次及3次以上）	0
	20. 主观恶性程度	（1分）过失犯罪 （2分）故意犯罪	2
	21. 社区矫正类别	（1分）管制、暂予监外执行 （2分）缓刑、假释	2
	22. 犯罪时是否使用暴力或是否惯骗（2次以上含2次）	（0分）无 （2分）有	2
测评分值			19
风险等级			中风险
打分说明	1. 测评分值为测试对象所有单项实际测评分值的总和； 2. 满分分值为所有单项最高分值的总和，22个小项的总分值为50分； 3. 测评分值在0~15分为低风险，16~25分为中风险，25分以上为高风险； 4. 如果测评对象具有本表未涉及但易引发重新犯罪的因素，可以在备注栏注明； 5. 第8项根据《心理健康测试自测量表》得分情况打分。		
备注			

测评人：张某某，罗某某　　　　测评日期：2021年7月17日

🔍 工作法律依据

《社区矫正对象风险评估测评表》的法律依据是《社区矫正法》第18条。

🔍 思考练习

社区矫正对象张某某风险评估测评表案例材料

一、基本信息

姓名：张某某　性别：男　年龄：××岁

身份证号码：42××××××××××××××

户籍地址：××省××市××区××街道××号

现居住地址：××省××市××区××街道××号

犯罪类型：盗窃罪　　刑期：有期徒刑××年，缓刑××年

社区矫正开始时间：××××年××月××日

二、家庭及社会关系

1. 家庭情况：已婚，配偶为李某，育有一子一女，均未成年。家庭关系和睦，无重大矛盾。

2. 社会关系：与邻居关系良好，无不良社交记录。原工作单位同事评价一般，无重大纠纷。

三、心理状况

1. 心理状态：经过初步评估，张某某表现出一定的焦虑和抑郁情绪，对未来生活感到迷茫和担忧。

2. 认知能力：认知能力正常，能够认识到自己的错误，并表示愿意改正。

3. 社交能力：社交能力一般，能够与他人正常交流，但缺乏自信。

四、行为表现

1. 遵守社区矫正规定情况：张某某在社区矫正期间，能够遵守相关规定，按时报到，参加相关活动。

2. 犯罪再犯风险：根据现有资料，张某某存在一定的犯罪再犯风险，需要加强监管和教育。

五、风险评估及建议

1. 风险评估：综合以上信息，张某某在社区矫正期间表现一般，但存在一定的心理问题和犯罪再犯风险。

2. 建议措施：

（1）加强心理辅导，帮助张某某缓解焦虑和抑郁情绪，增强自信。

（2）定期进行风险评估，密切关注张某某的行为变化和心理状态。

（3）加强法治教育，提高张某某的法律意识，预防其再次犯罪。

（4）鼓励张某某参与社区活动，增强其社会融入感，促进其家庭和谐。

六、其他备注

张某某在社区矫正期间，如有任何异常情况，请及时报告相关部门。

本测评表仅作为风险评估参考，具体监管措施需根据实际情况进行调整。

　　请根据以上案例材料，对社区矫正对象张某某进行风险评估测评，并填写相应的测评表。在填写过程中，请结合张某某的实际情况，全面、客观地评估其风险等级，并提出相应的监管和教育建议。

🔍 拓展学习

以下是英国和美国两个国家在社区矫正对象风险评估方面的知识。

一、英国的社区矫正对象风险评估

1. 法律框架与政策。英国的社区矫正主要由《刑事司法法》和《社区惩罚法》等法律框架支持。这些法律规定了社区矫正的程序、目标和评估标准。

2. 风险评估工具。OASys（Offender Assessment System），这是英国广泛使用的风险评估工具，评估社区矫正对象的风险和需求，帮助制定个性化的矫正计划。OASys 结合了犯罪历史、心理健康、生活环境等多方面因素。Static99 主要用于评估性犯罪者的再犯风险，特别关注历史犯罪行为的静态因素。

3. 多学科团队。英国的社区矫正通常由多学科团队实施，包括社工、心理学家和

法律专业人士，共同参与风险评估和干预方案的制定。

4. 动态评估。风险评估是一个动态过程，定期更新评估结果，以反映个体的变化和干预效果。

5. 社区支持。强调社区的参与和支持，鼓励志愿者和社区组织为社区矫正对象提供支持和资源。

二、美国的社区矫正对象风险评估

1. 法律框架与政策。美国的社区矫正体系由各州法律和联邦法律共同构成，具体政策因州而异。社区矫正的目标包括降低再犯率、促进社会重返和保护公众安全。

2. 风险评估工具。COMPAS（Correctional Offender Management Profiling for Alternative Sanctions），这是美国使用的一个综合性评估工具，评估个体的再犯风险和需求，涵盖多个维度，如心理健康、社会支持等。LAR（Level of Service Inventory Revised），该工具也被广泛应用于评估犯罪者的风险和需求。

3. 个性化干预。根据评估结果，制定个性化的矫正方案，涵盖心理治疗、职业培训、药物治疗等，以满足个体的特殊需求。

4. 数据驱动的决策。越来越多的州和机构利用大数据和机器学习技术来提高风险评估的准确性和效率。

5. 社会整合。强调社区矫正对象的社会整合，通过建立支持网络和提供社区服务，帮助他们顺利重返社会。

🔍 **知识链接**

工作任务十四　社区矫正对象日常监管相关法律文书制作

🔍 **任务目标**

1. 掌握社区矫正方案的制定流程、要求及结构；
2. 能够指导社区矫正对象完成思想汇报及教育学习笔记的格式化撰写；
3. 能够完成社区矫正对象谈话（心理辅导）记录、社区矫正对象走访记录文书的制作；
4. 坚持教育帮扶因人施策，结合矫正对象的文化程度、心理特点，掌握靶向精准、科学高效、专业规范的法律文书制作方法。

🔍 任务描述

社区矫正对象在被判处的刑罚种类、犯罪情况、悔罪表现、个性特征和生活环境等方面存在较大差异性，为了更有针对性的开展监管、教育、帮扶，引导其彻底转变不良思想、犯罪心理和行为恶习，养成良好守法意识和行为习惯，重新适应和融入社会生活，遵循知、情、意教育融合的思路，必须根据矫正对象实际情况进行矫正方案的制定，同时在矫正过程中还要动态了解其受教育学习的情况及思想动态，及时开展矫正对象的心理辅导和走访调查工作。

🔍 工作场景

社区矫正中心，数名专业人士正忙着为不同的社区矫正对象制定个性化的矫正方案。矫正中心墙上挂着"以人为本，矫正为心"的标语，透露出一种人文关怀。矫正专家李华坐在电脑前，她面前摆着一摞案件资料。她需要仔细阅读这些资料，了解矫正对象的基本情况，包括他们的犯罪记录、家庭背景、教育背景、心理健康状况等。然后，她需要与团队中的其他成员，如心理咨询师、社工、法律顾问等进行深入讨论，从多个角度对矫正对象的需求进行全面分析。讨论过程中，团队成员们纷纷提出自己的见解和建议。心理咨询师根据矫正对象的心理评估结果，提出相应的心理干预措施；社工则关注矫正对象的社会融入问题，提出帮助他们重新建立社会关系的建议；法律顾问则从法律角度出发，为矫正对象提供法律指导和帮助。在综合了各方意见后，李华开始着手制定矫正方案。她根据矫正对象的特点和需求，结合社区资源和自身经验，设计出了一系列具体的矫正措施。这些措施包括定期的心理辅导、社区活动参与、职业技能培训等，旨在帮助矫正对象重塑人生观、价值观，增强社会适应能力。矫正方案制定完成后，李华将其提交给中心主任进行审查。审查通过后，这份矫正方案将成为矫正对象未来一段时间内的主要矫正计划。在方案实施过程中，李华和她的团队还会对矫正对象进行定期的跟踪评估，根据实际情况进行调整和优化，确保矫正效果的最大化。

🔍 工作任务

任务 1　社区矫正对象矫正方案

一、社区矫正对象矫正方案的概念与作用

（一）概念与作用

社区矫正对象矫正方案是指社区矫正机构、受委托的司法所根据社区矫正对象被判处的刑罚种类、犯罪情况、悔罪表现、个性特征和生活环境等，在进行综合评估的基础上制定的有针对性的监管、教育、帮扶方案。

根据《社区矫正法实施办法》第 9 条第 1 款第 4 项的规定，社区矫正机构依法建立矫正小组、组织矫正小组开展工作，制定和落实矫正方案。

社区矫正兼具刑事制裁、行为矫治、引导教育和生活帮扶的功能，其工作内容不单纯是对社区矫正对象进行教育和监管，更应根据其个体差异和个性需要进行个别化矫治，以消除其心理障碍，纠正偏差社会行为，帮助其克服困难，增强社会适应能力。社区矫正对象矫正方案就是基于刑罚个别化原则对服刑对象制定有针对性的调适、干预和治疗措施。

（二）制定原则

社区矫正是一种非监禁性刑罚执行制度，本身就是行刑社会化和刑罚人道主义的体现。在制定社区矫正对象矫正方案时，应坚持四大原则：一是以人为本原则，在进行刑罚执行活动的同时要体现出教育帮扶；二是因人制宜原则，从矫正对象的差异性入手拟定不同矫正方案；三是专群结合原则，运用社会力量全面了解矫正对象具体情况；四是注重实效原则，不断总结经验并对矫正方案及时调整完善。

二、社区矫正对象矫正方案的制定程序

根据《社区矫正法实施办法》第9条、22条规定，制定有针对性的矫正方案应按照以下程序进行：

1. 与社区矫正对象进行谈话，了解其心理特点、健康状况、认罪悔罪表现和思想动态。

2. 查阅相关法律文书和材料，了解其犯罪事实、犯罪原因、犯罪类型、具体犯罪情节、主观恶性程度等情况。

3. 走访社区矫正对象的家属、邻居、村（居）民委员会、原单位（学校）的有关人员，了解其家庭状况、成长经历、社会关系等，做到基本情况明了，基本事实清楚。

4. 根据走访了解情况，对社区矫正对象的危险程度、利益需求、心理行为、素质缺陷等进行综合分析，找出社区矫正对象犯罪的症结和可能影响矫正进行的问题所在，确定矫正工作的重点和方向。

5. 在综合分析评定的基础上，制定有针对性的矫正方案，实现分类管理、个别化矫正。

三、社区矫正对象矫正方案的结构与制作要求

《社区矫正对象矫正方案》应由以下几部分内容组成：

（一）矫正对象基本情况

在指定处依次填写矫正对象的姓名、性别、出生年月、婚姻状况、文化程度、健康状况、家庭住址及生活简历等基本情况。可参照《社区矫正对象基本信息表》中"社区矫正对象个人情况"和"社区矫正对象个人简历"内容进行填写。

（二）家庭成员及主要社会关系

填写社区矫正对象直系亲属和与其在生活上有密切联系的旁系亲属。可参照《社区矫正对象基本信息表》中"社区矫正对象家庭成员及主要社会关系"内容进行填写。

（三）犯罪情况

以判决书中所认定的犯罪事实来写，对矫正对象的犯罪时间、犯罪地点、作案工具、具体实施犯罪行为的过程以及对受害人造成的身体伤害、具体财产损失等内容进行简要概括，并写明法院判处的结果和社区矫正执行期限。可参照《社区矫正对象基本信息表》中"犯罪基本情况"内容进行填写。

（四）矫正对象的心理状态和个性化特殊情况分析

通过社区矫正风险评估初次测评、入矫谈话和审前调查评估等材料，综合主观客观因素对矫正对象的心理状态和其他特殊情况进行分析，做出综合评估结论。

（五）存在问题

从法治观念、工作（学习）、身心健康状况、人际关系、社会活动等方面着眼，提出对社区矫正对象进行监管、教育、帮扶中可能存在的问题。

（六）拟采取的监督管理、教育帮扶措施

这是社区矫正对象矫正方案中的核心内容。

1. 根据社区矫正对象被判处的刑罚种类、犯罪情况、矫正期限、入矫时间、风险等级、悔罪表现、遵纪守法等情况，确定对社区矫正对象实行严管、普管、宽管的具体分类管理类别，再对应适用不同管理类别的管理措施对其进行监管矫正。

2. 矫正方案应当根据分类管理的要求、实施效果以及社区矫正对象在教育学习、社区服务、亲情帮教、心理矫正等方面的表现情况相应调整。

四、注意事项

1. 社区矫正机构、受委托的司法所应在入矫宣告后5个工作日内进行走访调查，制定矫正方案。

2. 社区矫正机构、受委托的司法所应为每名社区矫正对象制定个性化矫正方案，做到因人定案、因人施矫，不可千篇一律。

3. 应当通过对社区矫正对象考核、矫正效果评估等手段，定期对矫正方案执行情况进行跟踪评估，根据实施效果适时予以调整。方案调整应经矫正小组评议，填写《社区矫正对象管理类别（调整）审批表》，报县级社区矫正机构批准。

4. 社区矫正对象在入矫教育初期都应被列为"严管"对象。入矫教育是指社区矫正机构对新接收的社区矫正对象，在社区矫正宣告后的2个月内，集中开展的教育活动。

五、社区矫正对象矫正方案制作实例

社区矫正对象尹某某矫正方案

一、社区矫正对象基本情况

尹某某，男，生于1990年5月7日，未婚，高中文化，身体健康，无遗传病史和精神病史，住湖北省孝感市云梦县三合镇光萍村1组。2005年9月至2008年7月在云梦县中学学习，毕业后经家人介绍，于2008年10月至2009年5月在"泰山"工地上做工地文件，2009年6月至2012年4月在"宇宙发式"打工。

二、家庭成员及主要社会关系

父亲尹某多，男，现年57岁，在云梦县城区从事房屋装修；母亲赵某琼，女，现年54岁，在家务农。家庭收入一般。

三、犯罪情况

2021年5月2日晚上，尹某某、陈某某、蔡某某、邓某某应张某邀约，一起去教训与张某有过节的刘某。当晚8时许，尹某某等5人一起乘坐张某驾驶的面包车，从云梦县××镇张某家中来到××

镇××村，在一转弯处停下，等待被害人刘某到来。20时42分许，刘某骑着电瓶车经过此路口，遭到张某等人的阻拦，刘某被张某等人从电瓶车上拉倒在地进行殴打，在殴打过程中，尹某某用石头击打刘某腹部，致其腹壁、腹膜等严重损伤。经鉴定，刘某损伤程度为重伤。2021年6月23日经云梦县人民法院判决，被告人尹某某犯故意伤害罪，判处有期徒刑2年，缓刑2年。缓刑考验期间自2021年7月13日起至2023年7月12日止。

四、再犯罪分析

从再犯罪的客观条件来看，现在尹某某有经济收入，家庭关系和睦，促使其再犯罪的客观因素较小。从再犯罪的主观条件来看，尹某某以前犯错是因为法律意识不高，犯错后能认识到过去行为的社会危害性，入矫后能认罪服法，悔罪行为和悔罪意识明显，所以尹某某再犯罪的主观因素也较小。

通过对尹某某进行社区矫正风险评估初次测评，尹某某测评分值为18分，属于中风险。综上所述，尹某某再犯罪的可能性为中等。

五、存在问题

1. 法治观念问题。尹某某法治观念淡薄，"哥们儿"义气较重，应他人邀约参与了对刘某的殴打，致使刘某重伤，尹某某的行为构成了故意伤害罪。

2. 心理问题。通过心理测试，尹某某存在一定的心理问题，主要是担心成为社区矫正对象以后邻居会对其产生偏见，并担心其犯罪记录不利于今后工作。

3. 人际交往问题。尹某某在理发店工作之余，常到网吧娱乐，有接触不良社会青年的问题。

4. 日常监管问题。尹某某早出晚归，来往于景洋县市区工作地点和××镇××村1组居住地点，造成其监护人和矫正小组成员都不能有效对其进行监管。

六、社区矫正措施

1. 将尹某某纳入严管人员。通过要求其每周向帮教人员电话汇报、每半月向社区矫正机构、受委托的司法所进行口头报告、上交思想汇报、组织矫正小组成员进行走访、配备GPS定位手机等措施，掌握该矫正对象的日常表现和实际情况，督促其遵纪守法、遵守矫正规定。

2. 加强法律法规知识教育学习。除要求其参加社区矫正机构、受委托的司法所每月组织的集中学习外，还要求其自学，发放学习资料，主要学习治安管理处罚法、刑法等与公民道德教育有关的法律法规，要求其每次学习都要认真做好学习笔记。

3. 加强社区服务。通过劳动改造其世界观、人生观、价值观，树立劳动光荣、好逸恶劳可耻的观念，并通过社区服务，让其从中感受帮助别人的快乐，更加深刻地悔悟自己犯罪对他人和社会造成的伤害。要求其每次都要积极参加社区公益活动。

4. 实施亲情教育。通过其家属的亲情感化及谆谆教导，让其明白亲情的可贵及社会的宽容，使其断绝与社会不良分子的接触，彻底改邪归正。同时，使矫正对象认识到，如果再犯罪，那么付出的代价就是失去现在幸福和睦的生活。

5. 实施心理矫正教育。尹某某虽然系受他人指使而实施犯罪行为，但其有一定的犯罪心理诱因，应加强对他的心理矫正力度，定期谈心，做好思想工作。若发现其心理问题，应及时进行疏导，积极帮其化解心结，从而形成健康向上的心理状态。

七、社区矫正目标

通过对尹某某主观心态上的纠正，从主观方面尽量降低其再犯罪的可能性；通过客观上的矫正与监督，能起到有效降低尹某某再犯罪可能性的效果。最后帮助其适应社会、再社会化，达到矫正的根本目的。

××司法所

××××年××月××日

任务 2　社区矫正对象思想汇报

一、社区矫正对象思想汇报的概念和作用

社区矫正对象思想汇报是指社区矫正对象按照社区矫正管理规定，为了使社区矫正机构、受委托的司法所更好地了解自己的思想、工作（学习）、生活情况，配合社区矫正小组成员的教育和监督工作，定期向社区矫正机构、受委托的司法所汇报情况所形成的书面文字材料。

根据《社区矫正法实施办法》第 24 条第 1 款的规定，社区矫正对象应当按照有关规定和社区矫正机构的要求，定期报告遵纪守法、接受监督管理、参加教育学习、公益活动和社会活动等情况。发生居所变化、工作变动、家庭重大变故以及接触对其矫正可能产生不利影响人员等情况时，应当及时报告。被宣告禁止令的社区矫正对象应当定期报告遵守禁止令的情况。

思想汇报是社区矫正对象接受监督管理和教育改造的一项重要任务，是综合汇报其本月表现、社会活动情况、思想改造情况等信息的重要档案。

二、社区矫正对象思想汇报的结构和制作要求

社区矫正对象思想汇报没有固定书写模板，为了使工作档案更加统一规范，应引导社区矫正人员根据社区矫正机构、受委托的司法所的统一模板，结合自身实际情况进行书写。下面介绍一种常用的书写模板。

（一）标题

居中写"思想汇报"。

（二）称谓

即汇报人对社区矫正机构、受委托的司法所的称呼，一般写"尊敬的领导"。顶格书写在标题的下一行、后面加冒号。

（三）正文

分为三段内容：

第一段依次写明社区矫正对象的姓名、性别、年龄、家庭住址、罪名、刑种及时间、社区矫正类别及时间。

第二段主要从生活工作、思想认识方面，对学习、就业、生活等各方面的实际情况、感想和感悟进行汇报，应具体到有几次电话汇报，参加社区服务时数、教育时数，注明有无违法犯罪行为、有无好人好事行为等。

第三段结尾可写上矫正对象的表态承诺，一般是"本人承诺将严格遵守管理规定，做一名守法公民"等内容。

（四）落款

在思想汇报的最后，要署名和注明汇报日期。一般居右书写"汇报人×××"，下一行写上"××××年××月××日"。

三、社区矫正对象的思想汇报注意事项

1. 社区矫正对象进行思想汇报应是真实思想的流露，最重要的是真实，切忌空话、套话、假话，做表面文章。

2. 思想汇报一般定在每月下旬上交社区矫正机构、受委托的司法所较为适宜。

3. 对于没有书写能力的社区矫正对象，应要求其监护人根据其口述，代笔书写，最后由其签名并摁指印确认；或是由社区矫正机构、受委托的司法所工作人员制作谈话记录，在记录中体现思想汇报内容，并由社区矫正对象签名并摁指印确认。

四、社区矫正对象思想汇报制作实例

社区矫正对象思想汇报

尊敬的司法所领导：

本人名叫×××，男/女，××岁，家住煌旭镇××村××组。因犯××××罪被判处有期徒刑×年，缓刑×年。

本人这一个月在××单位从事××工作；工作之余，我认真学习法律知识，并做好了学习笔记，学习时间共计×小时；我服从社区矫正监管，本月到××村（社区）进行了×次社区服务，服务内容为打扫卫生，服务时间共计×小时；本人本月没有外出现象。通过司法所领导的教育帮助，我对因自身的法治观念淡薄所造成的犯罪行为非常后悔，对社会、受害者家属造成伤害的同时，也给自己的家庭带来沉重的经济负担和精神负担。

本人承诺将严格遵守管理规定，做一名守法公民。

汇报人：×××

时间：××××年××月××日

任务3 社区矫正对象教育学习笔记

一、社区矫正对象教育学习笔记的概念和作用

《社区矫正对象教育学习笔记》是指社区矫正对象按照社区矫正管理规定，学习思想道德、法律法规、时事政策等知识形成的书面文字材料。

根据《社区矫正法实施办法》第24条第1款规定，社区矫正对象应当按照有关规定和社区矫正机构的要求，定期报告遵纪守法、接受监督管理、参加教育学习、公益活动和社会活动等情况。

教育学习主要形式分为集中教育和个别教育。集中教育由县级社区矫正机构或者司法所统一组织。社区矫正机构、受委托的司法所应当制定集中教育计划，明确教育主题、组织形式和责任人。个别教育是指社区矫正机构、受委托的司法所应当针对社区矫正对象的犯罪类型、刑罚种类、矫正期限、心理状态、行为特点以及动态表现，结合报告、走访等活动进行的个性化教育。个别教育由社区矫正机构、受委托的司法所工作人员实施，社会工作者、志愿者等矫正小组成员协助。对于有特殊情况、不服监管或者经评估显示再犯罪风险较高的社区矫正对象，应当适当增加个别教育的次数和时间。

通过对社区矫正对象进行教育矫正，使其认罪悔罪、服从矫正，增强遵法学法守法意识，防止其重新违法犯罪。

二、社区矫正对象教育学习内容

对社区矫正对象进行教育矫正是社区矫正的三大任务之一，也是社区矫正的主要方式。根据社区矫正的不同阶段，教育矫正分为入矫教育、日常教育和解矫教育。

1. 入矫教育是指社区矫正机构对新接收的社区矫正对象进行从社区矫正宣告开始2个月以内的教育活动。矫正期限在6个月以下的，入矫教育期限为1个月。入矫教育内容包括权利义务教育、认罪悔罪教育和在刑意识教育，其目的是帮助社区矫正对象认罪服法，熟悉社区矫正监管教育规定，自觉服从矫正规定。

2. 日常教育是指在入矫教育和解矫教育之间的时期，社区矫正机构对社区矫正对象开展各种教育活动的总称，主要包括形势政策教育、思想道德教育、法治教育及技能培训等内容，其目的是改变社区矫正对象不良心理和行为恶习，培养健康人格，增强守法意识，提高社会适应能力。

3. 解矫教育是指社区矫正机构在社区矫正对象解矫前1个月进行提升其社会生活能力的教育活动，主要包括适应社会教育，其目的是引导社区矫正对象正确树立人生观、价值观，顺利融入社会，防止其重新违法犯罪。

三、社区矫正对象教育学习笔记的结构和制作要求

《社区矫正对象教育学习笔记》没有固定模板，为了使工作档案更加统一规范，应引导社区矫正对象根据社区矫正机构、受委托的司法所制作的统一模板记录学习笔记。下面介绍一种常用的记录模板。

（一）记录学习情况信息

在表格内依次填写社区矫正对象的姓名、教育学习内容、学习时间、学习方式、授课人员和本次学时。

1. 教育学习内容。由县级社区矫正机构、司法所或技能培训机构组织集中学习时事政策、思想道德、法治教育、技能培训等内容，如宪法、刑法、道路交通安全法、道德模范事迹、计算机基本操作等。

2. 学习时间。社区矫正对象的教育学习时间通常由当地社区矫正机构根据《社区矫正法》及其实施办法和社区实际情况规定。通常情况下，社区矫正对象每月参加教育学习的时间不得少于一定时长（例如8小时），具体时长由各地社区矫正机构规定。

3. 学习方式。学习方式分为集中学习和自学。由县级社区矫正机构、司法所或技能培训机构组织的学习为集中学习。由社区矫正对象通过电视、手机、网络、报刊、书籍等在单位或家里等地方进行自主性的学习为自学。根据情况由社区矫正对象在"集中学习"或"自学"选项后面打"√"进行标注。

4. 授课人员。填写社区矫正对象集中学习时进行授课的县级社区矫正机构、司法所或技能培训机构的工作人员。

5. 本次学时。填写参与集中学习或自学的时长。

（二）学习内容笔记

此部分由社区矫正对象对所学知识进行记录。记录可采用摘录式、评论式、心得式、提纲式、综合式等方式。

（三）评语

社区矫正对象进行自学并记录学习笔记后，应交村（社区）、社区矫正机构、受委托的司法所先后填写评语；进行集中学习后，由社区矫正机构、受委托的司法所填写评语即可。

四、社区矫正对象教育学习注意事项

1. 对于没有书写能力的社区矫正对象，其教育学习内容可由社区矫正机构、受委托的司法所工作人员在制作谈话记录中体现。

2. 社区矫正对象每月接受教育学习，应采用分类、分教的教育方法，适用严管、普管和宽管的社区矫正对象都能够在教育学习中取得进步。

五、社区矫正对象教育学习笔记制作实例

社区矫正对象教育学习笔记

姓　名	×××	教育学习内容		道路交通安全法
学习时间	20××年××月××日		学习地点	××司法所
学习方式	集中学习		授课人员	×××
	自学	√		
本次学时	2 小时			

学习内容笔记：

1. 对道路交通安全违法行为的处罚种类包括：警告、罚款、暂扣或者吊销机动车驾驶证、拘留。

2. 行人、乘车人、非机动车驾驶人违反道路交通安全法律、法规关于道路通行规定的，处警告或者 5 元以上 50 元以下罚款；非机动车驾驶人拒绝接受罚款处罚的，可以扣留其非机动车。

3. 饮酒后驾驶营运机动车的，处 15 日拘留，并处 5000 元罚款，吊销机动车驾驶证 5 年内不得重新取得机动车驾驶证。饮酒或者醉酒驾驶机动车发生重大交通事故，构成犯罪的，依法追究刑事责任，并由公安机关交通管理部门吊销机动车驾驶证，终生不得重新取得机动车驾驶证。

4. 有下列行为之一的，由公安机关交通管理部门处 200 元以上 2000 元以下罚款：

（1）未取得机动车驾驶证、机动车驾驶证被吊销或者机动车驾驶证被暂扣期间驾驶机动车的；

（2）将机动车交由未取得机动车驾驶证或者机动车驾驶证被吊销、暂扣的人驾驶的；

（3）造成交通事故后逃逸，尚不构成犯罪的；

（4）机动车行驶超过规定时速 50% 的；

（5）强迫机动车驾驶人违反道路交通安全法律、法规和机动车安全驾驶要求驾驶机动车，造成交通事故，尚不构成犯罪的；

（6）违反交通管制的规定强行通行，不听劝阻的；

（7）故意损毁、移动、涂改交通设施，造成危害后果，尚不构成犯罪的；

（8）非法拦截、扣留机动车辆，不听劝阻，造成交通严重阻塞或者较大财产损失的。行为人有上述第 2 项、第 4 项情形之一的，可以并处吊销机动车驾驶证；有第 1 项、第 3 项、第 5~8 项情形之一的，可以并处 15 日以下拘留。

通过对《中华人民共和国道路交通安全法》进行学习，我认识到了注重交通安全的重要性，这既是对他人生命的负责，也是对我自己家庭的负责。

村（社区）评语	该矫正对象能自觉进行法律法规知识学习，态度端正，通过学习，掌握了一定的法律法规知识。 （公章） 20××年××月××日

续表

司法所评语	该矫正对象学习笔记记录全面，学习心得较深刻，学习过程表现较好。 （公章） 20××年××月××日

任务4　社区矫正对象谈话（心理辅导）记录

一、社区矫正对象谈话（心理辅导）记录的概念和作用

《社区矫正对象谈话（心理辅导）记录》是社区矫正机构、受委托的司法所在进行个别教育时记录对社区矫正对象谈话（心理辅导）内容形成的文字材料。

根据《社区矫正法实施办法》第43条第2款的规定，社区矫正机构、司法所应当根据社区矫正对象的矫正阶段、犯罪类型、现实表现等实际情况，对其实施分类教育；应当结合社区矫正对象的个体特征、日常表现等具体情况，进行个别教育。

个别谈话是按照因人施教、以理服人的原则，对社区矫正对象有目的地进行的一种带有启发性、疏导性，面对面交流的个别教育方式。

心理健康辅导是指心理辅导者与社区矫正对象之间遵循相互尊重、相互平等的原则，建立一种具有咨询功能的融洽关系，以帮助社区矫正对象正确认识自己、接纳自己，并克服成长中的障碍，改变自己的不良心理和不良行为，促使其恢复心理健康，重塑健全人格，提高社会适应能力。

《社区矫正对象谈话（心理辅导）记录》作为真实、准确地记载个别谈话（心理辅导）内容和反映社区矫正对象思想动态的原始材料，对社区矫正机构、受委托的司法所开展教育矫正工作有着重要意义：一是有利于促进监管教育工作的规范化、科学化；二是能根据社区矫正对象的工作（学习）生活和思想变动情况对矫正方案进行相应调整；三是对个别谈话（心理辅导）的如实记录，可作为社区矫正机构、受委托的司法所对社区矫正对象进行日常监管和考察矫正效果的工作笔记。

二、社区矫正对象谈话（心理辅导）记录结构和制作要求

《社区矫正对象谈话（心理辅导）记录》在文体上属于工作笔记一类，记录形式方法较为灵活。主要由以下四个部分组成：

（一）首部

在表格内依次填写矫正对象姓名、矫正类别、教育谈话人、谈话时间、谈话地点、记录人。

1. 教育谈话人。在对社区矫正对象开展谈话（心理辅导）记录时应当组织2名以上社区矫正机构、受委托的司法所工作人员作为教育谈话人参加谈话（心理辅导）。

2. 谈话时间。为谈话的起止时间，精确到分钟。

3. 谈话地点。通常情况下在社区矫正机构、受委托的司法所办公室、社区矫正室进行。

4. 记录人。可以为谈话人其中一位，也可以为其他社区矫正机构、受委托的司法所工作人员。

（二）谈话内容

这部分是社区矫正对象月度谈话（心理辅导）记录的主要内容，谈话的对象不同、目的不同，谈话的内容和重点也不同。

1. 进行月度谈话时，教育谈话人主要从社区矫正对象工作（学习）生活情况、遵守社区矫正规定情况等方面进行提问，社区矫正对象根据问题予以回答。

2. 进行心理辅导时，则是由社区矫正对象先充分、详尽地倾诉，将烦恼、焦虑、不安、困难告诉教育谈话人员，教育谈话人员再根据情况进行分类指导。

（三）谈话效果

教育谈话人在谈话（心理辅导）后对社区矫正对象的思想和日常表现进行分析，对此次谈话（心理辅导）进行准确、简要、客观的评价。

（四）社区矫正对象确认并签名

社区矫正对象核实谈话（心理辅导）内容后签名并摁指印确认。

三、社区矫正对象谈话（心理辅导）记录注意事项

1. 书写要规范，做到字迹工整、清晰，避免出现错别字。对有改动的地方社区矫正对象应摁指印表示确认。

2. 谈话内容的具体记录方法采用问答式，即边谈边记。记载的内容要客观、真实、详略得当，尽量反映矫正对象的原话、原意，做到不随意取舍、断章取义。

3. 社区矫正机构、受委托的司法所的工作人员应本着为社区矫正对象的心理健康服务，为教育矫治服务的精神进行辅导，要求对社区矫正对象的隐私严格保密，不得在任何场合向任何人透露。

4. 社区矫正机构、受委托的司法所在开展心理辅导后发现社区矫正对象存在心理疾病症状，容易导致危害社会的行为发生时，应及时上报县级社区矫正机构，由县级社区矫正机构组织心理专家和具有心理咨询师资格的社会工作者、志愿者开展对社区矫正对象的心理治疗。县级社区矫正机构应当建立由心理专家和具有心理咨询师资格的社会工作者、志愿者等组成的心理辅导工作队伍，指导、参与社区矫正机构、受委托的司法所开展的心理辅导工作。

四、社区矫正对象谈话（心理辅导）记录制作实例

社区矫正对象谈话（心理辅导）记录

姓名	尹某某	矫正类别	缓刑	教育谈话人	张某某
谈话时间	2021 年 7 月 27 日 9 时 15 分~10 时 35 分	谈话地点	三合司法所	记录人	罗某某

谈话内容	问：这个月你的活动情况如何？ 答：这个月仍在"宇宙发式"打工，早出晚归，晚上回家休息，没有外出。 问：你这个月学习情况如何？ 答：这个月我认真学习了《中华人民共和国宪法》《中华人民共和国治安管理处罚法》等法律法规，并做好了学习笔记。 问：这个月参加社区服务情况如何？ 答：到村委会参加了社区服务，打扫了1次公共活动区域，帮助村五保户打扫了卫生，总时长为8个小时。 问：这个月遵纪守法情况如何？ 答：没有违法违纪情况。 问：以上内容是否属实？ 答：属实。 问：你有什么问题要反映或说明的吗？ 答：没有。
谈话效果	尹某某本月认真学习法律知识，服从监督管理，表现较好。

社区矫正对象签字：尹某某

任务 5　社区矫正对象走访记录

一、社区矫正对象走访记录的概念和作用

《社区矫正对象走访记录》是社区矫正机构、受委托的司法所记录对社区矫正对象开展日常走访工作时形成的文字材料。

根据《社区矫正法实施办法》第23条的规定，执行地县级社区矫正机构、受委托的司法所应当根据社区矫正对象的个人生活、工作及所处社区的实际情况，有针对性地采取通信联络、信息化核查、实地查访等措施，了解掌握社区矫正对象的活动情况和行为表现。

重点时段、重大活动期间或者遇有特殊情况，司法所应当及时了解掌握社区矫正人员的有关情况，可以根据需要要求社区矫正人员到办公场所报告、说明情况。社区矫正人员脱离监管的，司法所应当及时报告县级司法行政机关组织追查。

根据《社区矫正法实施办法》第19条第2款第4项规定，矫正小组主要开展的工作包括对社区矫正对象走访谈话，了解其思想、工作和生活情况，及时向社区矫正机构或者司法所报告。第24条第2款规定，暂予监外执行的社区矫正对象应当每个月报告本人身体情况。保外就医的，应当到省级人民政府指定的医院检查，每3个月向执行地县级社区矫正机构、受委托的司法所提交病情复查情况。执行地县级社区矫正机构根据社区矫正对象的病情及保证人等情况，可以调整报告身体情况和提交复查情况

的期限。延长 1 个月至 3 个月以下的，报上一级社区矫正机构批准；延长 3 个月以上的，逐级上报省级社区矫正机构批准。批准延长的，执行地县级社区矫正机构应当及时通报同级人民检察院。

通过走访，可以全面了解社区矫正对象的思想动态和现实表现情况，加强矫正小组成员与矫正对象的沟通协调，及时解决社区矫正对象面临的困难，并根据走访情况及时调整矫正方案和矫正措施，增强教育矫正的针对性。

二、社区矫正对象走访制度

1. 社区矫正机构、受委托的司法所要对社区矫正对象家庭、单位、本人进行每月走访，全面掌握社区矫正对象情况。

2. 元旦、春节、五一、国庆等法定节假日及其他重要时期，社区矫正机构、受委托的司法所应当走访社区矫正对象家庭及本人，以掌握其动态情况。

3. 社区矫正对象受到惩处、有重大思想问题或家庭发生重大变故时，社区矫正机构、受委托的司法所应当走访社区矫正对象家庭及本人。

三、社区矫正对象走访记录结构和制作要求

《社区矫正对象走访记录》主要由以下四个部分组成：

（一）走访人、时间、地点

在表格内依次填写矫正对象姓名、矫正类别、走访谈话人、谈话时间、谈话地点、记录人、走访人员。

1. 走访谈话人：即向社区矫正对象提出走访问题的社区矫正机构、受委托的司法所的工作人员。

2. 谈话时间：为走访谈话的起止时间，精确到分钟。

3. 谈话地点：通常在社区矫正对象居住地、所属村（社区）办公室进行。

4. 记录人：记录走访谈话内容的社区矫正机构、受委托的司法所的工作人员，不能与走访谈话人相同。

5. 走访人员：除走访谈话人和记录人外，参与走访的其他矫正小组成员。

（二）走访谈话内容

这部分是走访记录的主要内容。在开展走访之前，走访谈话人应根据走访对象拟定不同的问题，做到走访谈话的重点突出。进行月度走访谈话时，走访谈话人主要从社区矫正对象工作（学习）生活、遵守社区矫正规定、家庭及帮扶情况等方面进行提问，社区矫正对象根据问题进行回答。

（三）走访效果

走访谈话人在走访谈话后对社区矫正对象的思想动态和现实表现情况进行分析后，对此次走访活动进行简洁、准确、客观的评价。

（四）社区矫正对象确认并签名

社区矫正对象核实走访谈话内容后签名并摁指印确认。

四、社区矫正对象走访记录注意事项

1. 书写要求规范，做到字迹工整、清晰，避免出现错别字。对有改动的地方应由社区矫正对象摁指印表示确认。

2. 因客观条件限制，社区矫正机构、受委托的司法所的工作人员可通过电话或其他形式（短信、通信软件、QQ等）询问社区矫正对象日常动态情况。

3. 社区矫正机构、受委托的司法所在走访过程中发现暂予监外执行的社区矫正对象有不符合监外执行条件的，或暂予监外执行条件已经消失的，应当及时向上级司法行政机关汇报情况，并向暂予监外执行决定机关提出收监执行建议。

五、社区矫正对象走访记录制作实例

社区矫正对象走访记录

姓名	王某	矫正类别	暂予监外执行	走访谈话人	罗某某
谈话时间	2021年6月7日 9时10分	谈话地点	王某家中	记录人	张某某
走访人员	李某某				
走访谈话内容	问：最近身体怎么样？ 答：还是老问题，天天吃药。我通常在家休息，天气好时在周边散步活动。 问：那你还是要注意按时吃药、检查、休息，我看你的病情复查情况有什么问题？（要求拿出病情证明、资料、诊断书等） 答：好的。 下面分两种情况进行问话： ①问：（查看病情证明、资料、诊断书等后，符合暂予监外执行条件的，继续询问）家里最近有没有什么事情？ 答：没有。 问：诊断显示，你的病情比较稳定。另外，关于你的医疗救助，我们已经通过村委会和镇民政办申请下来了，近期你与村委会×××联系下，将卡号提供给他。 答：太感谢了。 问：你还有什么问题要反映吗？ 答：没有了，谢谢关心。虽然身体有病，但我还是要坚持在有精力的时候接受集中教育或者是在家自学。请你们监督。 ②问：（查看病情证明、资料、诊断书等后，发现病情好转，暂予监外执行条件正在消失的，继续询问）诊断书显示病情好转，如果疾病治愈，暂予监外执行条件就已消失，按照《社区矫正法实施办法》及相关法律法规要求，就要收监执行，希望你认清形势，积极配合，你能不能做到？ 答：之前也被告知过，我晓得这个规定，如果好了，刑期没到，是要被收监执行的，我不会耍赖，给大家惹麻烦，一定会配合司法所的工作。 问：其他有什么要反映和说明的吗？生活上有困难吗？ 答：暂时没有，谢谢关心。				
走访效果	王某表现良好。心态较以往有很大改善，身体状况也逐渐好转。				

社区矫正对象签字：王某

任务6　社区矫正对象社区服务记录

一、社区矫正对象社区服务记录的概念和作用

《社区矫正对象社区服务记录表》即《公益劳动记录表》，是社区矫正机构、受委托的司法所记录社区矫正对象参与社区服务（公益劳动）活动信息的表格式管理文书。

根据《社区矫正法实施办法》第33条第3款规定，社区矫正对象接受社区矫正期间，有见义勇为、抢险救灾等突出表现，或者帮助他人、服务社会等突出事迹的，执行地县级社区矫正机构可以给予表扬。对于符合法定减刑条件的，由执行地县级社区矫正机构依照本办法第42条规定，提出减刑建议。

组织社区矫正对象参加社区服务是社区矫正工作的重要内容，也是增强社区矫正对象在刑意识、悔罪赎罪意识，提高矫正教育效果的重要手段之一。

二、社区矫正对象社区服务记录结构和制作要求

《社区矫正对象社区服务记录表》由两部分组成：

（一）社区矫正对象信息

在表格内依次填写社区矫正对象姓名、年龄、身体状况。

（二）社区服务记录

在表格内依次填写参加社区服务时间、地点、内容、证明人。

1. 参加社区服务时间：在表格内空白处填写社区矫正对象参加社区服务的年、月、日、小时、分钟及总时间。

2. 参加社区服务地点：填写组织社区矫正对象参与社区服务的详细地点。

3. 证明人：由社区矫正机构、受委托的司法所组织的社区服务应由社区矫正机构、受委托的司法所工作人员签名证明；由社区矫正机构、受委托的司法所委托矫正小组其他成员组织实施的，应由相应的矫正小组成员作为证明人签名证明。

4. 参加社区服务内容：填写组织社区矫正对象参与社区服务的详细内容，如打扫卫生、植树造林、法治宣传、帮困助残等。

三、社区矫正对象社区服务记录注意事项

1. 社区服务应根据社区矫正对象的劳动能力、健康状况等情况，结合社区矫正对象的个人特长，组织社区矫正对象开展社区服务、帮助他人等公益活动，鼓励社区矫正对象自愿认领、自发参加公益活动。

2. 有劳动能力的社区矫正对象应参加社会公益活动。

3. 不得组织社区矫正对象参加具有危险性的劳动。

🔍 工作法律依据

社区矫正对象日常监管《社区矫正对象矫正方案》《社区矫正对象思想汇报》《社区矫正对象教育学习笔记》《社区矫正对象谈话（心理辅导）记录》《社区矫正对象走访记录》《社区矫正对象社区服务记录》等法律文书制作的法律依据是《社区矫正法》第24、25、36条，《社区矫正法实施办法》第22、24条。

🔍 **思考练习**

一、社区矫正对象矫正方案制作实训

以下列案例为材料，为社区矫正对象伍某制作一份《社区矫正对象矫正方案》。

案例：伍某，男，生于 1991 年 7 月 24 日，汉族，初中文化，未婚，身份证号为420923××××××××××××，居住于湖北省孝感市云梦县三合镇光萍村 1 组。伍某父亲伍某义、母亲蒋某芳都为本地农民。伍某生性顽皮，性格暴躁，从小就和社会不良青年在周边惹是生非，初中毕业后通过父亲介绍到当地一家汽修店当学徒，空闲时间喜欢到网吧上网，花销较大，每月手上无结余资金。

2020 年 1 月 15 日，王某某将盗来的两轮摩托车一辆骑至伍某汽修维修店处，要求伍某介绍买主。伍某将车介绍给黄某某，黄某某以 1500 元的价钱买得，伍某从中获得赃款 150 元。此案经云梦县人民法院于 2020 年 6 月宣判，伍某犯掩饰、隐瞒犯罪所得罪，判处管制 2 年，并处罚金 2000 元。

二、社区矫正对象思想汇报制作实训

自行查找案例，按要求制作一份《社区矫正对象思想汇报》。

三、社区矫正对象教育学习笔记制作实训

自行查找案例，按要求制作一份《社区矫正对象教育学习笔记》。

四、社区矫正对象谈话（心理辅导）记录制作实训

自行查找案例，按要求列出对社区矫正对象进行心理辅导时应提出的问题。

五、社区矫正对象走访记录制作实训

自行查找案例，按要求列出对保外就医人员就医医院走访记录的提问，做到全面掌握其身体状况及疾病治疗、复查结果等情况。

六、社区矫正对象社区服务记录制作实训

自行查找案例，按要求制作《社区矫正对象社区服务记录表》。

🔍 **拓展学习**

英国社区矫正制度

根据 2000 年国会通过的《刑事法院量刑权限法案》第 37 条的规定，治安法院、王座法院以及少年法庭都可以适用宵禁令。宵禁令的适用对象是 10 岁以上的任何犯罪人，但犯有谋杀罪的罪犯除外。宵禁是高度限制犯罪人人身自由的一种社区矫正刑，目的在于通过将服刑人员限制在家里，防止他们在夜间外出，从而减少、控制某些形式的犯罪，如盗窃、滋事等扰乱社会秩序的危害行为。

毒品治疗与检测令是 1998 年开始试行，2000 年立法确认的一种社区矫正刑。此法令可以由治安法院、王座法院以及少年法庭对 16 岁以上依赖毒品或有比较严重的滥用毒品倾向，以至于需要接受戒毒治疗的犯罪人适用，但不是强制性的，只有在犯罪人明确表示愿意接受戒毒治疗的情况下，法院才可以判处毒品治疗与检测令。

该法令执行时限在 6 个月以上、3 年以下，包括两项内容：一是强制犯罪人必须接受戒毒治疗。在进行戒毒治疗期间，可以根据具体情况，通过判决让犯罪人住在指定的医院或治疗中心接受治疗，也可以允许不住院治疗。二是要求犯罪人在执行期间定期提供血液样本，以检测戒毒成效。检测工作在缓刑监督官的监管下进行。在执行期间，法院还必须定期审查犯罪人的戒毒进展情况，每次审查的时间间隔应当在 1 个月以上。法院审查时，应当要求犯罪人到庭，宣读犯罪人的血液检测结果、缓刑监督官的报告及治疗医生的意见等。如果经法院审查，认为犯罪人取得了令人满意的效果，在此后的审查中，可以采用简化的程序。

🔍 **知识链接**

工作领域五

社区矫正司法行政奖惩文书制作

🔍 **学习目标**

知识目标：掌握社区矫正对象考核奖惩及相关文书填写的知识。

能力目标：具备制作社区矫正对象各类考核表、社区矫正对象训诫（警告、使用电子定位装置）文书、提请建议文书的能力。

素质目标：具备认真履职尽责、公正文明执法、严格依法办事的良好职业道德和法律素养。

🔍 **工作思维导图**

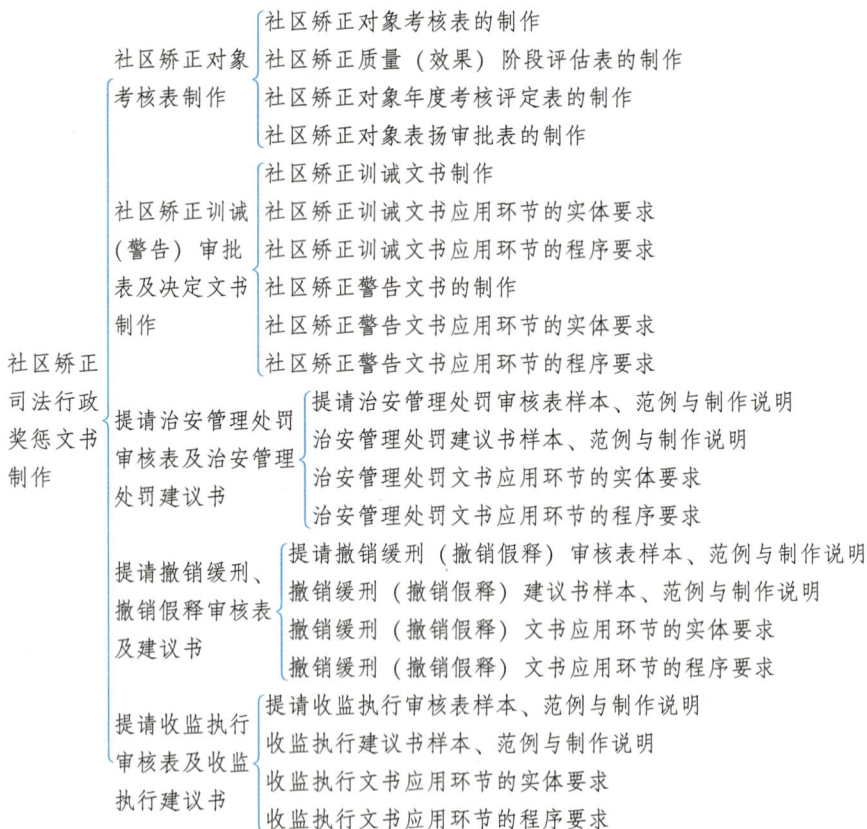

社区矫正司法行政奖惩文书制作
- 社区矫正对象考核表制作
  - 社区矫正对象考核表的制作
  - 社区矫正质量（效果）阶段评估表的制作
  - 社区矫正对象年度考核评定表的制作
  - 社区矫正对象表扬审批表的制作
- 社区矫正训诫（警告）审批表及决定文书制作
  - 社区矫正训诫文书制作
  - 社区矫正训诫文书应用环节的实体要求
  - 社区矫正训诫文书应用环节的程序要求
  - 社区矫正警告文书的制作
  - 社区矫正警告文书应用环节的实体要求
  - 社区矫正警告文书应用环节的程序要求
- 提请治安管理处罚审核表及治安管理处罚建议书
  - 提请治安管理处罚审核表样本、范例与制作说明
  - 治安管理处罚建议书样本、范例与制作说明
  - 治安管理处罚文书应用环节的实体要求
  - 治安管理处罚文书应用环节的程序要求
- 提请撤销缓刑、撤销假释审核表及建议书
  - 提请撤销缓刑（撤销假释）审核表样本、范例与制作说明
  - 撤销缓刑（撤销假释）建议书样本、范例与制作说明
  - 撤销缓刑（撤销假释）文书应用环节的实体要求
  - 撤销缓刑（撤销假释）文书应用环节的程序要求
- 提请收监执行审核表及收监执行建议书
  - 提请收监执行审核表样本、范例与制作说明
  - 收监执行建议书样本、范例与制作说明
  - 收监执行文书应用环节的实体要求
  - 收监执行文书应用环节的程序要求

提请逮捕审核表及社区矫正对象逮捕建议书
- 提请逮捕审核表样本、范例与制作说明
- 社区矫正对象逮捕建议书样本、范例与制作说明
- 社区矫正对象逮捕文书应用环节的实体要求
- 社区矫正对象逮捕文书应用环节的程序要求

提请减刑审核表及社区矫正对象减刑建议书
- 提请减刑审核表样本、范例与制作说明
- 社区矫正对象减刑建议书样本、范例与制作说明
- 社区矫正对象减刑文书应用环节的实体要求
- 社区矫正对象减刑文书应用环节的程序要求

工作任务十五　社区矫正对象考核表制作

🔍 任务目标

1. 掌握社区矫正对象考核表的相关知识；
2. 具备制作社区矫正对象考核表的能力；
3. 具备判定客观准确、掌握事实清楚、执法公正公平的良好职业道德和法律素养；
4. 培养"以事实为依据、以法律为准绳"的执法观念和从业素质。

🔍 任务描述

2020年7月1日《社区矫正法》《社区矫正法实施办法》正式施行，社区矫正工作得到进一步规范和发展，中国特色社会主义法治体系更加健全，监禁刑与非监禁刑相辅相成、互为补充，我国刑罚执行制度在深化司法体制改革的大背景下得以进一步完善，社区矫正工作的价值得到充分彰显。

社区矫正调查评估、考核奖惩评审等工作是由县级社区矫正机构成立的社区矫正刑事执行委员会负责。县级社区矫正机构作出调查评估结论、给予表扬、提请减刑、提请撤销缓刑、提请撤销假释、提请收监执行等建议时，应当提请社区矫正刑事执行委员会审议，制作《刑事执行委员会审议记录》，并签字确认。

考核与奖惩是指社区矫正机构依据有关法律法规和监管规定，对社区矫正对象思想行为表现等情况实施评审（评议），并对其进行奖励和惩处的活动。对社区矫正对象的奖惩分为行政奖惩和司法奖惩。行政奖惩包括表扬、训诫、警告、治安管理处罚；司法奖惩包括减刑、撤销缓刑、撤销假释、收监执行。

🔍 工作场景

周某，男，42岁，某国有公司总经理。2020年周某因犯贪污罪、受贿罪被数罪并罚决定执行有期徒刑3年，宣告缓刑4年。原判决发生法律效力后，罪犯周某即交付执行机关某公安分局执行。周某在社区矫正期间认罪服法，遵守国家法律和相关管理规定，定期参加学习，生产劳动积极，接受群众监督，有悔罪表现。2022年7月25日，周某行至一偏僻小街，听见有妇女高喊："抓流氓!"他急忙四处搜寻，发现一歹

徒正在强奸一名女子。周某立即冲上前去，与歹徒展开了搏斗，后与赶来的其他群众一起将歹徒扭送到公安机关，周某本人却身中歹徒三刀。为此，当地党委和人民政府授予周某"见义勇为先进个人"称号。

社区矫正机关根据周某在社区矫正期间的表现，认为周某在社区矫正期间确有见义勇为突出表现，依照《社区矫正实施办法》（已失效）的有关规定，建议对社区矫正对象周某提请表扬一次。

🔍 工作任务

任务 1　社区矫正对象考核表的制作

一、社区矫正对象考核表的概念和作用

社区矫正对象考核表是由司法所根据社区矫正对象接受监督管理、参加教育学习和社区服务等情况的考核结果，每月、每季度、每年评定分类管理等级所使用的表格式管理文书。

通过科学、准确地对社区矫正对象进行考核，一是能够强化社区矫正对象的服刑在矫意识；二是能充分调动社区矫正对象主动参与矫正的积极性；三是可以作为社区矫正对象分类管理的依据，决定社区矫正下一步的工作方向和个案矫正方案的调整。

二、社区矫正对象考核原则

1. 依法考核原则。由司法所严格按照《社区矫正法》和《社区矫正法实施办法》以及各省、自治区、直辖市社区矫正主管部门制定的社区矫正实施细则，对社区矫正对象遵守矫正相关规定的情况进行考核。

2. 准确及时原则。要求司法所对社区矫正对象遵纪守法情况和思想动态、日常表现等情况予以准确评定，并及时将计分考核结果进行登记、公布。

3. 公开、公平、公正原则。对社区矫正对象进行考核的办法、过程、结果要向其公开，并在考核过程中平等对待所有社区矫正对象。

4. 针对性原则。司法所应根据考核结果找出矫正教育的漏洞和存在的问题，并予以改进，对考核评定为"严管"的社区矫正对象要制定和实施相应的教育矫正措施。

三、社区矫正对象考核程序

1. 确定考核小组成员。由矫正小组中的司法所工作人员、派出所工作人员、所居住的村（居）委会成员、社区矫正志愿者组成。

2. 在司法所工作人员组织下，考核小组通过社区矫正对象的思想汇报、谈话（心理辅导）记录、走访记录及日常表现等材料，讨论填写《社区矫正对象月度考核计分表》。

3. 司法所工作人员根据《社区矫正对象月度考核计分表》制作《社区矫正对象季度考核表》。

4. 将考核结果在司法所进行公示。

任务 1.1　社区矫正对象月度考核计分表的制作

《社区矫正对象月度考核计分表》主要由以下四个部分组成：

1. 单位、填表时间。

（1）单位：××司法所。

（2）填表时间：20××年××月××日。

2. 社区矫正对象基本情况。在表格内依次填写社区矫正对象的姓名、年龄、矫正类别。

3. 考核内容。考核内容共分为四大类；计分项目分为扣分项、得分项两项。

（1）社区矫正对象遵守有关监督管理情况，包括遵纪守法、外出请假销假、居住地变更、保外就医、会客等方面的内容，分值为40分。

（2）社区矫正对象报到情况，包括报到、思想汇报等方面的内容，分值为20分。

（3）社区矫正对象社区服务情况，主要是遵守社区服务相关内容，分值为20分。

（4）社区矫正对象教育学习情况，包括日常自学和参加集中学习情况，分值为20分。

总分＝总得分−总扣分。

4. 考核小组成员确认。由参加考核的司法所工作人员、派出所工作人员、所居住的村（居）委会成员、社区矫正志愿者对考核分值进行确认并签名、加盖公章。

社区矫正对象月度考核计分表

单位：　　　　　　　　　　　　　　　　　　　填表时间：

姓名		年龄		矫正类别		扣分	得分
矫正对象遵守有关监督管理情况（40分）	1. 遵守法律、行政法规，服从监督的，得30分。离开所居住的市、区或者迁居，未经考察机关批准的，扣10分；保外就医的矫正对象违反管理规定，不到指定医院进行病情诊断的，扣10分；被判处管制、宣告缓刑、裁定假释的矫正对象违反规定擅自会客的，扣10分。						
	2. 遵守其他监督管理规定行为的，得10分，否则相应扣分。						
矫正对象报到情况（20分）	1. 出监所后按时到司法所报到登记参加社区矫正的，得10分，否则扣分。						
	2. 每月末到司法所或村（居）委会报到汇报思想并上交书面思想汇报材料的，得7分，否则相应扣分。						
	3. 遵守其他有关报到规定的，得3分，否则相应扣分。						

矫正对象社区服务情况（20分）	1. 按司法所要求参加社区服务的，得5分，未请假或请假未经批准不参加社区服务的，相应扣分。		
	2. 服从社区矫正工作人员劳动分工的，得2分，否则相应扣分。		
	3. 保质保量完成任务的，得5分，故意损坏设备、工具的，扣2分；违章作业，造成损失或事故的，扣3分。		
	4. 每月积极参加社会公益活动，表现突出的，得5分，否则相应扣分。		
	5. 遵守其他有关社区服务规定的，得3分，否则相应扣分。		
矫正对象教育学习情况（20分）	1. 能自己主动学习或按照要求参加司法所组织的学习的，得5分，未请假或请假未经批准不参加学习的，相应扣分。		
	2. 遵守教育学习活动纪律的，得3分，违反学习、活动纪律的相应扣分。		
	3. 认真参加组织的每一次教育学习活动的，得2分，否则相应扣分。		
	4. 参加教育学习活动后按要求上交作业或感想的，得5分，否则相应扣分。		
	5. 遵守其他有关学习、活动规定的，得5分，否则相应扣分。		
总分	100分		

考核小组人员签字：司法所工作人员×××、派出所工作人员×××、所居住的村（居）会成员×××、社区矫正志愿者×××

任务1.2　社区矫正对象季度考核表的制作

一、《社区矫正对象季度考核表》的结构和制作要求

《社区矫正对象季度考核表》主要由两部分组成：社区矫正对象姓名和司法所季度考核意见。

季度考核分=本季度月均考核分（参与月度考核不足3个月的，以本季度最后1个月的月度考核分计分）。

对社区矫正对象进行季度考核计分后，司法所负责人根据考核内容分值填写意见，评定分类管理等级，并签名、加盖公章。

以湖北省为例，依据《湖北省社区矫正工作细则》（以下简称《工作细则》）的规定，根据社区矫正对象的裁判内容、犯罪类型、矫正阶段、再犯罪风险等情况，进行综合评估，开展分类管理，并结合其矫正表现、考核结果和奖惩情况，适时调整，采取严格管理、普通管理、宽松管理的分类管理模式。不同管理类别采取相应的监管矫正措施，因此管理等级分为严管、普管、宽管。

符合《工作细则》第 51 条规定的，为"严管"对象。

入矫满 2 个月后，根据对社区矫正对象进行考核的计分，60~79 分评定为严管；80~94 分评定为普管；95~100 分的评定为宽管。考核分数为 60 分以下（不包括 60 分）的情况应及时向县（市、区）管理部门进行核实后，依法处理。

二、社区矫正对象季度考核表的制作注意事项

1. 因年老、精神病、身体残疾而生活不能自理及患严重疾病的社区矫正对象，经向司法所上报，上级管理部门批准同意后，可以不参加季度考核。

2. 对社区矫正对象季度考核应在每季度最后两周工作日内进行。

3. 对于新入矫未满半个月的社区矫正对象，可列入下一季度进行考核；入矫超过半个月的社区矫正对象应在本季度进行考核。

社区矫正对象季度考核表

社区矫正对象姓名：

第一季度	考核意见： 考核等级： 　　　　　　　　　　　　　　　　司法所（签章）： 　　　　　　　　　　　　　　　　　　年　月　日
第二季度	考核意见： 考核等级： 　　　　　　　　　　　　　　　　司法所（签章）： 　　　　　　　　　　　　　　　　　　年　月　日
第三季度	考核意见： 考核等级： 　　　　　　　　　　　　　　　　司法所（签章）： 　　　　　　　　　　　　　　　　　　年　月　日
第四季度	考核意见： 考核等级： 　　　　　　　　　　　　　　　　司法所（签章）： 　　　　　　　　　　　　　　　　　　年　月　日

任务 2　社区矫正质量（效果）阶段评估表的制作

一、《社区矫正质量（效果）阶段评估表》的概念及作用

《社区矫正质量（效果）阶段评估表》是在司法所工作人员的组织下，考核小组通过社区矫正对象思想汇报、谈话（心理辅导）记录、走访记录及日常表现等材料进行填写，依据结果制作《社区矫正质量（效果）阶段评估表》。

二、《社区矫正质量（效果）阶段评估表》的结构和制作要求

《社区矫正质量（效果）阶段评估表》主要由以下三部分组成：

1. 被评估对象信息。在表格内依次填写被评估的社区矫正对象的姓名、性别、出生年月、评估日期。

2. 评估内容。

（1）个体风险。根据社区矫正对象本年度最后一季度考核等级打分。

（2）矫正期间表现。对社区矫正对象本年度中遵守法律法规、认罪服法、报告、学习教育、请假销假、社区服务、思想汇报、技能培训等情况进行收集、整理打分。

（3）矫正期间奖惩。根据日常行为奖惩和司法奖惩结果打分。

（4）矫正成效。从社区矫正对象的思想状态、法律意识、人际关系、生活状况、心理健康等方面进行打分。

（5）矫正小组综合评估。由矫正小组成员讨论确定对社区矫正对象"有悔改表现""认真接受矫正""适应社会生活"三方面进行综合评估打分。

3. 计分审核。在表格内依次填写对社区矫正对象的评估得分、阶段矫正效果、参与评估的人员和司法审核意见。

（1）阶段矫正效果。当评估得分<60分时，阶段矫正效果为"差"；当61分≤评估得分<89分时，阶段矫正效果为"一般"；当评估得分≥90分时，阶段矫正效果为"好"。

（2）司法所审核意见。根据社区矫正对象的阶段矫正效果，提出纳入"宽管""普管"或"严管"的建议。

三、《社区矫正质量（效果）阶段评估表》的文书格式

社区矫正质量（效果）阶段评估表

姓名		性别		出生年月		评估日期		
项目		子项目					分值	得分
个体风险 （15分）		管理等级		宽管类			15	
				普管类			10	
				严管类			5	

续表

矫正期间表现 （28分）	遵守法律法规情况	严格遵守，无违法行为	4	
		偶尔违反，经教育能改正	2	
	对社区矫正的认识 和接受程度	认识正确，积极接受	2	
		认识模糊，有一定抵触	1	
		缺乏认识，拒绝接受	0	
	遵守报告情况	严格遵守	4	
		消极应付，经教育能改正	2	
		偶尔违反，经教育不改正	0	
	接受教育情况	积极接受，态度认真	4	
		态度一般，经教育能改正	2	
		态度消极，经教育不改正	0	
	遵守请假销假情况	严格遵守	4	
		消极应付，经教育能改正	2	
		偶尔违反，经教育不改正	0	
	完成社区服务情况	正常完成，态度认真负责	4	
		消极应付，基本完成，态度不认真	2	
		未完成	0	
	思想汇报	按规定认真完成，善于接受规劝	2	
		应付完成或者难以接受规劝	1	
		基本未完成	0	
	参加就业技能培训	积极参加或者无需参加培训	4	
		被动参加且未完成培训计划	2	
		拒绝参加	0	
矫正期间奖惩 （10分）	日常行为奖惩	有立功表现	7	
		被评为社区矫正积极分子	5	
		获得日常行为表扬	3	
		未获得任何日常行为奖励或处罚	0	
		被处以警告	−3	
		被处以行政拘留	−5	
	司法奖励	获得减刑	3	
		未获得司法奖励	0	

矫正成效 （37分）	思想法治教育效果	罪错认识和法律意识	认罪悔罪态度诚恳，具备一定法律意识	3	
			罪错认识、法律意识较为模糊	2	
			不认罪悔罪、法律意识淡薄	0	
		对被害人和社会的反应	愧疚，愿意主动进行补偿	3	
			一般，可以被动进行补偿	2	
			无视，坚决不愿进行补偿	0	
		人生态度	积极乐观	3	
			消极气馁	2	
			自暴自弃	0	
	人际关系改善效果	婚姻家庭关系	和睦稳定	3	
			轻微冲突	2	
			重大冲突、纠纷或无亲属	0	
		交友状况	社交健康、正常	3	
			比较孤立无朋友	2	
			与不良人有交往	0	
		社区邻里关系	和睦友善	3	
			关系淡漠	2	
			存在冲突	0	
	生活状况改善效果	经济来源	正常就业收入	3	
			低保救助或家庭资助	2	
			无稳定经济来源	0	
		住房条件	有独立居所	3	
			有居住地但不独立	2	
			居无定所	0	
		就业能力	较强，竞争上岗或自主就业	3	
			一般，推荐上岗或过渡就业	2	
			差，无法就业	0	
	心理矫正效果	心理健康状况	良好	10	
			一般	5	
			差	0	

外界综合评价（10分）	矫正小组意见	有悔改表现，认真接受矫正，适应社会生活	是	10	
			不能确定	5	
			否	0	
评估得分			阶段矫正效果		
评估人			司法所审核意见		

注：当评估得分<60分时，阶段矫正效果为"差"；当61分≤评估得分<89分时，阶段矫正效果为"一般"；当评估得分≥90分时，阶段矫正效果为"好"。

任务3　社区矫正对象年度考核评定表的制作

一、《社区矫正对象年度考核评定表》的概念和作用

《社区矫正对象年度考核评定表》是司法所在年终根据社区矫正对象矫正质量的综合评估结果，评定其考核等级的表格式管理文书。

根据《社区矫正法实施办法》及相关规定，司法所应建立对社区矫正对象的日常考核制度，年终进行一次全面评审。在进行年终评审时，填写《社区矫正对象年度考核评定表》是一项重要内容。做好社区矫正对象年度考核评定工作，对社区矫正工作发展和社区矫正对象的教育改造具有重要意义。首先，可以使司法所对在册社区矫正对象进行一次深入细致的考察摸底，全面掌握每一名社区矫正对象一年来的表现；其次，通过对年度考核评定工作的研究，从中发现社区矫正对象矫正的规律和特点，以便更好地总结经验，改进对社区矫正对象的矫正工作；再次，《社区矫正对象年度考核评定表》是对社区矫正对象进行分级处遇的重要依据；最后，有利于县（市、区）管理部门全面掌握司法所社区矫正工作开展的整体情况。社区矫正强调惩罚犯罪与保障罪犯合法权益并重，不仅体现了对人的尊严的尊重，更重要的是满足了罪犯再社会化和实现自我发展的需求，真正实现了公正。

二、社区矫正对象年度考核程序

1. 确定考核小组成员。考核小组由矫正小组中的司法所工作人员、派出所工作人员、所居住的村（居）委会成员、社区矫正志愿者组成。

2. 司法所工作人员根据《社区矫正质量（效果）阶段评估表》制作《社区矫正对象年度考核评定表》。

3. 将考核结果在司法所进行公示。

三、《社区矫正对象年度考核评定表》的结构和制作要求

《社区矫正对象年度考核评定表》主要由以下四部分组成：

1. 单位、填表时间。

（1）单位：××司法所。

（2）填表时间：20××年××月××日。对社区矫正对象年终考核应在年底最后两周工作日内进行。

2. 社区矫正对象基本情况。在表格内依次填写姓名、性别、民族、出生年月、罪名、矫正类型、刑期、矫正时间。

3. 考核奖惩情况。

（1）奖惩情况。对社区矫正对象的奖励是指司法行政机关在社区矫正对象考核评定结果的基础上，根据有关法律法规及相关规定，对矫正过程中表现突出的社区矫正对象进行奖励的活动。奖励的种类有表扬、记功、减刑。

对社区矫正对象的惩罚是指在社区矫正过程中，社区矫正对象违反法律法规或者社区矫正相关规定，拒绝矫正或发现其有新罪、漏罪的，由社区矫正机关或其他机关进行惩罚的活动。惩罚的种类有警告，撤销缓刑、假释，收监执行，治安管理处罚。

（2）计分考核情况。即《社区矫正质量（效果）阶段评估表》评估分。

（3）评定等级。根据计分考核分值划分等级。当评估得分<60分时，阶段矫正效果为"差"，评定为严管；当61分<评估得分<89分时，阶段矫正效果为"一般"，评定为普管；当评估得分≥90分时，阶段矫正效果为"好"，评定为宽管。考核分数为60分以下时，应及时上报县（市、区）管理部门依法处理。

（4）评定理由。根据社区矫正对象年度思想状况、遵守法律法规及社区矫正相关规定情况、日常表现等对社区矫正对象进行综合评价。

4. 批示意见。《社区矫正对象年度考核评定表》应由司法所拟写评定意见，签名盖章后上报乡镇（街道）社区矫正工作领导小组，经乡镇（街道）社区矫正工作领导小组审批签名盖章后报县（市、区）社区矫正工作领导小组审批后予以确定。

四、注意事项

因年老、精神病、身体残疾而生活不能自理及患严重疾病的社区矫正对象，司法所经报上级管理部门批准同意后，可以不参加年终考核。

五、《社区矫正对象年度考核评定表》的文书格式

社区矫正对象年度考核评定表

姓名		性别		民族		出生年月	
						罪　名	
类型		刑期		矫正时间			
奖惩情况				计分考核情况（分）			
评定等级							

评定理由	
司法所意见	(盖章) 年 月 日
乡镇（街道）社区矫正领导小组意见	(盖章) 年 月 日
县（市、区）社区矫正领导小组意见	(盖章) 年 月 日
备 注	

说明：等级分别为宽管、普管、严管。

任务4 社区矫正对象表扬审批表的制作

一、《社区矫正对象表扬审批表》的概念

《社区矫正对象表扬审批表》是社区矫正机构拟对社区矫正对象依法给予表扬而进行内部审批所使用的法律文书。对社区矫正对象给予表扬是社区矫正机构依法进行的一项重要监督管理工作，这项工作秉持社会工作平等、尊重、接纳的价值理念，减少了社区矫正对象仇视社会的心理，以最有利于行刑目的的实现为出发点，避免出现"监狱人格化"，不仅是对社区矫正对象的良好表现给予及时反馈，而且能够激励他们悔过自新，感恩社会，对预防和减少社区矫正对象重新犯罪、促进其顺利融入社会起到积极作用。

二、《社区矫正对象表扬审批表》的结构和制作

《社区矫正对象表扬审批表》属于表格式文书，主要由三部分组成。

（一）首部

首部即该文书的标题——社区矫正对象表扬审批表。

（二）正文

正文中应当填写的内容包括以下三个方面：

1. 社区矫正对象基本信息。在表格内依次填写姓名、性别、身份证号码、户籍地、执行地、罪名、原判刑罚、附加刑、禁止令内容、禁止期限起止日、矫正类别、矫正期限、起止日。

2. 事实及依据。这部分是审批表的核心内容。拟对社区矫正对象给予表扬，应符合《社区矫正法》第28条、《社区矫正法实施办法》第33条规定的适用条件，应对社区矫正对象的行为进行具体客观的表述，包括时间、地点、事由等，事实理由应客观具体、完整明确、脉络清晰、层次分明。

3. 审批意见。由呈报单位拟写申报意见，签名盖章后报县级社区矫正机构进行审批。县级社区矫正机构应当根据《社区矫正法》《社区矫正法实施办法》相关规定以及呈报单位报送的相关材料和事迹进行审核，并作出相应的处理意见。其中，呈报单位包括受委托的司法所以及有关管理部门（社区矫正科）等。在制作时可视情况删除"县级司法行政部门负责人意见"一栏。

（三）备注

备注栏没有明确的填写要求，可以列明提供的证据材料名称和页码。

三、社区矫正对象的表扬条件

社区矫正对象接受社区矫正6个月以上并且同时符合下列条件的，执行地县级社区矫正机构可以给予表扬：

1. 服从人民法院判决，认罪悔罪；

2. 遵守法律法规；

3. 遵守关于报告、会客、外出、迁居等规定，服从社区矫正机构的管理；

4. 积极参加教育学习等活动，接受教育矫正。

社区矫正对象接受社区矫正期间，有见义勇为、抢险救灾等突出表现，或者帮助他人、服务社会等突出事迹的，执行地县级社区矫正机构可以给予表扬。

四、《社区矫正对象表扬审批表》的文书格式

社区矫正对象表扬审批表

姓名		性别		身份证号码	
户籍地			执行地		
罪名		原判刑罚		附加刑	
禁止令内容			禁止期限 起止日		自　年　月　日 至　年　月　日
矫正类别		矫正 期限	起止日		自　年　月　日 至　年　月　日

续表

事实及依据	
呈报单位意见	（公章） 年　月　日
县级社区矫正 机构意见	（公章） 年　月　日
县级司法 行政部门 负责人意见	（公章） 年　月　日
备注	

🔍 工作法律依据

社区矫正对象考核表的法律依据是《社区矫正法实施办法》第 32 条、《湖北省社区矫正工作细则》第 104 条。

🔍 思考练习 1

伊某，男，生于 1973 年 9 月 12 日，汉族，身份证号码为 42××××197309121234，住湖北省荆门市。2020 年 6 月，伊某以 1500 元价格购买同村艾某耕地西侧林带的杨树，在未办理《林木采伐许可证》的情况下，擅自砍伐购买的杨树，立木蓄积量达 25.18 立方米，数量较大。荆门市人民检察院指控被告人伊某犯滥伐林木罪，于 2021 年 2 月 7 日向荆门市中级人民法院提起公诉。2021 年 3 月 18 日经荆门市中级人民法院审理查明，伊某在案发后有悔罪表现，主动缴纳补植复绿保证金，可从轻处罚；在公诉机关审查起诉阶段自愿认罪认罚，可依法从宽处理。鉴于伊某有悔罪表现，经审前社会调查，具备对其实施社区矫正的条件，可对伊某适用缓刑。最终法院判决伊某犯滥伐林木罪，判处有期徒刑 1 年，缓刑 2 年，并处罚金 3000 元。伊某在社区矫正期间，认真遵守社区矫正规定，认罪服法，表现良好，被评为"社区矫正积极分子"。2023 年 1 月至 3 月，伊某的月度考核分均为 100 分。

根据上述案例材料，制作伊某 2023 年 3 月的《社区矫正对象月度考核计分表》和 2023 年第一季度的《社区矫正对象季度考核表》。

社区矫正对象月度考核计分表

单位：_____ 司法所   填表时间：2023 年 3 月 31 日

姓名	伊某	年龄	50 岁	矫正类别	缓刑	扣分	得分
矫正对象遵守有关监督管理情况（40 分）	1. 遵守法律、行政法规，服从监督的，得 30 分；离开所居住的市、区或者迁居，未经考察机关批准的，扣 10 分；保外就医的矫正对象违反管理规定，不到指定医院进行病情诊断的，扣 10 分；被判处管制、宣告缓刑、裁定假释的矫正对象违反规定擅自会客的，扣 10 分。					0	30
	2. 遵守其他监督管理规定行为的，得 10 分；否则相应扣分。					0	10
矫正对象报到情况（20 分）	1. 出监所后按时到司法所报到，登记参加社区矫正的，得 10 分；否则相应扣分。					0	10
	2. 每月末到司法所或居委会报到，汇报思想并上交书面思想汇报材料的得 7 分；否则相应扣分。					0	7
	3. 遵守其他有关报到规定的，得 3 分；否则相应扣分。					0	3
矫正对象社区服务制度落实情况（20 分）	1. 按司法所要求参加社区服务的，得 5 分；未请假或请假未经批准不参加社区服务的，相应扣分。					0	5
	2. 服从社区矫正工作人员劳动分工的，得 2 分；否则相应扣分。					0	2
	3. 保质保量完成任务的，得 5 分；故意损坏设备、工具的，扣 2 分；违章作业，造成损失或事故的，扣 3 分。					0	5
	4. 每月参加社区服务时长达到 8 小时的，得 5 分；不足的则扣分。					0	5
	5. 遵守其他有关社区服务规定的，得 3 分；否则相应扣分。					0	3
矫正对象教育学习制度落实情况（20 分）	1. 能自己主动学习或按照要求参加司法所组织的学习的，得 5 分；未请假或请假未经批准不参加学习的，相应扣分。					0	5
	2. 遵守教育学习活动纪律的，得 3 分；违反学习、活动纪律的相应扣分。					0	3
	3. 认真参加组织的每一次教育学习活动的，得 2 分；不认真的则扣分。					0	2
	4. 参加教育学习活动后按要求上交作业或感想的，得 5 分；否则相应扣分。					0	5
	5. 遵守其他有关学习、活动规定的，得 5 分；否则相应扣分。					0	5
总分	100 分					0	100

考核小组人员签字：司法所工作人员×××、派出所工作人员×××、所居住的村（居）会成员×××、社区矫正志愿者×××

社区矫正对象季度考核表

社区矫正对象姓名：<u>伊某</u>

第一季度	考核意见：伊某认真遵守社区矫正管理规定，遵纪守法，认真工作，表现良好。通过考核，伊某本季度考核分为100分。 考核等级：宽管 　　　　　　　　　　　　　　司法所（签章）： 　　　　　　　　　　　　　　×××年××月××日
第二季度	考核意见： 考核等级： 　　　　　　　　　　　　　　司法所（签章）： 　　　　　　　　　　　　　　　年　　月　　日
第三季度	考核意见： 考核等级： 　　　　　　　　　　　　　　司法所（签章）： 　　　　　　　　　　　　　　　年　　月　　日
第四季度	考核意见： 考核等级 　　　　　　　　　　　　　　司法所（签章）： 　　　　　　　　　　　　　　　年　　月　　日

🔍 思考练习2

宋某，男，生于1974年6月17日，已婚，初中文化，家住广东省汕头市龙湖区珠池东路银安庄洪门，在家务农。2023年8月8日因交通肇事罪被龙湖区人民法院判处有期徒刑1年，缓刑1年，缓刑考验期为2023年8月19日起至2024年8月18日止。法院告知执行日期后，宋某于2023年8月20日到龙湖区司法局管理部门报到，8月21日到珠池司法所报到。

接受社区矫正期间，宋某认真遵守社区矫正相关规定，在龙湖区区域内活动，所种植的果树每年能给他带来十几万元经济收入；积极参加社区服务，定期到区里五保户家里打扫卫生，并给五保户物资帮助；积极参加集中学习和自学，做好了学习笔记；每月按时到司法所报到，进行思想汇报。2023年12月，宋某的管理等级为普管，并获得了日常行为表扬。

2024年8月18日，宋某按期依法解除矫正，转入安置帮教。

根据上述案例材料，对该社区矫正对象宋某的情况进行年度考核评定，分别制作宋某2023年的《社区矫正质量（效果）阶段评估表》和《社区矫正对象年度考核评定表》。

社区矫正质量（效果）阶段评估表

姓名	宋某	性别	男	出生年月	1974 年 6 月	评估日期	2023 年 12 月 25 日	
项目	子项目						分值	得分
个体风险（15 分）	管理等级		宽管类				15	10
			普管类				10	
			严管类				5	
矫正期间表现（28 分）	遵守法律法规情况		严格遵守，无违法行为				4	4
			偶尔违反，经教育能改正				2	
	对社区矫正的认识和接受程度		认识正确，积极接受				2	2
			认识模糊，有一定抵触				1	
			缺乏认识，拒绝接受				0	
	遵守报告情况		严格遵守				4	4
			消极应付，经教育能改正				2	
			偶尔违反，经教育不改正				0	
	接受教育情况		积极接受，态度认真				4	4
			态度一般，经教育能改正				2	
			态度消极，经教育不改正				0	
	遵守请假销假情况		严格遵守				4	4
			消极应付，经教育能改正				2	
			偶尔违反，经教育不改正				0	
	完成社区服务情况		正常完成，态度认真负责				4	4
			消极应付，基本完成，态度不认真				2	
			未完成				0	
	思想汇报		按规定认真完成，善于接受规劝				2	2
			应付完成或者难以接受规劝				1	
			基本未完成				0	
	参加就业技能培训		积极参加或者无需参加培训				4	4
			被动参加且未完成培训计划				2	
			拒绝参加				0	
矫正期间奖惩（10 分）	日常行为奖惩		有立功表现				7	3
			被评为社区矫正积极分子				5	
			获得日常行为表扬				3	
			未获得任何日常行为奖励或处罚				0	
			被处以警告				−3	
			被处以行政拘留				−5	
	司法奖励		获得减刑				3	0
			未获得司法奖励				0	

续表

矫正成效（37分）	思想法治教育效果	罪错认识和法律意识	认罪悔罪态度诚恳，具备一定法律意识	3	3
			罪错认识、法律意识较为模糊	2	
			不认罪悔罪、法律意识淡薄	0	
		对被害人和社会的反应	愧疚，愿意主动进行补偿	3	3
			一般，可以被动进行补偿	2	
			无视，坚决不愿进行补偿	0	
		人生态度	积极乐观	3	3
			消极气馁	2	
			自暴自弃	0	
	人际关系改善效果	婚姻家庭关系	和睦稳定	3	3
			轻微冲突	2	
			重大冲突、纠纷或无亲属	0	
		交友状况	社交健康、正常	3	3
			比较孤立无朋友	2	
			与不良人有交往	0	
		社区邻里关系	和睦友善	3	3
			关系淡漠	2	
			存在冲突	0	
	生活状况改善效果	经济来源	正常就业收入	3	3
			低保救助或家庭资助	2	
			无稳定经济来源	0	
		住房条件	有独立居所	3	3
			有居住地但不独立	2	
			居无定所	0	
		就业能力	较强，竞争上岗或自主就业	3	3
			一般，推荐上岗或过渡就业	2	
			差，无法就业	0	
	心理矫正效果	心理健康状况	良好	10	10
			一般	5	
			差	0	

外界综合评价 （10分）	矫正小组意见	有悔改表现，认真接受矫正，适应社会生活	是	10	10
			不能确定	5	
			否	0	
评估得分		88	阶段矫正效果		一般
评估人		袁某某、李某某	司法所审核意见		建议纳入普管

注：当评估得分<60分时，阶段矫正效果为"差"；当61分≤评估得分<89分时，阶段矫正效果为"一般"；当评估得分≥90分时，阶段矫正效果为"好"。

社区矫正对象年度考核评定表

姓名	宋某	性别	男	民族	汉族	出生年月	1974.6
						罪名	交通肇事罪
类型	缓刑	刑期	1年	矫正时间		自2023年8月19日起 至2024年8月18日止	
奖惩情况	无			计分考核情况（分）		88分	
评定等级	普管						
评定理由	宋某在本年度遵守社区矫正各项管理规定，认真参加各类教育学习，积极参与社区服务活动，表现较好。						
司法所意见	建议纳入普管。 （盖章） 2023年12月28日						
乡镇（街道）社区矫正领导小组意见	同意纳入普管。 （盖章） 2023年12月××日						

续表

县（市、区）社区矫正领导小组意见	同意纳入普管。	（盖章） 2023 年 12 月××日
备　注		

说明：等级分别为宽管、普管、严管。

🔍 **思考练习 3**

　　赵某某，男，户籍地是×省×市×区×街道，因犯诈骗罪被人民法院判处有期徒刑两年，缓刑三年。判决生效后，在×司法所依法接受社区矫正，矫正期间自 2020 年 10 月 10 日起至 2023 年 10 月 9 日止。社区矫正期间，赵某某认真接受教育学习，遵守法律法规，服从监督管理，积极修复社会关系，积极参加集体学习和公益活动。在社区矫正期间从未受到训诫、警告等处分，连续多次季度考核结果为良好。2022 年 3 月至 5 月期间，赵某某积极主动报名参加社区疫情防控志愿者工作，充分展现了其善良奉献精神和社会责任感，在社区矫正对象群体中起到了积极的示范和正面的引导作用。现拟对赵某某给予社区矫正表扬。

　　根据上述案例材料，制作一份《社区矫正对象表扬审批表》。

社区矫正对象表扬审批表

姓名	赵某某	性别	男	身份证号码	××××××××××××××××××	
户籍地	×省×市×区×街道		执行地		×省×市×区	
罪名	诈骗罪	原判刑罚	有期徒刑两年	附加刑	无	
禁止令内容	无		禁止期限起止日		自　年　月　日 至　年　月　日	
矫正类别	缓刑	矫正期限	三年	起止日	自 2020 年 10 月 10 日 至 2023 年 10 月 9 日	

· 173 ·

事实及依据	赵某某在社区矫正期间，认真接受教育学习，遵守法律法规，服从监督管理，积极修复社会关系，积极参加集体学习和公益活动。在社区矫正期间从未受到训诫、警告等处分，连续多次季度考核结果为良好。2022 年 3 月至 5 月期间，赵某某积极主动报名参加社区疫情防控志愿者工作，充分展现了其善良奉献精神和社会责任感，在社区矫正对象群体中起到了积极的示范和正面的引导作用。根据《中华人民共和国社区矫正法》第二十八条、《中华人民共和国社区矫正法实施办法》第三十三条规定，拟给予赵某某表扬一次。
呈报单位意见	建议给予表扬，报××市××区社区矫正机构审批。 ×司法所（公章） 2022 年 6 月 1 日
县级社区矫正机构意见	同意给予表扬。 ×市×区社区矫正机构（公章） 2022 年 6 月 5 日
备注	1. 季度考核结果； 2. 参加社区疫情防控志愿者的证明材料。

思考练习 4

根据"工作场景"周某见义勇为案例，制作一份《社区矫正对象表扬审批表》

社区矫正对象表扬审批表

姓名		性别		身份证号码	
户籍地				执行地	
罪名		原判刑罚		附加刑	
禁止令内容			禁止期限起止日	自　年　月　日 至　年　月　日	
矫正类别		矫正期限		起止日	自　年　月　日 至　年　月　日

事实及依据	
呈报单位意见	（公章） 年　月　日
县级社区矫正机构意见	（公章） 年　月　日
县级司法行政部门负责人意见	（公章） 年　月　日
备注	

🔍 拓展学习

一、法律法规与政策依据

《社区矫正法》及《社区矫正法实施办法》明确矫正对象权利义务、考核标准、奖惩机制（如警告、减刑、撤销缓刑等）的法律依据。

（一）地方性实施细则

各省市对考核内容、频次、流程的细化规定（如报到频率、公益活动要求）。

（二）刑事司法政策

如"宽严相济"政策对考核指标的影响，需平衡监管与教育帮扶的关系。

二、矫正考核指标的科学设计

（一）风险评估工具

参考再犯罪风险评估工具（如 LSI-R、COMPAS），设计动态评估模型，量化矫正对象的社会危险性。

（二）行为表现指标

1. 日常监管。按时报到、电子定位合规性、外出请假记录。

2. 教育学习。法治教育参与度、心理辅导反馈。

3. 社会适应。就业稳定性、家庭关系修复、社区服务时长。

4. 心理健康评估。引入心理量表（如 SCL-90、MMPI）评估矫正对象的心理状态，防范极端行为。

三、考核方法与技术工具

（一）定量与定性结合

1. 定量。数据化评分（如考勤次数、违规次数）。

2. 定性。社工观察记录、家庭走访反馈。

（二）信息化管理系统

使用社区矫正管理平台（如司法部"矫务通"），实现电子档案、定位监控、自动预警。

（三）大数据分析

通过历史数据预测矫正效果，优化考核周期（如高风险对象缩短评估间隔）。

四、社会支持与资源整合

（一）社会资源联动

整合司法、民政、就业、教育等部门资源，考核表中可体现帮扶措施落实情况（如职业技能培训参与）。

（二）家庭与社区反馈机制

将家属评价、社区邻里意见纳入考核（如填写《社区反馈表》）。

（三）非政府组织（NGO）参与

引入社工机构、心理咨询机构等第三方评估报告，增强考核客观性。

五、风险防控与应急预案

（一）预警机制设计

设置"红黄绿"三色风险等级，触发预警时启动干预措施（如加强监管、心理疏导）。

（二）应急预案制定

针对脱管、再犯罪等突发情况，明确考核表中需记录的处置流程和责任分工。

六、矫正伦理与隐私保护

（一）伦理原则

考核需避免标签化、歧视性内容，尊重矫正对象人格尊严。

（二）隐私保护

个人信息、定位数据需符合《中华人民共和国个人信息保护法》，考核表访问权限应严格分级。

七、国内外实践参考

（一）国内案例

如浙江"智慧矫正"模式、上海"分类分级"考核体系。

（二）国际经验

参考美国"中途之家"的考核机制、日本更生保护中的社会融入指标。

八、考核结果的应用与反馈

（一）动态调整矫正方案

根据考核结果调整监管强度、教育内容（如针对低分项加强干预）。

（二）激励机制设计

设置积分奖励（如缩短报告周期、申请表彰），提升矫正对象积极性。

模板设计示例（部分）			
考核维度	指标项*	评分标准	数据来源
日常监管	按时报到率	100%（5分），每缺1次扣1分	司法所签到记录
教育学习	法治教育参与时长	≥8小时/月（达标）	培训签到表、线上学习日志
社会服务	社区公益劳动完成情况	完成80%以上任务（优秀）	社区负责人评价
心理状态	SCL-90量表总分	≤160分（正常范围）	心理咨询机构报告
家庭关系	家属满意度评分	5分制（≥4分为合格）	家属访谈记录

通过以上知识的综合运用，可确保考核表既符合法律要求，又能真实反映矫正效果，同时推动矫正对象顺利回归社会。

🔍 **知识链接**

工作任务十六　社区矫正训诫（警告）审批表及决定文书制作

🔍 **任务目标**

1. 知识目标：掌握社区矫正训诫（警告）审批表及决定文书的相关知识；
2. 能力目标：具备制作社区矫正训诫（警告）审批表及决定文书的能力；
3. 思政目标：具备判定客观准确、掌握事实清楚、执法公正公平的良好职业道德和法律素养；
4. 培养严格执法、依法执法、规范执法的工作理念和促进社会公平正义的价值观念。

🔍 **任务描述**

训诫和警告是社区矫正机构对违反法律法规或者监督管理规定的社区矫正对象，经审批符合条件依法决定给予的一种处罚措施，是社区矫正机构针对社区矫正对象在矫正期间的行为表现依法作出的刑事执行性质的处罚。

🔍 工作场景

案例1：杜某，男，因犯故意伤害罪，被人民法院判处有期徒刑9个月，缓刑1年。2021年6月15日判决书发生效力后，杜某未按规定时间报到。社区矫正工作人员对其进行了查找，并督促杜某于6月29日到社区矫正中心完成报到手续。7月1日，社区矫正工作人员对杜某进行调查取证，查证杜某未按规定报到且无正当理由的违规情形。现拟对杜某给予社区矫正训诫。

案例2：胡某，男，因犯盗窃罪被人民法院判处拘役6个月，缓刑1年。判决生效后，依法实施社区矫正，矫正期间自2021年8月31日起至2022年8月30日止。胡某社区矫正期间，经××区司法局和××区公安分局大数据核查外出情况，发现胡某未经司法所许可擅自离开××市，自2022年1月以来，不请假外出去邻市达8次。经司法所调查核实，因胡某父亲在住院治疗，胡某抱着侥幸心理，未向司法所履行请假手续擅自前往邻市，现拟对胡某给予社区矫正警告。

🔍 工作任务

任务1　社区矫正训诫文书制作

一、社区矫正训诫文书的种类及作用

（一）种类

社区矫正训诫文书包括《社区矫正训诫审批表》和《社区矫正训诫决定书》。

1.《社区矫正训诫审批表》是社区矫正机构对违反法律法规或者监督管理规定的社区矫正对象，经审批符合给予训诫条件并依法决定给予训诫的法律文书，包含社区矫正对象的基本信息、事实及依据以及司法所、各级社区矫正机构意见等内容。

2.《社区矫正训诫决定书》是社区矫正机构经审批后认为社区矫正对象符合训诫条件，用于决定给予训诫的文书，包括基本信息、在接受矫正期间违反监督管理规定的事实、审批后作出的决定等内容。

（二）作用

训诫是一种处罚措施，是社区矫正机构针对社区矫正对象在矫正期间的行为表现依法作出的刑事执行性质的处罚，不属于行政处罚。社区矫正对象对训诫不服，不能提起行政复议和行政诉讼，但是可以向作出决定的机关申请复核，也可以向人民检察院申诉。给予训诫处罚时，应当严格按照法律规定的程序和条件进行，既要维护执法权威和司法公信力，也要保障社区矫正对象的合法权益，这就要求执法人员在制作相关文书时，必须严格以事实为依据、以法律为准绳，充分彰显法治的公平公正，让人民群众和社区矫正对象都能从中感受到公平正义。

二、社区矫正训诫文书的制作

社区矫正训诫审批表

姓名		性别		身份证号码		
户籍地				执行地		
罪名		原判刑罚		附加刑		
禁止令内容			禁止期限 起止日	自　年　月　日 至　年　月　日		
矫正 类别		矫正 期限		起止日	自　年　月　日 至　年　月　日	
事实及依据						
呈报单位意见				（公章） 年　月　日		
县级社区矫正机构意见				（公章） 年　月　日		
县级司法行政部门负责人意见				（公章） 年　月　日		
备注						

《社区矫正训诫审批表》制作说明：

1. 根据《社区矫正法》第 28 条、《社区矫正法实施办法》第 34 条的规定制作，用于给予社区矫正对象训诫的审批，审批后归档。

2. 呈报单位包括受委托的司法所以及社区矫正机构等。

3. 《社区矫正训诫审批表》在制作时可视情况删除"县级司法行政部门负责人意见"一栏。

社区矫正训诫决定书

（　　）　字第　　号

社区矫正对象　　　　　，男（女），　　年　　月　　日出生，　　族，身份证号码

_____，在接受社区矫正期间，因_____

_____

_____

_____，依据《中华人民共和国社区矫正法》第二十八条、第三十四条规定，决定给予____

_____一次。

（公章）

年　月　日

《社区矫正训诫决定书》制作说明：

1. 本文书根据《社区矫正法》第 28 条、《社区矫正法实施办法》第 34 条的规定制作，用于决定给予社区矫正对象训诫。

2. 填写时，"在接受社区矫正期间，因"后应填写社区矫正对象违反监督管理规定的事实。

3. 文书字号由年度、社区矫正机构代字、类型代字、文书编号组成，使用阿拉伯数字，如"（2020）××矫训决字第×号"。该决定书一式两份，存档一份，送达社区矫正对象一份。

任务 2　社区矫正训诫文书应用环节的实体要求

一、给予训诫的主体

给予训诫的主体是执行地县级社区矫正机构。需要注意的是，训诫是执行地县级社区矫正机构应当依法履行的义务，也就是说当社区矫正对象具有给予训诫的情形时，执行地县级社区矫正机构就应当依法给予训诫；而如果社区矫正对象不具有给予训诫的情形，执行地县级社区矫正机构就不能给予训诫。给予还是不给予，都应当依法实施，这是执法规范化要求的应有之义。

二、应当依法给予训诫的情形

1. 不按规定时间报到或者接受社区矫正期间脱离监管，未超过 10 日的。

2. 违反关于报告、会客、外出、迁居等规定，情节轻微的。

3. 不按规定参加教育学习等活动，经教育仍不改正的。

4. 其他违反监督管理规定，情节轻微的。

三、区分事实及依据

在填写《社区矫正训诫审批表》时，既要写清楚事实，也要写清楚依据。尤其针对给予训诫情形中"其他违反监督管理规定，情节轻微的"这种兜底性条款，不仅应当写清楚存在其他违反监督管理规定的事实，而且应当认定"情节轻微"，才能根据此情形作为依法给予训诫的依据。因为这种兜底性条款的事实和依据是完全不同的两个概念，不能含混不清，要避免执法随意性的情况出现，同时在矫正实践过程中，对于兜底条款的适用情形，同一社区矫正机构亦应尽可能统一执法标准，避免同事项不同处罚的结果。事实上，给予训诫应当尽量避免使用兜底性条款，一旦使用，就应当做到事实清楚、依据充分。公正是司法的生命线，执法中要坚持以法为据、以理服人、以情感人，努力实现最佳的政治效果、法律效果、社会效果。

任务 3　社区矫正训诫文书应用环节的程序要求

一、审核上报

1. 司法所发现社区矫正对象有违反法律法规或者监督管理规定，具备应当给予训诫的情形。

2. 司法所应当对社区矫正对象具备训诫的情形，通过实地查访、通信联络、谈话询问等方式进行调查核实，并留存相应的工作记录。

3. 司法所应当收集相应证据材料，填写《社区矫正训诫审批表》并签署意见。

4. 司法所应当向执行地县级社区矫正机构上报《社区矫正训诫审批表》并附相应证据材料。

二、审批决定

1. 执行地县级社区矫正机构收到《社区矫正训诫审批表》及相应证据材料后，应当进行实质性审查核实。

2. 执行地县级社区矫正机构可以针对材料中不明确的地方，通过通信联络或实地调查等方式与司法所进行确认，必要时亦可自行开展调查核实，做好工作记录。

3. 执行地县级社区矫正机构应当根据审查核实情况，作出是否给予训诫的决定。在决定前，可组成考核奖惩工作小组进行评定，成立小组的人员一般不少于 3 人且为单数，小组中应包括社区矫正机构负责人。

4. 对于社区矫正机构登记接收时，社区矫正对象无正当理由不按规定时间报到未超过 10 日的，社区矫正机构应当依职权开展调查核实，并按照前述程序作出是否给予训诫的决定。

5. 决定给予训诫的，执行地县级社区矫正机构应当制发《社区矫正训诫决定书》送达司法所，并抄送人民检察院。

三、书面通知

1. 《社区矫正训诫决定书》作出后，应当立即通知社区矫正对象。

2. 社区矫正机构、司法所可以组织宣告，有条件的可以召集矫正小组成员参与宣告，向社区矫正对象送达《社区矫正训诫决定书》，进行训诫；对行动确有不便的社区矫正对象，可以采取走访送达或邮寄送达的方式将《社区矫正训诫决定书》送达社区矫正对象；对未成年社区矫正对象的训诫不公开进行，通知其监护人到场。

3. 训诫应当公示，记入档案，做到准确及时、公开公平。

4. 应当将给予训诫情况纳入社区矫正对象日常考核结果，并作为调整管理分类、矫正方案依据，制定针对性矫正措施，加强监督管理。

四、异议处理

1. 司法所应当告知社区矫正对象，如对训诫有异议，可以向执行地县级社区矫正机构提出，社区矫正机构应当及时处理，并将处理结果告知社区矫正对象。

2. 社区矫正对象对社区矫正机构训诫异议的处理结果，仍持有异议的，可以向人民检察院提出。

3. 如社区矫正对象向人民检察院申诉，检察院应当及时处理，将处理结果告知社区矫正对象并通报执行地社区矫正机构。

五、教育宣传

1. 给予社区矫正对象训诫后，应当立即开展谈话教育，重申社区矫正相关规定、纪律，要求社区矫正对象明确身份、遵纪守法、转变思想，认真接受社区矫正，早日回归社会。

2. 执行地县级社区矫正机构或司法所可以结合训诫情况，采取制作案例并通报的方式，在管辖区域内开展警示教育，引起全体社区矫正对象的重视，杜绝问题的再次发生，但应注重保护社区矫正对象的身份信息和个人隐私。

任务4　社区矫正警告文书的制作

一、社区矫正警告文书的种类及作用

（一）种类

社区矫正警告文书包括《社区矫正警告审批表》和《社区矫正警告决定书》。

1. 《社区矫正警告审批表》是社区矫正机构对违反法律法规或者监督管理规定的社区矫正对象，经审批符合给予警告条件并依法决定给予警告的法律文书，包含社区矫正对象的基本信息、事实及依据以及司法所、各级社区矫正机构意见等内容。

2. 《社区矫正警告决定书》是社区矫正机构经审批后认为社区矫正对象符合警告条件，用于决定给予警告的文书，包括基本信息、在接受矫正期间违反监督管理规定的事实、审批后作出的决定等内容。

（二）作用

警告是指行政主体依照法定职权和程序对违反行政法规范，尚未构成犯罪的相对人给予行政制裁的具体行政行为。其性质是一种以惩戒违法为目的、具有制裁性的具体行政行为。给予警告处罚时，应当严格按照法律规定的程序和条件进行，既要维护执法权威和司法公信力，也要保障社区矫正对象的合法权益，这也是做好司法行政工作、促进社会公平正义的应有之义。

二、社区矫正警告文书的制作

社区矫正警告审批表

姓名		性别		身份证号码	
户籍地				执行地	

罪名			原判刑罚		附加刑	
禁止令内容				禁止期限 起止日	自　年　月　日 至　年　月　日	
矫正 类别		矫正 期限		起止日	自　年　月　日 至　年　月　日	
事实及依据						
呈报单位意见					（公章） 年　月　日	
县级社区矫 正机构意见					（公章） 年　月　日	
县级司法行政 部门负责人意见					（公章） 年　月　日	
备注						

《社区矫正警告审批表》制作要求：

1. 根据《社区矫正法》第 28 条、《社区矫正法实施办法》第 35 条的规定制作，用于给予社区矫正对象警告的审批，审批后存档。

2. 呈报单位包括受委托的司法所以及社区矫正机构等。

3. 《社区矫正警告审批表》在制作时可删除"县级司法行政部门负责人意见"一栏。

社区矫正警告决定书

（　　）　　字第　　　号

社区矫正对象_____，男（女），_____年___月___日出生，___族，身份证号码_____

_____，在接受社区矫正期间，因_____

_____

_____，依据《中华人民共和国社区矫正法》第二十八条规定，决定给予警告一次。

（公章）
年　月　日

《社区矫正警告决定书》制作说明：

1. 本文书根据《社区矫正法》第28条、《社区矫正法实施办法》第35条的规定制作，用于决定给予社区矫正对象警告。

2. 填写时，"在接受社区矫正期间，因"后应填写社区矫正对象违反监督管理规定的事实。

3. 文书字号由年度、社区矫正机构代字、类型代字、文书编号组成，使用阿拉伯数字，如"（2020）××矫警决字第×号"。该决定书一式两份，存档一份，送达社区矫正对象一份。

任务5　社区矫正警告文书应用环节的实体要求

一、警告的性质

警告与训诫一样，都是一种处罚措施，是社区矫正机构针对社区矫正对象在矫正期间的行为表现依法作出的刑事执行性质的处罚，不属于行政处罚。社区矫正对象对警告不服，不能提起行政复议和行政诉讼，但是可以向作出决定的机关申请复核，也可以向人民检察院申诉。

二、给予警告的主体

给予警告的主体是执行地县级社区矫正机构。需要注意的是，警告是执行地县级社区矫正机构应当依法履行的义务，也就是说当社区矫正对象具有给予警告的情形时，执行地县级社区矫正机构就应当依法给予警告；而如果社区矫正对象不具有给予警告的情形，执行地县级社区矫正机构就不能给予警告。给予还是不给予，都应当依法实施，这是执法规范化要求的应有之义。再好的法律只有严格执行才能达到"善治"，作为执法者，必须坚持公正文明执法，要信仰法治、坚守法治。

三、应当依法给予警告的情形

1. 违反人民法院禁止令，情节轻微的。

2. 不按规定时间报到或者接受社区矫正期间脱离监管，超过10日的。

3. 违反关于报告、会客、外出、迁居等规定，情节较重的。

4. 保外就医的社区矫正对象无正当理由不按时提交病情复查情况，经教育仍不改正的。

5. 受到社区矫正机构2次训诫，仍不改正的。

6. 其他违反监督管理规定，情节较重的。

四、对于警告情形需要注意的两点问题

1. 区分事实及依据。在填写《社区矫正警告审批表》时，要注意既写清楚事实，也写清楚依据。尤其针对给予警告情形中"其他违反监督管理规定，情节较重的"这种兜底性条款，不仅应当写清楚存在其他违反监督管理规定的事实，而且应当认定"情节较重"，才能根据此情形作为依法给予警告的依据。因为这种兜底性条款的事实和依据是完全不同的两个概念，不能含混不清，要尽量统一执法标准，避免执法随意性的情况出现。事实上，给予警告应当尽量避免使用兜底性条款，一旦使用，就应当做到事实清楚、依据充分。

2. 准确理解和把握"仍不改正"的意思。上述第四种和第五种情形表述中均有"仍不改正"的文字内容。此处"仍不改正"的意思，是针对前句所述情形再次发生的情况，只有"再次发生"才符合"仍不改正"的条件。例如，应当给予警告的第五种情形——受到社区矫正机构两次训诫，仍不改正的，认定此情形中"仍不改正"的条件，是社区矫正对象再次达到了给予训诫的条件，方可认定为"仍不改正"，也就是说只有给予社区矫正对象两次训诫后，又一次发生了应当给予训诫的行为，才可以根据此条款给予社区矫正对象警告处罚。因此，在实践中，不能随意认定"仍不改正"，必须根据前句情形进行认定。

任务 6 社区矫正警告文书应用环节的程序要求

一、审核上报

1. 司法所发现社区矫正对象有违反法律法规或者监督管理规定，具备应当给予警告的情形。

2. 司法所应当对社区矫正对象具备警告的情形，通过实地查访、通信联络、谈话询问等方式进行调查核实，并留存相应的工作记录。

3. 司法所应当收集相应证据材料，填写《社区矫正警告审批表》并签署意见。

4. 司法所应当向执行地县级社区矫正机构上报《社区矫正警告审批表》并附相应证据材料。

二、审批决定

1. 执行地县级社区矫正机构收到《社区矫正警告审批表》及相应证据材料后，应当进行实质性审查核实。

2. 执行地县级社区矫正机构可以针对材料中不明确的地方，采取通信联络或实地调查等方式与司法所进行确认，必要时亦可自行开展调查核实，做好工作记录。

3. 执行地县级社区矫正机构应当根据审查核实情况，作出是否给予警告的决定。在决定前，可组成考核奖惩工作小组进行评定，成立小组的人员一般不少于 3 人且为单数，小组中应包括社区矫正机构负责人。

4. 对于社区矫正机构登记接收时，社区矫正对象无正当理由不按规定时间报到超过 10 日的，社区矫正机构应当依职权开展调查核实，并按照前述程序作出是否给予警告的决定。

5. 决定给予警告的，执行地县级社区矫正机构应当制发《社区矫正警告决定书》送达司法所，并将书面决定抄送人民检察院。

6. 对于拒不按照规定报告自己的活动情况，被给予警告的，社区矫正机构可以报县级司法行政部门负责人批准，同时使用电子定位装置，加强监督管理。

三、书面通知

1. 《社区矫正警告决定书》作出后，应当立即通知社区矫正对象。

2. 社区矫正机构、司法所可以组织宣告，有条件的可以召集矫正小组成员参与宣告，向社区矫正对象当面宣读送达《社区矫正警告决定书》；对行动确有不便的社区矫正对象，可以采取走访送达或邮寄送达的方式将《社区矫正警告决定书》送达社区矫正对象；对未成年社区矫正对象的警告不公开进行，并通知监护人到场。

3. 警告应当公示，记入档案，做到准确及时、公开公平。

4. 应当将给予警告情况纳入社区矫正对象日常考核结果，并作为调整管理分类、矫正方案依据，制定针对性矫正措施，加强监督管理。

四、异议处理

1. 司法所应当告知社区矫正对象，如对警告有异议，可以向执行地县级社区矫正机构提出，社区矫正机构应当及时处理，并将处理结果告知社区矫正对象。

2. 社区矫正对象对社区矫正机构警告异议的处理结果，仍持有异议的，可以向人民检察院提出。

3. 如社区矫正对象向人民检察院申诉，检察院应当及时处理，将处理结果告知社区矫正对象并通报执行地县级社区矫正机构。

🔍 工作法律依据

社区矫正训诫（警告）审批表及决定文书的法律依据是《社区矫正法》第28、29条，《社区矫正法实施办法》第34、35条。

🔍 思考练习1

社区矫正对象唐某某，男，因犯故意伤害罪被人民法院判处有期徒刑1年，缓刑2年。判决生效后，依法实施社区矫正。社区矫正期间，根据司法所要求，唐某某应于2020年8月13日17时前到司法所进行现场报到。但唐某某该日一直未到司法所报到，工作人员经多次同其电话联系未果，遂同唐某某父亲取得联系，告知其父亲通知唐某某尽快同司法所取得联系，报告情况。当日20时，唐某某电话联系司法所工作人员表示，忘记履行现场报到，且忘记随身携带手机。8月14日，司法所要求其到所里当面说明情况，并经调查核实前一日唐某某确在单位工作，不存在擅自外出等其他违反监管规定的情形。现拟对唐某某给予社区矫正警告。

根据案例内容，制作一份《社区矫正警告审批表》和《社区矫正警告决定书》。

社区矫正警告审批表

姓名		性别		身份证号码	
户籍地			执行地		
罪名		原判刑罚		附加刑	

禁止令内容			禁止期限 起止日	自 年 月 日 至 年 月 日
矫正 类别		矫正 期限	起止日	自 年 月 日 至 年 月 日
事实及依据				
呈报单位意见				（公章） 年 月 日
县级社区矫 正机构意见				（公章） 年 月 日
县级司法行政 部门负责人意见				（公章） 年 月 日
备注				

社区矫正警告决定书

（　　　）　　字第　　号

社区矫正对象＿＿＿，男，＿＿年＿＿月＿＿日出生，＿＿族，身份证号码＿＿＿＿＿＿＿＿，在接受社区矫正期间，因＿＿＿＿＿＿＿＿＿＿＿＿＿，依据《中华人民共和国社区矫正法》第二十八条规定，决定给予＿＿一次。

（公章）
年 月 日

思考练习2

陈某某，因犯非法持有枪支罪被人民法院判处有期徒刑7个月，缓刑1年。判决生效后，依法实施社区矫正。矫正期间，陈某某于2020年7月13日晚，因家中亲属身体不适需紧急前往指定的广州医院就医，遂在未向司法所报告批准的情况下，擅自开车离开深圳送家属到广州就医，其于2020年7月14日上午返回深圳后主动向司法所报告了上述情况，并提交了家属就医记录及交通往返记录等材料。现拟对陈某某给予社区矫正训诫。

根据案例内容，制作一份《社区矫正训诫审批表》和《社区矫正训诫决定书》。

社区矫正训诫审批表

姓名		性别		身份证号码	
户籍地				执行地	
罪名		原判刑罚		附加刑	
禁止令内容			禁止期限 起止日	自 年 月 日 至 年 月 日	
矫正 类别		矫正 期限		起止日	自 年 月 日 至 年 月 日
事实及依据					
呈报单位意见				（公章） 年 月 日	
县级社区矫正机构意见				（公章） 年 月 日	
县级司法行政部门负责人意见				（公章） 年 月 日	
备注					

社区矫正训诫决定书

（2020）××矫训决字第 1 号

　　社区矫正对象＿＿＿＿＿，男，＿＿＿＿年＿月＿＿日出生，＿＿＿族，身份证号码＿＿＿＿＿＿＿＿＿＿

＿＿＿＿，在接受社区矫正期间，因＿＿＿＿＿＿＿＿＿＿＿＿＿＿＿＿＿＿＿＿＿＿＿＿＿＿＿＿＿＿＿＿

＿＿＿，依据《中华人民共和国社区矫正法》第二十八条规定，决定给予＿＿＿＿＿＿＿一次。

司法局（公章）
××××年××月××日

🔍 **拓展学习**

《湖北省社区矫正工作细则》

一、法律法规与政策依据

关联法律规定。《中华人民共和国刑法》第 77 条第 2 款规定，在缓刑考验期内，违反法律、行政法规等监督管理规定，或违反禁止令，情节严重的，应当撤销缓刑，执行原判刑罚。

《中华人民共和国行政处罚法》参考行政警告的程序正义要求（如告知申辩权）。

二、文书制作的规范要求

（一）审批表核心要素

1. 社区矫正对象基本信息：姓名、矫正类别、矫正期限。

2. 违规事实：时间、地点、具体行为，需客观描述。

3. 证据材料：如定位轨迹、证人证言、监控记录等。

4. 审批流程：司法所提出审批申请→县（区）司法局审核→决定机关批准。

（二）决定文书关键内容

1. 文书标题：如《社区矫正警告决定书》。

2. 法律依据：如明确引用《社区矫正法》第××条。

3. 违规事实与证据。需具体、可验证。

4. 决定内容：警告/训诫，后续监管要求。

5. 救济途径：如"如不服决定，可在×日内向××机关申诉"。

6. 落款与盖章：决定机关、日期。

示例模板：

社区矫正警告决定书

社矫警字〔2024〕第××号

社区矫正对象_____，因犯_____罪被判处缓刑_____年，矫正期限至_____年_____月_____日。经查实，该社区矫正对象于_____年_____月_____日未经批准擅自离开监管区域（附电子定位记录、司法所调查笔录）。依据《社区矫正法》第二十八条、《_____省社区矫正实施细则》第_____条，决定给予警告一次。

如不服本决定，可自收到之日起_____日内向_____司法局申请复核。

_____县（区）司法局（盖章）
2024 年_____月_____日

三、程序正当性与风险防控

（一）调查取证规范

1. 证据类型：电子监控数据、证人笔录、社区矫正对象自述材料等。

2. 取证合法性：避免仅凭主观推断，需有客观证据支撑。

（二）听证与申辩权

1. 部分省份要求：听取矫正对象陈述申辩（可参考行政处罚程序）。

2. 对重大违规：如多次警告可能撤销缓刑，可组织听证。

（三）文书送达与归档

1. 送达方式：直接送达（签字确认）、邮寄送达（留存凭证）。

2. 归档要求：纳入社区矫正对象执行档案，长期保存。

四、风险预警与后续处理

（一）分级响应机制

1. 警告后需调整监管等级，如从"普通管理"升为"重点管理"。

2. 运用再犯罪风险评估工具，如 COMPAS 动态监控，进行再犯罪风险评估。

（二）撤销缓刑/假释的衔接

多次警告可能触犯《中华人民共和国刑法》第 77 条（缓刑的撤销及其处理），需与法院、监狱系统联动。

五、拓展学习资源

（一）司法文件与案例

1. 最高人民法院、司法部发布的社区矫正典型案例（如脱管警告案）。

2.《社区矫正执法文书格式样本》（司法部 2020 年配套文件）。

（二）实务技能

1. 证据固定技巧，如电子定位数据提取、证人询问笔录制作。

2. 心理干预策略，警告后的心理疏导（避免对抗情绪）。

（三）信息化工具

1. 社区矫正管理系统，如"矫务通"的警告流程操作。

2. 大数据分析，通过历史数据预测违规高发时段/高危人群。

六、常见问题与应对

问题 1：社区矫正对象拒不签字？

应对：注明"拒签"并由 2 名工作人员见证，文书仍生效。

问题 2：证据不足能否警告？

应对：需补证或改为口头训诫，避免程序违法。

总之，制作训诫（警告）审批表及决定文书时，需严格遵循有法律依据、程序正当、证据充分三原则，同时结合社区矫正对象的个体情况动态调整监管措施。建议通过司法部培训、案例研读和信息化工具实操提升实务能力。

🔍 知识链接

工作任务十七　提请治安管理处罚审核表及治安 管理处罚建议书

🔍 任务目标

1. 熟悉治安管理处罚的相关知识；

2. 能够熟练填写、制作及撰写《提请治安管理处罚审核表》及《治安管理处罚建议书》；

3. 掌握《提请治安管理处罚审核表》及《治安管理处罚建议书》制作的相关知识；

4. 具备以人为本、遵规守纪、清正廉洁、公平公正的精神。

🔍 任务描述

提请治安管理处罚文书包括《提请治安管理处罚审核表》和《治安管理处罚建议书》。

《提请治安管理处罚审核表》是社区矫正机构或受委托的司法所认为社区矫正对象符合提请治安管理处罚的法定情形，拟向公安机关提请时，进行内部逐级审批或审核的表格。表格内容包括社区矫正对象的基本信息、提请的事由及依据、呈报单位意见、县级社区矫正机构意见等。

《治安管理处罚建议书》是社区矫正机构在监管过程中发现社区矫正对象违反法律法规或者监督管理规定，认为社区矫正对象的违法违规情节符合治安管理处罚的法定情形时，向公安机关提请治安管理处罚建议时所使用的法律文书。该文书内容主要包括社区矫正对象的基本信息，社区矫正对象有违反法律、行政法规、社区矫正监督管理规定或人民法院禁止令的具体事实，依据法律规定建议对该社区矫正对象给予治安管理处罚。

《提请治安管理处罚审核表》代表机构内部的审核制度，是强化内部监督制约、规范法定提请程序的重要保障，有利于加强社区矫正执行过程中的重要程序的流程监控和层层把关，防止司法所等机构未经审核而出现随意提请的情况。《治安管理处罚建议书》代表部门间的衔接制度，是经社区矫正机构审核后，依法向公安机关提请治安管理处罚建议的法定程序。《提请治安管理处罚审核表》是《治安管理处罚建议书》的前置文书，只有经过相关层级社区矫正机构审核，建议书才能依法依规制发。

🔍 工作场景

刘某某，男，因犯非法吸收公众存款罪被人民法院判处有期徒刑1年，缓刑2年，并处罚金20 000元。判决生效后，依法实施社区矫正。入矫宣告后，社区矫正机构及司法所明确告知其应遵守的监督管理规定及违反规定的法律后果，并要求其每周向司法所电话报告、每月到司法所当面报告。社区矫正期间，刘某某经常无故不按监管要求落实每周电话报告及每月当面报告的规定。在司法所反复强调要求其遵守报告规定，并以其违反报告规定给予社区矫正警告后，刘某某又多次未按规定进行电话报告，且在监管平台中长时间无活动轨迹。经教育谈话，刘某某表示不想受太多管理约束，无悔改表现。现拟对刘某某违反监督管理规定的行为，提请予以治安管理处罚。

🔍 **工作任务**

任务 1　提请治安管理处罚审核表样本、范例与制作说明

提请治安管理处罚审核表

姓名		性别		身份证号码	
户籍地				执行地	
罪名		原判刑罚		附加刑	
禁止令内容			禁止期限 起止日	自　年　月　日 至　年　月　日	
矫正 类别		矫正 期限	起止日	自　年　月　日 至　年　月　日	
事实及依据					
呈报单位意见				（公章） 年　月　日	
县级社区矫正机构意见				（公章） 年　月　日	
地市社区矫正机构审核意见				（公章） 年　月　日	
省级社区矫正机构审核意见				（公章） 年　月　日	
备注					

任务 1.1　提请治安管理处罚审核表填写范例与制作说明

根据"工作场景"中刘某某的情况，填写《提请治安管理处罚审核表》（如下所示）。

提请治安管理处罚审核表

姓名	刘某某	性别	男	身份证号码	××××××××××××××××××	
户籍地	××省××市××区××街道××小区××号楼×单元×××号			执行地	××省××市××区	
罪名	非法吸收公众存款罪	原判刑罚		有期徒刑一年	附加刑	罚金人民币二万元整
禁止令内容	无			禁止期限起止日	自　年　月　日至　年　月　日	
矫正类别	缓刑	矫正期限	有期徒刑一年，缓刑二年	起止日	自2020年2月6日至2022年2月5日	
事由及依据	社区矫正对象刘某某，自接受社区矫正以来，经常无故不按司法所的要求落实每周电话报告、每月到司法所当面报告的规定。尤其在司法所反复强调要求刘某某遵守报告规定，并以其未按照要求进行报告给予警告处罚一次后，刘某某又多次未按要求进行电话报告，且长时间无活动轨迹，并表示不愿受到太多管理约束，无悔改表现。其行为违反了社区矫正监督管理规定，符合提请治安管理处罚的情形，根据《中华人民共和国社区矫正法》第二十八条，《中华人民共和国社区矫正法实施办法》第三十六条规定，拟对刘某某提请治安管理处罚。					
呈报单位意见	拟同意，报××市××区社区矫正机构审批。　　　　　　　　　　　　　　　　　　　　××司法所（公章）　　　　　　　　　　　　　　　　　　　　××年××月××日					
县级社区矫正机构意见	同意提请。　　　　　　　　　　　　　　　　　　××市××区社区矫正机构（公章）　　　　　　　　　　　　　　　　　　　年　月　日					
备注						

注：此表随建议书一并报送人民法院（公安机关、监狱管理机关）。

提请治安管理处罚审核表制作说明：

1. 本文书根据《社区矫正法》第28条、《社区矫正法实施办法》第36条的规定制作。

2. 本文书根据提请治安管理处罚情况填写相应内容，相关审批意见栏如不使用，可以在打印时删除。对提请治安管理处罚只填到"县级社区矫正机构意见"栏。

任务2 治安管理处罚建议书样本、范例与制作说明

治安管理处罚建议书

（　　　）　　字第　　　　号

社区矫正对象　　　　　　，男（女），　　　年　　　月　　　日出生，　　　族，身份证号码　　　　　　　　，户籍地　　　　　　　　，执行地　　　　　　　　。因犯　　　　　罪经　　　　　人民法院于　　　年　　　月　　　日判处　　　　　。　　　年　　　月　　　日经　　　　　人民法院（监狱管理局、公安局）裁定假释（决定、批准暂予监外执行）。在管制（缓刑、假释、暂予监外执行）期间，依法实行社区矫正。社区矫正期限自　　　年　　　月　　　日起至　　　年　　　月　　　日止。

该社区矫正对象有违反法律（行政法规、社区矫正监督管理规定、人民法院禁止令）的行为，具体事实如下：　　　　　　　　　　　　　　　　　　　　　　　　　。

依据　　　　　规定，建议对该社区矫正对象给予治安管理处罚。

此致

　　　　　人民法院（公安局、监狱管理局）

（公章）

年　　　月　　　日

注：抄送　　　　　人民法院（公安局、监狱管理局），　　　　　人民检察院，　　　　　公安（分）局，　　　　　监狱。

任务2.1 治安管理处罚建议书范例与制作说明

根据"工作场景"中刘某某的情况，填写《治安管理处罚建议书》（如下所示）。

治安管理处罚建议书

（2020）××矫治处建字第1号

社区矫正对象刘某某，男，××××年××月××日出生，汉族，身份证号码×××××××××××××××××，户籍地×××省××市××区××街××小区××号楼×单元×××号，执行地×××省××市××区。因犯非法吸收公众存款罪经××××人民法院于××××年××月××日判处有期徒刑一年、缓刑二年，并处罚金人民币二万元。在缓刑期间，依法实行社区矫正。社区矫正期限自2020年2月6日起至2022年2月5日止。

该社区矫正对象有违反法律（行政法规、社区矫正监督管理规定、人民法院禁止令）的行为，具体事实如下：刘某某在社区矫正期间，经常无故不按监管要求落实每周电话报告及每月当面报告的规定。在司法所对其反复强调要求遵守报告规定，并以其违反报告规定给予社区矫正警告后，刘某

某又多次未按规定进行电话报告，且在监管平台中长时间无活动轨迹。经教育谈话，刘某某仍无悔改表现。其行为违反了社区矫正监督管理规定，符合提请公安机关予以治安管理处罚的情形。

依据《中华人民共和国社区矫正法》第二十八条、《中华人民共和国社区矫正法实施办法》第三十六条规定，建议对该社区矫正对象给予治安管理处罚。

此致

××市××区公安分局

××市××区社区矫正机构（公章）

××××年××月××日

注：此表随建议书一并报送人民法院（公安机关、监狱管理机关）。

任务3　治安管理处罚文书应用环节的实体要求

一、治安管理处罚的基本概念和特点

治安管理处罚属于行政处罚，指公安机关对违反治安管理尚不够刑事处罚的行为人依法剥夺其人身自由、财产或其他权利的行政处罚。

治安管理处罚有如下特点：①治安管理处罚的适用对象是违反治安管理尚不够刑事处罚的人，包括公民和单位。②治安处罚的适用主体是公安机关。《中华人民共和国治安管理处罚法》（以下简称《治安管理处罚法》）第7条第1款规定，国务院公安部门负责全国的治安管理工作。县级以上地方各级人民政府公安机关负责本行政区域内的治安管理工作。其他国家机关、社会团体、企事业单位以及公民个人，都不能适用治安管理处罚。③治安管理处罚适用的法律依据是《治安管理处罚法》和其他相关的单行治安行政法规。

被处罚社区矫正对象对治安管理处罚决定不服的，可以依法申请行政复议或者提起行政诉讼。

二、社区矫正机构提请治安管理处罚的意义

治安管理处罚能够有效威慑社区矫正对象，依法打击其行政违法行为，在社区矫正的处罚体系中重于训诫和警告，轻于撤销缓刑、撤销假释、收监执行，处于中间位置。

社区矫正对象受到治安管理处罚一般有两种情形：一是违反一般公民都应遵守的义务，如出现打架斗殴、违规驾驶、寻衅滋事等行为，由公安机关依据《治安管理处罚法》给予行政处罚；二是违反了国家关于社区矫正的监督管理规定而受到治安管理处罚。根据《治安管理处罚法》的规定，治安管理处罚由县级以上人民政府公安机关决定，其中警告、500元以下的罚款可以由公安派出所决定。因此，在具体执行上，由执行地县级社区矫正机构向同级公安机关提出建议，由公安机关作出决定。治安管理处罚的种类分为警告、罚款、行政拘留、吊销公安机关发放的许可证，对违反治安管理的外国人，可以附加适用限期出境或者驱逐出境。

需要注意的是，对《治安管理处罚法》第60条第4项，即被依法执行管制、剥夺政治权利或者在缓刑、暂予监外执行中的罪犯或者被依法采取刑事强制措施的人，有

违反法律、行政法规或者国务院有关部门的监督管理规定的行为，处 5 日以上 10 日以下拘留，并处 200 元以上 500 元以下罚款，有两点需要说明：一是此处规定是其他监督管理规定在《治安管理处罚法》中的补充规定，如《关于对判处管制、宣告缓刑的犯罪分子适用禁止令有关问题的规定（试行）》第 11 条规定，判处管制的犯罪分子违反禁止令，或者被宣告缓刑的犯罪分子违反禁止令尚不属情节严重的，由负责执行禁止令的社区矫正机构所在地的公安机关依照《治安管理处罚法》第 60 条的规定处罚。并非指违反其他监督管理规定予以相应处罚后，再依据《治安管理处罚法》第 60 条规定予以治安处罚，否则违反了"一事不再罚"原则。二是《治安管理处罚法》第 60 条规定的主体里不包含假释的社区矫正对象，但这并不排除一个假释罪犯因违反《治安管理处罚法》的其他规定而被予以治安处罚。例如，一个假释罪犯违反《治安管理处罚法》第 45 条第 1 项，虐待家庭成员，被虐待人要求处理的，公安机关给予警告的治安处罚后，社区矫正机构可根据《社区矫正法实施办法》第 47 条第 1 款第 3 项的规定对该罪犯提请撤销假释。

三、提请治安管理处罚的主体

提请治安管理处罚的主体是执行地县级社区矫正机构。作出是否给予治安管理处罚决定的主体是公安机关。公安机关对司法机关移送的违反治安管理案件，应当及时受理，并进行登记。

四、应当依法提请治安管理处罚的情形

1. 社区矫正对象有违反法律、行政法规或者国务院有关部门监督管理规定的行为。

2. 经社区矫正机构评定，对于涉嫌违反治安管理行为的社区矫正对象，依法应予治安管理处罚。

3. 社区矫正对象违反社区矫正监督管理规定或者人民法院禁止令，依法应予治安管理处罚。

4. 发现社区矫正对象失去联系，社区矫正机构虽能查找到社区矫正对象下落但其拒绝接受监督管理，视情节应予治安管理处罚。

任务4 治安管理处罚文书应用环节的程序要求

一、审核上报

1. 司法所发现社区矫正对象有应当依法提请治安管理处罚的情形。

2. 司法所应当通过实地查访、通信联络、谈话询问等方式进行调查核实，并留存相应的工作记录。

3. 司法所应当收集相应证据材料，填写《提请治安管理处罚审核表》并签署意见。

4. 司法所应当向执行地县级社区矫正机构上报《提请治安管理处罚审核表》并附相应证据材料。

二、审批提请

1. 执行地县级社区矫正机构收到《提请治安管理处罚审核表》及相应证据材料

后，应当进行审查核实。

2. 执行地县级社区矫正机构可以针对材料中不明确的地方，采取通信联络或实地调查等方式与司法所进行确认，必要时亦可自行开展调查，并做好工作记录。

3. 执行地县级社区矫正机构应当根据审查核实情况，作出是否提请治安管理处罚的决定。决定前，可组成考核奖惩小组进行评定，成立小组的人员一般不少于 3 人且为单数，小组中应包括社区矫正机构负责人。

4. 决定提请治安管理处罚的，执行地县级社区矫正机构应当制作《治安管理处罚建议书》，并附相关证据材料，提请同级公安机关依法予以治安管理处罚。同时，向执行地同级人民检察院抄送《治安管理处罚建议书》副本。

三、受理决定

1. 公安机关对司法机关移送的违反治安管理案件，应当及时受理并进行登记。

2. 公安机关作出治安管理处罚决定前，应当告知违反治安管理行为人作出治安管理处罚的事实、理由及依据，并告知违反治安管理行为人依法享有的权利。违反治安管理行为人有权陈述和申辩。公安机关必须充分听取违反治安管理行为人的意见，对违反治安管理行为人提出的事实、理由和证据，应当进行复核；违反治安管理行为人提出的事实、理由或者证据成立的，公安机关应当采纳。公安机关不得因违反治安管理行为人的陈述、申辩而加重处罚。

3. 治安案件调查结束后，公安机关应当根据不同情况，分别作出以下处理：

（1）确有依法应当给予治安管理处罚的违法行为的，根据情节轻重及具体情况，作出处罚决定；

（2）依法不予处罚的，或者违法事实不能成立的，作出不予处罚决定；

（3）违法行为已涉嫌犯罪的，移送主管机关依法追究刑事责任；

（4）发现违反治安管理行为人有其他违法行为的，在对违反治安管理行为作出处罚决定的同时，通知有关行政主管部门处理。

4. 公安机关作出治安管理处罚决定的，应当制作《治安管理处罚决定书》。决定书应当载明下列内容：

（1）被处罚人的姓名、性别、年龄、身份证件的名称和号码、住址；

（2）违法事实和证据；

（3）处罚的种类和依据；

（4）处罚的执行方式和期限；

（5）对处罚决定不服，申请行政复议、提起行政诉讼的途径和期限；

（6）作出处罚决定的公安机关的名称和作出决定的日期。决定书应当由作出处罚决定的公安机关加盖印章。

5. 公安机关应当向被处罚人宣告《治安管理处罚决定书》，并当场交付被处罚人；无法当场向被处罚人宣告的，应当在 2 日内送达被处罚人。决定给予行政拘留处罚的，应当及时通知被处罚人的家属。有被侵害人的，公安机关应当将决定书副本抄送被侵害人。

6. 公安机关应当及时将处理结果通知执行地县级社区矫正机构。公安机关依法作出处罚的，还应当将执行情况书面通知执行地县级社区矫正机构。社区矫正机构应当及时向同级人民检察院通知处理结果。

7. 被处罚人对治安管理处罚决定不服的，可以依法申请行政复议或者提起行政诉讼。

四、归档教育

1. 司法所应当将治安管理处罚情况纳入社区矫正对象的日常考核结果，并记入工作档案。

2. 司法所应当对给予治安管理处罚的社区矫正对象，调整矫正方案，制定针对性矫正措施，加强监督管理。

3. 社区矫正机构、受委托的司法所应当公示治安管理处罚情况。对未成年社区矫正对象的治安管理处罚不公开进行。

4. 司法所应当对给予治安管理处罚的社区矫正对象开展针对性谈话教育，重申社区矫正相关规定纪律，要求社区矫正对象明确身份、遵纪守法、转变思想，认真接受社区矫正，早日回归社会。

5. 执行地县级社区矫正机构或司法所还可以结合治安管理处罚情况，采取制作案例并通报的方式，在管辖区域内开展警示教育，引起全体社区矫正对象的重视，杜绝问题的再次发生，但应注重保护社区矫正对象的身份信息和个人隐私。

🔍 工作法律依据

治安管理处罚文书的法律依据是《社区矫正法》第 28 条，《社区矫正法实施办法》第 32、36、38 条，《中华人民共和国行政处罚法》第 46、47 条，《治安管理处罚法》第 60、77、94、95、96、97、102 条。

🔍 思考练习

王某，男，2002 年 9 月 14 日出生，住雨城区果园路 15 号，身份证号码是 41310120020914××××。2020 年 3 月 15 日因犯非法持有毒品罪被雨城区人民法院判处有期徒刑 3 年，缓刑 4 年，缓刑期间禁止进入歌厅和酒吧等娱乐场所。矫正期间为 2020 年 3 月 26 日起至 2024 年 3 月 25 日止。2021 年 2 月 23 日晚 11 时许，监管人员接到手机定位报警，通过手机定位系统查询到王某当前所处位置在雨城区协和广场，因协和广场系雨城区歌厅较为集中的地方，监管人员立即电话联系王某，询问王某当前所处位置以及正在做什么事情。王某告知其在协和广场某歌城唱歌。

根据此案例材料制作《提请治安管理处罚审核表》和《治安管理处罚建议书》。

🔍 拓展学习

社区矫正执法文书写作要点

一、首部

1. 文书名称：居中写明"治安管理处罚建议书"。

2. 社区矫正对象基本信息：依次写明姓名、性别、出生日期、民族、籍贯、文化程度、住址、身份证号码等；详细说明原判情况，包括所犯罪名、判决法院、判决日期、判处刑罚、缓刑考验期或暂予监外执行期限等；明确执行地社区矫正机构名称。

3. 文书编号：按照所在社区矫正机构的编号规则填写，如"［地区简称］矫罚建字［具体年份］第［×］号"，以便于文书管理与查询。

二、正文

1. 违法事实陈述。

时间要素：精确记录社区矫正对象违法违规行为发生的具体时间，包括起始时间和结束时间。若存在多次违法违规行为，需逐一罗列每次行为的时间节点。

行为描述：详细阐述违法违规行为的具体表现，如违反禁止令的具体行为，对社区矫正工作人员及其近亲属实施的殴打、威胁、侮辱、骚扰、报复行为的方式和过程，或者其他违反监督管理规定行为的细节，如不请假外出的次数、时间、前往地点，人机分离的情况，使用虚假手段进行签到等。

证据列举：注明违法违规行为的相关证据，如社区矫正工作记录（包括谈话记录、报到记录、活动轨迹记录等）、证人证言（如有其他人员目睹违法违规行为，应记录证人的基本信息及证言内容）、视听资料（监控录像、录音等）、电子数据（如虚拟定位软件的使用记录、手机打卡记录等）。

2. 法律依据引用。

实体法依据：引用《治安管理处罚法》中与违法违规行为对应的具体条款，明确该行为应受到治安管理处罚的法律规定。例如，对于违反监督管理规定的行为，可引用第60条第4项等相关条款。

程序法依据：引用《社区矫正法》中关于提请治安管理处罚的条款，如第28条"社区矫正对象违反法律法规或者监督管理规定的，应当视情节依法给予训诫、警告、提请公安机关予以治安管理处罚"，以及《社区矫正法实施办法》等相关法规中关于治安管理处罚的具体规定。

3. 处罚建议提出：根据违法违规行为的性质、情节以及法律规定，明确提出具体的治安管理处罚建议，如建议给予行政拘留×日，并处罚款×元；同时表明提出处罚建议是为了维护刑罚执行的严肃性和权威性，保障社区矫正工作的正常开展。

三、尾部

1. 送达机关：写明"此致"，另起一行顶格写明接受建议书的公安机关名称。

2. 社区矫正机构信息：注明社区矫正机构的名称（加盖公章），并写明具体日期。

3. 抄送信息：按照规定，写明抄送的人民法院、人民检察院等相关部门名称，以确保执法活动的监督与协同。

四、其他要点

1. 语言规范：文书语言应严谨、准确、简洁，避免使用模糊、含混或带有主观感情色彩的表述；使用法律专业术语，确保法律概念的准确表达。

2. 逻辑清晰：在陈述违法事实和引用法律依据时，要遵循一定的逻辑顺序，先阐述违法事实，再依据事实引用相关法律条款，使事实与法律依据紧密结合，形成完整的逻辑链条，让人一目了然。

3. 格式统一：遵循司法部规定的文书格式要求，包括纸张大小（一般采用 A4 型）、字体字号（标题字体一般用 2 号小标宋，正文字体一般用 3 号仿宋）、排版格式（如段落间距、行距等），确保文书的规范性和严肃性。

在社区矫正执法文书写作时，突出重点和避免常见错误对于保证文书质量、维护执法严肃性至关重要。

五、写作时突出重点的方法

1. 明确核心目的：在撰写文书前，要清晰知晓写作目的，如在《治安管理处罚建议书》中，核心目的是基于社区矫正对象的违法违规行为，向公安机关提出合理处罚建议。围绕这一目的，将重点放在对违法事实的精准描述、法律依据的准确引用以及处罚建议的恰当提出上。例如，详细说明社区矫正对象违反监督管理规定的具体行为细节，如不请假外出的具体时间、次数和去向等，这些关键信息能直接支撑处罚建议，应着重阐述。

2. 合理安排结构：采用清晰合理的结构来突出重点。一般文书结构包括首部、正文、尾部。正文是重点部分，这部分按照一定逻辑顺序组织内容。先详细陈述违法事实，接着引用对应的法律依据，最后提出处罚建议。这样的结构使读者能迅速抓住核心内容。比如，在阐述违法事实时，按照时间顺序依次罗列违法违规行为发生的经过，增强条理感，让重点更加突出。

3. 运用强调手法：在语言表达上，通过一些方式来强调重点内容。可以使用小标题将不同的重点内容区分开来，如"违法事实详述""法律依据适用""处罚建议提出"等，使文书层次分明，重点一目了然。还可以运用加粗、下划线等格式突出关键语句，如重要的法律条款、违法违规行为的关键细节等。在描述违法事实时，对关键行为进行详细说明，增加描述的深度和广度，让重点更加突出。

六、写作时避免常见错误的方法

1. 准确核实信息：文书中的信息必须准确无误。在填写社区矫正对象基本信息、违法事实发生时间、法律条款编号等内容时，要仔细核对相关资料，确保信息真实可靠。例如，在记录社区矫正对象的原判情况时，要与法院判决书进行认真比对，避免出现错误。对于违法事实的描述，要以确凿的证据为依据，不能仅凭主观臆断或道听途说进行记录。

2. 规范法律引用：正确引用法律规范是文书的关键。在引用《治安管理处罚法》《社区矫正法》等相关法律条款时，要确保条款编号准确，引用内容完整、恰当。引用时需注意法律条款的时效性，以最新有效的法律条款为准。引用法律条款后，要结合违法事实进行详细解读，说明该条款与违法事实的关联性，避免法律适用错误。

3. 提升语言表达：使用规范、准确、简洁的语言，避免使用模糊、含混或容易产生歧义的词汇和语句。避免口语化表达，运用法律专业术语，如"训诫""警告""治安管理处罚"等，增强文书的专业性和严肃性。注意语法和标点符号的正确使用，避免出现错别字和语病，保证文书语言的质量。在描述违法事实时，要客观公正，不带有个人感情色彩，避免使用夸张、情绪化的表述。

4. 严格遵循格式：按照规定的文书格式进行写作，包括纸张大小、字体字号、排版格式等。遵循司法部制定的统一格式要求，确保文书规范、整齐。注意文书的编号、落款、抄送等格式要素的准确性，如文书编号要按照所在社区矫正机构的编号规则填写，落款要加盖社区矫正机构的公章并注明日期，抄送部门要按照规定准确填写，避免因格式错误影响文书的效力和严肃性。

🔎 知识链接

工作任务十八 提请撤销缓刑、撤销假释审核表及建议书

🔎 任务目标

1. 熟练填写制作以及撰写提请撤销缓刑、撤销假释审核表；
2. 掌握提请撤销缓刑、撤销假释审核表制作的相关知识；
3. 具备认真负责、耐心细致、团队合作、善于沟通的良好素质；
4. 具备以人为本、遵规守纪、清正廉洁、公平公正的精神。

🔎 任务描述

提请撤销缓刑（撤销假释）文书包括《提请撤销缓刑（撤销假释）审核表》和《撤销缓刑（撤销假释）建议书》。

《提请撤销缓刑（撤销假释）审核表》是社区矫正机构或受委托的司法所认为社区矫正对象符合提请撤销缓刑（撤销假释）的法定情形，拟向人民法院提请时，进行内部逐级审批或审核的表格。表格内容包括社区矫正对象的基本信息、提请的事由及依据、呈报单位意见、县级社区矫正机构意见、地市社区矫正机构审核意见、省级社区矫正机构审核意见等。

《撤销缓刑（撤销假释）建议书》是社区矫正机构在监管过程中发现社区矫正对象违反法律法规或者监督管理规定，认为社区矫正对象的违法违规情节符合撤销缓刑（撤销假释）的法定情形时，向人民法院提出撤销缓刑（撤销假释）建议时所使用的法律文书。该文书内容主要包括社区矫正对象的基本信息，社区矫正对象有违反法律、行政法规、社区矫正监督管理规定或人民法院禁止令的具体事实，依据法律规定建议对该社区矫正对象给予撤销缓刑（撤销假释），以及提出建议的对象机关、抄送单位等。

《提请撤销缓刑（撤销假释）审核表》代表机构内部的审核制度，是强化内部监督制约、规范法定提请程序的重要保障，有利于加强社区矫正执行过程中的重要程序的流程监控和层层把关，防止司法所等未经审核而出现随意提请的情况。《撤销缓刑（撤销假释）建议书》代表部门间的衔接制度，是经社区矫正机构审核后，依法向人民法院提请撤销缓刑（撤销假释）建议的法定程序。《提请撤销缓刑（撤销假释）审核表》是《撤销缓刑（撤销假释）建议书》的前置文书，只有经过相关层级的社区矫正机构审核，建议书才能依法依规制定发放。

🔎 工作场景

刘某某，男，因犯故意伤害罪被人民法院判处有期徒刑 1 年，缓刑 2 年。判决生效当日，人民法院对刘某某进行教育，并告知其自判决生效之日起 10 日内到××区社区矫正机构报到，在社区矫正期间应当遵守的规定以及违反规定的法律后果，刘某某在《社区矫正告知书》和《社区矫正保证书》上签字。同日，人民法院向××区社区矫正机构送达了有关法律文书。刘某某未在规定时间内报到，××区社区矫正机构收到法律文书后，与刘某某电话联系要求其依法报到，但刘某某明确表示不接受监管。其后，社区矫正机构、司法所多次同刘某某电话联系并实地走访开展教育，告知其违反规定拒不报到的法律后果，刘某某仍拒不接受。后刘某某无正当理由不按规定时间报到已超过 1 个月，拟对其提请撤销缓刑。

🔎 工作任务

任务 1　提请撤销缓刑（撤销假释）审核表样本、范例与制作说明

提请撤销缓刑（撤销假释）审核表

姓名		性别		身份证号码		
户籍地				执行地		
罪名		原判刑罚			附加刑	
禁止令内容				禁止期限 起止日	自　年　月　日 至　年　月　日	
矫正 类别		矫正 期限		起止日	自　年　月　日 至　年　月　日	

事实及依据	
呈报单位意见	（公章） 年　月　日
县级社区矫正机构意见	（公章） 年　月　日
地市社区矫正机构审核意见	（公章） 年　月　日
省级社区矫正机构审核意见	（公章） 年　月　日
备注	

注：此表随建议书一并报送人民法院（公安机关、监狱管理机关）。

任务 1.1　提请撤销缓刑（撤销假释）审核表填写范例与制作说明

根据"工作场景"中刘某某的情况，制作《提请撤销缓刑（撤销假释）审核表》（如下所示）。

提请撤销缓刑（撤销假释）审核表

姓名	刘某某	性别	男	身份证号码	×××××××××××××××	
户籍地	××省××市××区××街道××小区××号楼×单元×××号			执行地	××省××市××区	
罪名	故意伤害罪	原判刑罚		有期徒刑一年	附加刑	无
禁止令内容	无			禁止期限起止日	自　年　月　日 至　年　月　日	
矫正类别	缓刑	矫正期限	二年	起止日	自 2020 年 7 月 7 日 至 2022 年 7 月 6 日	
事由及依据	社区矫正对象刘某某，自判决生效后未在十日内到达××区社区矫正机构报到。××区社区矫正机构收到××××法院送达的法律文书后，与刘某某进行电话联系，要求其严格依据法律规定按时报到，其拒不履行报到义务，明确表示不接受社区矫正机构的监督管理。期间，社区矫正机构、司法所多次电话联系并实地走访劝说，明确告知其违反规定拒不报到的法律后果，刘某某均拒不接受。截至 2020 年 8 月 7 日，刘某某在没有任何正当理由的情况下，不按规定时间报到已超过一个月，其行为符合提请撤销缓刑的法定情形，根据《中华人民共和国社区矫正法》第二十八条、《中华人民共和国社区矫正法实施办法》第四十六条第一款第（二）项规定，拟对刘某某提请撤销缓刑。					
呈报单位意见	拟同意，报××市××区社区矫正机构审批。 　　　　　　　　　　　　　　　　　　××司法所（公章） 　　　　　　　　　　　　　　　　　　××年××月××日					
县级社区矫正机构意见	同意提请。 　　　　　　　　　　　　　××市××区社区矫正机构（公章） 　　　　　　　　　　　　　　　　　　××年××月××日					
备注						

注：此表随建议书一并报送人民法院（公安机关、监狱管理机关）。

《提请撤销缓刑（撤销假释）审核表》制作说明：

1. 本文书根据《社区矫正法》第 28 条、《社区矫正法实施办法》第 46 条、47 条的规定制作。

2. 本文书根据提请撤销缓刑、撤销假释的情况填写相应内容，相关审批意见栏如不使用，可以在打印时删除。对建议撤销县级人民法院宣告的缓刑，只填到"县级社区矫正机构意见"栏。建议撤销假释、建议撤销由中级人民法院宣告缓刑的，应当填到"地市社区矫正机构审核意见"栏。

　　3. 文书应当随同卷宗报送人民法院、公安机关或者监狱管理局。

任务2　撤销缓刑（撤销假释）建议书样本、范例与制作说明

一、撤销缓刑（撤销假释）建议书样表

撤销缓刑（撤销假释）建议书

（　　　）　字第　　　号

　　社区矫正对象_____，男（女），_____年_____月_____日出生，_____族，身份证号码_____，户籍地_____，执行地_____。因犯_____罪经_____人民法院于_____年_____月_____日判处_____。_____年_____月_____日经_____人民法院（监狱管理局、公安局）裁定假释（决定、批准暂予监外执行）。在管制（缓刑、假释、暂予监外执行）期间，依法实行社区矫正。社区矫正期限自_____年_____月_____日起至_____年_____月_____日止。

　　该社区矫正对象有违反法律（行政法规、社区矫正监督管理规定、人民法院禁止令）的行为，具体事实如下：_____

_____

_____。

　　依据_____规定，建议对该社区矫正对象给予治安管理处罚（撤销缓刑、撤销假释、收监执行）。

　　此致

　　_____人民法院（公安局、监狱管理局）

（公章）

　　年　　月　　日

　　注：抄送_____人民法院（公安局、监狱管理局），_____人民检察院，_____公安（分）局，_____监狱。

二、撤销缓刑（撤销假释）建议书填写范例与制作说明

　　根据"工作场景"中刘某某的情况，制作《撤销缓刑（撤销假释）建议书》（如下所示）。

撤销缓刑（撤销假释）建议书

（　　　）　字第　　　号

　　社区矫正对象刘某某，男，××××年××月××日出生，汉族，身份证号码×××××××××××××××××××，户籍地×××省××市××区××街×小区××号楼×单元×××号，执行地×××省××市××区。因犯故意伤害罪经××人民法院于××××年××月××日判处有期徒刑一年、缓刑二年。在缓刑期间，依法实行社区矫正。

· 205 ·

社区矫正期限自 <u>2020</u> 年 <u>7</u> 月 <u>7</u> 日起至 <u>2022</u> 年 <u>7</u> 月 <u>6</u> 日止。

该社区矫正对象有违反法律（行政法规、社区矫正监督管理规定、人民法院禁止令）的行为，具体事实如下：社区矫正对象刘某某，自判决生效后未在十日内到××区社区矫正机构报到。××区社区矫正机构收到××××法院送达的法律文书后，与刘某某电话联系，要求其依法报告，但刘某某明确表示不接受监管。其间，社区矫正机构、司法所多次电话联系并实地走访开展教育，告知其违反规定拒不报到的法律后果，刘某某仍拒不接受。截至 2020 年 8 月 7 日，刘某某无正当理由不按规定时间报到已超过一个月，其行为符合提请撤销缓刑的法定情形。

依据《中华人民共和国刑法》第七十七条第二款、《中华人民共和国社区矫正法》第二十八条、《中华人民共和国社区矫正法实施办法》第四十六条第一款第（二）项规定，建议对该社区矫正对象撤销缓刑。

此致

××××人民法院（公安局、监狱管理局）

××区社区矫正机构（公章）

××××年××月××日

注：抄送××××人民检察院。

《撤销缓刑（撤销假释）建议书》制作说明：

1. 本文书用于提出撤销缓刑、撤销假释的建议时使用。

2. 文书字号由年度、社区矫正机构代字、类型代字、文书编号组成，使用阿拉伯数字，如"（2020）××矫/撤缓/撤假建字第 1 号"。"依据＿＿＿规定"需要列明应适用的法律规定。

3. 撤销缓刑建议书一式三份，一份连同审批表，训诫、警告决定书，调查核实笔录等其他证明材料组卷，并另附一份向原社区矫正决定机关或者执行地社区矫正决定机关提出，一份抄送执行地同级人民检察院；撤销假释建议书一式四份，除以上三份外，还应同时抄送公安机关、罪犯原服刑或者接收其档案的监狱一份。公安机关、人民法院、执行地或者原社区矫正决定机关作出处理结果、作出裁定或者决定后，留存另附的一份，将卷宗退回社区矫正机构。

4. 对社区矫正对象提请撤销缓刑、撤销假释建议的要准确把握适用条件，严格按照程序，开展充分的调查核实并收集固定证据材料，并进行综合研判分析后依法予以认定并提出建议。在提出撤销缓刑、撤销假释建议前，可以听取社区矫正对象的申辩意见。

任务 3　撤销缓刑（撤销假释）文书应用环节的实体要求

一、撤销缓刑（撤销假释）的性质

撤销缓刑（撤销假释）属于刑事执行活动，人民法院裁定撤销缓刑（撤销假释）后，意味着社区矫正终止，同时代表着社区矫正对象将被以监禁的方式执行刑罚，体现了社区矫正的严肃性和惩罚性。

二、撤销缓刑（撤销假释）应当注意的问题

1. 提请撤销缓刑、撤销假释分别有不同的法定情形，要注意区分明确，理解清楚，一旦符合法定情形，社区矫正机构就应当提请，这是社区矫正机构必须履行的法定义务。

2. 要注意宣告缓刑和裁定假释的法院级别，应当按照同级之间衔接配合的原则，对社区矫正对象提请撤销缓刑、撤销假释的，应当由同级社区矫正机构向同级人民法院提出建议。

3. 要注意人民法院拟撤销缓刑、假释的，应当听取社区矫正对象的申辩及其委托律师的意见。

4. 要注意送交主体的转变，人民法院裁定撤销缓刑、假释的，应当由公安机关及时将社区矫正对象送交监狱或者看守所执行。人民法院裁定不予撤销缓刑、假释的，对被逮捕的社区矫正对象，公安机关应当立即予以释放。社区矫正机构可予以必要的协助。

三、提请撤销缓刑（撤销假释）的主体

社区矫正对象在缓刑（假释）考验期内，有符合提请撤销缓刑（撤销假释）的法定情形的，由执行地同级社区矫正机构提出撤销缓刑（撤销假释）建议。作出是否撤销缓刑（撤销假释）裁定的主体是人民法院。

需要注意的一点是，根据《社区矫正法实施办法》的规定，社区矫正机构一般向原审人民法院提出撤销缓刑（撤销假释）建议，如果原审人民法院与执行地同级社区矫正机构不在同一省、自治区、直辖市的，也可以向执行地人民法院提出建议。从实践操作来看，建议以向执行地人民法院提出建议为宜，既符合就近、便利的原则，也符合属地管辖的原则。

四、社区矫正机构应当依法提请撤销缓刑的情形

1. 违反禁止令，情节严重。

2. 无正当理由不按规定时间报到或者接受社区矫正期间脱离监管，超过 1 个月。

3. 因违反监督管理规定受到治安管理处罚，仍不改正。

4. 受到社区矫正机构两次警告，仍不改正。

5. 其他违反有关法律、行政法规和监督管理规定，情节严重的情形。

五、社区矫正机构应当依法提请撤销假释的情形

1. 无正当理由不按规定时间报到或者接受社区矫正期间脱离监管，超过 1 个月。

2. 受到社区矫正机构 2 次警告，仍不改正。

3. 其他违反有关法律、行政法规和监督管理规定，尚未构成新的犯罪。

任务 4　撤销缓刑（撤销假释）文书应用环节的程序要求

一、审核上报

1. 司法所发现社区矫正对象有应依法提请撤销缓刑（撤销假释）的情形。

2. 司法所应当组织 2 名以上工作人员开展调查取证工作，填写《提请撤销缓刑（撤销假释）审核表》并签署意见。

3. 司法所应当向执行地县级社区矫正机构上报《提请撤销缓刑（撤销假释）审核

表》并附相应证据材料。

二、审批提请

1. 执行地县级社区矫正机构在收到《提请撤销缓刑（撤销假释）审核表》及相应证据材料后，应当进行审查核实。

2. 执行地县级社区矫正机构应当组织 2 名以上工作人员继续组织开展调查取证，固定证据，做好记录，必要时可听取社区矫正对象申辩。

3. 执行地县级社区矫正机构应当根据审查核实、调查取证等情况，综合分析证据材料，作出是否提请撤销缓刑（撤销假释）的决定。在决定前，可组成考核奖惩工作小组进行评定，成立小组的人员一般不少于 3 人且为单数，小组中应包括社区矫正机构负责人。

4. 决定提请撤销缓刑（撤销假释）的，如果原决定机关是县级人民法院，则执行地县级社区矫正机构应当制作《撤销缓刑（撤销假释）建议书》，并附相关证据材料，形成案卷提请同级人民法院撤销缓刑（撤销假释）。

5. 决定提请撤销缓刑（撤销假释），如果原决定机关是中级人民法院（根据《刑法》第 79 条和第 82 条的规定，假释只能由中级以上人民法院作出裁定），则执行地县级社区矫正机构应当向执行地市级社区矫正机构上报《提请撤销缓刑（撤销假释）审核表》并附相应证据材料。然后，由市级社区矫正机构按照同样的工作程序，制作《撤销缓刑（撤销假释）建议书》，并附相关证据材料，形成案卷提请同级人民法院撤销缓刑（撤销假释）。

6. 社区矫正机构向人民法院移送提请撤销缓刑、假释的案卷内容一般包括：撤销缓刑、假释建议书 2 份；对违法违规行为的行政强制措施、处罚决定书；原一、二审刑事裁判书、原假释裁定书复印件，执行通知书，历次减刑裁定书复印件；提请撤销缓刑、假释审核表；社区矫正对象综合表现材料；其他撤销缓刑、假释情形的证明材料等。

7. 社区矫正机构应当将撤销缓刑、假释的建议书和案卷材料抄送执行地同级人民检察院，人民检察院出具检察意见书。为做好提前衔接，社区矫正机构一般还应当将撤销缓刑、假释的建议书同时抄送执行地同级公安机关及罪犯原服刑或者接收其档案的监狱、看守所。

三、裁定送交

1. 人民法院对社区矫正机构提请的撤销缓刑（撤销假释）案件，应当及时受理，并进行登记。

2. 人民法院在收到社区矫正机构撤销缓刑、假释建议书后 30 日内作出裁定，将裁定书送达社区矫正机构和公安机关，并抄送人民检察院、罪犯原服刑或者接收其档案的监狱。原审人民法院所在地为外省、自治区、直辖市的，还应同时将裁定书抄送原审人民法院。

3. 人民法院拟撤销缓刑、假释的，应当听取社区矫正对象的申辩及其委托律师的意见。

4. 人民法院裁定撤销缓刑、假释的，公安机关应当及时将社区矫正对象送交监狱或者看守所执行。执行以前被逮捕的，羁押 1 日折抵刑期 1 日。

5. 公安机关在收到人民法院的撤销缓刑（撤销假释）的裁定书、执行通知书等法律文书后，应当本着就近、便利、安全的原则，及时将罪犯送交看守所或者监狱执行刑罚。执行地的社区矫正机构予以协助，向执行地的公安机关移交原一、二审刑事裁判书复印件、原起诉书副本、原结案登记表复印件各一份，以及社区矫正期间的表现材料。

6. 人民法院裁定不予撤销缓刑、假释的，对被逮捕的社区矫正对象，公安机关应当立即予以释放。

四、归档终止

司法所一般应当在社区矫正终止后及时将社区矫正对象工作档案进行整理并移交至执行地县级社区矫正机构。执行地县级社区矫正机构应当将社区矫正档案和工作档案合并整理归档，统一进行保管。

🔍 工作法律依据

撤销缓刑（撤销假释）文书的法律依据是《刑法》第 77、86 条，《社区矫正法》第 28、46、48 条，《社区矫正法实施办法》第 32、36、38、40、46、47、50 条。

🔍 思考练习

叶某，男，1996 年 4 月 16 日生，汉族，住湖北省新洲区新沟镇。2022 年 3 月 12 日因犯故意伤害罪被新洲区人民法院判处有期徒刑 2 年，缓刑 3 年。社区矫正期限为 2022 年 3 月 26 日起至 2025 年 3 月 25 日止。

2023 年 3 月 4 日，新沟司法所工作人员电话通知叶某于 3 月 5 日到司法所报告。3 月 5 日，叶某未到司法所报告，电话联系时多次挂断电话，后显示为"呼入限制"。

3 月 7 日，司法所工作人员到叶某家中了解情况，其父称不知叶某去向，但告诉了叶某另一联系方式。司法所干警在叶某家中用新的联系方式联系，连续被对方挂断，最后处于无人接听状态。鉴于叶某不按时到司法所报告且拒不接听电话，新洲区司法局于 2023 年 3 月 8 日给予叶某警告处罚一次。3 月 11 日，新洲区司法局将警告处罚决定书送达叶某家中，其父告知叶某于 3 月 10 日已离开新洲区。4 月 8 日，新洲区司法局社区矫正股干部及新沟司法所干部，对社区矫正对象叶某的矫正小组成员（新沟镇大庄村村民委员会主任余某全、新沟镇大庄村组长曹某及矫正人员叶某母亲宋某莲）进行调查，了解到叶某已不知去向一个多月。司法所电话联系时，叶某电话已停机。叶某处于脱离监管状态。

新洲区司法局依据《社区矫正法实施办法》第 46 条第 1 款第 2 项规定，建议新洲区人民法院撤销对叶某的缓刑。2013 年 6 月 17 日，新洲区人民法院经审理撤销了叶某的缓刑，收监执行原判有期徒刑 2 年。

请根据上述案例，制作《撤销缓刑建议书》。

🔍 **拓展学习**

撤销缓刑/假释建议书的写作要点

撤销缓刑/假释建议书是社区矫正机构向法院提出撤销缓刑、假释建议的法定文书，直接关系社区矫正对象的人身自由，需严格遵循法定程序，确保事实清楚、证据确凿、逻辑严谨。

一、明确法律依据与文书性质

依据《刑法》《社区矫正法》等规定，当缓刑、假释对象出现法定撤销情形（如违反监管规定、重新犯罪等），社区矫正机构须依法制作建议书。文书需体现严肃性，首部应规范标注文书编号、送达法院名称、社区矫正对象基本信息（姓名、性别、罪名、原判刑罚、缓刑/假释考验期等）。

二、精准阐述撤销事实与理由

1. 违法事实要素完整：详细描述社区矫正对象违反法律、行政法规或监管规定的具体行为，包括时间、地点、情节、后果等。例如，违反禁止令进入特定场所，需注明进入次数、时间、场所性质及证据来源（如监控录像、证人证言）；重新犯罪的，需简述犯罪行为及司法机关立案情况。

2. 证据列举清晰规范：逐一列明证明违法事实的证据，如社区矫正对象的书面陈述、谈话笔录、定位轨迹、行政处罚决定书、刑事立案决定书等，确保"事实—证据"一一对应，形成完整证据链。

3. 法律适用准确严谨：援引具体法律条文（如《社区矫正法》第46条、《刑法》第77条/第86条），阐明行为符合撤销缓刑/假释的法定情形，避免笼统表述。

三、规范文书结构与语言表达

1. 正文逻辑层次分明：按照"事实陈述—证据列举—法律适用—处理建议"的顺序展开，首段概述违法违规行为，中间分段详述具体情节及证据，尾段明确提出"建议撤销缓刑/假释，收监执行原判刑罚"的结论。

2. 语言风格客观中立：采用"经调查查明""有××证据证实"等表述，避免主观评价，确保文书的专业性。涉及数字、日期时需准确无误（如考验期起止时间、违法次数等）。

3. 附件材料完整齐全：注明随文附送的证据目录（如调查笔录副本、行政处罚决定书复印件、定位数据截图等），保障法院的审查需求。

四、注意事项

文书需经社区矫正机构负责人审批，加盖公章后正式送达法院，同时抄送同级检察院、公安机关。写作时需区分缓刑与假释的不同撤销要件（如缓刑侧重违反禁止令或监管规定，假释侧重再犯罪或严重违规），确保文书具有针对性。

知识链接

工作任务十九　提请收监执行审核表及收监执行建议书

任务目标

1. 了解收监执行的相关知识；
2. 能够熟练的填写制作以及撰写提请收监执行审核表及收监执行建议书；
3. 掌握提请收监执行审核表及收监执行建议书制作的相关知识；
4. 具备认真负责、耐心细致、团队合作、善于沟通的良好素质。

任务描述

提请撤销缓刑（撤销假释）文书主要包含审核表与建议书。审核表由社区矫正机构或受委托司法所在认为社区矫正对象符合提请撤销的法定情形、拟向法院提请时，用于内部逐级审批或审核，内容涵盖社区矫正对象基本信息、提请事由依据及各级机构意见。建议书则是社区矫正机构发现社区矫正对象违法违规且符合撤销情形时，向法院提出撤销建议的法律文书，包括社区矫正对象信息、违规事实、法律依据及建议机关等。审核表是机构内部审核制度的体现，保障程序规范，防止随意提请；建议书代表部门间衔接，是依法提请的法定程序。前者是后者的前置文书，只有经各级社区矫正机构审核通过，建议书才能依法制发。

工作场景

李某某，女，因涉嫌诈骗被刑事拘留，次日因发现其怀孕被取保候审，后人民法院以其犯诈骗罪判处有期徒刑 3 年，并处罚金 10 000 元。判决生效后，人民法院于 2020 年 7 月 21 日以其属怀孕妇女（后于 2020 年 8 月 3 日生产一子）为由决定暂予监外执行，并交付至社区矫正机构实行社区矫正。暂予监外执行期限自 2020 年 7 月 21 日起至 2021 年 8 月 3 日止。现李某某哺乳期即将届满，暂予监外执行情形即将消失，但刑期未满，拟提请对李某某收监执行建议。

🔍 **工作任务**

任务1　提请收监执行审核表样本、范例与制作说明

提请收监执行审核表

姓名		性别		身份证号码			
户籍地				执行地			
罪名		原判刑罚			附加刑		
禁止令内容				禁止期限 起止日	自　年　月　日 至　年　月　日		
矫正 类别		矫正 期限		起止日	自　年　月　日 至　年　月　日		
事实及依据							
呈报单位意见					（公章） 年　月　日		
县级社区矫正机构意见					（公章） 年　月　日		
地市社区矫正机构审核意见					（公章） 年　月　日		
省级社区矫正机构审核意见					（公章） 年　月　日		
备注							

注：此表随建议书一并报送人民法院（公安机关、监狱管理机关）。

任务 1.1　提请收监执行审核表填写范例与制作说明

根据"工作场景"中李某某的情况，制作《提请收监执行审核表》（如下所示）。

提请收监执行审核表

姓名	李某某	性别	女	身份证号码	××××××××××××	
户籍地	××省××市××区××街道××小区××号楼×单元×××号			执行地	××省××市××区	
罪名	诈骗罪	原判刑罚		有期徒刑三年	附加刑	罚金人民币一万元整
禁止令内容	无			禁止期限起止日	自　年　月　日至　年　月　日	
矫正类别	暂予监外执行	矫正期限	一年十三天	起止日	自 2020 年 7 月 21 日至 2021 年 8 月 3 日	
事由及依据	社区矫正期间，李某某于 2020 年 8 月 3 日生产一子，经实地走访了解，李某某能够在家哺乳照顾婴儿。李某某哺乳期即将于 2021 年 8 月 3 日届满，暂予监外执行情形即将消失，但刑期未满，符合应当予以收监执行的情形。根据《中华人民共和国刑事诉讼法》第二百六十八条第一款第（三）项、《中华人民共和国社区矫正法》第二十八条、《中华人民共和国社区矫正法实施办法》第四十九条第一款第（六）项规定，拟对李某某提请收监执行。					
呈报单位意见	拟同意，报××市××区社区矫正机构审批。 ××司法所（公章） ××年××月××日					
县级社区矫正机构意见	同意提请。 ××市××区社区矫正机构（公章） 年　月　日					
备注						

注：此表随建议书一并报送人民法院（公安机关、监狱管理机关）。

提请收监执行审核表的制作说明：

1. 本文书根据提请收监执行情况填写相应内容，相关审批意见栏如不使用，可以在打印时删除。对建议县级人民法院决定暂予监外执行，建议公安机关、监狱管理局收监执行的，只填到"县级社区矫正机构意见"栏。建议中级人民法院决定暂予监外执行的收监执行，应当填写"地市社区矫正机构意见"栏。

2. 文书应当随同卷宗报送人民法院、公安机关或者监狱管理局。

任务 2　收监执行建议书样本、范例与制作说明

收监执行建议书

（　　）字第＿＿＿＿号

社区矫正对象＿＿＿＿，男（女），＿＿＿＿年＿＿＿＿月＿＿＿＿日出生，＿＿＿＿族，身份证号码＿＿＿＿，户籍地＿＿＿＿，执行地＿＿＿＿。因犯＿＿＿＿罪，经＿＿＿＿人民法院于＿＿＿＿年＿＿＿＿月＿＿＿＿日判处＿＿＿＿。＿＿＿＿年＿＿＿＿月＿＿＿＿日经＿＿人民法院（监狱管理局、公安局）裁定假释（决定、批准暂予监外执行）。在管制（缓刑、假释、暂予监外执行）期间，依法实行社区矫正。社区矫正期限自＿＿＿＿年＿＿＿＿月＿＿＿＿日起至＿＿＿＿年＿＿＿＿月＿＿＿＿日止。

该社区矫正对象有违反法律（行政法规、社区矫正监督管理规定、人民法院禁止令）的行为，具体事实如下：＿＿＿＿

＿＿＿＿

＿＿＿＿。

依据＿＿＿＿规定，建议对该社区矫正对象给予治安管理处罚（撤销缓刑、撤销假释、收监执行）。

此致

人民法院（公安局、监狱管理局）

（公章）

年　月　日

注：抄送＿＿＿＿人民法院（公安局、监狱管理局），＿＿＿＿人民检察院，＿＿＿＿公安（分）局，＿＿＿＿监狱。

任务 2.1　收监执行建议书填写范例与制作说明

根据"工作场景"中李某某的情况，制作《收监执行建议书》（如下所示）。

收监执行建议书

（2020）××矫收执建字第 1 号

社区矫正对象李某某，女，××××年××月××日出生，汉族，身份证号码×××××××××××××××××，户籍地×××省××市××区××街××小区××号楼×单元×××号，执行地×××省××市××区。因犯诈骗罪经××区人民法院于××××年××月××日判处有期徒刑三年，并处罚金人民币一万元。在暂予监外执行期间，依法实行社区矫正。社区矫正期限自 2020 年 7 月 21 日起至 2021 年 8 月 3 日止。

该社区矫正对象哺乳期即将于 2021 年 8 月 3 日届满，暂予监外执行情形即将消失，但刑期未满，符合应当予以提请收监执行的法定情形。

依据《中华人民共和国刑事诉讼法》第二百六十八条第一款第（三）项、《中华人民共和国社区

矫正法》第二十八条、《中华人民共和国社区矫正法实施办法》第四十九条第一款第（六）项规定，建议对该社区矫正对象给予收监执行。

此致

××××人民法院

××区社区矫正机构（公章）

××××年××月××日

注：抄送××××人民检察院。

一、收监执行建议书制作说明

1. 本文书用于提出暂予监外执行收监执行的建议时使用。

2. 文书字号由年度、社区矫正机构代字、类型代字、文书编号组成，使用阿拉伯数字，如"（2020）××矫收执建字第1号"。"依据＿＿＿之规定"需要列明应适用的法律规定。

3. 暂予监外执行收监执行建议书一式三份，一份连同审批表、训诫书、警告决定书、调查核实笔录等其他证明材料组卷，并另附一份向原社区矫正决定机关或者执行地社区矫正决定机关提出，一份抄送执行地同级人民检察院。公安机关、人民法院、执行地或者原社区矫正决定机关作出决定后，留存另附的一份，将卷宗退回社区矫正机构。

二、收监执行建议书注意与提示

1. 对社区矫正对象提请收监执行建议的要准确把握适用条件，严格按照程序，开展充分的调查核实并收集固定证据材料，进行综合研判分析后依法予以认定并提出建议。

2. 对发现拟提出收监执行的社区矫正对象有法律规定的不计入刑期情形的，应一并进行调查核实并收集固定证据材料，在建议中一并予以说明，并附有关证据材料。

3. 在提出收监执行建议前，亦可以听取社区矫正对象的申辩意见。

任务3 收监执行文书应用环节的实体要求

一、暂予监外执行及收监执行的性质

暂予监外执行是一种非监禁的刑罚执行方式，社区矫正机构作为执行主体，对暂予监外执行的社区矫正对象执行的是刑罚，矫正期限是社区矫正决定机关作出执行通知书认定的刑期。收监执行属于刑事执行活动，决定机关决定收监执行后，意味着社区矫正终止，同时代表着社区矫正对象将被以监禁刑的方式继续执行刑罚。

二、提请收监执行的主体

暂予监外执行的社区矫正对象在矫正期间，有符合提请收监执行的法定情形的，由执行地县级社区矫正机构提出收监执行建议。对于提出收监执行建议，《社区矫正法实施办法》已明确规定，社区矫正机构一般向执行地社区矫正决定机关提出收监执行建议。如果原社区矫正决定机关与执行地县级社区矫正机构在同一省、自治区、直辖市的，可以向原社区矫正决定机关提出建议。社区矫正机构的收监执行建议书和决定机关的决定书，应当同时抄送执行地县级人民检察院。

三、暂予监外执行保证人的确定

提出并确定保证人是罪犯是否符合暂予监外执行的条件之一。当出现保证人丧失保证条件或者因不履行义务被取消保证人资格的情况时，社区矫正机构可要求罪犯提出新的保证人，报社区矫正机构批准。保证人资格被取消后，罪犯没有亲属、监护人的，社区矫正机构可协调居住地村（居）民委员会、原所在单位推荐新的保证人。不能在规定期限内提出新保证人时，社区矫正机构应当提出收监执行建议。因此，应当对保证人的条件和义务有更深刻地理解和全面地掌握。

《暂予监外执行规定》第 10 条规定，罪犯需要保外就医的，应当由罪犯本人或者其亲属、监护人提出保证人，保证人由监狱、看守所审查确定。罪犯没有亲属、监护人的，可以由其居住地的村（居）民委员会、原所在单位或者社区矫正机构推荐保证人。保证人应当向监狱、看守所提交保证书。第 11 条规定，保证人应当同时具备以下条件：①具有完全民事行为能力，愿意承担保证人义务；②人身自由未受到限制；③有固定的住处和收入；④能够与被保证人共同居住或者居住在同一市、县。第 12 条规定，罪犯在暂予监外执行期间，保证人应当履行以下义务：①协助社区矫正机构监督被保证人遵守法律和有关规定；②发现被保证人擅自离开居住的市、县或者变更居住地，或者有违法犯罪行为，或者需要保外就医的情形消失，或者被保证人死亡的，立即向社区矫正机构报告；③为被保证人的治疗、护理、复查以及正常生活提供帮助；④督促和协助被保证人按照规定履行定期复查病情和向社区矫正机构报告的义务。

社区矫正机构、司法所应当督促暂予监外执行罪犯保证人认真履行保证义务，对不积极履行保证义务的，应当及时批评教育。

四、社区矫正机构应当依法提请收监执行的情形

1. 不符合暂予监外执行条件的；

2. 未经社区矫正机构批准擅自离开居住的市、县，经警告拒不改正，或者拒不报告行踪，脱离监管的；

3. 因违反监督管理规定受到治安管理处罚，仍不改正的；

4. 受到社区矫正机构两次警告的；

5. 保外就医期间不按规定提交病情复查情况，经警告拒不改正的；

6. 暂予监外执行的情形消失后，刑期未满的；

7. 保证人丧失保证条件或者因不履行义务被取消保证人资格，不能在规定期限内提出新的保证人的；

8. 其他违反有关法律、行政法规和监督管理规定，情节严重的情形。

五、收监执行应当注意的问题

1. 要准确把握提请收监执行的法定情形。社区矫正机构、司法所应当通过定期审查、实地查访等方式，对不符合暂予监外执行条件的，以及暂予监外执行情形消失后刑期未满等法定情形给予高度关注。一旦符合收监执行法定情形，社区矫正机构就应当提请，这是社区矫正机构必须履行的法定义务。

2. 要运用实质性审查方式。社区矫正机构、司法所应当对怀孕的社区矫正对象查

看每月妊娠检查报告情况，对保外就医的社区矫正对象查看每月身体报告情况及每三个月病情检查复查情况，对正在哺乳自己的婴儿及生活不能自理的社区矫正对象应当定期实地走访并查看身体情况报告，做好实质性审查工作。社区矫正机构根据工作需要，可以协调进行病情诊断、妊娠检查或者生活不能自理的鉴别，并根据需要向社区矫正决定机关反馈情况。

3. 要注意明确决定机关。可以决定暂予监外执行收监执行的机关有人民法院、公安机关和监狱管理机关，社区矫正机构应当向决定机关提出建议。

4. 要注意送交主体的转变。人民法院决定暂予监外执行收监执行的，由执行地县级公安机关本着就近、便利、安全的原则，送交社区矫正对象执行地所属的省、自治区、直辖市管辖范围内的看守所或者监狱执行刑罚。公安机关决定暂予监外执行收监执行的，由执行地县级公安机关送交存放或者接收罪犯档案的看守所收监执行。监狱管理机关决定暂予监外执行收监执行的，由存放或者接收罪犯档案的监狱收监执行。

任务4　收监执行文书应用环节的程序要求

一、审核上报

1. 司法所发现社区矫正对象具有应当依法提请收监执行的情形。

2. 司法所应当组织 2 名以上工作人员开展调查取证工作，填写《提请收监执行审核表》并签署意见。

3. 司法所应当向执行地县级社区矫正机构上报《提请收监执行审核表》并附相应证据材料。

二、审批提请

1. 执行地县级社区矫正机构在收到《提请收监执行审核表》及相应证据材料后，应当进行审查核实。

2. 执行地县级社区矫正机构应当组织 2 名以上工作人员继续组织开展调查取证，固定证据，做好记录，必要时可听取社区矫正对象申辩。

3. 社区矫正机构发现被收监执行的罪犯有法律规定的不计入执行刑期情形的，亦应当一并开展调查取证，固定证据，做好记录。

4. 执行地县级社区矫正机构应当根据审查核实、调查取证情况，综合分析证据材料，作出是否提请收监执行的决定。在决定前，可组成考核奖惩工作小组进行评定，成立小组的人员一般不少于 3 人且为单数，小组中应包括社区矫正机构负责人。

5. 决定提请收监执行的，执行地县级社区矫正机构应当制作《收监执行建议书》，并附相关证据材料，形成案卷，向执行地社区矫正决定机关提出收监执行建议。如果原社区矫正决定机关与执行地县级社区矫正机构在同一省、自治区、直辖市的，可以向原社区矫正决定机关提出建议。社区矫正机构的收监执行建议书，应当同时抄送执行地县级人民检察院，人民检察院出具检察意见书。

6. 社区矫正机构向暂予监外执行的决定机关和人民检察院移送的案卷材料一般包括：收监执行建议书 2 份；治安管理处罚决定书；原一、二审刑事裁判书复印件，原暂予监外执行决定书复印件；提请收监执行审核表；暂予监外执行情形消失或有其他收监执行情形、脱逃及其起止日期证明；社区矫正对象综合表现材料等。

7. 人民检察院在收到社区矫正机构抄送的收监执行建议书及案卷材料后，逐案进行审查，一般自收到建议书之日起 10 日以内审查完毕。

8. 对于暂予监外执行的罪犯，人民检察院发现罪犯不符合暂予监外执行条件、严重违反有关暂予监外执行的监督管理规定或者暂予监外执行的情形消失而罪犯刑期未满的，应当建议执行机关依法提请收监执行，或者建议决定或批准暂予监外执行的机关作出收监执行决定。

三、决定送交

1. 法院、公安机关、监狱管理机关在收到社区矫正机构的提请收监执行案卷材料后，应当进行全面审查。在收到《收监执行建议书》后 30 日内作出是否收监执行的决定。人民法院、公安机关、监狱管理机关经审查认为需要补充相关证据材料的，可以要求社区矫正机构进行补充，社区矫正机构一般应当及时补充移送。

2. 人民法院、监狱管理机关、公安机关应当在作出收监执行决定后，将决定书送达执行地的公安机关和社区矫正机构，并抄送人民检察院。

3. 人民法院、公安机关对暂予监外执行的社区矫正对象决定收监执行的，执行地公安机关应当本着就近、便利、安全的原则，及时将暂予监外执行罪犯送交监狱或者看守所收监执行。执行地的社区矫正机构予以协助，并向执行地公安机关移交相应材料。

4. 监狱管理机关对暂予监外执行的社区矫正对象决定收监执行的，由存放或者接收罪犯档案的监狱收监执行。执行地社区矫正机构、公安机关予以配合，执行地社区矫正机构同时向监狱移交相关材料。

5. 人民法院、监狱管理机关、公安机关决定收监执行的暂予监外执行罪犯，监狱、看守所应当依法收监。

四、归档终止

司法所一般应当在社区矫正终止后及时将社区矫正对象工作档案进行整理并移交至执行地县级社区矫正机构。执行地县级社区矫正机构应当将社区矫正档案和工作档案合并整理归档，统一进行保管。

🔍 **工作法律依据**

提请收监执行文书的法律依据是《刑事诉讼法》第 268 条，《社区矫正法》第 49 条，《社区矫正法实施办法》第 38、40、49、50 条，《暂予监外执行规定》第 10、21、26 条。

🔍 **思考练习**

社区矫正对象秦某，女，1986 年 9 月出生，户籍地、居住地均为辽宁省鞍山市铁西区。2017 年 11 月，因犯组织卖淫罪被山东省郯城县人民法院判处有期徒刑 5 年，并处罚金人民币 30 万元。因系怀孕、哺乳期妇女，分别于 2018 年 9 月 12 日、2019 年 9

月 10 日、2020 年 4 月 30 日被郯城县人民法院决定暂予监外执行。从 2018 年 9 月 19 日起在执行地受委托的司法所接受社区矫正。

在社区矫正期间，秦某分别于 2018 年、2019 年两次怀孕，生下两个孩子，2020 年第三次怀孕。2020 年 12 月 1 日秦某到受委托的司法所报到，工作人员与其沟通确认预产期是 2020 年 12 月。12 月 18 日工作人员与秦某联系询问其身体情况，秦某口述 12 月 5 日已经在家把孩子生下。工作人员要求其提供与孩子合影的照片时，秦某说孩子刚出生就送人了，并且已经找不到该人。受委托的司法所工作人员认为秦某口述情况的真实性值得怀疑，立即报告铁西区社区矫正机构，决定开展调查取证工作。

对秦某做正式询问笔录时，其改口说 12 月 5 日孩子刚出生时就已经死亡，放在黑色塑料袋里扔进垃圾箱，但是上述情况无人能够证明。工作人员带秦某到铁西区人民医院进行妇科彩超、妇科内检、HCG 验血等一系列检查，医生根据检查结果得出结论，秦某体内未检测出自然分娩的相关指标。

经查，从 2020 年 5 月开始，秦某每月向执行地受委托的司法所提交妊娠检查的医学材料，出具材料的医院为居住地医院和居住地某镇卫生院。12 月 22 日至 12 月 23 日，铁西区司法局和司法所工作人员到居住地医院、居住地某镇卫生院进行走访调查，没有发现秦某在 2020 年期间的彩超检查记录。12 月 25 日，居住地医院和居住地某镇卫生院分别出具证明材料，证实秦某向受委托的司法所提供的 7 张超声医学影像报告单系伪造材料。此外，工作人员对秦某的丈夫、母亲、姐姐、表哥等利害关系人进行询问，了解到秦某 2019 年已经流产的事实。

在这些有力的证据面前，秦某承认其在 2019 年 7 月就已经流产，交给司法所的体检报告都是伪造的，目的是逃避刑罚的执行。

请根据案例材料制作收监执行文书。

🔍 **拓展学习**

社区矫正执法文书写作要点

社区矫正执法文书是社区矫正工作规范化、法治化的重要载体，其制作需遵循法定程序、体现执法权威、注重细节规范。以下从五大核心维度提炼制作要点，助力提升文书质量与执法效能。

一、合法性：严守程序红线

1. 主体合法：文书须由法定社区矫正机构（如司法局、司法所）制作，执法人员需具备执法资格（如出示执法证件、签名盖章完整）。

2. 依据合法：引用法律条文精准（如《社区矫正法》《社区矫正法实施办法》），避免援引过时或冲突规范。

3. 程序合法：文书制作需符合法定流程（如调查评估意见需经集体研究、处罚文书需履行告知听证程序），确保文书效力无瑕疵。

二、准确性：事实与语言的双重精准

1. 事实描述清晰。

要素完整：当事人基本信息（姓名、性别、身份证号、矫正类别等）、犯罪事实、矫正期限等关键信息务必准确无误。

证据支撑：涉及奖惩、变更矫正措施等内容，需注明证据来源（如谈话记录、行为评估报告、司法建议等）。

2. 语言规范严谨。

禁用模糊表述：避免"可能""大概"等不确定性词汇，采用"经调查核实""根据《××法》第××条"等确定性表达。

杜绝情绪化表述：保持中立客观，如记录违规行为时，应写"未经批准擅自离开辖区"，而非"故意对抗监管"。

三、规范性：格式与内容的标准化

1. 格式统一。

采用司法行政系统统一文书模板（如《社区矫正调查评估意见书》《社区矫正警告决定书》等），不得擅自增减栏目。

文书编号规范：按"机关简称+文书类别+年份+顺序号"编制（如"鄂司矫警〔2025〕12号"）。

2. 内容完整。

首部：注明文书名称、文号、当事人基本情况。

正文：依次写明事由、事实、理由、法律依据、处理意见。

尾部：加盖公章、注明日期，并告知当事人权利（如申请复议、提起诉讼的途径和期限）。

四、时效性：把握执法节点

1. 及时制作：调查评估、入矫宣告、考核奖惩等文书需在法定时限内完成（如调查评估应在10个工作日内提交）。

2. 动态更新：涉及矫正方案调整、奖惩变更等情形，需及时制作文书并送达相关部门（如法院、检察院、公安机关）。

五、严肃性：强化文书效力

1. 送达规范：文书需通过直接送达、邮寄送达、公告送达等法定方式送达，留存送达回证或记录在案。

2. 立卷归档：实行"一人一档"，按矫正阶段分类立卷（如入矫卷、监管卷、解矫卷），确保文书可追溯、可核查。

🔍 **知识链接**

工作任务二十　提请逮捕审核表及社区矫正对象逮捕建议书

任务目标

1. 熟悉逮捕的适用条件；
2. 能够熟练的填写制作以及撰写提请逮捕审核表及社区矫正对象逮捕建议书；
3. 掌握提请逮捕审核表及社区矫正对象逮捕建议书的相关知识；
4. 具有认真负责、遵规守纪、清正廉洁的良好品德。

任务描述

社区矫正对象逮捕文书包括《提请逮捕审核表》和《社区矫正对象逮捕建议书》。

《提请逮捕审核表》是社区矫正机构或受委托的司法所认为社区矫正对象符合提请逮捕的法定情形，拟向人民法院提请逮捕时，进行内部逐级审批或审核的表格。表格内容包括社区矫正对象的基本信息、提请的事由及依据、呈报单位意见、县级社区矫正机构意见、地市社区矫正机构审核意见、省级社区矫正机构审核意见等。

《社区矫正对象逮捕建议书》是被提请撤销缓刑、假释的社区矫正对象可能逃跑或者可能发生社会危险的，社区矫正机构在提出撤销缓刑、假释建议的同时，也提请人民法院决定对其予以逮捕所使用的法律文书。该文书的主要内容包括：社区矫正对象个人基本信息、刑事判决信息、社区矫正执行相关信息；在社区矫正期间，该社区矫正对象有违反法律、行政法规、社区矫正监督管理规定、人民法院禁止令的行为，被提请撤销缓刑、假释，并具有应予逮捕的情形的相关事实；建议逮捕的法律依据和被提请（建议）的人民法院名称。

工作场景

金某某，男，因犯寻衅滋事罪被人民法院判处有期徒刑1年，缓刑2年。判决生效后，依法实行社区矫正。社区矫正期间，金某某因违反外出管理规定情节较重等被给予2次社区矫正警告后，仍不改正，再次违反外出管理规定，现拟对金某某提请撤销缓刑建议。同时，金某某曾在电话报告时因被给予社区矫正警告，扬言要对司法所工作人员实施打击报复，且其曾经对被害人实施过要挟行为，有电话录音等予以证明。现拟对金某某提出撤销缓刑建议，同时提请逮捕。

工作任务

任务1　提请逮捕审核表样本、范例与制作说明

提请逮捕审核表

姓名		性别		身份证号码		
户籍地				执行地		
罪名		原判刑罚		附加刑		
禁止令内容				禁止期限起止日	自　年　月　日 至　年　月　日	
矫正类别		矫正期限		起止日	自　年　月　日 至　年　月　日	
事实及依据						
呈报单位意见					（公章） 　年　月　日	
县级社区矫正机构意见					（公章） 　年　月　日	
地市社区矫正机构审核意见					（公章） 　年　月　日	
省级社区矫正机构审核意见					（公章） 　年　月　日	
备注						

注：此表随建议书一并报送人民法院。

任务 1.1　提请逮捕审核表填写范例与制作说明

根据"工作场景"中金某某的情况，制作《提请逮捕审核表》（如下所示）。

提请逮捕审核表

姓名	金某某	性别	男	身份证号码	××××××××××××××××		
户籍地	××省××市××区××街道××小区××号楼×单元×××号			执行地	××省××市××区		
罪名	寻衅滋事罪		原判刑罚	有期徒刑一年	附加刑		无
禁止令内容	无			禁止期限起止日	自　年　月　日 至　年　月　日		
矫正类别	缓刑	矫正期限	二年	起止日	自 2020 年 7 月 7 日 至 2022 年 7 月 7 日		
事由及依据	××××年××月××日，社区矫正对象金某某在已因违反外出管理规定被给予两次社区矫正警告处罚后，再次违反外出管理规定，符合应当提请撤销缓刑的法定情形。金某某曾在电话报告时因被给予警告处罚，扬言要对××司法所工作人员实施打击报复，且其曾经对被害人实施过要挟的行为，有电话录音等证据材料证明。金某某的行为符合可以提请逮捕的法定情形，根据《中华人民共和国社区矫正法》第四十七条、《中华人民共和国社区矫正法实施办法》第四十八条的规定，拟在对金某某提出撤销缓刑建议的同时，提请对其予以逮捕。						
呈报单位意见	拟同意，报××市××区社区矫正机构审批。 　　　　　　　　　　　　　　　　　××司法所（公章） 　　　　　　　　　　　　　　　　　××年××月××日						
县级社区矫正机构意见	同意提请。 　　　　　　　　　　　　××市××区社区矫正机构（公章） 　　　　　　　　　　　　×××年××月××日						
备注							

注：此表随建议书一并报送人民法院。

《提请逮捕审核表》填写制作说明：

1. 本文书根据提请撤销缓刑、撤销假释及提请逮捕的情况填写相应内容，相关审批意见栏如不使用，可以在打印时删除。对建议撤销缓刑、撤销假释同时提出逮捕建议的，应单独填写逮捕审核表，相关审批意见栏与撤销缓刑、撤销假释审核表相同。

2. 提请逮捕的事实和依据的内容应包括社区矫正对象符合撤销缓刑（撤销假释）及符合逮捕条件两个方面。提请同时附相关证明材料。

3. 文书应当随同卷宗报送人民法院。

任务2　社区矫正对象逮捕建议书样本、范例与制作说明

社区矫正对象逮捕建议书

（　　）字第＿＿＿＿＿＿号

社区矫正对象＿＿＿＿＿＿，男（女），＿＿＿＿＿＿年＿＿＿＿月＿＿＿＿日出生，＿＿＿＿＿＿族，身份证号码＿＿＿＿＿＿＿＿＿＿＿＿，户籍地＿＿＿＿＿＿＿＿＿，执行地＿＿＿＿＿＿＿＿。因犯＿＿＿＿＿罪，经＿＿＿＿＿＿＿人民法院于＿＿＿＿年＿＿＿＿月＿＿＿＿日判处＿＿＿＿＿＿＿＿。＿＿＿＿年＿＿＿＿月＿＿＿＿日经＿＿＿＿＿人民法院裁定假释。在缓刑（假释）期间，依法实行社区矫正。社区矫正期限自＿＿＿＿年＿＿＿＿月＿＿＿＿日起至＿＿＿＿年＿＿＿＿月＿＿＿＿日止。

在社区矫正期间，该社区矫正对象有违反法律（行政法规、社区矫正监督管理规定、人民法院禁止令）的行为，被提请撤销缓刑（假释），并具有应予逮捕的情形，具体事实如下：＿＿＿＿＿＿＿＿＿＿＿＿＿＿＿＿＿＿。

依据《中华人民共和国社区矫正法》第四十七条规定，建议对社区矫正对象＿＿＿＿＿＿＿予以逮捕。

此致

＿＿＿＿＿＿＿人民法院

（公章）

年　月　日

注：抄送＿＿＿＿＿＿＿人民检察院。

任务2.1　社区矫正对象逮捕建议书填写范例与制作说明

根据"工作场景"中金某某的情况，制作《社区矫正对象逮捕建议书》（如下所示）。

社区矫正对象逮捕建议书

（2020）××矫捕建字第1号

社区矫正对象金某某，男，××××年××月××日出生，汉族，身份证号码×××××××××××××××，户籍地×××省××市××区××街××小区××号楼×单元×××号，执行地×××省××市××区。因犯寻衅滋事罪经××区人民法院于××××年××月××日判处有期徒刑一年，缓刑两年。在缓刑期间，依法实行社区矫正。社区矫正期限自2020年7月7日起至2022年7月6日止。

在社区矫正期间，该社区矫正对象有违反法律及社区矫正监督管理规定的行为，被提请撤销缓刑，并具有应予逮捕的情形，具体事实如下：××××年××月××日，社区矫正对象金某某在已因违反外出管理规定被给予两次社区矫正警告处罚后，再次违反外出管理规定，符合应当提请撤销缓刑的法

定情形。金某某曾在电话报告时因被给予警告处罚，扬言要对司法所工作人员实施打击报复，且其曾经对被害人实施过要挟的行为，有电话录音等予以证明。金某某的行为符合提请逮捕的法定情形。

依据《中华人民共和国社区矫正法》第四十七条规定，建议对社区矫正对象金某某予以逮捕。

此致

××××人民法院

××市××区社区矫正机构（公章）

××××年××月××日

注：抄送××××人民检察院。

《社区矫正对象逮捕建议书》的制作说明：

1. 本文书用于在提出撤销缓刑、假释建议的同时，提请人民法院决定对社区矫正对象予以逮捕时使用。

2. 文书字号由年度、社区矫正机构代字、类型代字、文书编号组成，使用阿拉伯数字，如"（2020）××矫捕建字第 1 号"。该建议书一式三份，一份随同撤销缓刑、假释建议书及相应证据材料等组卷，一份送原社区矫正决定机关或者执行地社区矫正机关，一份抄送执行地县级人民检察院。

3. 社区矫正机构提请逮捕的建议适用于被提请撤销缓刑、撤销假释的社区矫正对象具备法定情形时提出。对暂予监外执行社区矫正对象提请收监执行建议时，不适用提出逮捕意见。

任务3　社区矫正对象逮捕文书应用环节的实体要求

一、准确理解提请逮捕的法律规定

对被提请撤销缓刑（撤销假释）的社区矫正对象，由社区矫正机构提请逮捕是根据《社区矫正法》的规定。从《社区矫正法》出台前社区矫正工作试点实践来看，对于被提请撤销缓刑（撤销假释）的社区矫正对象，如何在人民法院作出撤销缓刑（撤销假释）的裁定前防止其逃跑或者产生社会危害性，是长期以来的重难点问题之一。在正式的法律出台前，由于类似部门规章等规范性文件无权规定限制人身自由的强制措施，对于符合撤销缓刑（撤销假释）条件的社区矫正对象，只能在其已经发生逃跑行为后，由人民法院对其裁定撤销缓刑（撤销假释），再由社区矫正机构通知公安机关负责实施追捕。其中，撤销缓刑（撤销假释）裁定书可以作为公安机关网上追逃的依据，公安机关根据案情决定是否实施网上追逃。这种规定具有滞后性，属于社区矫正对象逃跑后的补救措施，不能做到事先防止社区矫正对象逃跑和公安机关及时追逃。同时，实践中也有反映公安机关网上追逃系统在适用撤销缓刑（撤销假释）裁定书作为追逃依据时存在障碍，无法录入系统。此外，这种在社区矫正对象不在案时进行的缺席裁定，在程序上也被质疑缺乏正当性。

基于上述问题，在《社区矫正法》的立法过程中，考虑对此增加条文予以解决。在充分考虑人民法院职权设置和社区矫正工作实践的双重需要的情况下，规定了被提请撤销缓刑、假释的社区矫正对象可能逃跑或者可能发生社会危险的，社区矫正机构可以在提出撤销缓刑、假释建议的同时，提请人民法院决定对其予以逮捕的内容。逮捕是《刑事诉讼法》规定的刑事强制措施之一，《刑事诉讼法》第 80 条、81 条对刑事诉讼过程中逮捕的适用情形作出了规定。《社区矫正法》第 47 条只是笼统规定了提请逮捕的情形，但是在《社区矫正法实施办法》中对此进行了一定的细化，与《刑事诉讼法》规定的逮捕适用措施略有不同，体现了社区矫正工作中撤销缓刑、假释程序的具体需求。

逮捕措施的加入，解决了撤销缓刑（撤销假释）程序无法合法有效地限制社区矫正对象人身自由的问题，解决了公安机关网上追逃系统文书录入的问题（逮捕证可以录入），也能够预防可能被撤销缓刑（撤销假释）的社区矫正对象逃跑，保障撤销缓刑（撤销假释）司法程序的正常进行。

二、可以提请逮捕的情形

1. 可能逃跑的；
2. 具有危害国家安全、公共安全、社会秩序或者他人人身安全现实危险的；
3. 可能对被害人、举报人、控告人或者社区矫正机构工作人员等实施报复行为的；
4. 可能实施新的犯罪的。

三、可以认定为可能逃跑的情形

1. 着手准备逃跑，或者有逃跑的意思表示的；
2. 曾经脱离监管，或者处于脱离监管状态的；
3. 曾经以暴力、威胁或者其他手段抗拒抓捕的；
4. 其他企图逃跑的情形。

四、可以认定为具有现实危险的情形

1. 正在策划、组织或者预备实施危害国家安全、公共安全、社会秩序或者他人人身安全的违法犯罪行为的；
2. 曾因危害国家安全、公共安全、社会或者他人人身安全受到刑事处罚或者行政处罚的；
3. 在危害国家安全、黑恶势力、恐怖活动、毒品犯罪中起组织、策划、指挥作用或者积极参加的；
4. 其他危害国家安全、公共安全、社会秩序或者他人人身安全的情形。

五、可以认定为可能实施打击报复行为的情形

1. 扬言或者准备、策划对被害人、举报人、控告人或者社区矫正机构工作人员等实施打击报复的；
2. 曾经对被害人、举报人、控告人或者社区矫正机构工作人员等实施打击、要挟、迫害等行为的；
3. 采取其他方式滋扰被害人、举报人、控告人或者社区矫正机构工作人员等的正常生活、工作的；
4. 其他可能对被害人、举报人、控告人或者社区矫正机构工作人员等实施打击报复的情形。

六、可以认定为可能实施新的犯罪的情形

1. 正在策划、组织或者预备实施新的犯罪的；

2. 扬言实施新的犯罪的；

3. 以犯罪所得为主要生活来源的；

4. 有吸毒、赌博等恶习的；

5. 其他可能实施新的犯罪的情形。

七、提请逮捕程序中各部门的职责

被提请撤销缓刑、撤销假释的社区矫正对象，具备提请逮捕条件的，由社区矫正机构在提出撤销缓刑、撤销假释建议书的同时，提请人民法院决定对其予以逮捕。人民法院应当在 48 小时内作出是否逮捕的决定。决定逮捕的，由公安机关执行。逮捕后的羁押期限不得超过 30 日。

任务4　社区矫正对象逮捕文书应用环节的程序要求

一、提请逮捕

被提请撤销缓刑、假释的社区矫正对象可能逃跑或者可能发生社会危险的，社区矫正机构可以在提出撤销缓刑、假释建议的同时，提请人民法院决定对其予以逮捕。提请逮捕程序以提出撤销缓刑、假释的建议程序的启动为前提，是后者的附属程序或辅助程序。同时提请逮捕程序是"可以"提出，不是必须提出，社区矫正机构不是必须在向人民法院提出撤销缓刑、假释的建议时提请法院逮捕，只有符合逮捕适用情形时，才可以提出。因此，提请逮捕并非必经程序，而是具有自由选择的特性。

社区矫正机构提请人民法院决定逮捕社区矫正对象时，应当提供相应证据，移送人民法院审查决定。相应的证据是指能够证明社区矫正对象符合可能逃跑或者可能发生社会危险等相关情形的材料。社区矫正机构提请逮捕的法律文书，应当同时抄送执行地县级人民检察院，便于检察机关对提请逮捕程序进行法律监督。

二、决定送达

根据《社区矫正法》的规定，逮捕的决定主体是人民法院，这与《刑事诉讼法》中人民法院对被告人决定逮捕的规定是相衔接的，也是人民法院的法定职权之一，这与公安机关提请逮捕、检察机关批准逮捕的程序不同。

法律规定人民法院对决定逮捕的被告人，应当在逮捕后 24 小时以内讯问，发现不应当逮捕的，应当立即释放。这个期限设置相对较短。这是考虑到撤销缓刑、假释程序中面临的情况往往较为紧急，且人民法院审查的主要内容是被提请逮捕社区矫正对象的社会危险性，而不是对案件证据的深入审查，因此时间设置为 24 小时。本书也认为该规定是为了凸显该程序的紧急性，以便于社区矫正机构、公安机关控制尚未脱逃的社区矫正对象或者尽快开展追逃工作。

人民法院作出是否逮捕决定的法律文书，应当同时抄送执行地县级人民检察院，以便于检察机关对人民法院逮捕决定及执行的监督。

三、执行和羁押

人民法院决定逮捕的，由公安机关执行。根据《刑事诉讼法》的规定，逮捕等强制措施的执行均由公安机关负责。公安机关应当根据人民法院的逮捕决定，负责抓捕被决定逮捕的社区矫正对象，并送交看守所羁押。社区矫正机构应当在公安机关执行逮捕的过程中给予适当的协助。

逮捕后的羁押期限为30日，这与《社区矫正法》第48条规定的法院在收到社区矫正机构撤销缓刑、假释建议书后30日内作出裁定的规定相衔接。

人民法院裁定不予撤销缓刑、假释的，对被逮捕的社区矫正对象，公安机关应当立即予以释放。

🔑 工作法律依据

社区矫正对象提请逮捕文书的法律依据是《社区矫正法》第47、48条，《社区矫正法实施办法》第48条。

🔑 思考练习

肖某（15周岁），因犯故意伤害罪，被泉州市泉港区人民法院判处有期徒刑2年8个月，缓刑3年5个月。缓刑考验期限自2022年10月11日起至2026年3月10日止。肖某自接受社区矫正以来，因未经批准私自离开泉港区，多次未经批准私自离开泉港区及多次私自接触同案犯，多次未按规定及时通过"在矫通"向一体化平台报告位置信息，先后被区社区矫正管理局给予训诫一次、警告两次。其间，区社区矫正管理局、山腰司法所多次约谈其监护人，并一同对其进行教育，多次告知违反规定所要承担的法律后果。但肖某仍屡教不改，我行我素，多次未按规定通过"在矫通"向一体化平台报告位置信息，并被发现无证驾驶机动车等其他违法行为。

2023年5月25日，泉港区社区矫正管理局向泉港区人民法院提出撤销肖某缓刑建议的申请。5月29日，肖某因涉嫌盗窃他人车内财物被公安机关立案调查。肖某可能实施新的犯罪，在收集相应证据后，泉港区社区矫正管理局于2023年6月2日向泉港区人民法院提请对肖某予以逮捕。泉港区人民法院于当日做出逮捕决定，并交由泉港公安分局执行逮捕。

请根据案例材料，制作《提请逮捕审核表》和《社区矫正对象逮捕建议书》。

🔑 拓展学习

社区矫正执法文书中提请逮捕审核表及社区矫正对象逮捕建议书的写作要点
一、提请逮捕审核表写作要点

提请逮捕审核表是社区矫正机构内部逐级审核是否提请逮捕社区矫正对象的程序性文书，需体现执法审核的严谨性与规范性。

1. 文书结构要素完整。

表头信息规范：明确标注文书名称、编号、社区矫正对象基本信息（姓名、性别、身份证号、矫正类别、矫正期限等），确保与其他执法文书信息一致。

审核流程清晰：设置"承办人意见""部门负责人审核""分管领导审批"等层级栏目，各环节需填写具体审核意见（如"事实清楚、证据确凿，建议提请逮捕"）并签名、注明日期，体现执法流程的层级监督。

2. 违法犯罪事实表述精准。

简明扼要概述社区矫正对象涉嫌犯罪或严重违反监管规定的行为，包括时间（如"2025 年 3 月 15 日 19 时"）、地点（如"××市××区××路"）、具体情节（如"持械殴打他人致轻微伤"）及后果（如"已被公安机关立案侦查"）。

注明线索来源（如群众举报、日常监管发现）及初步证据（如询问笔录、监控视频、伤情鉴定意见），为后续逮捕建议提供事实基础。

3. 法律依据引用准确。

依据《社区矫正法》第 29 条（对社区矫正对象加强监督管理）、《刑事诉讼法》第 81 条（逮捕条件）等规定，结合具体行为性质（如涉嫌新罪、违反禁止令且情节严重），阐明提请逮捕的法定理由。

二、社区矫正对象逮捕建议书写作要点

逮捕建议书是社区矫正机构向公安机关正式提出逮捕社区矫正对象建议的法律文书，需具备法定效力和证据支撑。

1. 首部规范严谨：标题采用"社区矫正对象逮捕建议书"，编号为"×矫捕建〔2025〕×号"；主送机关为负责案件侦查的公安机关（如"××市公安局××分局"）；列明社区矫正对象基本信息（含原判罪名、刑罚执行情况、矫正期间监管单位）。

2. 正文逻辑清晰：违法犯罪事实详述：按照"时间线＋证据链"模式描述，如"2025 年 4 月 5 日 22 时，该对象未经批准擅自离开监管区域（定位系统显示 23 时出现在××市，有社区矫正平台轨迹截图为证），且在民警电话询问时拒不配合，涉嫌违反《社区矫正法》第 28 条规定"。涉及新罪的，需说明公安机关立案情况，如"因涉嫌盗窃罪，××派出所已于 2025 年 4 月 10 日立案侦查，附受案登记表复印件"。

3. 证据列举具体：逐一列明证明材料，如调查笔录 3 份、监控录像光盘 1 张、行政处罚决定书 1 份，注明证据形式与证明内容，确保"事实—证据—法律"三者关联。

4. 法律适用明确：援引《社区矫正法》第 29 条第×款（如"社区矫正对象有违反法律、行政法规或者监督管理规定，情节严重的，应当依法提请逮捕"）及《刑事诉讼法》相关逮捕条件，明确提出"建议对社区矫正对象×××依法提请批准逮捕"的具体意见。

5. 附件与送达规范：随文附送证据目录、社区矫正对象档案复印件、审核表等材料；文末注明社区矫正机构名称、日期并加盖公章，同时抄送同级人民检察院。

三、核心注意事项

两类文书均需聚焦"有证据证明有犯罪事实""可能判处徒刑以上刑罚""采取取保候审尚不足以防止社会危险性"三个逮捕核心要件，区分"涉嫌新罪"与"严重违规"的不同。

工作任务二十一　提请减刑审核表及社区矫正对象减刑建议书

🔍 **任务目标**

1. 熟悉减刑的相关知识；
2. 能够熟练地填写制作以及撰写提请减刑审核表及社区矫正对象减刑建议书；
3. 掌握提请减刑审核表及社区矫正对象减刑建议书的相关知识；
4. 具备认真负责、耐心细致、团队合作、善于沟通的良好素质。

🔍 **任务描述**

社区矫正对象减刑文书包括《提请减刑审核表》和《社区矫正对象减刑建议书》。

《提请减刑审核表》是社区矫正机构或受委托的司法所认为社区矫正对象符合减刑的法定情形，拟向中级以上人民法院提请时，进行内部逐级审批或审核的表格。表格内容包括社区矫正对象的基本信息、提请的事由及依据、呈报单位意见、县级社区矫正机构意见、地市社区矫正机构审核意见、省级社区矫正机构审核意见等。

《社区矫正对象减刑建议书》是社区矫正机构对于符合刑法规定的减刑条件的社区矫正对象向社区矫正执行地的中级以上人民法院提出减刑建议的文书。该文书的内容包括社区矫正对象的基本身份信息，刑事案件判决情况，社区矫正执行的种类、期限，接受社区矫正期间的表现情况，对社区矫正对象提出减刑建议的法律依据，提出建议的对象机关及该文书的抄送机关等。

🔍 **工作场景**

谢某某，男，因犯寻衅滋事罪被人民法院判处有期徒刑 1 年，缓刑 2 年。社区矫正期间，谢某某能够遵守法律法规及社区矫正监管规定，按时报告，服从监管，并积极参加教育学习和公益活动，表现良好。××××年××月××日，谢某某发现 2 名儿童坠入河道冰窟后，奋不顾身，舍己救人，并第一时间将 2 名儿童送医治疗，事后收到家长的感谢锦旗，并被有关机关依法认定为见义勇为。现拟对谢某某提请减刑。

🔍 工作任务

任务 1 提请减刑审核表样本、范例与制作说明

提请减刑审核表

姓名		性别		身份证号码		
户籍地				执行地		
罪名		原判刑罚			附加刑	
禁止令内容			禁止期限 起止日	自 年 月 日 至 年 月 日		
矫正 类别		矫正 期限	起止日	自 年 月 日 至 年 月 日		
事实及依据						
呈报单位意见				（公章） 年 月 日		
县级社区矫 正机构意见				（公章） 年 月 日		
地市社区矫正 机构审核意见				（公章） 年 月 日		
省级社区矫正 机构审核意见				（公章） 年 月 日		
备注						

注：此表随建议书一并报送人民法院（公安机关、监狱管理机关）。

任务1.1 提请减刑审核表填写范例与制作说明

根据"工作场景"中谢某某的情况，制作《提请减刑审核表》（如下所示）。

提请减刑审核表

姓名	谢某某	性别	男	身份证号码	××××××××××××××××		
户籍地	××省××市××区××街道××小区××号楼×单元×××号			执行地	××省××市××区		
罪名	寻衅滋事罪	原判刑罚		有期徒刑一年	附加刑		无
禁止令内容	无			禁止期限起止日	自　年　月　日 至　年　月　日		
矫正类别	缓刑	矫正期限	二年	起止日	自2020年2月6日 至2022年2月5日		
事由及依据	谢某某在社区矫正期间，能够遵守法律法规及社区矫正监督管理规定，按时报告服从监管，并积极参加教育学习和公益活动，表现良好。××××年××月××日，社区矫正对象谢某某在××小区旁的河边散步期间，突然发现两名坠入河道冰窟的儿童，其奋不顾身跳入冰冷的河水中，救起了两名儿童并第一时间将两名儿童送至医院，最终挽救了两名儿童的生命。事后，两名儿童的家长送来了题为"舍己救人的真英雄"的锦旗，感谢谢某某见义勇为的行为。同时，谢某某的行为亦被有关机关依法认定为见义勇为。谢某某舍己救人、见义勇为的行为属于"重大立功表现"，符合应当提请减刑的法定情形，根据《中华人民共和国刑法》第七十八条、《中华人民共和国刑事诉讼法》第二百七十三条、《中华人民共和国社区矫正法》第三十三条、《中华人民共和国社区矫正法实施办法》第四十二条的规定，拟对谢某某提请减刑。						
呈报单位意见	拟同意，报××市××区社区矫正机构审批。 　　　　　　　　　　　　　　　　　　　××司法所（公章） 　　　　　　　　　　　　　　　　　　　××年××月××日						
县级社区矫正机构意见	拟同意，报××市社区矫正机构审批。 　　　　　　　　　　　　　××市××区社区矫正机构（公章） 　　　　　　　　　　　　　　　　　　　××年××月××日						

续表

地市社区矫正机构审核意见	同意提请。 　　　　　　　　　　　　　　　××市社区矫正机构（公章） 　　　　　　　　　　　　　　　　×××年××月××日
备注	

注：此表随建议书一并报送人民法院。

《提请减刑审核表》的制作说明：

1. 本文书根据提请减刑情况填写相应内容，相关审批意见栏如不使用，可以在打印时删除。针对提请减刑的情况，应当填写"地市社区矫正机构意见"栏。建议依法应由高级人民法院裁定减刑的，应当填写"省级社区矫正机构审核意见"栏。

2. 针对提请减刑的事实填写，应对社区矫正对象遵守有关规定、认罪悔罪、服从监督管理、接受教育等情况进行说明，相关考核结果可作为认定其是否具有悔改表现的重要依据。对于有重大立功表现的，要对重大立功表现的情况进行说明。对涉及有财产性判项的社区矫正对象建议减刑的，建议对其财产性判项进行调查后一并予以说明。综合社区矫正对象相关情况后，认为符合减刑条件的依法提请减刑。提请减刑审核的同时，需附相关证据材料予以证明。

3. 文书应当随同卷宗报送人民法院、公安机关或者监狱管理局。

任务 2　社区矫正对象减刑建议书样本、范例与制作说明

社区矫正对象减刑建议书

　　　　　　　　　　　　　　　　　　（　　　）　字第　　　号

社区矫正对象　　　　，男（女），　　年　　月　　日出生，　　族，身份证号码　　　　，户籍地　　　　，执行地　　　　。因犯　　　罪经　　　　人民法院于　　年　　月　　日判处　　　　　　。　　年　　月　　日经　　　　人民法院（监狱管理局、公安局）裁定假释（决定、批准暂予监外执行）。在管制（缓刑、假释、暂予监外执行）期间，依法实行社区矫正。社区矫正期限自　　年　　月　　日起至　　年　　月　　日止。

该社区矫正对象接受社区矫正期间有如下表现：　　　　　　　　　　　　　　　　。

依据《中华人民共和国刑法》第七十八条、《中华人民共和国刑事诉讼法》第二百七十三条、《中华人民共和国社区矫正法》第三十三条规定，建议对社区矫正对象　　　　予以减刑。

此致

　　　　　人民法院

　　　　　　　　　　　　　　　　　　　　　　　　　　　（公章）

　　　　　　　　　　　　　　　　　　　　　　　　年　月　日

注：抄送　　　人民检察院，　　　公安（分）局，　　　监狱。

任务2.1　社区矫正对象减刑建议书填写范例与制作说明

根据"工作场景"中谢某某的情况，制作《社区矫正对象减刑建议书》（如下所示）。

社区矫正对象减刑建议书

（2020）矫减建字第1号

社区矫正对象谢某某，男，××××年××月××日出生，汉族，身份证号码×××××××××××××××××，户籍地×××省××市××区××街××小区××号楼×单元×××号，执行地×××省××市××区。因犯寻衅滋事罪经××区人民法院于××××年××月××日判处有期徒刑一年，缓刑两年。在缓刑期间，依法实行社区矫正。社区矫正期限自2020年2月6日起至2022年2月5日止。

该社区矫正对象接受社区矫正期间有如下表现：社区矫正对象谢某某能够遵守法律法规及社区矫正监督管理规定，按时报告，服从监管，并积极参加教育学习和公益活动，表现良好。××××年××月××日，社区矫正对象谢某某在××小区旁河边散步期间，突然发现两名坠入河道冰窟的儿童，其奋不顾身跳入冰冷的河水中，救起了两名儿童并第一时间将他们送至医院，最终挽救了两名儿童的生命。事后，两名儿童的家长送来了题为"舍己救人的真英雄"的锦旗，感谢谢某某见义勇为的行为。同时，谢某某的行为亦被有关机关依法认定为见义勇为。谢某某舍己救人、见义勇为的行为属于"重大立功表现"，符合应当提请减刑的法定情形。

依据《中华人民共和国刑法》第七十八条、《中华人民共和国刑事诉讼法》第二百七十三条、《中华人民共和国社区矫正法》第三十三条规定，建议对社区矫正对象谢某某予以减刑。

此致

××××中级人民法院

××市社区矫正机构（公章）

××××年××月××日

注：抄送××××人民检察院，××××公安（分）局。

《社区矫正对象减刑建议书》的制作说明：

1. 本文书字号由年度、社区矫正机构代字、类型代字、文书编号组成，使用阿拉伯数字，如"（2020）矫减建字第1号"。文书一式四份，提出减刑建议时，由执行地县级社区矫正机构将一份减刑建议书连同审批表、证明材料等整理组卷；另附一份逐级上报上级社区矫正机构审核同意后，提请执行地同级人民法院；同时抄送执行地同级人民检察院一份；公安机关、罪犯原服刑或者接收其档案的监狱一份。人民法院作出裁定后留存另附的一份，将卷宗退回社区矫正机构。

2. 《社区矫正对象减刑建议书》中社区矫正期间的表现是对社区矫正对象依法提出减刑建议的重要依据，应对社区矫正对象遵守有关规定、认罪悔罪、服从监督管理、接受教育、社区矫正考核结果、重大立功表现、财产性判项执行等符合减刑条件的相关情况予以明确说明。

任务 3　社区矫正对象减刑文书应用环节的实体要求

一、社区矫正减刑制度

减刑，是指对原判刑期适当减轻的一种刑罚执行活动。狭义的减刑，是指依法被判处管制、拘役、有期徒刑、无期徒刑的罪犯在具有法定的减刑情节时，由负责执行刑罚的机关报送材料，由人民法院依法予以减轻原判刑罚的刑事司法活动。我国实行宽严相济的刑事政策，体现在刑罚执行领域的代表政策就是减刑，对符合条件的社区矫正对象进行减刑也理所当然包含在减刑制度的框架之中。对社区矫正对象进行减刑，有利于激励社区矫正对象服从监督管理、接受教育矫正，有利于使刑罚功能实现最大化，实现促进社区矫正对象顺利融入社会、预防减少再犯罪的立法目的。

对社区矫正对象予以减刑是《社区矫正法》对社区矫正试点工作的继承和发展。在 2012 年《社区矫正实施办法》（现已失效）规定的基础上，完善对社区矫正对象减刑的实体和程序规定，以立法的形式确定社区矫正对象减刑制度。

二、减刑的条件

1. 可以减刑的条件。被判处管制、拘役、有期徒刑、无期徒刑的犯罪分子，在执行期间，如果认真遵守监规，接受教育改造，确有悔改表现的，或者有立功表现的，可以减刑。

2. 应当减刑的条件。有下列重大立功表现之一的，应当减刑：

（1）阻止他人重大犯罪活动的；

（2）检举监狱内外重大犯罪活动，经查证属实的；

（3）有发明创造或者重大技术革新的；

（4）在日常生产、生活中舍己救人的；

（5）在抗御自然灾害或者排除重大事故中，有突出表现的；

（6）对国家和社会有其他重大贡献的。

三、认定"确有悔改表现"的条件

"确有悔改表现"是指同时具备以下条件：

1. 认罪悔罪；

2. 遵守法律法规及监规，接受教育改造；

3. 积极参加思想、文化、职业技术教育；

4. 积极参加劳动，努力完成劳动任务。

对职务犯罪、破坏金融管理秩序和金融诈骗犯罪、组织（领导、参加、包庇、纵容）黑社会性质组织犯罪等罪犯，不积极退赃、协助追缴赃款赃物、赔偿损失，或者服刑期间利用个人影响力和社会关系等不正当手段意图获得减刑、假释的，不认定其"确有悔改表现"。

罪犯在刑罚执行期间的申诉权利应当依法保护，对其正当申诉不能不加分析地认为是不认罪悔罪。

四、可以认定有"立功表现"的情形

具有下列情形之一的，可以认定为有"立功表现"：

1. 阻止他人实施犯罪活动的；

2. 检举、揭发监狱内外犯罪活动，或者提供重要的破案线索，经查证属实的；

3. 协助司法机关抓捕其他犯罪嫌疑人的；

4. 在生产、科研中进行技术革新，成绩突出的；

5. 在抗御自然灾害或者排除重大事故中，表现积极的；

6. 对国家和社会有其他较大贡献的。

上述第 4 项和第 6 项中的"技术革新"和"其他较大贡献"应当由罪犯在刑罚执行期间独立或者主要完成，并经省级主管部门确认。

五、应当认定有"重大立功表现"的情形

具有下列情形之一的，应当认定为有"重大立功表现"：

1. 阻止他人实施重大犯罪活动的；

2. 检举监狱内外重大犯罪活动，经查证属实的；

3. 协助司法机关抓捕其他重大犯罪嫌疑人的；

4. 有发明创造或者重大技术革新的；

5. 在日常生产、生活中舍己救人的；

6. 在抗御自然灾害或者排除重大事故中，有突出表现的；

7. 对国家和社会有其他重大贡献的。

上述第 4 项中的"发明创造"或者"重大技术革新"应当是罪犯在刑罚执行期间独立或者主要完成并经国家主管部门确认的发明专利，且不包括实用新型专利和外观设计专利；第 7 项中的"其他重大贡献"应当由罪犯在刑罚执行期间独立或者主要完成，并经国家主管部门确认。

六、提请减刑程序中各部门的职责

社区矫正对象符合《刑法》规定的减刑条件的，社区矫正机构应当向社区矫正执行地的中级以上人民法院提出减刑建议，并将减刑建议书抄送同级人民检察院。根据同级衔接原则，提请减刑的主体，应当至少是地市级社区矫正机构或省级社区矫正机构。

人民法院应当在收到社区矫正机构的减刑建议书后 30 日内作出裁定，并将裁定书送达社区矫正机构，同时抄送人民检察院、公安机关。

七、社区矫正对象减刑的特别规定

1. 被判处管制、拘役的罪犯，以及判决生效后剩余刑期不满 2 年有期徒刑的罪犯，符合减刑条件的，可以酌情减刑，减刑起始时间可以适当缩短，但实际执行的刑期不得少于原判刑期的 1/2。

2. 被判处拘役或者 3 年以下有期徒刑，并宣告缓刑的罪犯，一般不适用减刑。前款规定的罪犯在缓刑考验期内有重大立功表现的，可以参照《刑法》第 78 条的规定予以减刑，同时应当依法缩减其缓刑考验期。缩减后，拘役的缓刑考验期限不得少于 2 个月，有期徒刑的缓刑考验期限不得少于 1 年。

任务4　社区矫正对象减刑文书应用环节的程序要求

一、提请减刑

社区矫正对象符合《刑法》规定的减刑条件的，社区矫正机构应当向社区矫正执行地的中级以上人民法院提出减刑建议。所谓《刑法》规定的减刑条件，是指《刑法》第78条的具体规定。《刑法》第78条规定的减刑条件在监禁刑的执行过程中实践应用较多，相关司法解释以及司法部的规章制度对监狱内罪犯的减刑条件也有相当细化的规定，但是这些规定不能直接套用在社区矫正对象的减刑中。结合《刑法》《社区矫正法》和《社区矫正法实施办法》的规定，管制、假释或者暂予监外执行的社区矫正对象（缓刑另有规定），如果认真遵守法律、行政法规，履行判决、裁定、暂予监外执行决定等法律文书确定的义务，遵守国务院司法行政部门关于报告、会客、外出、迁居、保外就医等监督管理规定，服从社区矫正机构的管理，根据社区矫正机构的考核结果认定确有悔改表现的，社区矫正机构可以提出减刑的建议。社区矫正对象有重大立功表现的，应当提出减刑建议。

社区矫正机构、受委托的司法所应当根据社区矫正对象认罪悔罪、遵守有关规定、服从监督管理、接受教育等情况，定期对其考核，考核结果可作为认定其是否具有悔改表现的重要依据。社区矫正对象接受社区矫正期间，有见义勇为、抢险救灾等突出表现，或者帮助他人、服务社会等突出事迹的，执行地县级社区矫正机构可以给予表扬。对于符合法定减刑条件的，由执行地县级社区矫正机构依照《社区矫正法实施办法》第42条的规定，提出减刑建议。

社区矫正机构向人民法院提出减刑建议应当遵循同级对等原则，根据《最高人民法院关于减刑、假释案件审理程序的规定》，不同刑种的罪犯减刑由不同级别的人民法院管辖，提出建议的社区矫正机构也应当与人民法院的级别相对应。除被判处无期徒刑的暂予监外执行或假释社区矫正对象应当由省级社区矫正机构向社区矫正执行地的高级人民法院提出减刑建议外，对其他社区矫正对象应由地市级社区矫正机构向社区矫正执行地的中级人民法院提出减刑建议。

在工作实践中，一般是由社区矫正执行地的县级社区矫正机构根据社区矫正对象的日常表现或立功表现等提出减刑的意见，同时附带社区矫正对象终审法院裁判文书，执行通知书，历次减刑裁定书复印件，考核奖惩记录，确有悔改表现或者立功、重大立功表现的书面证明材料，逐级上报至地市社区矫正机构审核，由地市社区矫正机构根据职权提请执行地的中级人民法院裁定。其中依法应由高级人民法院裁定的减刑案件，由执行地县级社区矫正机构提出减刑建议书并附相关证据材料，逐级上报省级社区矫正机构审核同意后，由省级社区矫正机构提请执行地的高级人民法院裁定。地市以上社区矫正机构应充分尊重县级社区矫正机构关于减刑的工作意见，严格依法把好审核关，作出是否向人民法院提出减刑建议的决定，并及时向县级社区矫正机构反馈结果。

二、裁定送达

人民法院应当在收到社区矫正机构的减刑建议书后30日内作出裁定，并将裁定书送达社区矫正机构，同时抄送人民检察院、公安机关。根据《刑法》《刑事诉讼法》以及相关司法解释的规定，人民法院审理减刑案件，应当依法由审判员或者由审判员和人民陪审员组成合议庭进行，除应当审查罪犯在执行期间的一贯表现外，还应当综合考虑犯罪的具体情节、原判刑罚情况、财产刑执行情况、附带民事裁判履行情况、罪犯退赃退赔等情况。人民法院审理减刑案件，可以采取开庭审理或者书面审理的方式。人民法院经过审理，认为被报请减刑的罪犯符合法律规定的减刑条件的，作出予以减刑的裁定；认为被报请减刑的罪犯符合法律规定的减刑条件，但执行机关报请的减刑幅度不适当的，对减刑幅度作出相应调整后作出予以减刑的裁定；认为被报请减刑的罪犯不符合法律规定的减刑条件的，作出不予减刑的裁定。

需要注意的是，人民法院审理社区矫正对象减刑的期限是固定期限，不得以案情复杂或者情况特殊等为由延长审理期限。这一点与《最高人民法院关于减刑、假释案件审理程序的规定》第1条的规定略有不同，注意区分。

三、检察监督

社区矫正对象符合《刑法》规定的减刑条件的，社区矫正机构应当向社区矫正执行地的中级以上人民法院提出减刑建议，并将减刑建议书抄送同级人民检察院。人民法院应当在收到社区矫正机构的减刑建议书后30日内作出裁定，并将裁定书送达社区矫正机构，同时抄送人民检察院、公安机关。根据《社区矫正法》的规定，无论是社区矫正机构提出减刑建议（提请减刑），还是人民法院的审理和裁定减刑，相关文书均需要抄送人民检察院，接受法律监督。对于社区矫正机构的提请减刑，根据《人民检察院刑事诉讼规则》《人民检察院办理减刑、假释案件规定》的相关规定，人民检察院在收到执行机关（社区矫正机构）抄送的减刑建议书副本后，应当逐案进行审查，发现减刑建议不当或者提请减刑违反法定程序的，应当在10日以内向审理减刑案件的人民法院提出书面检察意见，同时也可以向执行机关（社区矫正机构）提出书面纠正意见。案情复杂或者情况特殊的，可以延长10日。对于人民法院裁定减刑，人民法院开庭审理减刑案件的，人民检察院应当指派检察人员出席法庭，发表意见。人民检察院经审查认为人民法院减刑的裁定不当，应当在收到裁定书副本后20日以内，向作出减刑裁定的人民法院提出纠正意见。人民法院应当在收到纠正意见后另行组成合议庭审理，并在1个月内作出裁定。人民检察院对人民法院减刑的裁定提出纠正意见后，应当监督人民法院是否在收到纠正意见后1个月以内重新组成合议庭进行审理，并监督重新作出的裁定是否符合法律规定，对最终裁定不符合法律规定的，应当向同级人民法院提出纠正意见。

🔍 工作法律依据

社区矫正对象减刑文书的法律依据是《刑法》第78、79条，《刑事诉讼法》第273、274条，《社区矫正法》第33条，《社区矫正法实施办法》第33、42条，《最高人民法院关于减刑、假释案件审理程序的规定》第2、4、5、6、16、20、21条，《最高人民法院关于办理减刑、假释案件具体应用法律的规定》第2、3、4、5、16、18条，《人民检察院刑事诉讼规则》第635、636、637、639、640、641条。

🔍 **思考练习**

社区矫正对象王某，男，1989 年 6 月出生，2018 年 3 月 14 日因犯诈骗罪被浙江省德清县人民法院判处有期徒刑 3 年，宣告缓刑 4 年，并处罚金 60 000 元，缓刑考验期自 2018 年 3 月 27 日起至 2022 年 3 月 26 日止。王某在浙江省德清县某街道司法所接受社区矫正。社区矫正期间，王某能够积极接受教育管理，各方面表现良好。

2019 年 11 月 12 日上午，王某在德清县某街道进行社区服务时，发现社区卫生服务站门口的道路上，一辆正在施工的热熔划线工程车上的液化气罐突然起火，危及周边安全。王某见状主动上前施救，并成功排除险情。经德清县人民检察院监督，王某的行为被法院依法认定为重大立功表现，符合减刑的法定条件。湖州市中级人民法院依法裁定对王某减去有期徒刑 6 个月，缩减缓刑考验期 1 年。

根据以上案例材料，制作《提请减刑审核表》和《社区矫正对象减刑建议书》。

🔍 **拓展学习**

社区矫正执法文书中《提请减刑审核表》及《社区矫正对象减刑建议书》的写作要点如下：

减刑建议书是社区矫正机构向法院提出减刑建议的正式法律文书，需具备事实清楚、证据充分、法律适用精准的特征。

1. 首部规范严谨。标题采用"社区矫正对象减刑建议书"，编号为"×矫减建〔2025〕×号"；主送机关为作出原判决的法院（如"××市中级人民法院"）；列明社区矫正对象基本信息（含原判罪名、刑罚、判决日期、矫正期限、目前执行情况）。

2. 正文逻辑清晰完整。

（1）悔改/立功事实分点阐述：开篇概述矫正期间综合表现（如"在社区矫正期间，该对象严格遵守监管规定，积极改造，确有悔改表现"）。

（2）分段落详述具体表现：

遵守监管情况：列举遵守报告、会客、外出等规定的具体事例（如"入矫以来，共申请外出 3 次，均提前 3 日提交书面申请并按时返回"）。

教育矫正成效：说明参加思想、文化、职业技能教育的成果（如"通过社区矫正机构组织的电工技能培训，获中级职业资格证书"）。

立功/重大立功事实：若存在立功行为，需完整描述时间、地点、行为内容及产生的社会效果（如"2025 年 5 月在社区火灾事故中救出 2 名儿童，获消防部门表彰，附表彰决定复印件"）。

（3）证据清单明确具体：逐一列明证明材料（如《社区矫正对象考核登记表》《立功表现证明》《奖惩审批表》等），注明证据份数及证明目的，形成"表现事实—证据材料—法律依据"的闭合逻辑。

（4）法律适用与建议明确：援引《刑法》《社区矫正法》等具体条款，结合社区矫正对象表现类型，明确提出减刑建议（如"建议对社区矫正对象×××减去有期徒刑 6 个月，减刑后刑期至 2026 年 10 月 5 日止"）。

3. 附件与送达规范。随文附送减刑审核表、社区矫正对象档案复印件（含历次考核记录、奖惩材料）、立功证明等材料；文末注明社区矫正机构名称、日期并加盖公章，同时抄送同级人民检察院。

4. 核心注意事项。文书需紧扣"确有悔改表现"（需同时具备"认罪悔罪、遵守规定、接受教育、积极改造"四要件）或"立功表现"的法定标准，区分减刑与假释的适用条件，避免模糊表述。涉及刑期计算时需精准核对原判决及已执行刑期，确保建议内容符合法律规定的减刑幅度与程序要求。

🔎 **知识链接**

工作领域六

社区矫正解除终止矫正文书制作

🔍 **学习目标**

    知识目标：通过学习，认知和准确把握社区矫正期满鉴定的法律依据。

    能力目标：能够熟练制作相关文书并规范填写，同时掌握相关文书的运行程序。

    素质目标：培养良好的法律素养，在实务应用中严格按照法律规范操作相关文书。

🔍 **工作思维导图**

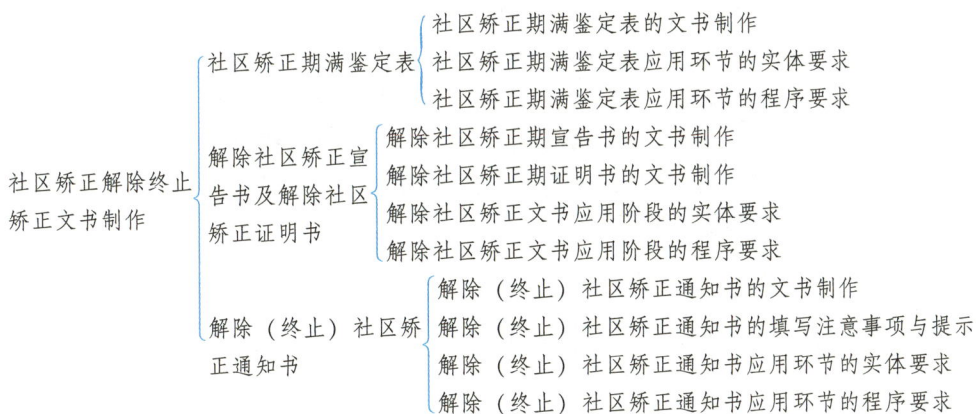

```
                                  ┌ 社区矫正期满鉴定表的文书制作
              社区矫正期满鉴定表 ─┤ 社区矫正期满鉴定表应用环节的实体要求
                                  └ 社区矫正期满鉴定表应用环节的程序要求

                                  ┌ 解除社区矫正期宣告书的文书制作
社区矫正解除终止    解除社区矫正宣 ┤ 解除社区矫正证明书的文书制作
矫正文书制作        告书及解除社区 │ 解除社区矫正文书应用阶段的实体要求
                    矫正证明书     └ 解除社区矫正文书应用阶段的程序要求

                                  ┌ 解除（终止）社区矫正通知书的文书制作
              解除（终止）社区矫 ┤ 解除（终止）社区矫正通知书的填写注意事项与提示
              正通知书           │ 解除（终止）社区矫正通知书应用环节的实体要求
                                  └ 解除（终止）社区矫正通知书应用环节的程序要求
```

工作任务二十二　　社区矫正期满鉴定表

🔍 **任务目标**

1. 了解社区矫正期满鉴定工作流程，熟悉社区矫正期满鉴定工作内容和标准；

2. 理解社区矫正期满鉴定工作相关法律法规；

3. 培养法治意识、法治理念，认识法治思维在社区矫正工作中的意义；

4. 具备严谨认真、公平公正、清正廉洁的精神。

🔍 **任务描述**

    《社区矫正期满鉴定表》是社区矫正对象在矫正期届满或者被赦免时，社区矫正机构、司法所根据其在接受社区矫正期间的表现等情况作出书面鉴定所使用的文书表格。该表格内容应包括社区矫正对象的个人基本信息、原裁判相关信息，社区矫正的种类、期限，禁止令、附加刑判项内容，受委托的司法所意见，社区矫正机构对社区矫正对象的鉴定意见等。

社区矫正期满鉴定是社区矫正解除程序的重要环节，是社区矫正机构对社区矫正对象在社区矫正执行期间的表现所做出的书面鉴定，是对每一名社区矫正对象接受社区矫正情况的官方评价和认定。社区矫正期满鉴定的意义在于对即将解除社区矫正对象的情况做最后总结，以使每一名社区矫正对象的具体矫正情况有据可查。

🔑 工作场景

社区矫正对象贾某，1999 年 12 月 17 日出生，2017 年 10 月 22 日因犯盗窃罪被某市高新技术产业开发区人民法院判处有期徒刑 3 年，缓期 5 年执行。2017 年 10 月 25 日到某司法所报到接受社区矫正。社区矫正期满，社区矫正机构、司法所对其在接受社区矫正期间的表现等情况做出鉴定。

贾某居住地的社区矫正机构根据贾某的执行通知书确认执行期限，对其执行过程进行监管、考核，根据《社区矫正法实施办法》第 53 条第 2 款的规定，在贾某社区矫正期满 30 日前，通知其作出个人总结，受委托的司法所作出对贾某的矫正意见，贾某居住地社区矫正机构根据其在接受社区矫正期间的表现等情况作出书面鉴定，同时核实确认贾某是否有撤销缓刑、是否有撤销假释、是否有收监执行等情形，在确认没有的情况下，于矫正期满后，为其办理解除社区矫正手续，并与安置帮教工作部门做好衔接工作（具体工作流程可参考下图）。

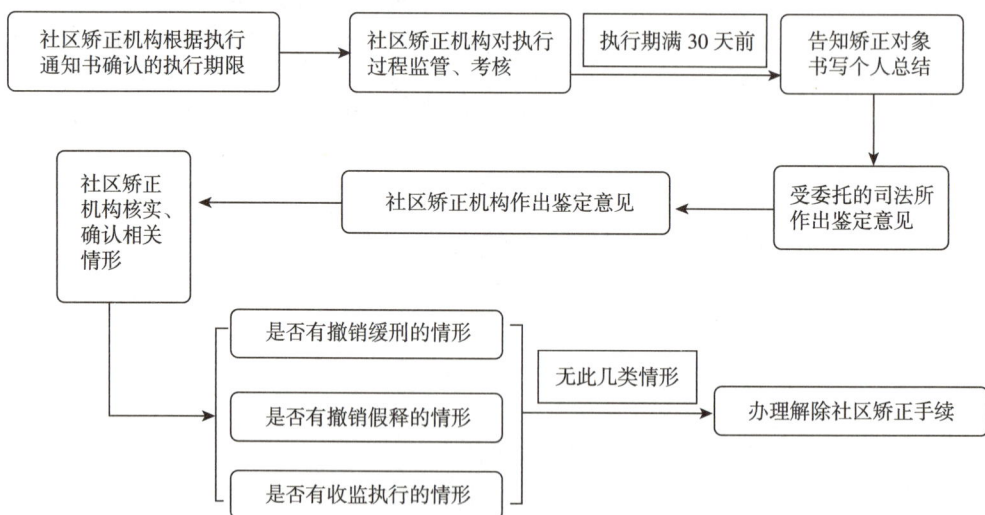

社区矫正期满作出鉴定工作流程图

工作任务

任务1　社区矫正期满鉴定表的文书制作

社区矫正期满鉴定是社区矫正解除程序的重要环节，也是一项非常严肃的执法活动。《社区矫正期满鉴定表》是社区矫正对象矫正期满或者被赦免时，社区矫正机构、司法所根据其在接受矫正期间的表现等情况作出书面鉴定所使用的表格。作为一种文书，熟知其制作要求是社区矫正工作人员的必备工作技能，清楚地掌握其制作规范也是社区矫正工作人员的必备素养。

《社区矫正期满鉴定表》主要包括矫正对象个人基本信息，如姓名、性别、出生年月、家庭住址、籍贯、户籍地、执行地、罪名、原判法院、原判刑种、刑期，以及受托司法所的意见、社区矫正机构意见等。

社区矫正期满鉴定表

姓名		性别		出生年月		一寸免冠照片
曾用名		民族		文化程度		
政治面貌		身份证号				
家庭住址				籍贯		
户籍地			执行地			
罪名			原判法院			
原判刑种			原判刑期			
矫正类别		矫正期限		起止日	自　年　月　日 至　年　月　日	
禁止令内容			禁止期限起止日		自　年　月　日 至　年　月　日	
附加刑判项内容						
受委托的司法所意见					（公章） 年　月　日	

续表

社区矫正机构 鉴定意见		（公章） 年　月　日
备注		

任务 1.1　社区矫正期满鉴定表填写范例与制作说明

根据"工作场景"中贾某的情况，社区矫正机构、司法所对其在接受社区矫正期间的表现等情况做出鉴定。

社区矫正期满鉴定表

姓名	贾某	性别	男	出生年月	1999 年 12 月	一寸免冠照片
曾用名	无	民族	汉	文化程度	高中	
政治面貌	群众	身份证号码		××××××××××××××××××		
家庭住址	××省××市××区××街××小区××号楼××单元××号				籍贯	××省××市
户籍地	××省××市			执行地	××省××市××区	
罪名	盗窃罪			原判法院	××省××市高新技术产业开发区人民法院	
原判刑种	有期徒刑			原判刑期	3 年	
矫正类别	缓刑	矫正期限	5 年	起止日	2017 年 10 月 25 日起至 2022 年 10 月 24 日止	
禁止令内容	无		禁止期限起止日		自　年　月　日 至　年　月　日	
附加刑判项内容	无					
受委托的司法所意见	贾某在社区矫正期间，能够自觉接受司法所日常管理规定，遵守各项规章制度，积极参加组织的教育学习，积极参加公益活动，主动上报矫正小结和个人书面总结，其表现获得了矫正小组成员的一致认可，建议对其考核评定为良好等次。 司法所（公章） ××××年××月××日					

社区矫正机构 鉴定意见	贾某在报到时认罪认罚，态度良好；其在矫正期间，自觉接受社区矫正机构及司法所的各项管理制度与规定，无惩罚记录；能够积极参加各项教育学习和公益活动，有强烈的回归社会的意愿，并积极付诸实际行动；根据司法所及矫正小组成员意见，结合贾某个人总结情况和实际表现，经综合鉴定，给予考核评定良好等次。 　　　　　　　　　　　　　　××市××区社区矫正机构（公章） 　　　　　　　　　　　　　　　　　　××××年××月××日
备注	

一、社区矫正期满鉴定表制作说明

本文书根据《社区矫正法》第 44 条以及《社区矫正法实施办法》第 53 条的规定制作。由执行地县级社区矫正机构、受委托的司法所根据矫正对象在接受社区矫正期间的表现等情况作出书面鉴定并存档。

二、社区矫正期满鉴定表填写注意与提示

1. 社区矫正机构在社区矫正期间应严格按照执行通知书所载明的期限执行。

2. 鉴定意见应当包含社区矫正对象在矫正期间是否认罪悔罪，是否遵守法律法规及矫正监督管理规定，是否接受和服从监督管理，是否参加教育学习和公益活动，是否有违法违纪行为发生，是否受到训诫、警告、治安管理处罚等内容。同时还可根据实际情况提出安置帮教意见建议。

社区矫正期满鉴定是对社区矫正对象在矫正期间的表现作出客观公正、真实有效的评价，一方面要求执法人员具备专业的法律素养，严格遵循公正执法的理念；另一方面要求执法人员具有严谨的办案能力，具备认真负责、专业细致的职业道德和遵规守纪的职业精神。

任务 2　社区矫正期满鉴定表应用环节的实体要求

《社区矫正期满鉴定表》内容中包含了受委托的司法所意见和社区矫正机构鉴定意见两个方面的重要内容。

提出意见的主体是受委托的司法所，其代表了司法所对即将解除社区矫正的社区矫正对象的矫正结果的真实、客观、实际的评价，其实质是为社区矫正机构对社区矫正对象作出最终的准确评价提供重要的参考依据。虽然法律没有明确要求必须由受委托的司法所提出意见，但是实践中应当充分考虑司法所在日常监督管理中所承担的重要角色，让受委托的司法所提出意见，一方面可以为司法所的日常监管工作做出总结性评价，另一方面也可以为社区矫正机构提供综合评价的参考性依据。

作出鉴定意见的主体是社区矫正机构，其代表社区矫正机构对即将解除社区矫正的矫正对象的一种综合性评价，是对社区矫正对象接受矫正期间整体表现的官方认定。

在实践中，社区矫正机构应当充分征求受委托司法所以及矫正小组成员的意见，根据社区矫正对象的考核奖惩明细记录及其个人总结，结合具体监督管理中和教育帮扶中的情况，综合分析，最终作出具体鉴定意见。

任务3　社区矫正期满鉴定表应用环节的程序要求

一、作出个人总结

1. 司法所、社区矫正机构有义务提前告知所属社区矫正对象梳理并作出个人总结。

2. 根据《社区矫正法实施办法》，社区矫正对象一般应当在社区矫正期满30日前，作出个人总结。实践中，该个人总结应当为书面格式，且落款应由本人手写签名（或捺手印）。

3. 社区矫正对象确因特殊情况无法亲自作出个人书面总结的可以本人口述、他人代书的方式作出，但落款应当由本人签名（或捺手印）。这既符合法治要求，也体现了以人为本理念。

二、提出意见

1. 司法所应根据日常管理的具体情况，并结合社区矫正对象个人总结，综合矫正小组成员的意见，对社区矫正对象在社区矫正期间的表现提出总结性意见。

2. 司法所应填写《社区矫正期满鉴定表》，并呈报社区矫正机构。

三、作出鉴定意见

1. 社区矫正机构对矫正期限届满的矫正对象，应核实其在社区矫正期间是否有应当撤销缓刑、撤销假释或者暂予监外执行收监执行等情形。

2. 对没有应当撤销缓刑、撤销假释或者暂予监外执行收监执行等情形且矫正期限届满的社区矫正对象，社区矫正机构应当依法办理解除矫正手续。

3. 社区矫正机构应当根据司法所提出的意见，综合社区矫正对象在接受矫正期间的考核奖惩记录和个人总结，充分考量监督管理和教育帮扶工作实际开展情况，全面评估该社区矫正对象的实际表现，作出合乎事实、合乎法律的鉴定意见。

四、暂予监外执行社区矫正对象刑期届满前的衔接工作

暂予监外执行刑期届满的，社区矫正机构应当按照社区矫正相关规定，在其刑期届满当日办理解除矫正手续，并书面通知社区矫正决定机关，同时抄送执行地的基层人民检察院和公安机关。由监狱管理机关或者公安机关批准暂予监外执行的，社区矫正机构应当在罪犯刑期届满前1个月，书面通知罪犯原服刑或者接收其档案的监狱、看守所按期办理刑满释放手续。

🔍 **工作法律依据**

社区矫正期满鉴定文书的法律依据是《社区矫正法》第44条，《社区矫正法实施办法》第53条。

🔍 **思考练习**

付某某，男，1986年12月出生，户籍地、居住地均为眉山市东坡区，未婚未育，父亲早逝，母亲多病需人照顾，几乎丧失劳动力，家中土地耕种均由付某某一人承担。付某某长期从事快递揽收、派送工作。2021 年 4 月 9 日因犯交通肇事罪被眉山市东坡区人民法院判处有期徒刑 10 个月，缓刑 1 年，缓刑考验期自 2021 年 4 月 9 日起至 2022 年 4 月 8 日止。

以案例为材料，制作《社区矫正期满鉴定表》。

1. 请思考并讨论：假如付某某长期工作地所在区域与其户籍地和居住地不在同一区域，并且对应不同的矫正机构，请问应如何确定付某某的执行地、执行机构？

2. 请思考并讨论：假如社区矫正对象为未成年人，请问矫正机构在执行矫正过程中应注意哪些事项？

🔎 拓展学习

《湖北省社区矫正工作细则》关于解除社区矫正的规定

第 126 条　社区矫正对象矫正期限届满或者被赦免的，执行地县级社区矫正机构应当向社区矫正对象发放解除社区矫正证明书，并书面通知社区矫正决定机关，同时抄送执行地县级人民检察院和公安机关。

公安机关、监狱管理机关决定暂予监外执行的社区矫正对象刑期届满的，由看守所、监狱依法为其办理刑满释放手续。

第 128 条　社区矫正对象被采取刑事强制措施或者被提请撤销缓刑、撤销假释、暂予监外执行收监执行期间，相关部门尚未作出裁定或者决定，矫正期限届满的，执行地县级社区矫正机构应当及时办理解除矫正手续。社区矫正对象因羁押等原因无法发放解除社区矫正证明书的，相关解除矫正证明可以暂缓发放。

第 129 条　社区矫正对象矫正期满，执行地县级社区矫正机构或者受委托的司法所可以组织解除矫正宣告。

社区矫正对象的禁止令期限先于社区矫正期限届满的，县级社区矫正机构或者受委托的司法所应当单独组织禁止令执行期满宣告。

第 130 条　解除矫正宣告由社区矫正机构或者受委托的司法所工作人员主持，矫正小组成员和其他相关人员到场。按照以下程序进行：

（一）宣布现场纪律；

（二）介绍参加宣告人员；

（三）核实社区矫正对象身份；

（四）向社区矫正对象宣读对社区矫正对象的鉴定意见，宣布社区矫正期限届满，依法解除社区矫正；

（五）对判处管制的，宣布执行期满，解除管制；对宣告缓刑的，宣布缓刑考验期满，原判刑罚不再执行；对裁定假释的，宣布考验期满，原判刑罚执行完毕；

（六）告知安置帮教有关规定。

第 131 条　社区矫正对象在社区矫正期间死亡的，其监护人、家庭成员应当及时向执行地县级社区矫正机构或者受委托的司法所报告。社区矫正机构应当及时通知社区矫正决定机关、所在地的人民检察院、公安机关。

工作任务二十三　解除社区矫正宣告书及解除社区矫正证明书

🔍 **任务目标**

1. 掌握解除社区矫正宣告与证明的工作流程，锻炼应用能力，培养工作思维；
2. 熟悉解除社区矫正宣告书与证明书的内容和标准，积累理论知识；
3. 理解制作解除社区矫正宣告书与证明书的相关法律依据；
4. 培养依法办案的思维，提高法治水平，强化法律意识。

🔍 **任务描述**

解除社区矫正文书包括《解除社区矫正宣告书》和《解除社区矫正证明书》。

《解除社区矫正宣告书》是接受社区矫正的矫正对象矫正期限届满，由社区矫正机构或者受委托司法所向矫正对象宣布并告知解除社区矫正的结果及鉴定意见时所使用的一种法律文书。该文书内容上应包括：对社区矫正对象实行社区矫正所依据的法律规范，原判法院或裁定、决定机关，裁判文书，矫正期限等基本信息；矫正期满，对其依法解除社区矫正的主要宣告内容；对其接受社区矫正期间表现的鉴定意见。针对不同矫正类型，所做的宣告内容有所不同，其中包括管制期满，依法解除管制；缓刑考验期满，原判刑罚不再执行；假释考验期满，原判刑罚执行完毕。

《解除社区矫正证明书》是接受社区矫正的矫正对象在其矫正期限届满或者被赦免时，由社区矫正机构向其发放的证明社区矫正被依法解除的一种法律文书。该文书在内容上应包括社区矫正对象的个人基本信息、裁判罪名和所判处的刑罚情况、社区矫正的类型、社区矫正所依据的裁判文书情况，以及矫正期限届满日期、依法解除社区矫正的证明事项，最后应加盖社区矫正机构的公章。

🔍 **工作场景**

向某君，男，1988 年 3 月 24 日出生于某省某县，汉族，初中文化，某镇某村人，被捕前住本村，无前科。2016 年 8 月 18 日 22 时 35 分许，向某君驾驶与其准驾车型不符的鲁 X×××0、冀 E×××6 挂重型半挂牵引车由西向东倒车时，与被害人王某所驾由东向西行驶的普通二轮摩托车碰撞，发生交通事故，被害人王某经抢救无效死亡。事故发生后，向某君将肇事车辆向西开了几十米后弃车逃逸。经县交警大队出具事故责任认定书认定：向某君负此事故主要责任，王某负此事故次要责任。2016 年 8 月 19 日，向某君因涉嫌交通肇事罪被县公安局行政拘留，同月 31 日转刑事拘留，同年 9 月 9 日被执行逮捕。2017 年 3 月 1 日，被该县人民法院判处有期徒刑 3 年，缓刑 4 年，判决生效后向某君主动到该辖区司法所接受社区矫正。社区矫正期限自 2017 年 3 月 25 日起至 2021 年 3 月 24 日止。社区矫正期满，矫正机构对其作出《解除社区矫正宣告书》和《解除社区矫正证明书》。(文书制作具体工作流程可参考下图)

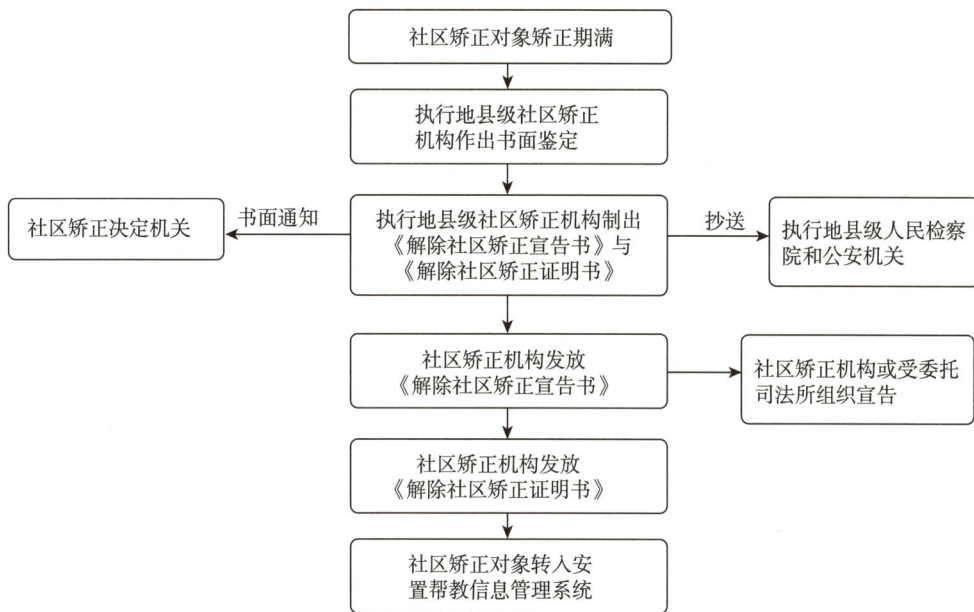

工作任务

根据《社区矫正法实施办法》第 54 条，社区矫正对象矫正期满，执行地县级社区矫正机构或者受委托的司法所可以组织解除矫正宣告，制作《解除社区矫正宣告书》和《解除社区矫正证明书》。

宣告的内容应包括：宣读对社区矫正对象的鉴定意见；宣布社区矫正期限届满，依法解除社区矫正；对判处管制的，宣布执行期满，解除管制；对宣告缓刑的，宣布缓刑考验期满，原判刑罚不再执行；对裁定假释的，宣布考验期满，原判刑罚执行完毕。

《解除社区矫正证明书》应由存根和正本两部分组成，根据《社区矫正法实施办法》第 53 条第 3 款规定，执行地县级社区矫正机构应当向社区矫正对象发放解除社区矫正证明书，并书面通知社区矫正决定机关，同时抄送执行地县级人民检察院和公安机关；第 53 条第 4 款规定，公安机关、监狱管理机关决定暂予监外执行的社区矫正对象刑期届满的，由看守所、监狱依法为其办理刑满释放手续；第 53 条第 5 款规定，社区矫正对象被赦免的，社区矫正机构应当向社区矫正对象发放《解除社区矫正证明书》，依法办理解除矫正手续。

解除社区矫正文书因宣告内容的不同而有所区别，因此在制作文书时，执法人员应细致核实矫正对象的具体情况，包括执行依据所载明的事项，以免出现错误。初学者应充分积累理论知识，并在实践环节有意识地锻炼其应用能力和实操能力，培养依法办案的思维，不断强化法律意识，最终具备细致严谨、执法严明的工作作风和以人为本、爱岗敬业的职业精神。

任务 1　解除社区矫正宣告书的文书制作

解除社区矫正宣告书

社区矫正对象＿＿＿＿＿＿＿＿＿：

依据《中华人民共和国刑法》《中华人民共和国刑事诉讼法》及《中华人民共和国社区矫正法》规定，依据＿＿＿＿＿＿＿人民法院（公安局、监狱管理局）＿＿＿＿＿＿＿号判决书（裁定书、决定书），在管制（缓刑、假释、暂予监外执行）期间，对你依法实行社区矫正。矫正期限自＿＿年＿月＿日起至＿＿年＿月＿日止。现矫正期满，依法解除社区矫正。现向你宣告以下事项：

对你接受社区矫正期间表现的鉴定意见：＿＿＿＿＿＿＿＿＿＿＿＿＿＿＿＿＿

＿＿＿＿＿＿＿＿＿＿＿＿＿＿＿＿＿＿＿＿＿＿＿＿＿＿＿＿＿＿＿＿＿＿＿＿＿

＿＿＿＿＿＿＿＿＿＿＿＿＿＿＿＿＿＿＿＿＿＿＿＿＿＿＿＿＿＿＿＿＿＿＿。

管制期满，依法解除管制（缓刑考验期满，原判刑罚不再执行；假释考验期满，原判刑罚执行完毕）。

单位（公章）：

年　月　日

社区矫正对象（签名）：＿＿＿＿＿＿＿＿＿

《解除社区矫正宣告书》文书结构（格式）主要有以下六部分内容：

1. 社区矫正对象姓名；
2. 社区矫正对象实施矫正的依据及矫正期间；
3. 社区矫正对象矫正期间表现的鉴定意见；
4. 宣告结论；
5. 社区矫正机构签章及日期；
6. 社区矫正对象签名（按指印）。

任务 1.1　解除社区矫正宣告书的填写范例与制作说明

根据"工作场景"中向某君的情况，待向某君社区矫正期满，矫正机构对其作出《解除社区矫正宣告书》和《解除社区矫正证明书》。

解除社区矫正宣告书

社区矫正对象向某君：

依据《中华人民共和国刑法》《中华人民共和国刑事诉讼法》及《中华人民共和国社区矫正法》

规定，依据某县人民法院×号判决书，在缓刑期间，对你依法实行社区矫正。矫正期限自 <u>2017</u> 年 <u>3</u> 月 <u>25</u> 日起至 <u>2021</u> 年 <u>3</u> 月 <u>24</u> 日止。现矫正期满，依法解除社区矫正。现向你宣告以下事项：

1. 对你接受社区矫正期间表现的鉴定意见：<u>向某君在报到时就做到认罪认罚，态度良好；其在接受社区矫正期间，能够自觉做到接受社区矫正机构及司法所的监督管理，自觉遵守各项规章和管理制度，无惩罚记录；做到了积极参加各类教育学习和公益活动，有强烈的回归社会的意愿并能够付诸实际行动；根据司法所及矫正小组成员意见，结合你的个人总结情况及现实表现，经综合鉴定，对你考核评定为良好等次。</u>

2. 缓刑考验期满，原判刑罚不再执行。

某区社区矫正机构（公章）

2021 年 3 月 24 日

社区矫正对象（签名）：向某君

《解除社区矫正宣告书》制作说明：

1. 《解除社区矫正宣告书》根据《社区矫正法》第 44 条，《刑法》第 40 条、76 条、85 条以及《社区矫正法实施办法》第 54 条的规定制作。

2. 文书宣告事项之最后一项，应针对社区矫正对象矫正类别的不同，作相应填写：对判处管制的，填写管制期满，解除管制；对宣告缓刑的，填写缓刑考验期满，原判刑罚不再执行；对假释的，填写假释考验期满，原判刑罚执行完毕。本文书由执行地县级社区矫正机构存档管理。特别注意，填写过程中认真核对矫正对象的具体情况，包括执行依据所载明的事项。

3. 本文书被宣告的矫正对象应当由本人签名（或捺手印），并由社区矫正机构将该文书归档留存。

任务 2　解除社区矫正证明书的文书制作

《解除社区矫正证明书》文书结构（格式）主要有三部分：首部、正文和尾部。

1. 首部。包括文书标题和字号。标题为"解除社区矫正证明书或解除社区矫正证明书（存根）"，文书字号由年度、社区矫正机构代字、类型代字、文书编号组成，使用阿拉伯数字，如"（2024）××矫解证字第 1 号"。

2. 正文。应包括三部分内容，首先是社区矫正对象个人信息，如姓名、性别、出生日期、民族、身份证号码、现居住地、户籍所在地等；其次是矫正对象罪刑基本情况及作出裁决机关，主要包括罪名，罪刑，判决（裁决、决定）日期，作出裁决机关，判决（裁决、决定）书文号等，最后是矫正期满日期。

3. 尾部。文书尾部署上单位名称，加盖公章，并注明年、月、日和抄送机关。

任务 2.1　解除社区矫正证明书样本

解除社区矫正证明书

（存根）

（　　）××矫解证字第　　号

　　社区矫正对象＿＿＿＿＿，男（女），＿＿＿＿年＿＿＿＿月＿＿＿＿日出生，＿＿＿族，身份证号码＿＿＿＿＿＿，现居住地＿＿＿＿＿，户籍所在地＿＿＿＿。因犯＿＿罪于＿＿＿＿年＿＿＿＿月＿＿＿＿日被人民法院判处＿＿＿＿＿。依据＿＿＿＿＿人民法院（公安局、监狱管理局）＿＿＿＿号判决书（裁定书、决定书），在管制（缓刑、假释、暂予监外执行）期间，依法实行社区矫正。于＿＿＿＿年＿＿＿＿月＿＿＿＿日矫正期满，依法解除社区矫正。

　　发往＿＿＿＿＿人民法院（公安局、监狱管理局）。

（公章）
年　月　日

　　注：抄送＿＿＿＿＿人民检察院、＿＿＿＿＿公安（分）局。

解除社区矫正证明书

（　　）××矫解证字第　　号

　　社区矫正对象＿＿＿＿＿，男（女），＿＿＿＿年＿＿＿＿月＿＿＿＿日出生，＿＿＿＿族，身份证号码＿＿＿＿＿，现居住地＿＿＿＿＿，户籍所在地＿＿＿＿＿。因犯＿＿＿＿＿罪于＿＿＿＿年＿＿＿＿月＿＿＿＿日被人民法院判处＿＿＿＿＿。依据＿＿＿＿＿人民法院（公安局、监狱管理局）＿＿＿＿＿号判决书（裁定书、决定书），在管制（缓刑、假释、暂予监外执行）期间，依法实行社区矫正。于＿＿＿＿年＿＿＿＿月＿＿＿＿日矫正期满，依法解除社区矫正。

　　特此证明。

（公章）
年　月　日

任务 2.2　解除社区矫正证明书的填写范例与制作说明

　　张某某，男，1995 年 9 月 19 日出生，汉族，2021 年 3 月 4 日因犯故意伤害罪被人民法院判处有期徒刑 1 年，缓刑 2 年。宣告缓刑后，依法交付至某社区矫正机构执行社区矫正，现张某某社区矫正期限届满，没有撤销缓刑、撤销假释或暂予监外执行收监执行等情形，现社区矫正机构对其依法解除社区矫正并发放解除社区矫正证明书。

解除社区矫正证明书

（存根）

（2023）××矫解证字第 003 号

　　社区矫正对象张某某，男，1995 年 9 月 19 日出生，汉族，身份证号码 624×××19950919×××，现居住地××省××市××区××街××小区××号楼××单元×××号，户籍所在地××省××市××区××街××小区××号楼××单元×××号。因犯故意伤害罪于 2021 年 3 月 4 日被人民法院判处有期徒刑一年，缓刑二年。依据××××人民法院（公安局、监狱管理局）××号判决书（裁定书、决定书），在缓刑期间，依法实行社区矫正。于 2023 年 3 月 3 日矫正期满，依法解除社区矫正。

发往××××人民法院（公安局、监狱管理局）。

××市××区社区矫正机构（公章）
2023 年 3 月 3 日

注：抄送××××人民检察院、××××公安（分）局。

解除社区矫正证明书

（2023）××矫解证字第 003 号

社区矫正对象张某某，男，1995 年 9 月 19 日出生，汉族，身份证号码 624×××19950919××××，现居住地××省××市××区××街××小区××号楼××单元×××号，户籍所在地××省××市××区××街××小区××号楼××单元×××号。因犯故意伤害罪于 2021 年 3 月 4 日被人民法院判处有期徒刑一年，缓刑二年。依据 ××××人民法院（公安局、监狱管理局）××号判决书（裁定书、决定书），在缓刑期间，依法实行社区矫正。于 2023 年 3 月 3 日矫正期满，依法解除社区矫正。

特此证明。

××市××区社区矫正机构（公章）
2023 年 3 月 3 日

解除社区矫正证明书的制作说明：

1. 《解除社区矫正证明书》根据《社区矫正法》第 44 条以及《社区矫正法实施办法》第 53 条的规定制作。《解除社区矫正证明书》一纸两联，由存根和正本组成，两联中间有文书字号，且加盖骑缝公章，存根用来存档，正本在解除社区矫正宣告后发放给社区矫正对象。

2. 文书字号由年度、社区矫正机构代字、类型代字、文书编号组成，使用阿拉伯数字，如 "（2023）×× 矫解证字第 003 号"。

3. 《解除社区矫正证明书》正本发给社区矫正对象本人，并告知其妥善保管。

任务 3　解除社区矫正文书应用环节的实体要求

一、解除社区矫正宣告与解除社区矫正证明的意义

解除社区矫正是社区矫正工作的一个重要环节，也是最后一个程序。这是一项非常严肃的法律活动，具有重要的法律意义，标志着社区矫正对象身份的变化，他们将重新成为一名普通公民，依法行使公民权利而不再受到任何限制。《社区矫正法》第 44 条规定，社区矫正对象矫正期满或者被赦免的，社区矫正机构应当向其发放《解除社区矫正证明书》。该证明书便于确认社区矫正对象当前的法律状态，能够证明社区矫正对象依法接受并完成了社区矫正，成为一名合法公民。该文书为其回归正常的社会生活提供了便利。

二、组织解除矫正宣告的主体

根据《社区矫正法实施办法》第 54 条规定，社区矫正对象矫正期满，执行地县级社区矫正机构或者受委托的司法所可以组织解除矫正宣告。宣告由社区矫正机构或者

· 253 ·

司法所工作人员主持，矫正小组成员及其他相关人员到场，按规定程序进行。

三、解除矫正宣告应当包含的内容

根据《社区矫正法实施办法》第54条规定，解除社区矫正宣告应包括以下内容：

1. 宣读对社区矫正对象的鉴定意见；

2. 宣布社区矫正期限届满，依法解除社区矫正；

3. 对判处管制的，宣布执行期满，解除管制；对宣告缓刑的，宣布缓刑考验期满，原判刑罚不再执行；对裁定假释的，宣布考验期满，原判刑罚执行完毕。

四、组织解除矫正宣告应当注意的问题

1. 组织解除矫正宣告的程序并非必须履行的程序。根据《社区矫正法实施办法》规定，对于社区矫正对象矫正期满，执行地县级社区矫正机构或者受委托的司法所是可以组织解除矫正宣告，而非应当或者必须。可见，此规定并非强制性的程序要求，而是对接实务，从实践的情形出发进行的规定。

2. 组织解除矫正宣告一般应当公开进行，但有例外情况除外。公开性的要求展示了程序的权威性和严肃性。但是，法律规定对未成年社区矫正对象的考核奖惩和宣告都不得公开进行；同时，要求对未成年社区矫正对象进行宣告或者处罚时，应当通知其监护人到场。因此，涉及未成年社区矫正对象解除矫正宣告的，应当采取不公开进行的方式，并通知其监护人到场。

3. 解除社区矫正因涉及不同类型的社区矫正对象，有管制、缓刑、假释、暂予监外执行四类矫正对象，因此在程序对接上比较复杂。四类对象社区矫正期限届满，社区矫正机构都必须按期解除矫正，但假释或暂予监外执行的社区矫正对象还必须由原监狱、看守所为其办理刑满释放手续。

4. 社区矫正期限是否届满，应严格按照社区矫正决定机关所出具的执行通知文书确定的执行期限，在实践中，应提前核对届满日期，文书填写过程中应仔细核对，认真填写。

5. 监狱管理机关、公安机关决定暂予监外执行社区矫正对象刑期届满的，社区矫正机构应在期限届满前1个月，书面通知其原服刑或者接收、存放其档案的监狱、看守所，为其办理刑满释放手续。

6. 社区矫正对象在社区矫正期间，如又犯新罪或者发现先前有漏罪等其他情形，被公安或其他机关采取刑事强制措施或被提请撤销缓刑、撤销假释、收监执行期间，矫正期限届满的，如果相关部门已经作出撤销缓刑、撤销假释或者收监执行决定的，应当按照《社区矫正法》第45条规定，终止执行社区矫正。如果相关部门尚未作出裁定或者决定，则应根据《社区矫正法》第44条规定，由社区矫正机构及时办理解除矫正手续，但是对于因社区矫正对象被羁押等无法发放《解除社区矫正证明书》的，其《解除社区矫正证明书》可由该社区矫正机构进行保管、暂缓发放。

任务4　解除社区矫正文书应用环节的程序要求

一、总结鉴定

根据《社区矫正法实施办法》规定，社区矫正对象一般应当在社区矫正期满30日

前，作出个人总结。执行地（县）级社区矫正机构应当根据其在接受社区矫正期间的表现等情况，结合受委托司法所提出的意见，作出书面鉴定，并与安置帮教工作部门做好衔接工作。

二、宣告准备

在社区矫正期满前 30 日，社区矫正机构应当对即将矫正期满的矫正对象进行解除矫正前的谈话，以巩固教育矫正效果；要求并督促社区矫正对象作出个人书面总结；组织工作人员、矫正小组成员及其他相关人员对社区矫正对象进行矫正期满的合议，根据其表现、考核结果、村（居）委会意见以及合议情况作出书面鉴定，并对其进行终结性矫正质量评估，提出安置帮教建议；执行地县级社区矫正机构提前作好宣告准备，制作《解除社区矫正宣告书》和《解除社区矫正证明书》，通知并召集矫正小组成员，确定解除矫正宣告的时间和场所。

三、组织宣告

执行地县级社区矫正机构、司法所应当组织社区矫正对象按照宣告通知确定的时间到达指定场所进行解除矫正宣告。执行地县级社区矫正机构、司法所会同矫正小组成员举行解除矫正宣告仪式，向社区矫正对象宣读《解除社区矫正宣告书》。宣读鉴定意见，宣布其管制执行期满，依法解除管制；或者宣告缓刑考验期满，原判刑罚不再执行；或者宣告假释考验期满，原判刑罚执行完毕。向社区矫正对象送达《解除社区矫正证明书》，并要求其在《解除社区矫正宣告书》上签名或捺指印。此外，执行地县级社区矫正机构、司法所会同矫正小组成员以此宣告为契机，共同对社区矫正对象进行谈话教育，引导并鼓励其回归社会、融入社会，做一名守法公民；解除矫正宣告后，执行地县级社区矫正机构应当将《解除社区矫正宣告书》和《解除社区矫正证明书（存根）》归入执行档案。

🔑 工作法律依据

解除社区矫正文书的法律依据是《刑法》第 40、76、85 条，《社区矫正法》第 44 条，《社区矫正法实施办法》第 53、54、55 条。

🔑 思考练习

社区矫正对象岳某，男，1992 年 4 月出生，浙江省岱山县渔民。2021 年 6 月 17 日，岳某因犯帮助信息网络犯罪活动罪，被吉林省永吉县人民法院判处有期徒刑 1 年，宣告缓刑 2 年，罚金 4000 元。缓刑考验期自 2021 年 6 月 28 日起至 2023 年 6 月 27 日止。岳某在浙江省岱山县某镇司法所接受社区矫正，其间遵纪守法，服从监管，表现良好。

请根据案例材料，分别制作《解除社区矫正宣告书》和《解除社区矫正通知书》。同时思考：

1. 什么是漏管？什么是脱管？有何区别？

2. 假如岳某在接受社区矫正期间逃避监管、不按规定时间报到导致漏管的，应如何处理？

3. 解除社区矫正宣告的作用及对社区矫正对象的现实意义？

4. 《解除社区矫正宣告书》和《解除社区矫正证明书》中社区矫正机构鉴定意见的作出所依据或参考的信息有哪些？

5. 解除社区矫正宣告仪式组织的必要性和价值是什么？

6. 针对不同类型的社区矫正对象（管制、假释、暂予监外执行以及未成年）在解除社区矫正时应注意哪些问题？

7. 解除社区矫正文书应用阶段的程序要求，要求执法人员具备怎样的法律素养和职业精神？

拓展学习

针对社区矫正工作中各机关、部门之间的衔接配合问题，最高人民法院、最高人民检察院、公安部、司法部联合出台《最高人民法院、最高人民检察院、公安部、司法部关于进一步加强社区矫正工作衔接配合管理的意见》。

一、加强社区矫正适用前的衔接配合管理

1. 人民法院、人民检察院、公安机关、监狱对拟适用或者提请适用社区矫正的被告人、犯罪嫌疑人或者罪犯，需要调查其对所居住社区影响的，可以委托其居住地县级司法行政机关调查评估。对罪犯提请假释的，应当委托其居住地县级司法行政机关调查评估。对拟适用社区矫正的被告人或者罪犯，裁定或者决定机关应当核实其居住地。

委托调查评估时，委托机关应当发出调查评估委托函，并附下列材料：

（1）人民法院委托时，应当附带起诉书或者自诉状；

（2）人民检察院委托时，应当附带起诉意见书；

（3）看守所、监狱委托时，应当附带判决书、裁定书、执行通知书、减刑裁定书复印件以及罪犯在服刑期间表现情况材料。

2. 调查评估委托函应当包括犯罪嫌疑人、被告人、罪犯及其家属等有关人员的姓名、住址、联系方式、案由以及委托机关的联系人、联系方式等内容。

调查评估委托函不得通过案件当事人、法定代理人、诉讼代理人或者其他利害关系人转交居住地县级司法行政机关。

3. 居住地县级司法行政机关应当自收到调查评估委托函及所附材料之日起 10 个工作日内完成调查评估，提交评估意见。对于适用刑事案件速裁程序的，居住地县级司法行政机关应当在 5 个工作日内完成调查评估，提交评估意见。评估意见同时抄送居住地县级人民检察院。

需要延长调查评估时限的，居住地县级司法行政机关应当与委托机关协商，并在协商确定的期限内完成调查评估。

调查评估意见应当客观公正反映被告人、犯罪嫌疑人、罪犯适用社区矫正对其所居住社区的影响。委托机关应当认真审查调查评估意见，作为依法适用或者提请适用社区矫正的参考。

4. 人民法院在作出暂予监外执行决定前征求人民检察院意见时，应当附罪犯的病情诊断、妊娠检查或者生活不能自理的鉴别意见等有关材料。

二、加强对社区服刑人员交付接收的衔接配合管理

5. 对于被判处管制、宣告缓刑、假释的罪犯，人民法院、看守所、监狱应当书面告知其到居住地县级司法行政机关报到的时间期限以及逾期报到的后果，并在规定期限内将有关法律文书送达居住地县级司法行政机关，同时抄送居住地县级人民检察院和公安机关。

社区服刑人员前来报到时，居住地县级司法行政机关未收到法律文书或者法律文书不齐全，可以先记录在案，并通知人民法院、监狱或者看守所在 5 日内送达或者补齐法律文书。

6. 人民法院决定暂予监外执行或者公安机关、监狱管理机关批准暂予监外执行的，交付时应当将罪犯的病情诊断、妊娠检查或者生活不能自理的鉴别意见等有关材料复印件一并送达居住地县级司法行政机关。

7. 人民法院、公安机关、司法行政机关在社区服刑人员交付接收工作中衔接脱节，或者社区服刑人员逃避监管、未按规定时间期限报到，造成没有及时执行社区矫正的，属于漏管。

8. 居住地社区矫正机构发现社区服刑人员漏管，应当及时组织查找，并由居住地县级司法行政机关通知有关人民法院、公安机关、监狱、居住地县级人民检察院。

社区服刑人员逃避监管、不按规定时间期限报到导致漏管的，居住地县级司法行政机关应当给予警告；符合收监执行条件的，依法提出撤销缓刑、撤销假释或者对暂予监外执行收监执行的建议。

9. 人民检察院应当加强对社区矫正交付接收中有关机关履职情况的监督，发现有下列情形之一的，依法提出纠正意见：

（1）人民法院、公安机关、监狱未依法送达交付执行法律文书，或者未向社区服刑人员履行法定告知义务；

（2）居住地县级司法行政机关依法应当接收社区服刑人员而未接收；

（3）社区服刑人员未在规定时间期限报到，居住地社区矫正机构未及时组织查找；

（4）人民法院决定暂予监外执行，未通知居住地社区矫正机构与有关公安机关，致使未办理交接手续；

（5）公安机关、监狱管理机关批准罪犯暂予监外执行，罪犯服刑的看守所、监狱未按规定与居住地社区矫正机构办理交接手续；

（6）其他未履行法定交付接收职责的情形。

三、加强对社区服刑人员监督管理的衔接配合

10. 社区服刑人员在社区矫正期间脱离居住地社区矫正机构的监督管理下落不明，或者虽能查找到其下落但拒绝接受监督管理的，属于脱管。

11. 居住地社区矫正机构发现社区服刑人员脱管，应当及时采取联系本人、其家属亲友，走访有关单位和人员等方式组织追查，做好记录，并由县级司法行政机关视情形依法给予警告、提请治安管理处罚、提请撤销缓刑、撤销假释或者对暂予监外执行的提请收监执行。

12. 人民检察院应当加强对社区矫正监督管理活动的监督，发现有下列情形之一的，依法提出纠正意见：

（1）社区服刑人员报到后，居住地县级司法行政机关未向社区服刑人员履行法定告知义务，致使其未按照有关规定接受监督管理；

（2）居住地社区矫正机构违反规定批准社区服刑人员离开所居住的市、县，或者违反人民法院禁止令的内容批准社区服刑人员进入特定区域或者场所；

（3）居住地县级司法行政机关对违反社区矫正规定的社区服刑人员，未依法给予警告、提请治安管理处罚；

（4）其他未履行法定监督管理职责的情形。

13. 司法行政机关应当会同人民法院、人民检察院、公安机关健全完善联席会议制度、情况通报制度，每月通报核对社区服刑人员人数变动、漏管脱管等数据信息，及时协调解决工作中出现的问题。

14. 司法行政机关应当建立完善社区服刑人员的信息交换平台，推动与人民法院、人民检察院、公安机关互联互通，利用网络及时准确传输交换有关法律文书，根据需要查询社区服刑人员脱管漏管、被治安管理处罚、犯罪等情况，共享社区矫正工作动态信息，实现网上办案、网上监管、网上监督。对社区服刑人员采用电子定位方式实施监督，应当采用相应技术，防止发生人机分离，提高监督管理的有效性和安全性。

15. 社区服刑人员被依法决定行政拘留、司法拘留、收容教育、强制隔离戒毒等或者因涉嫌犯新罪、发现判决宣告前还有其他罪没有判决被采取强制措施的，决定机关应当自作出决定之日起3日内将有关情况通知居住地县级司法行政机关和居住地县级人民检察院。

四、加强对社区服刑人员收监执行的衔接配合管理

16. 社区服刑人员符合收监执行条件的，居住地社区矫正机构应当及时按照规定，向原裁判人民法院或者公安机关、监狱管理机关送达撤销缓刑、撤销假释建议书或者对暂予监外执行的收监执行建议书并附相关证明材料。人民法院、公安机关、监狱管理机关应当在规定期限内依法作出裁定或者决定，并将法律文书送达居住地县级司法行政机关，同时抄送居住地县级人民检察院、公安机关。

17. 社区服刑人员因违反监督管理规定被依法撤销缓刑、撤销假释或者暂予监外执行被决定收监执行的，应当本着就近、便利、安全的原则，送交其居住地所属的省（区、市）的看守所、监狱执行刑罚。

18. 社区服刑人员被裁定撤销缓刑的，居住地社区矫正机构应当向看守所、监狱移交撤销缓刑裁定书和执行通知书、撤销缓刑建议书以及原判决书、裁定书和执行通知书、起诉书副本、结案登记表以及社区矫正期间表现情况等文书材料。

社区服刑人员被裁定撤销假释的，居住地社区矫正机构应当向看守所、监狱移交撤销假释裁定书和执行通知书、撤销假释建议书、社区矫正期间表现情况材料，原判决书、裁定书和执行通知书、起诉书副本、结案登记表复印件等文书材料。罪犯收监后，居住地社区矫正机构通知罪犯原服刑看守所、监狱将罪犯假释前的档案材料移交撤销假释后的服刑看守所、监狱。

　　暂予监外执行社区服刑人员被人民法院决定收监执行的，居住地社区矫正机构应当向看守所、监狱移交收监执行决定书和执行通知书以及原判决书、裁定书和执行通知书、起诉书副本、结案登记表、社区矫正期间表现等文书材料。

　　暂予监外执行社区服刑人员被公安机关、监狱管理机关决定收监执行的，居住地社区矫正机构应当向看守所、监狱移交社区服刑人员在接受矫正期间的表现情况等文书材料。

　　19. 撤销缓刑、撤销假释裁定书或者对暂予监外执行罪犯收监执行决定书应当在居住地社区矫正机构教育场所公示。属于未成年或者犯罪的时候不满十八周岁被判处五年有期徒刑以下刑罚的社区服刑人员除外。

　　20. 被裁定、决定收监执行的社区服刑人员在逃的，居住地社区矫正机构应当在收到人民法院、公安机关、监狱管理机关的裁定、决定后，立即通知居住地县级公安机关，由其负责实施追捕。

　　撤销缓刑、撤销假释裁定书和对暂予监外执行罪犯收监执行决定书，可以作为公安机关网上追逃依据。公安机关根据案情决定是否实施网上追逃。

　　21. 社区服刑人员在被行政拘留、司法拘留、收容教育、强制隔离戒毒等行政处罚或者被采取强制措施期间，人民法院、公安机关、监狱管理机关依法作出对其撤销缓刑、撤销假释的裁定或者收监执行决定的，居住地社区矫正机构应当将人民法院、公安机关、监狱管理机关的裁定书、决定书送交作出上述决定的机关，由有关部门依法收监执行刑罚。

　　22. 人民检察院应当加强对社区矫正收监执行活动的监督，发现有下列情形之一的，依法提出纠正意见：

　　（1）居住地县级司法行政机关未依法向人民法院、公安机关、监狱管理机关提出撤销缓刑、撤销假释建议或者对暂予监外执行的收监执行建议；

　　（2）人民法院、公安机关、监狱管理机关未依法作出裁定、决定，或者未依法送达；

　　（3）居住地县级司法行政机关、公安机关未依法将罪犯送交看守所、监狱，或者未依法移交被收监执行罪犯的文书材料；

　　（4）看守所、监狱未依法收监执行；

　　（5）公安机关未依法协助送交收监执行罪犯，或者未依法对在逃的收监执行罪犯实施追捕；

　　（6）其他违反收监执行规定的情形。

　　23. 对社区服刑人员实行社区矫正，本意见未明确的程序和事项，按照有关法律法规以及最高人民法院、最高人民检察院、公安部、司法部《社区矫正法实施办法》，最高人民法院、最高人民检察院、公安部、司法部、国家卫生计生委《暂予监外执行规定》等执行。

工作任务二十四　解除（终止）社区矫正通知书

🔍 **任务目标**

1. 熟悉解除（终止）社区矫正通知工作流程，培养依法执法、遵规守纪的法治素养；
2. 熟悉解除（终止）社区矫正通知内容和标准，具备良好的法律素养和专业本领；
3. 理解解除（终止）社区矫正通知相关法律法规，具备专业的执法技能和法律知识；
4. 提高政治站位，坚定政治立场，强化法律意识。

🔍 **任务描述**

《解除（终止）社区矫正通知书》是社区矫正对象被解除或终止社区矫正后，社区矫正机构将解除或终止的情况书面通知社区矫正决定机关，所在地的人民检察院、公安机关所使用的一种法律文书。该文书的内容包括被通知单位的名称（某人民法院、公安局、监狱管理局），社区矫正对象个人基本信息，执行依据的判决书（裁定书、决定书）文号，判处刑罚的种类和期限，社区矫正的类型及期限，以及通知的核心内容——某年某月某日矫正期满，依法解除社区矫正，或因何种原因终止社区矫正。

社区矫正的解除，是指社区矫正对象因矫正期限届满或者被赦免，且在社区矫正期间没有应当撤销缓刑、假释或者收监执行情形的，社区矫正机构依法解除其矫正关系的一种制度，矫正解除标志着矫正工作的完结。

社区矫正的终止，主要是指社区矫正对象在矫正期间出现法定事由，而使社区矫正机构不得不终止对其矫正工作的制度。该法定事由主要是根据《社区矫正法》第45条，社区矫正对象被裁定撤销缓刑、假释，被决定收监执行，或者社区矫正对象死亡的，社区矫正终止。

社区矫正决定机关有裁定撤销缓刑、假释或者决定收监执行的职责，社区矫正机构所在地的人民检察院依法对社区矫正工作进行监督，社区矫正机构所在地公安机关承担参与、配合社区矫正工作的职责。因此，对社区矫正对象解除社区矫正时，应当通知上述机关以便于他们掌握情况，开展各自职责范围内的工作。

建立健全社区矫正解除和终止制度，对于保障社区矫正对象的基本权利、确保社会和谐稳定和维护法律尊严都具有重要作用和意义。解除和终止社区矫正是社区矫正工作的一个重要环节，也是一项严肃的法律活动。社区矫正的解除和终止程序应严格按照法律、法规的规定执行，具有法律的强制性。严格执法、依法执法是对社区矫正执法人员的基本职业要求，社区矫正解除和终止制度在实践中，也要求执法人员具备专业的法律素养，认真负责的职业道德，遵规守纪、清正廉洁的职业精神。

🔍 **工作场景**

案例1：陈某，男，1990年3月23日出生，因犯敲诈勒索罪被人民法院判处有期徒刑2年，缓刑3年，社区矫正期限为2018年3月12日起至2021年3月11日止。接受社区矫正期间，陈某认罪悔罪，严格遵守社区矫正相关制度和规定，积极参与公益活动等，社区矫正期满后，社区矫正机构依法对陈某解除社区矫正，并将陈某解除社区矫正情况书面通知社区矫正决定机关，同时抄送人民检察院和公安机关。

案例2：张某，男，1979年1月12日出生，2018年7月因犯诈骗罪被某县人民法院判处有期徒刑3年，缓刑4年。缓刑期间该县社区矫正机构委托张某居住地的司法所依法对其实行社区矫正，矫正期限为2018年12月3日起至2022年12月2日止。在接受社区矫正期间，张某不思悔改，2019年3月与朋友一起赌博，被公安机关抓获，并处以10日行政拘留，收缴赌资的行政处罚。为此，该社区矫正机构向法院正式提起对张某撤销缓刑建议，法院经审理核实后认为张某在缓刑考验期内，不服从社区矫正监管，违法赌博，依法应当撤销缓刑，决定对其收监执行原判刑罚。社区矫正机构依法对张某终止社区矫正，并将张某终止社区矫正情况书面通知社区矫正决定机关，同时抄送人民检察院、执行监狱。

社区矫正对象矫正期满、被赦免或在社区矫正期间出现法定事由，矫正机构对其作出解除或终止社区矫正通知。

🔍 **工作任务**

任务1　解除（终止）社区矫正通知书的文书制作

解除（终止）社区矫正通知书
（存根）

（　　）　　字第　　号

社区矫正对象＿＿＿＿，男（女），＿＿＿年＿＿＿月＿＿＿日出生，＿＿＿族，身份证号码＿＿＿＿＿＿＿＿，户籍地＿＿＿＿＿，执行地＿＿＿＿。因犯＿＿＿罪，经＿＿＿＿人民法院于＿＿＿年＿＿＿月＿＿＿日以＿＿＿＿＿号判决书判处＿＿＿＿＿。依据＿＿＿号判决书（裁定书、决定书），在管制（缓刑、假释、暂予监外执行）期间，被依法执行社区矫正。社区矫正期限自＿＿＿年＿＿＿月＿＿＿日起至＿＿＿年＿＿＿月＿＿＿日止。＿＿＿年＿＿＿月＿＿＿日矫正期满，依法解除社区矫正。（因＿＿＿＿＿＿＿，社区矫正终止。）

发件机关：＿＿＿＿人民法院（公安局、监狱管理局）、＿＿＿＿人民检察院。

填发人：

批准人：

填发日期：　　年　月　日

解除（终止）社区矫正通知书

（　　）　　　字第　　号

_____人民法院（公安局、监狱管理局）：

社区矫正对象_____，男（女），____年____月____日出生，_____族，身份证号码_____，户籍地_____，执行地_____，因犯_____罪，经_____人民法院于____年____月____日以判决书判处_____。依据_____号判决书（裁定书、决定书），在管制（缓刑、假释、暂予监外执行）期间，被依法执行社区矫正。社区矫正期限自____年____月____日起至____年____月____日止。____年____月____日矫正期满，依法解除社区矫正。（因_____，社区矫正终止。）

（公章）

年　月　日

注：抄送_____人民检察院，_____公安（分）局（监狱）。

任务 1.1　解除社区矫正通知书的填写范例与制作说明

根据"工作场景"案例 1 中陈某的情况，待陈某社区矫正期满，社区矫正机构依法对陈某解除社区矫正，并将陈某解除社区矫正情况书面通知社区矫正决定机关，同时抄送人民检察院和公安机关。

解除社区矫正通知书

（存根）

（2018）矫解通字第 001 号

社区矫正对象陈某，男，1990 年 3 月 23 日出生，汉族，身份证号码××××××××××××××××，户籍地为××省××市××区××街××小区××号楼××单元××号，执行地××省××市××区。因犯欺诈勒索罪，经××人民法院于 2018 年 12 月××日以××号判决书判处有期徒刑 2 年，缓刑 3 年。依据××号判决书，在缓刑期间，被依法执行社区矫正。社区矫正期限自 2018 年 3 月 12 日起至 2021 年 3 月 11 日止。2021 年 3 月 11 日矫正期满，依法解除社区矫正。

发往机关：××人民法院、××公安分局、××人民检察院。

填发人：×××

批准人：×××

填发日期：××年××月××日

解除社区矫正通知书

（2018）矫解通字第 001 号

××××人民法院：

社区矫正对象陈某，男，1990 年 3 月 23 日出生，汉族，身份证号码×××××××，户籍地××省××市××区××街××小区××号楼××单元××号，执行地××省××市××区。因犯欺诈勒索罪，经××人民法院于 2018 年 12 月××日以×号判决书判处有期徒刑 2 年，缓刑 3 年。依据××号判决书，在缓刑期间，被依法执行社区矫正。社区矫正期限自 2018 年 3 月 12 日起至 2021 年 3 月 11 日止。2021 年 3 月 11 日矫正期满，依法解除社区矫正。

××市××区社区矫正机构（公章）

××年××月××日

注：抄送××××人民检察院，××××公安分局。

《解除社区矫正通知书》的制作说明：

1.《解除社区矫正通知书》根据《社区矫正法》第 44 条，以及《社区矫正法实施办法》第 53 条的规定制作。《解除社区矫正通知书》一纸两联，由存根和正本组成，存根用来存档，《解除社区矫正通知书》正本一式三份，一份送决定社区矫正的人民法院（公安局、监狱管理局），另外两份分别抄送执行地县级人民检察院和公安机关。

2. 文书字号由年度、社区矫正机构代字、类型代字、文书编号组成，使用阿拉伯数字，如"（2023）××矫解通字第 001 号"。

3.《解除社区矫正通知书》在制作内容上，应细致认真核实矫正对象执行矫正所依据的文书，注意区分社区矫正所依据的文书的类型及其作出矫正决定的机关。

任务 1.2 终止社区矫正通知书的填写范例与制作说明

根据"工作场景"案例 2 中张某的情况，社区矫正机构依法对张某终止社区矫正，并将张某终止社区矫正情况书面通知社区矫正决定机关，同时抄送人民检察院、执行监狱。

终止社区矫正通知书

（存根）

（2018）矫终通字第××号

社区矫正对象张某，男，1979 年 1 月 12 日出生，汉族，身份证号码××××××××××××××××××，户籍地××省××市××区××街××小区××号楼××单元××号，执行地××省××市××区。因犯诈骗罪，经××县人民法院于 2018 年 12 月 3 日以××号判决书判处有期徒刑 3 年，缓刑 4 年。依据××号判决书，在缓刑期间，被依法执行社区矫正。社区矫正期限自 2018 年 12 月 3 日起至 2022 年 12 月 2 日止。因××××法院于 2019 年 3 月 19 日裁定撤销缓刑，依法终止社区矫正。

发往机关：×××人民法院、×××公安分局、×××人民检察院。 填发人：××××

批准人：××××

填发日期：×××年×××月×××日

终止社区矫正通知书

（2018）矫终通字第××号

人民法院（公安局、监狱管理局）：

社区矫正对象张某，男，1979 年 1 月 12 日出生，汉族，身份证号码××××××××××××××××××，户籍地××省××市××区××街××小区××号楼××单元××号，执行地××省××市××区。因犯诈骗罪，经××县人民法院于 2018 年 12 月 3 日以××号判决书判处有期徒刑 3 年，缓刑 4 年。依据××号判决书，在缓刑期间，被依法执行社区矫正。社区矫正期限自 2018 年 12 月 3 日起至 2022 年 12 月 2 日止。因××××法院于 2019 年 3 月 19 日裁定撤销缓刑，依法终止社区矫正。

××市××区社区矫正机构（公章）

××年××月××日

注：抄送××××人民检察院，××××公安分局。

《终止社区矫正通知书》的制作说明：

1. 《终止社区矫正通知书》根据《社区矫正法》第 45 条的规定制作。《终止社区矫正通知书》一纸两联，由存根和正本组成，存根用来存档，《终止社区矫正通知书》正本一式三份，一份送决定社区矫正的人民法院（公安局、监狱管理局），另外两份分别抄送执行地县级人民检察院和公安机关。

2. 文书字号由年度、社区矫正机构代字、类型代字、文书编号组成，使用阿拉伯数字，如"（2023）××矫解终字第 001 号"。

3. 《终止社区矫正通知书》在制作内容上，应注意区分社区矫正所依据的文书的类型及其作出矫正决定的机关。

任务 2　解除（终止）社区矫正通知书的填写注意事项与提示

1. 社区矫正期限应按照社区矫正决定机关出具的执行通知书所载明的执行期限规范填写。

2. 填写社区矫正终止情形时，应以生效的撤销缓刑裁定、撤销假释裁定，收监执行决定为依据；社区矫正对象死亡的应以医疗机构出具的医学死亡证明、公安机关出具的非正常死亡证明或殡葬机构出具的尸体火化证明等为依据。

3. 《终止社区矫正通知书》上填写终止的理由，应根据具体情况如实填写，如社区矫正对象被裁定撤销缓刑、假释，被决定收监执行，或者社区矫正对象死亡的，应根据相关的文书，如死亡通知书、撤销缓刑裁定书等载明的事项，规范填写。

需要提示的是填写《解除（终止）社区矫正通知书》要实事求是，认真核实，切不可随意填写。《解除（终止）社区矫正通知书》在制作过程中，执法人员应保持耐心细致，一丝不苟的工作原则，做到依法依规，履职尽责。

任务 3　解除（终止）社区矫正通知书应用环节的实体要求

社区矫正对象结束社区矫正分两种情形，一是解除社区矫正，二是终止社区矫正，此两种情形应当严格予以区分。

解除（终止）社区矫正过程中因解除或终止的事由或法定理由的不同，在解除（终止）执行程序上也会有所差异，也使得相关的主体负有了不同的法定义务，具体而言，各相关主体主要承担通知、送达和报告的义务。

1. 执行机关的通知、送达义务。社区矫正对象矫正期满或者被赦免的，社区矫正机构负有通知社区矫正决定机关，所在地的人民检察院、公安机关对矫正对象解除矫正的义务，具体做法是送达《解除社区矫正通知书》。

在社区矫正对象接受矫正期间，社区矫正机构依法提出撤销缓刑、假释，收监执行建议的，应当将建议书抄送所在地人民检察院。

社区矫正对象被裁定撤销缓刑的，居住地社区矫正机构应当向看守所、监狱移交撤销缓刑裁定书和执行通知书，撤销缓刑建议书以及原判决书、裁定书和执行通知书，起诉书副本，结案登记表以及社区矫正期间表现情况等文书材料。

社区矫正对象被裁定撤销假释的，社区矫正机构应当向看守所、监狱移交撤销假释裁定书和执行通知书，撤销假释建议书，社区矫正期间表现情况材料，原判决书、裁定书和执行通知书，起诉书副本，结案登记表复印件等文书。社区矫正对象收监后，社区矫正机构通知其原服刑的看守所、监狱将罪犯假释前的档案材料移交撤销假释后的服刑看守所、监狱。

暂予监外执行的社区矫正对象被人民法院决定收监执行的，社区矫正机构应当向看守所、监狱移交收监执行决定书和执行通知书，以及原判决书、裁定书和执行通知书，起诉书副本，结案登记表等文书材料。

暂予监外执行社区矫正对象被公安机关、监狱管理机关决定收监执行的，社区矫正机构应当向看守所、监狱移交该矫正对象在接受矫正期间的表现情况等文书材料。

社区矫正机构在收到社区矫正对象在矫正期间死亡的通知时，有义务及时通知社区矫正决定机关和所在地人民检察院、公安机关。

2. 决定机关的通知、送达义务。对于在考验期内犯新罪或者发现判决宣告以前还有其他罪没有判决的，应当由审理该案件的人民法院撤销缓刑、假释，并书面通知原审人民法院和执行地的社区矫正机构。

人民法院对社区矫正机构提请的撤销缓刑、假释，依法作出撤销缓刑、假释裁定的，应当将撤销缓刑、假释裁定书送达社区矫正机构、公安机关、罪犯原服刑监狱或接收其档案的监狱，同时抄送执行地同级人民检察院。执行地人民法院作出裁定的，撤销缓刑、假释的裁定书应同时抄送原审人民法院。

社区矫正机构提请逮捕的，人民法院依法作出的批准逮捕决定书或不批准逮捕决定书，应当送达负责执行的公安机关，并抄送执行地同级人民检察院。

社区矫正决定机关对社区矫正机构提请收监执行作出决定的，应当将该收监决定书送达社区矫正机构和公安机关，并抄送执行地同级人民检察院。

3. 监护人、家庭成员的报告义务。根据《社区矫正法》的规定，社区矫正对象在社区矫正期间死亡的，其监护人、家庭成员应当及时向社区矫正机构报告。

任务4　解除（终止）社区矫正通知书应用环节的程序要求

解除社区矫正的两种情形：一是矫正期满，二是被赦免，此两种情形下的解除矫正，社区矫正机构都应当发放《解除社区矫正通知书》，并通知社区矫正决定机关、所在地的人民检察院及公安机关。

终止社区矫正的情形有社区矫正对象被裁定撤销缓刑、假释，被决定收监执行，或者社区矫正对象死亡的，社区矫正终止。

🔍 工作法律依据

解除（终止）社区矫正文书的法律依据是《社区矫正法》第 44、45、46、48、49、51 条，《社区矫正法实施办法》第 53 条。

🔍 思考练习

案例 1：胡一龙（化名），男，1981 年 4 月 14 日出生，壮族，因犯故意伤害罪，被人民法院判处有期徒刑 8 个月，缓刑 1 年。社区矫正期限为 2021 年 1 月 9 日起至 2022 年 1 月 8 日止，矫正期限届满，执行地县级社区矫正机构根据书面鉴定，制作《解除社区矫正宣告书》与《解除社区矫正证明书》。

案例 2：2018 年 12 月，陈某因开设赌场罪被某县人民法院依法判处有期徒刑 2 年，缓刑 3 年，依法对其实施社区矫正。但是在社区矫正期间陈某不思悔改，于 2019 年 3 月与一帮朋友进行赌博，被派出所民警当场抓获。第二天陈某因参与赌博被公安机关处以行政拘留 10 日，并收缴赌资 10 000 元的行政处罚。为此，执行地社区矫正机构向法院正式提起对陈某的撤销缓刑建议。法院经审理核实后认为，陈某在缓刑考验期间，不服从社区矫正监管，违法赌博，依法应当撤销缓刑，决定对其收监执行原判。

请结合案例 1 和案例 2 思考：

1. 社区矫正解除（终止）的条件和程序有哪些？
2. 解除（终止）社区矫正文书的制作主体、送达主体是哪些？
3. 请结合案例 1，制作《解除社区矫正通知书》。
4. 请结合案例 2，制作《终止社区矫正通知书》。

🔍 拓展学习

社区矫正终止的相关程序规定

社区矫正对象终止社区矫正，应依照法定的程序进行。

1. 因社区矫正对象被收监而终止社区矫正的程序。

（1）缓刑、假释的收监执行程序。《社区矫正法》第 46 条、第 48 条规定，除社区矫正对象在考验期限内犯新罪或发现判决宣告以前还有其他罪没有判决的以外，其他需要撤销缓刑、假释情形的，社区矫正机构均应当向原审人民法院或者执行地人民法院提出撤销缓刑、假释建议，并将建议书抄送人民检察院。社区矫正机构提出撤销缓刑、假释建议时，应当说明理由，并提供有关证据。材料人民法院应当在收到社区矫正机构撤销缓刑、假释建议书后 30 日内作出裁定，并将裁定书送达社区矫正机构和公安机关，同时抄送人民检察院。

（2）暂予监外执行的收监执行程序。《社区矫正法》第 49 条第 1 款和第 2 款规定，对于具有《刑事诉讼法》规定的应当予以收监情形的被暂予监外执行的社区矫正对象，社区矫正机构应当向执行地或者原社区矫正决定机关提出收监执行建议，并将建议书抄送人民检察院。社区矫正决定机关应当在收到建议书后 30 日内作出决定，将决定书送达社区矫正机构和公安机关，同时抄送人民检察院。

（3）逮捕、在逃追捕的程序。《社区矫正法》第 47 条规定，被提请撤销缓刑、假释的社区矫正对象可能逃跑或者可能发生社会危害的，社区矫正机构可以在提出撤销缓刑、假释建议的同时，提请人民法院决定对其予以逮捕。人民法院应当在 48 小时内作出是否逮捕的决定。决定逮捕的，由公安机关执行。逮捕后的羁押期限不得超过 30 日。

《社区矫正法》第 50 条规定，被裁定撤销缓刑、假释和被决定收监执行的社区矫正对象逃跑的，由公安机关追捕，社区矫正机构、有关单位和个人予以协助。撤销缓刑、撤销假释裁定书和对暂予监外执行罪犯收监执行决定，可以作为公安机关追逃的依据。

（4）被行政处罚或采取强制措施等问题的处理。《社区矫正法实施办法》第 41 条规定，社区矫正对象被依法决定行政拘留、司法拘留、强制隔离戒毒等或者因涉嫌犯新罪、发现判决宣告前还有其他罪没有判决而被采取强制措施的，决定机关应当自作出决定之日起 3 日内将有关情况通知执行地县级社区矫正机构和执行地县级人民检察院。

2. 因社区矫正对象死亡而导致终止社区矫正的程序。《社区矫正法》第 51 条、《暂予监外执行规定》第 28 条规定，因社区矫正对象死亡导致社区矫正终止的程序如下：

（1）社区矫正对象在矫正期间正常死亡的，其监护人、家庭成员应当及时向社区矫正机构报告。社区矫正机构应当及时通知社区矫正决定机关，所在地人民检察院、公安机关，并会同医院开具相关的死亡证明，办理相关手续。

（2）社区矫正对象在矫正期间非正常死亡的，其监护人、家庭成员应当及时向社区矫正机构报告。社区矫正机构应当在及时通知所在地公安机关的同时，报请所在地检察机关对其死亡原因作出鉴定。

（3）假释或者暂予监外执行的社区矫正对象在矫正期间死亡的，社区矫正机构应当自发现之日起 5 日内，书面通知决定或者批准机关，并将有关死亡证明材料送达社区矫正对象原服刑或接收其档案的监狱、看守所，并抄送罪犯居住地同级人民检察院。

社区矫正对象死亡的，社区矫正终止，社区矫正机构应及时办理终止社区矫正的登记备案手续，整理档案材料，按照规定存档，相关情况向社区矫正对象原服刑的监狱、看守所，或作出判决、裁定的人民法院进行书面通报，并附相关证明材料。

🔍 知识链接

工作领域七

社区矫正执行文书制作

🔍 学习目标

知识目标：帮助学生和基层社区矫正工作人员在工作实践中更好地掌握社区矫正执行文书的基础知识及制作规范。

能力目标：学生和基层社区矫正工作人员通过理论知识学习，能够准确制作社区矫正执行法律文书和规范管理社区矫正对象档案，以此提高社区矫正执法能力。

素质目标：培养学生爱岗敬业、细心踏实的职业精神。

🔍 工作思维导图

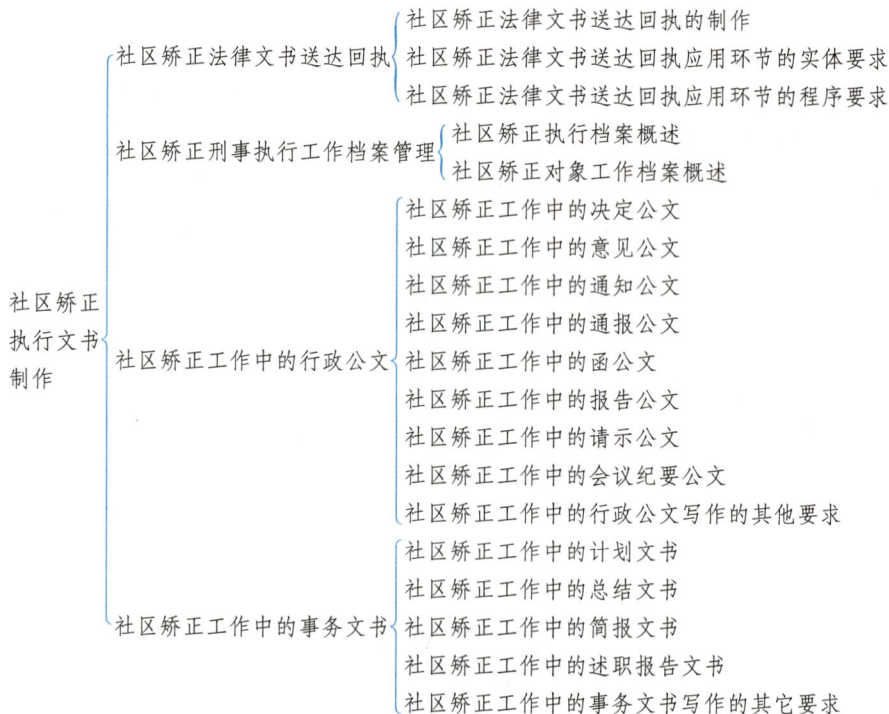

```
                              ┌ 社区矫正法律文书送达回执的制作
              社区矫正法律文书送达回执┤ 社区矫正法律文书送达回执应用环节的实体要求
              │               └ 社区矫正法律文书送达回执应用环节的程序要求
              │
              │               ┌ 社区矫正执行档案概述
              社区矫正刑事执行工作档案管理┤
              │               └ 社区矫正对象工作档案概述
              │
              │               ┌ 社区矫正工作中的决定公文
              │               │ 社区矫正工作中的意见公文
              │               │ 社区矫正工作中的通知公文
社区矫正                      │ 社区矫正工作中的通报公文
执行文书┤      社区矫正工作中的行政公文┤ 社区矫正工作中的函公文
制作                          │ 社区矫正工作中的报告公文
              │               │ 社区矫正工作中的请示公文
              │               │ 社区矫正工作中的会议纪要公文
              │               └ 社区矫正工作中的行政公文写作的其他要求
              │
              │               ┌ 社区矫正工作中的计划文书
              │               │ 社区矫正工作中的总结文书
              社区矫正工作中的事务文书┤ 社区矫正工作中的简报文书
                              │ 社区矫正工作中的述职报告文书
                              └ 社区矫正工作中的事务文书写作的其它要求
```

工作任务二十五　社区矫正法律文书送达回执

🔍 任务目标

1. 了解社区矫正法律文书送达回执的概念、作用及要求；
2. 熟悉社区矫正法律文书送达回执的制作方法和内容；
3. 理解社区矫正法律文书送达回执在执行过程中的重要意义；
4. 树立以集体主义为导向的价值观。

🔍 任务描述

社区矫正法律文书送达回执是社区矫正工作中用于执行地社区矫正机构向社区矫正对象，社区矫正决定机关，执行地人民检察院、公安机关送达文书，以及社区矫正机构之间、社区矫正机构与受委托司法所之间送达文书所使用的证明相关文书送达对方并签收的书面凭证。该文书的主要内容包括所送达文书的内容、受送达人的姓名和地址、送达文书名称及件数、受送达人或代收人签名盖章、送达人签名、备注和填发人签名等。

《社区矫正法》和《社区矫正法实施办法》等相关法律法规中，在多个程序中规定了相关文书的送达、抄送和转送，这些送达行为均需要进行书面的记录和证明，体现社区矫正工作的严肃和规范，也能够解决一些程序衔接上的冲突。社区矫正法律文书送达回执是社区矫正工作执行过程中不可或缺的工具性文书。

🔍 工作场景

王某某，男，1988年7月出生，汉族，小学文化，户籍地、居住地均为A省某市。2019年9月，因涉嫌过失致人死亡罪被某省某市城郊人民法院判处有期徒刑4年，刑期自2019年3月21日起至2023年3月20日止。被告人王某某不服，提出上诉。2019年12月18日，某市中级人民法院经审理后，驳回上诉，维持原判。2021年12月13日，A省某监狱提出假释建议，报送某省某市中级人民法院审理。2021年12月29日，A省某市中级人民法院审理后，裁定对王某某予以假释，假释考验期自假释之日起至2023年3月20日止。王某某假释后意味着要接受社区矫正，将由社区矫正机构对其监督管理直至假释期满。

社区矫正文书送达回执

送达文书内容	对社区矫正对象王某某提请假释相关法律文书
送达人的姓名、地址	王某某，某省某市中级人民法院

续表

送达文书名称及件数	送达人签收	代收人签收	送达人
×××一份	×××（公章） ××××年 ×月 ×日	年　月　日	
×××两份	×××（公章） ××××年 ×月×日	年　月　日	
备注：			

填发人：×××

社区矫正文书送达回执的制作说明：

1. 本文书根据《社区矫正法》和《社区矫正法实施办法》相关条款的规定制作，用于执行地社区矫正机构向社区矫正对象，社区矫正决定机关，执行地人民检察院、公安机关送达文书以及社区矫正机构之间、社区矫正机构与受委托司法所之间文书送达。

2. 送达回执一般直接送达签收，如果邮寄送达的可以附寄送达回执证明。

3. 填写时要写明送达文书名称及件数，并在发出时明确核对。受送达人签收送达回执时，亦应对送达文书名称及件数核对确认无误后再签收；核对后认为有误的可以拒绝签收或在写明实际收到情况后再签收。

任务1　社区矫正法律文书送达回执的制作

社区矫正文书送达回执

送达文书内容			
受送达人的姓名、地址			
送达文书名称及件数	受送达人签收	代收人签收	送达人
	（公章） 年 月 日	年 月 日	
	年 月 日	年 月 日	

续表

备注：

填发人：×××

任务 1.1　社区矫正文书送达回执填写范例与制作说明

社区矫正文书送达回执

送达文书内容	对社区矫正对象×××提请撤销缓刑相关法律文书		
受送达人的姓名、地址	×××，××省××市××区人民法院		
送达文书名称及件数	受送达人签收	代收人签收	送达人
×××一份	（公章） ××年 ××月 ××日	年　月　日	×××
×××两份	（公章） ××年 ××月 ××日	年　月　日	×××
备注：			

填发人：×××

任务 2　社区矫正法律文书送达回执应用环节的实体要求

送达是指社区矫正机构依照法定程序和方式，将社区矫正法律文书送交其他社区矫正机构、人民法院、人民检察院、公安机关。社区矫正法律文书送达回执是表示已送达的书面凭证。

实践中，不同于民法领域的送达，因送达对象为具体的单位（部门）或个人，一般送达主要采取直接送达和邮寄送达两种方式。需要注意的是，采取邮寄送达，应当交由国家邮政机构（以下简称邮政机构）进行邮寄送达，邮寄回执附在送达回执上。另外，个别省市因建设了本地的智能政法协同办案信息化系统，在本地规定允许的情况下，可以通过信息化系统线上送达。具体要求如下：

1. 送达主体的确认。

社区矫正机构信息：包括机构名称、地址、联系电话、负责人的姓名及职务等。

矫正对象信息：包括矫正对象的姓名、性别、年龄、身份证号码、联系方式、住址等，确保其身份的准确性。

法定代理人信息（如适用）：如矫正对象未成年或因其他原因需要法定代理人，需提供代理人的姓名、关系、联系方式等信息。

2. 文书内容的准确性。

法律文书的类型：明确送达的文书类型，例如《社区矫正通知书》《矫正措施决定书》等。

文书的具体内容：包括法律依据、矫正措施的具体要求、期限、责任等，确保被送达人能够充分理解文书的内容。

语言简洁明了：使用通俗易懂的语言，避免法律术语造成的理解障碍。

3. 送达方式的合法性。

送达方式的选择：直接送达——由社区矫正工作人员亲自送达；邮寄送达——通过挂号信或快递等方式寄送，需保留邮寄凭证；电子送达——通过电子邮件、短信等方式送达，需确保对方能够接收。

送达方式的记录：在送达回执中注明具体的送达方式和相关凭证，确保送达过程的合法性。

4. 时间的记录。

送达日期：明确记录送达的具体日期和时间，作为后续法律程序的时间依据。

文书送达的时间节点：如有特定的时间要求（如回复时间、履行义务的时间等），需在回执中明确。

5. 签字或盖章。

被送达人签字：被送达人需在送达回执上签字，表示已收到文书。若被送达人拒绝签字，需注明拒绝原因。

见证人签字（如适用）：若被送达人无法签字（如未成年人或精神障碍者），应有见证人在场并记录相关情况，见证人需在回执上签字。

盖章要求：如社区矫正机构有相关章程，需在回执上加盖公章，以增强法律效力。

6. 保存与归档。

回执的保存：送达回执应妥善保存，以备后续查阅。一般应保留至少 3 年，或根据相关法律法规的要求。

归档管理：按照社区矫正机构的档案管理规定进行归档，确保信息的完整性和可追溯性。

7. 法律责任的告知。

权利与义务的说明：在送达文书时，应向被送达人详细说明其在社区矫正期间的权利（如申诉权、知情权等）和义务（如定期报到、遵守矫正纪律等）。

法律后果的提示：告知被送达人如不履行相关义务可能面临的法律后果，包括可能采取的处罚措施、重新审查等。

8. 其他注意事项。

送达记录的完整性：确保送达过程中的所有记录（如电话沟通记录、邮寄凭证等）都能完整保存，形成完整的送达证据链。

定期检查与评估：社区矫正机构应定期对送达流程进行检查与评估，确保送达工作的规范性和有效性。

任务 3　社区矫正法律文书送达回执应用环节的程序要求

社区矫正工作中需要送达法律文书的情况主要有：

1. 转送送达。社区矫正所依据的判决、裁定、决定生效后相关文书的送达。社区矫正决定机关应当自判决、裁定或者决定生效之日起 5 日内通知执行地社区矫正机构，并在 10 日内送达有关法律文书，同时抄送人民检察院和执行地公安机关，社区矫正决定地与执行地不在同一地方的，由执行地社区矫正机构将法律文书转送所在地的人民检察院、公安机关。

2. 执行地变更送达。社区矫正对象因迁居等原因需要变更执行地的相关法律文书的送达。社区矫正对象因迁居需要变更执行地的，社区矫正机构应当按照有关规定作出变更决定。社区矫正机构作出变更决定后，应当通知社区矫正决定机关和变更后的社区矫正机构，并将有关法律文书抄送变更后的社区矫正机构。变更后的社区矫正机构应当将法律文书转送所在地的人民检察院、公安机关。

3. 提请减刑送达。社区矫正对象减刑程序中相关法律文书的送达。社区矫正对象符合《刑法》规定的减刑条件的，社区矫正机构应当向社区矫正执行地的中级以上人民法院提出减刑建议，并将减刑建议书抄送同级人民检察院。

4. 提请撤销缓刑（假释）送达。社区矫正对象撤销缓刑、假释程序中相关法律文书的送达。对于有新罪和漏罪以外的其他需要撤销缓刑、假释情形的，社区矫正机构应当向原审人民法院或者执行地人民法院提出撤销缓刑、假释建议，并将建议书抄送人民检察院。

5. 提请收监执行送达。暂予监外执行的社区矫正对象收监执行程序中相关法律文书的送达。暂予监外执行的社区矫正对象具有《刑事诉讼法》规定的应当予以收监情形的，社区矫正机构应当向执行地或者原社区矫正决定机关提出收监执行建议，并将建议书抄送人民检察院。

6. 其他文书。社区矫正监督管理工作中其他文书的送达，如治安管理处罚建议书副本、社区矫正对象的奖励或者处罚的书面决定等。

🔍 工作法律依据

社区矫正法律文书送达回执的法律依据是《社区矫正法》第 20、27、33、46、49 条，《社区矫正法实施办法》第 16、31、32、36、40、42、46、47、48、49、53 条。

🔍 思考练习

骆某某，男，1989 年 9 月生，汉族，小学文化，户籍地、居住地均为海南省儋州市。2014 年 9 月，因涉嫌过失致人死亡罪被海南省三亚市城郊人民法院判处有期徒刑 4 年，刑期自 2014 年 3 月 21 日起至 2018 年 3 月 20 日止。被告人骆某某不服，提出上诉。2014 年 12 月 18 日，三亚市中级人民法院经审理后，驳回上诉，维持原判。2016 年 12 月 13 日，海南省美兰监狱提出假释建议，报送海南省海口市中级人民法院审理。

2016 年 12 月 29 日，海南省海口市中级人民法院审理后，裁定对骆某某予以假释考验期，自假释之日起至 2018 年 3 月 20 日。骆某某假释后意味着要接受社区矫正，将由社区矫正机构对其监督管理直至假释期满。

社区矫正机构收到法律文书后需要完成哪些工作流程，并完成法律文书回执。

社区矫正文书送达回执

送达文书内容	对社区矫正对象×××相关法律文书		
受送达人的姓名、地址	×××，××省××市××区人民法院		
送达文书名称及件数	受送达人签收	代收人签收	送达人
×××一份	（公章） ××年 ××月 ××日	年 月 日	×××
×××两份	（公章） ××年 ××月 ××日	年 月 日	×××
备注：			

填发人：×××

🔍 拓展学习

《山东省社区矫正实施细则》（部分）
第三节　交付与接收

第 17 条　被判处管制、宣告缓刑、裁定假释的社区矫正对象，应当自判决、裁定生效之日起十日内到执行地县级社区矫正机构报到。社区矫正机构应当核对法律文书、核实身份，办理登记接收手续。

社区矫正对象的登记接收，应当在县级社区矫正机构规定场所内办理。对社区矫正对象存在因行动不便、自行报到确有困难等特殊情况的，社区矫正机构可以派员到其居住地等场所办理登记接收手续。

社区矫正对象报到时，执行地县级社区矫正机构未收到法律文书的，应当先记录在案，并通知有关机关在五日内送达法律文书。收到法律文书后，及时通知社区矫正对象办理登记接收手续。

县级社区矫正机构收到法律文书后，发现社区矫正对象未按规定时限报到的，应当通过通信联络、实地查访等方式及时组织查找，并向社区矫正对象的监护人或者近亲属书面告知社区矫正对象未按规定时间报到的情况及后果。二十四小时内查找无果的，应当书面提请公安机关予以协助查找。公安机关应当予以协助，并及时反馈查找进展情况。社区矫正机构应当及时将组织查找的情况通报人民检察院。

第 21 条　县级社区矫正机构办理社区矫正对象登记接收手续后，应当书面告知社区矫正对象三日内到指定司法所接受社区矫正。同时，通知司法所做好社区矫正对象的接收工作，并送交相关法律文书。

🔍 **知识链接**

工作任务二十六　社区矫正刑事执行工作档案管理

🔍 **任务目标**

1. 了解社区矫正执行档案、矫正对象档案的概述；
2. 熟悉社区矫正刑事执行工作档案、矫正对象档案的内容；
3. 掌握社区矫正刑事执行工作档案、矫正对象档案的制作、管理和归档方法；
4. 树立社会主义民主法治观念，培养自觉遵纪守法、勇于同违法现象作斗争的精神。

🔍 **任务描述**

社区矫正对象档案是指社区矫正机构在对社区矫正对象实施监督管理、教育矫正、教育帮扶、考核评估过程中，所形成的具有保存价值的文字、图表、声像等不同形式的历史记录。

社区矫正档案按不同载体分为纸质文档和电子文档，按不同管理权限分为执行档案和工作档案。社区矫正档案遵循分级建立、统一保管以及保密原则，做到完整安全，依法使用。

🔍 **工作场景**

刑事执行社区矫正档案管理工作，包括整理入矫工作轨迹、解除矫正、终止矫正、居住地变更、收监执行、教育帮扶与监督管理等各个与社区矫正对象有关的工作档案。严格按照一人一档的要求，对档案妥善整理收集，最大程度地发挥档案作用，谨防案卷丢失和泄密事件的发生。通过进一步规范社区矫正对象档案管理，落实档案管理制度，有效提升社区矫正档案的制度化建设和规范化管理，保证社区矫正工作的顺利开展。

🔍 **工作任务**

任务1　社区矫正执行档案概述

司法行政机关应当为社区矫正对象建立社区矫正执行档案，包括适用社区矫正的法律文书，以及接收、监管审批、处罚、收监执行、解除矫正等有关社区矫正执行活动的法律文书。

一、社区矫正执行档案主要内容

1. 适用社区矫正的法律文书，主要包括起诉书、判决书、裁定书、结案登记表、执行通知书、暂予监外执行决定书、暂予监外执行通知书等；

2. 暂予监外执行病情诊断书或证明书；

3. 社区矫正期间刑罚执行变更法律文书，包括减刑建议书、裁定书，监管处罚，治安管理处罚和刑事处罚建议书、决定书，记功决定书等；

4. 本人身份证复印件；

5. 户籍证明；

6. 其他应当归档的材料。

二、社区矫正执行档案文书样本

社区矫正对象执行档案

矫正单位：＿＿＿＿＿＿＿＿＿＿

社区矫正对象：＿＿＿＿＿＿＿＿＿＿

矫正类型：＿＿＿＿＿＿＿＿＿＿

矫正起止日期：＿＿＿＿＿＿＿＿＿＿

建档时间：　　年　　月　　日

本卷共＿＿＿＿＿页

××区矫正对象执行档案目录

序号	档案内容	页码	备注
1	起诉书		
2	刑事判决书		
3	刑事裁定书		
4	结案登记表		
5	执行通知书		
6	暂予监外执行病情诊断书或证明书		
7	社区矫正期间刑罚执行变更法律文书		
8	本人身份证复印件		
9	户籍证明		
10	其他材料		

任务 2　社区矫正对象工作档案概述

　　乡镇、街道司法所应当建立社区矫正工作档案，包括司法所和矫正小组进行社区矫正的日常工作记录、社区矫正对象接受社区矫正的相关材料等，同时留存社区矫正执行档案副本。

一、社区矫正对象工作档案内容

1. 开展适用社区矫正前调查评估形成的材料及评估意见；

2. 社区矫正对象个人基本信息表；

3. 社区矫正对象宣告书及宣告照片，要求帮教人员均到场参加；

4. 社区矫正对象保证书；

5. 社区矫正监护人协议书；

6. 监护人具保书；

7. 社区矫正责任书；

8. 社区矫正志愿者帮教协议书；

9. 社区矫正对象入矫谈话记录；

10. 社区矫正对象风险评估；

11. 社区矫正对象矫正方案；

12. 社区矫正对象月度思想汇报；

13. 社区矫正对象月度谈话（心理）记录；

14. 社区矫正对象月度走访记录；

15. 社区矫正对象教育学习笔记；

16. 社区矫正对象公益劳动记录卡；

17. 社区矫正对象季度考核；

18. 社区矫正对象年度考核；

19. 社区矫正对象查找、奖惩情况汇总；

20. 社区矫正对象外出（居住地变更）审批表；

21. 社区矫正对象矫正期满个人总结；

22. 社区矫正对象期满鉴定表；

23. 解除社区矫正宣告书；

24. 解除社区矫正证明书；

25. 社区矫正对象解矫宣告及宣告照片，要求帮教人员、社区或邻居代表到场；

26. 社区矫正对象转入安置帮教通知书；

27. 其他应当归档的材料。

二、社区矫正对象工作档案内容和文书样本

社区矫正对象工作档案目录

序号	档案内容	页码	备注
1	开展适用社区矫正前调查评估形成的材料及评估意见		
2	社区矫正对象个人基本信息表		
3	社区矫正对象宣告书		
4	社区矫正对象宣告照片		
5	社区矫正对象保证书		

续表

序号	档案内容	页码	备注
6	社区矫正监护人协议书		
7	监护人具保书		
8	社区矫正责任书		
9	社区矫正志愿者帮教协议书		
10	社区矫正对象入矫谈话记录		
11	社区矫正对象风险评估		
12	社区矫正对象矫正方案		
13	社区矫正对象月度思想汇报		
14	社区矫正对象月度谈话（心理）记录		
15	社区矫正对象月度走访记录		
16	社区矫正对象教育学习笔记		
17	社区矫正对象公益劳动记录卡		
18	社区矫正对象季度考核		
19	社区矫正对象年度考核		
20	社区矫正对象查找、奖惩情况汇总		
21	社区矫正对象外出（居住地变更）审批表		
22	社区矫正对象矫正期满个人总结		
23	社区矫正对象期满鉴定表		
24	解除社区矫正宣告书		

序号	档案内容	页码	备注
25	解除社区矫正证明书		
26	社区矫正对象解矫宣告书		
27	社区矫正对象解矫照片		
28	社区矫正对象转入安置帮教通知书		
29	其他材料		

三、社区矫正对象工作档案管理归档

在社区矫正执行过程中形成的档案材料，属于执行档案范围的，司法所应当及时提交县级社区矫正机构归档，并留存副本以备查询。

在社区矫正对象解除社区矫正后 30 日内，应当将执行档案和工作档案分别装订成册，由县级社区矫正机构统一保管。档案保管期限为 20 年，从解除社区矫正的当年起算。档案以电子文档形式保存的，应当备份。未成年人社区矫正档案应当封存。

社区矫正对象档案非经批准不得向任何机构、个人提供。外调人员查阅社区矫正对象档案，凭县级人民政府或者政法机关介绍信，经县级社区矫正机构审查同意后，在指定地点查阅。

四、社区矫正对象工作档案管理归档制作要求

1. 入档材料应做到准确、清晰、整洁，符合国家档案管理和司法文书制作规范。

2. 入档材料一律使用蓝黑墨水笔、碳素墨水笔书写或使用黑色色带微机打印，不得使用纯蓝墨水笔、圆珠笔、铅笔或复写纸书写。同一份材料的内容书写用色应一致，不得混用。

3. 社区矫正对象姓名、年龄、文化程度、籍贯、住址等基本情况及主要犯罪事实，以人民法院判决书为准，不详或有误的应予核实并注明。

4. 入档材料应按项如实填写，不得空项。凡没有具体内容的，一律填写"无"。

5. 社区矫正对象所犯罪行的罪名、矫正类别等表述应完整准确，不得简写。同一份材料中，数字应统一使用汉字小写数字或阿拉伯数字，不得混用。

6. 需在材料上签名的，一律使用姓名全称，不得代签、略写。姓名应签在材料的右下角或适当位置，并在下方注明成文时间（年、月、日），不得越出装订线。

7. 凡盖章或捺手印应一律使用红色印泥。

8. 入档材料用语应客观、准确、具体、明确，符合汉语语法规范，并与具体对象身份相符，不得编造、假设、含糊不清。入档材料中引用的法律法规，必须使用全称，做到准确无误。

9. 档案卷内的文字材料在右上角（背面左上角）编页号，卷内材料应采用 A4 型纸张，做到右齐、下齐并在案卷左侧三孔一线装订。所有材料的装订应使用装订线装订，不得使用订书钉、曲别针等金属物品。

10. 每卷档案首页要有目录，末页要有备考表。首页目录右上端的空白处应加盖归档章。归档章内设置归档单位、档案编码、归档时间、页数、密级，应如实填写。备考表用于说明归档情况，如实记载建档立卷时间。

11. 社区矫正档案应由专人管理。档案管理人员必须严格遵守保密制度，不得泄露档案内容。存有档案信息的计算机必须单独使用，不得与互联网或其他网络连接。

12. 查阅社区矫正对象档案，必须严格履行登记批准手续。外调人员凭县级以上单位介绍信和本人的有效证件（身份证、工作证），经县级司法行政机关分管领导同意后，在指定地点查阅档案，不得使用电话查询档案。查档人阅档时不得改变档案原样，需摘抄、复印档案材料的，须经县级司法行政机关分管领导批准。

13. 社区矫正对象变更居住地的，其接受社区矫正期间的档案应按规定移交新居住地县级司法行政机关。

14. 有条件的地方可以建立电子档案，电子档案也应按照执行档案和工作档案分别建立。电子档案的保管应符合国家档案局《磁性载体档案管理与保护规范》的要求，采用专门的保护设备和保护技术措施。

15. 社区矫正对象档案定为秘密级，保管期限为 20 年，保管期限应从社区矫正对象解除矫正之日算起。重大敏感案件的社区矫正对象档案，应永久保存。

16. 未成年或犯罪时不满 18 周岁且被判处 5 年有期徒刑以下刑罚的社区矫正对象解除矫正后，其档案应予封存。

封存管理的档案材料应当收集完整，加密保存，并实行专柜存放。除司法机关办案需要或国家法律有特别规定外，任何单位和个人不得查阅、复制、摘抄封存的档案。

🔍 工作法律依据

社区矫正执行档案与工作档案的建立与管理的法律依据是《社区矫正法实施办法》第 18 条和《中华人民共和国档案法》。

🔍 思考练习

马根（系化名），男，1972 年 10 月出生，户籍地为四川省宜宾市屏山县某乡，居住地为四川省宜宾市屏山县屏山镇某村。2019 年 4 月，因犯故意伤害罪被浙江省温州市瓯海区人民法院判处有期徒刑 5 年 3 个月，后于 2021 年 2 月，被浙江省杭州市中级人民法院裁定准予假释。2021 年 3 月 15 日，马根到屏山县司法局社区矫正机构报到，接受社区矫正，矫正期限自 2021 年 3 月 7 日至 2022 年 3 月 5 日。屏山县社区矫正机构委托屏山司法所对马根开展具体的监督管理与教育帮扶工作。在社区矫正期间，马根严格遵守社区矫正制度规定，每周按时汇报思想，热衷于社会公益事业，认真参加学习，详细进行书面汇报。其间，马根受到奖励一次。

请在接收马根进行社区矫正后建立社区矫正对象执行档案和社区矫正对象工作档案。

🔍 **拓展学习**

一、电子档案的管理

1. 为保证电子档案的真实性，应在计算机系统中设置安全防护措施：

（1）建立对电子文件操作者的身份识别与权限控制，防止非法侵入。

（2）设置符合安全要求的操作日志，随时自动记录实施操作的人员、时间、设备、项目、内容等。

（3）对电子文件采用可靠的防错漏和防调换的标记。

（4）对电子印章、数字签署等采取防止非法使用的措施。

2. 电子档案应该复制到耐久性的载体上，至少一式两套，一套封存，一套供查找利用。必要时，复制第三套，异地保存。对涉密的电子文件应按要求单独存储在可靠的载体上，并做好相应的标识，归档后的电子文件的载体应设置成禁止编辑的状态。归档完毕后，应建立检索目录，电子文件形成部门或信息管理部门应及时清理网上的复制件。

3. 电子档案的利用应注意以下事项：

（1）封存的电子档案载体不得外借使用，利用时使用复制件。

（2）应严格遵守保密制度，利用具有保密要求的电子档案时，必须符合国家或有关部门的保密规定。

（3）查阅或复制应在权限规定的范围之内，未经批准任何单位或个人不得擅自复制电子文件。

4. 电子档案的移交与接收，可采用"在线"与"离线"两种方式进行，可根据实际情况选择确定移交与接收的方式。

文件形成单位在网络上移交电子档案时，应在政府专用网的电子公文交换平台上进行，并要履行相应的交接手续。

文件形成单位在进行离线移交电子档案时，应做到存储载体外观完好、整洁无损；数据完整、内容准确、编目规范；记录的字节数、检索条目等著录项目与登记一致，手续完备；无计算机病毒。

二、公章的使用

规范使用印章，要求做到"齐年盖月"（即印章的左边缘与落款日期的年相齐，月、日盖在印章的下面）；盖章时用力要均匀，落印要平衡，印泥要适度，保证印迹端正、清晰。按照规定，启用公章一般要出示领导签字，经办人要在公章启用登记表上签字并填写相关内容。尤其是涉及重要执法文书的，应当有领导签字，以示执法的严肃性，如外出审批、居住地变更、奖惩审批等。

🔍 知识链接

工作任务二十七　社区矫正工作中的行政公文

🔍 **任务目标**

1. 了解行政公文的基本概念、种类和写作方法；
2. 熟悉行政公文的撰写技巧与规范；
3. 认识行政公文在工作中的规范性和专业性，理解行政公文在社区矫正工作中的实际应用，树立职业责任感；
4. 服从国家和集体的统一意志并具有高度的组织性和纪律性。

🔍 **任务描述**

社区矫正工作中的行政公文是在社区矫正活动中，由司法行政机关或相关机构依法制定的，具有一定法律效力的文件，主要涉及相关部门、组织或个人之间的正式沟通和决策记录。

行政公文有一定的行文格式、行文规则和办理办法，是社区矫正工作中传递信息的重要工具和工作决策的书面记录，用于指导社区矫正工作的开展，确保社区矫正活动的合法性和有效性，对于规范社区矫正活动具有重要作用，是社区矫正工作得以顺利开展的关键。按照适用范围划分，国家行政机关公文最新版本有15种，本部分着重介绍社区矫正工作中常用的8种公文。

🔍 **工作场景**

某市社区矫正局根据《社区矫正法》及相关实施细则，结合当前社区矫正工作中存在的问题，如矫正对象参与度不高、个别矫正措施执行不到位等，作出《关于加强社区矫正工作的决定》（以下简称《决定》），明确提出要增强矫正措施的针对性和有效性，强化监督和评估机制。

为贯彻落实《决定》精神，某区司法局决定开展"社区矫正质量提升系列活动"，但在活动期间，遇到了资金短缺的问题，便向区政府发出了一份《关于申请社区矫正活动经费的请示》，请求额外拨款支持活动的顺利进行。活动其中一项内容是对社区矫正工作人员进行业务能力培训，为此，该区司法局根据《决定》内容制定了培训方案并下发《关于举办××区社区矫正工作人员业务能力提升培训班的通知》，明确了培训时间、地点、参训人员、培训内容等具体事宜。培训结束后，为了总结经验和表彰先进，该区司法局编制了《××区社区矫正工作人员业务能力提升培训班总结及表彰通报》，对表现优秀的个人和集体进行通报表扬。活动结束后，该区司法局针对整个活动的开展情况，撰写了一份详细的《××区司法局关于社区矫正质量提升活动的报告》，报告中包括活动的策划、实施过程、参与反馈以及效果评估等内容，提交给市社区矫正局审阅。

在整个过程中，区司法局始终秉持着法治精神，以问题为导向，积极寻求解决方案，并不断提升自身能力，以期为社会和谐稳定贡献更大的力量。

上述案例中涵盖社区矫正行政工作中常见的公文类型，通过不同类型的公文，展示社区矫正机构在日常工作中与上下级机关和相关部门之间进行有效沟通和协作，共同推进社区矫正工作的规范化、专业化和科学化。

🔍 **工作任务**

任务1 决定的概述

一、决定的概念

决定是对重要事项或者重大行动作出安排，奖惩有关单位及人员，变更或者撤销下级机关不适当的决定事项时使用的公文。

决定以领导机关或团体的名义作出，记录和反映各类机关或团体的重要决策结果和内容，承载着领导机关或团体的权威决策。它是一种带有制约、规范、指导作用的下行文，对于下级机关的工作过程或者活动具有强制力和约束力，是一种兼具领导性与规定性的公文。

二、决定的结构

决定属于拟制式文书，由标题、主送机关、正文和落款四个部分组成。

（一）标题

决定的标题一般由发文机关、事由、文种三部分构成，可以省略发文机关，但事由和文种不能省略。

（二）主送机关

主送机关一般直接写明主送机关名称，如果是由会议作出的决定一般不写主送机关。

（三）正文

正文一般包括开头、主体、结尾三部分内容。开头一般是写发布决定的背景、根据、目的、意义。主体写决定事项，要写明决定的具体内容。结尾主要写执行要求或提出希望号召，如"本决定自公布之日起施行"等。

（四）落款

落款写明发文机关名称和日期，并加盖公章。如果标题上已有发文机关名称，署名可以省略。决定的日期可以放置于文尾，也可用圆括号置于标题之下。如果是正式会议讨论的决定，在标题的下面要写明是哪个会议通过或者批准。成文时间要以会议通过的日期或者领导人签发的日期为准。

三、决定的撰写要求

1. 标题要完整、规范。决定的标题，一般应写明发文机关、事由和文种，而且要规范、准确，事由要准确概括出来。

2. 时间标注要准确。成文日期要以会议通过的日期或领导人签发日期为准，不能以起草或打印的时间为成文日期。

3. 事由要准确、合理。事由要注意表述清楚，简明扼要，有理有据，令人信服。

4. 事项要明确、清楚。内容比较复杂的决定，事项要一条一条地表述，把主要的、重要的放在前面，次要的放在后面。结构要合理，层次要分明，内容要合乎逻辑。

×××××关于××××的决定

×××××：

……根据/依据/为/为了/鉴于……决定如下：

（决定的具体内容）……

……号召/要/要求……（本决定自……起……）

××××（公章）
××××年×月×日

四、决定的示例

案例：为表彰先进，充分发挥先进典型的示范引领作用，激励全国司法所和广大基层司法行政工作者奋勇争先、建功立业，司法部决定，授予全国597个司法所"全国模范司法所"称号，授予796名同志"全国司法所模范个人"称号。

司法部关于表彰全国模范司法所和
全国司法所模范个人的决定

司发通〔20××〕××号

各省、自治区、直辖市司法厅（局），新疆生产建设兵团司法局：

近年来，各级司法行政机关坚持以习近平新时代中国特色社会主义思想为指导，全面贯彻落实党的××大和××届×中全会精神，深入学习贯彻习近平法治思想和习近平总书记关于加强基层基础工作的重要指示精神，认真贯彻落实党中央关于全面依法治国的决策部署，始终坚持强基导向，全面加强司法所建设，充分发挥司法所职能作用，为维护社会和谐稳定、促进社会公平正义、服务经济社会发展、保障人民安居乐业作出了积极贡献，司法行政基层战线涌现出一大批司法所先进集体和先进个人。

为表彰先进，充分发挥先进典型的示范引领作用，激励全国司法所和广大基层司法行政工作者奋勇争先、建功立业，经各省（区、市）司法厅（局）推荐，司法部决定，授予××市×城区×××街道司法所等597个司法所"全国模范司法所"称号，授予××市××区××街道司法所所长×××等796名同志"全国司法所模范个人"称号。希望受到表彰的集体和个人珍惜荣誉，再接再厉，在新征程上为推动司法行政事业改革发展再立新功。

司法部号召各级司法行政机关和广大司法行政干警向受到表彰的集体和个人学习。学习他们听党指挥、立场坚定、对党绝对忠诚的政治品格，不忘初心、牢记使命、始终心系群众的公仆情怀，恪尽职守、担当作为、永远争创一流的执着追求，尊崇法律、践行法治、守护公平正义的法治精神，严于律己、克己奉公、永葆清正廉洁的高尚情操。各级司法行政机关和广大司法行政干警要更加紧密地团结在以习近平同志为核心的党中央周围，坚持以习近平新时代中国特色社会主义思想为指导，深入学习贯彻习近平法治思想和习近平总书记"七一"重要讲话精神，增强"四个意识"、坚定"四个自信"、做到"两个维护"，锐意进取、扎实工作，切实加强司法所工作，奋力推进新时代司法行政工作高质量发展，不断夯实司法行政基层基础，努力为建设更高水平的平安中国、法治中国，为全面建成社会主义现代化强国、实现中华民族伟大复兴的中国梦作出新的更大贡献。

附件：

1. 全国模范司法所名单（597 个）。
2. 全国司法所模范个人名单（796 名）。

司法部

20××年×月×日

五、决定文书的制作说明

1. 本文书根据《党政机关公文处理工作条例》和《党政机关公文格式》的相关规定制作。

2. 决定的主送机关是指所有的受文机关。

3. 决定的事项应写明决定的具体内容。

4. 决定的附项应附在决定的具体内容之后。

六、撰写决定文书的注意与提示

1. 撰写决定既要了解历史，掌握政策的连贯性，又要了解现实，掌握有关现实情况，要进行分析，抓住问题的实质和焦点，据以做出切合实际的判断和决策。

2. 要根据不同类型的决定，恰当地运用结构形式。

3. 注意处理好内容的详略，做到该详则详，当略则略，详略得当。

4. 决定的缘由如果涉及法律依据，引用的法律条文必须非常准确，不能有丝毫差错，体现严谨、细致的工作态度。

5. 决定事项要具体明确，语言准确，便于下级机关理解和贯彻执行。

任务 2　意见的概述

一、意见的概念

意见是上级领导机关对下级机关部署工作，指导下级机关工作活动的原则、步骤和方法的一种文书，适用于对重要问题提出见解和处理办法。

二、意见的结构

意见属于拟制式文书，由标题、主送机关、正文和落款四个部分组成。

（一）标题

意见的标题有两种常见写法：一种是由发文机关、事由、文种组成，如《××市司法局关于加强××××工作的意见》；另一种由主要内容和文种组成，如《关于加快××××工作的意见》。

（二）主送机关

意见一般应该写明主送机关，但涉及面较广的意见可省略此要素。

（三）正文

正文包括发文缘由、意见条文和执行要求。发文缘由是意见的开头部分，主要写明发布意见的背景、依据、目的、意义等，但不用面面俱到。文字根据具体情况可长可短，最后以"现提出以下意见""特制定本实施意见"等过渡性语句转入下文。意见条文是意见的主体，要把对重要问题的见解或处理办法一一写明。如果是规划性意见，内容繁多，可列出小标题作为各层次的标志，小标题下再分条表述。如果是内容较单纯集中的工作意见，主体部分直接列明条文即可，不必再设小标题。另外，有些意见需要对贯彻执行提出一些要求，可以列入条款，也可单独在正文最后写一段简练的文字予以说明。如无必要，此项可免除。

（四）落款

落款写明发文机关名称和日期，并加盖公章。

三、意见的撰写要求

1. 内容的针对性。意见是根据实际工作的需要，结合国家的宏观政策和发展方向，针对某一重要的问题提出见解或处理意见，其目的在于如何把这些问题处理得更好、更稳妥，更有利于国家的建设和发展。如果失去了这一点，无的放矢，凭空臆造，就会失去它应有的生命力。

2. 写作的原则性。意见一般总是着眼于大局，从宏观上提出见解和意见，通常不做具体细致的工作安排，受文单位便可结合部门的具体情况，参照文件中的精神妥善办理，显示出充分的原则性和较大的灵活性。

3. 运用的操作性。任何意见公文，无论是上行文，还是下行文，或者是平行文，都有一定的可操作性。上行文的意见，自然带有请示的功能；下行文的意见，具有指示的功能；平行文的意见，提出的意见只供对方参考，具有很强的商洽性。

××××××关于××××××××××的意见

×××××××：

……为/按照/根据……，现就……工作提出意见如下：

一、……

二、……

三、……

……

以上……望/希望……

××××××

××××年×月×日

四、意见的示例

案例：为进一步加强社区矫正工作，某市司法局从"健全组织机构""加强工作队伍建设"和"完善工作制度"三方面向下级单位提出意见，并要求有关单位认真贯彻落实。

××市司法局关于进一步加强社区矫正工作的意见

××社区矫正工作电视电话会议召开后，按照××和×××讲话精神，市司法局认真贯彻会议精神，进一步明确工作方向，理清工作思路，扎实推进社区矫正工作全面规范开展。现就进一步加强社区矫正工作提出如下意见：

一、健全组织机构，明确工作职责

市、县市区成立由党政领导牵头，各相关单位为成员的社区矫正工作领导小组。根据社区矫正工作情况，定期召开领导小组成员会议，研究工作中出现的新情况、新问题，增强科学性和预见性，组织指挥处理重大突发事件，协调解决工作中涉及的政策及法律问题和存在的困难。市、县市区设立社区矫正办公室，组建社区矫正执法支队、大队，核定人员编制和领导职数，建立健全社区矫正组织管理体系，同时配备一定数量的人民警察，组织执行刑罚，对违反监督管理规定的社区矫正对象实施制止、惩戒、收监等执法措施，切实履行和承担起非监禁刑罚执行主体职责。

二、加强社区矫正工作队伍建设

1. 健全社区矫正工作机制。一是加强社区矫正社会工作者队伍和社区矫正志愿者队伍建设。将社区矫正工作者纳入《高校毕业生社区民生工作志愿服务计划实施方案》，社会工作者与社区矫正对象招募比例应当达到×：××，招募高校毕业生，吸纳具备社会学、心理学、管理学等专业知识的各类人才从事社区矫正工作。通过全员培训，不断充实社区矫正工作力量。二是通过政府购买公共服务项目的方式，引导各类社会组织参与社区矫正对象的矫正工作，充分发挥社会力量的作用。

2. 加强社区矫正工作人员的培训和考核。建立健全社区矫正工作人员的准入和退出机制，制定社区矫正工作人员的职业道德规范和行为规范，加强对社区矫正工作人员的培训和考核，提高其专业素养和工作能力。

三、完善社区矫正工作制度

1. 建立健全社区矫正工作风险评估机制。根据社区矫正对象的个人情况和犯罪记录，对其进行风险评估，采取相应的矫正措施，确保社区矫正工作的科学性和针对性。

2. 制定社区矫正工作规范和操作规程。建立健全社区矫正工作的标准化、规范化、程序化管理机制，确保社区矫正工作依法依规开展。

3. 加强社区矫正工作信息化建设。建立社区矫正工作信息化平台，实现社区矫正工作的信息化管理和数据共享，提高社区矫正工作的效率和质量。

以上是市司法局关于进一步加强社区矫正工作的意见，希望各相关单位认真贯彻落实，加强组织领导，强化工作措施，推动社区矫正工作不断创新发展，为维护社会稳定和促进人民安居乐业作出更大的贡献。

××市司法局（公章）

××××年×月×日

五、意见文书制作说明

1. 本文书根据《党政机关公文处理工作条例》和《党政机关公文格式》的相关规定制作。

2. 意见的主送机关是指所有的受文机关。

3. 意见的主体主要是针对现实工作中的"重要问题提出见解和处理办法"，下行意见有时并没有明确的要求，只是原则性的表述。

六、撰写意见文书的注意与提示

1. 意见是就贯彻执行上级精神时提出的带有引导、说明、宣传、阐释意义的指导性文件，语气要相对缓和，不应使用命令性的强制口气。

2. 意见中应该以说理的表达方式为主，要求说理简洁明了，不要使用写论文或宣传材料的手法做全面论述。

3. 意见大多是生活中出现的新问题的解决方案。所以，意见的写作要注意选题，应该深入调查研究，掌握第一手资料，这是科学决策的基础。

4. 发文缘由要有概括性，说清楚撰写意见的重要性。

5. 意见条文要围绕核心问题，分条陈述，所述办法要具体、可行。

任务 3　通知的概述

一、通知的概念

通知是指向特定受文对象告知或转达有关事项或文件，让受文对象知道或执行的公文。适用于发布、传达要求下级机关执行和有关单位周知或者执行的事项，批转、转发公文。通知大多属于下行公文。

二、通知的结构

通知属于拟制式文书，由标题、主送机关、正文、结语和落款五个部分组成。

（一）标题

通知的标题一般由发文机关、事由、文种三部分构成，也可以省略发文机关，但事由和文种不能省略。

（二）主送机关

通知的主送机关一般是发文机关的直属机关和内设机构。

（三）正文

正文一般包括导语、主体两部分内容。导语一般是交代发文的背景、依据、目的，其内容取舍要灵活把握。通知的导语一般使用"现将有关事项通知如下"之类的承启语引出通知的主体。

部署（安排）工作的指示性通知在内容方面要围绕工作目标，事项全面不漏项，实施步骤有条理，工作安排可操作，落实要求能执行。在行文方式上，简单事项一般采用一贯到底的"一段式"，复杂事项一般采用分条列项的"条文式"。"条文式"通知具体事项的安排一般先总后分，可采用小标题的写法，但应注意条与条之间即具体事项之间的逻辑关系。

公文发布性通知一般无导语，除发布的公文外，说清印发、批转或转发公文的审批意见或成文背景及落实要求等内容即可。审批意见或成文背景可有可无，视发文需要而定。

（四）结语

通知的结语一般用"此通知""特此通知"等惯用语。通知的结语可有可无。

（五）落款

落款写明发文机关名称和日期，并加盖公章。

三、通知的撰写要求

1. 明确工作目标。通知旨在指导和推动工作或发布受文机关应知的信息，有必要及时发布，切勿滥发重发。要统筹工作安排，注重工作实效，控制发文数量，维护通知的严肃性和发文单位的公信力。

2. 明确工作事项。通知的工作事项要表述全面、具体、明确，"做什么""怎么做"应一目了然，切忌含混不清、语焉不详、不知所云，以便受文机关明确工作任务。

3. 明确工作要求。部署（安排）工作的通知要明确，即明确"做到什么程度""达到什么标准""何时做完"等工作要求，以便受文机关知晓工作标准和工作目标。工作要求既可在安排具体事项时分别提出，也可在全部事项安排后集中提出。事务类、任免类通知要明确与事务相关的时间、地点、参与人员、事项要求及任免或聘用对象的姓名、职务等。

×××××关于×××××××××的通知

×××××：

……（为/根据/按照）……，现将有关事项通知如下：

一、……

二、……

三、……

……

×××××（公章）
××××年×月×日

四、通知的示例

案例：某省司法厅印发《××省社区矫正执法监督检查工作办法》，要求各市司法局进一步抓好社区矫正执法监督工作，属该省管辖的某市司法局收到文件后立即开展社区矫正执法监督专项检查活动，需将检查活动相关事项提前向各县（市、区）司法局进行通知。

××市司法局关于开展社区矫正执法监督
专项检查的通知

各县（市、区）司法局：

根据省厅印发的《××省社区矫正执法监督检查工作办法》有关要求，经市局研究决定，自2018年1月5日起由市司法局党组成员、副局长王瑞带领社区矫正相关工作人员，赴各县（市、区）司法局及各基层司法所，开展全市社区矫正执法监督专项检查和调研工作。现将有关事项通知如下：

一、检查时间

××××年×月下旬。

二、检查组成员

市司法局分管领导及市社区矫正管理局工作人员。

三、检查内容

重点围绕社区矫正业务开展中的各环节执法情况进行检查，包括社会调查评估、接收、日常管理、定期报告、进入特定场所审批、外出或居住地变更审批、警告处罚、提请治安处罚、提请撤销缓刑和假释、提请收监执行、提请减刑、合法权益保护、矫正解除和终止等 13 个环节的执法情况以及社区矫正案件程序、归档等情况。

本次监督检查采取明察和暗访相结合的办法，并听取汇报、查阅相关台账和卷宗、实地查看等，各县（市、区）至少实地查看 1 至 2 个司法所。

四、工作要求

各地请结合检查内容做好准备，检查发现的问题现场反馈，检查完发放问题清单。

××市司法局

××××年×月×日

五、通知文书制作说明

1. 本文书根据《党政机关公文处理工作条例》和《党政机关公文格式》的相关规定制作。

2. 通知如果有必要报送上级机关，可采用抄送的方式。

3. 通知的内容要具体，语言确切，从实际出发，有的放矢。

4. 通知的层次要清楚，段落要分明，先写什么，后写什么，有序号，有标题和观点，一目了然。

5. 篇幅要简短，文字要精练，不管做出指示，还是部署工作，或安排活动，都应当具体、明确，简明扼要。

六、撰写通知文书的注意与提示

1. 制定和发布通知的目的是回答和解决一些实际问题。因此，撰写通知一定要从实际出发，有的放矢。加强内容的针对性可以从对象、问题、思想三个方面考虑。

2. 通知的结构应满足：一是单一性，即一段要突出一个中心思想；二是完整性，即不要把一段完整的内容，分到几个自然段去阐述；三是鲜明性，即每段要尽量加段首句或标题；四是连续性，段落之间要有内在联系，使每段成为一份文书的有机组成部分；五是协调性，即分段要注意整体的匀称，做到轻重相当，长短适度。

3. 通知事项，不管是做出指示，还是部署工作，或是安排活动，都应当具体、明确，简明扼要，不能含混不清，模棱两可，这样受文对象才能把握要领，落到实处。

4. 通知的类型较多，应用也非常广泛，因此发通知时一定要保持谨慎的态度，避免滥用或用错通知类型。

5. 通知是上级对下级的，在撰写过程中一定要注意用语规范。

任务 4　通报的概述

一、通报的概念

通报是上级向下级告知有关人和事的公文，适用于表彰先进、批评错误、传达重要精神和告知重要情况。

二、通报的结构

通报属于拟制式文书，由标题、主送机关、正文、结语和落款五个部分组成。

（一）标题

通报的标题有几种形式。可以是完整式，即"发文机关+事由+文种"，如《×××关于×××××的通报》；也可以是省略式，一种是"事由+文种"，如《×××情况通报》，另一种是只有文种。一般来说，通报的标题不能省略事由，更不能省略文种。

（二）主送机关

通报的主送机关一般是发文机关的直属机关和内设机构。

（三）正文

通报的类型有表彰通报、批评通报和情况通报三种，不同类型的通报正文写法也有所不同。总的来说，通报的正文大致是由情况缘由、分析评价、决定事项、希望要求四个部分组成。情况缘由即概括叙述通报的事因，包含事项发生的时间、地点、人物、原因、结果等，要抓住实质性问题。分析评价即用一两句议论，简要分析评价通报的事情，揭示问题的实质，点明其意义所在，要表明发文单位肯定或否定的态度。决定事项即宣布对有关人员或团体进行奖励或处分的决定。一般只有一句话，也有的分条列项。希望要求则是号召人们向表彰的人物和事迹学习或者要求大家从错误事实中吸取教训，引以为戒。

在实际的写作中，正文结构可根据通报类型和实际情况的不同有所调整和变化。

（四）结语

通报可用"此通报""特此通报"等惯用语作结语，但一般不使用结语。

（五）落款

落款写明发文机关名称和日期，并加盖公章。

三、通报的撰写要求

1. 整合典型，要素完整。通报中，表彰的事例具有先进性、示范性，值得学习借鉴；批评的事例教训深刻，值得引以为戒；传达的情况非常重要，值得高度重视或关注。事例的要素包括人物身份、时间、地点、主客观原因、动机目的、方式手段、经过结果等，要素的完整性旨在凸显事例的典型性。

2. 评析深刻，表述准确。评析要透过现象看本质，以揭示事例的先进性质、错误性质或重要性，使受文者能够把握通报的要领、受到教育与警示、引起重视。事例的定性表述要有理有据，用语恰当。

3. 要求明确，针对性强。通报中的要求源于通报的事例，所提要求应具有针对性，不能脱离事例的本质提无关要求，否则就偏离了通报的主题。

××××关于×××××的通报

××××：

……现将有关情况通报如下：

一、……

二、……

三、……

……

……

×××××× （公章）

××××年×月×日

四、通报的示例

案例：某县司法局于××××年××月××日至××月××日成立联合督查组，对全县社区矫正工作进行了专项督查，通过听取汇报、查看工作台账、走访司法所、召开座谈会等形式，全面了解和掌握了全县社区矫正工作现状和存在的问题，并将相关情况进行通报，提出问题和整改意见，以促进全县社区矫正工作进一步规范化。

关于全县社区矫正等工作执法检查情况的通报

各司法所：

为进一步规范我县社区矫正执法规范化水平，××××年××月××日至××月××日，县司法局成立联合督查组，对全县××个乡镇社区矫正工作情况进行专项督查，通过听取汇报、查看工作台账、走访司法所、召开座谈会等形式，全面了解和掌握了全县社区矫正工作现状和存在的问题，现将有关情况通报如下：

一、总体情况

截至××××年××月底，全县累计接收社区矫正对象×××人，累计解除×××人，现在册××人，其中缓刑××人，管制×人，累计警告××人（次），累计居住地变更××人（次），累计治安管理处罚×人。全县共有刑满释放人员×××人，农村籍×××人，城镇籍××人，其中在家务工×××人，外出务工×××人，从事个体经营××人。××××年度接受×××人，其中监狱释放接受××人，"社转帮"××人，外地司法局矫正期满回原籍安置×人，重点帮教对象×人。

从总体上看，各乡镇对社区矫正工作认识有所提高，认真落实各项监管教育措施，日常管理中克服工作人员少、工作任务繁重等情况，做了大量的工作，确保了社区矫正工作正常开展，较好地履行了监督管理职能，取得了一定成效。

二、工作开展情况

（一）社区矫正工作

一是均成立了社区矫正工作领导小组，社区矫正工作总体情况良好。大部分乡镇党委、政府能高度重视社区矫正工作，矫正工作计划得到有效落实，基本做到社区矫正工作领导有方、机构有网、管理有章、组织有力、矫正有效，所有矫正人员档案都能按照规定"一人一档"。

二是各所能按照要求管理并规范台账档案。××、××、××、××、××、××、××等司法所在严格遵守上级档案台账管理制度的同时，突显了科学、严谨、美观的特点。填写的各类登记簿（册）比较规范，所有在册人员的个人管理档案资料齐全，基本符合规定。

三是制度落实情况。一是严格落实"两个八"和"四个一"。按规定组织社区矫正对象每月开展不少于8小时的教育学习和公益劳动。思想教育和社区服务分开进行，每周确保参加一次。至少每周汇报一次、每旬走访一次、每月考察一次、每季度考评一次。

四是严格落实三级管理制度。落实社区矫正对象"严、普、宽"三级分类管理制度，提升社区

· 293 ·

矫正对象的矫正效果。对宣告执行后三个月内的社区矫正对象，一律实施严格管理，严管期间一律不准请假外出。

五是依托"智慧司法"系统平台，提高日常监管水平。通过手机定位、设立电子围墙的方式，每天实时定位，特别是××司法所对每天的手机定位情况进行"跟踪"，及时检查人机分离情况，对社区矫正对象"行知去向、动知轨迹、违规警示"，使其不能越"雷池"半步。

六是利用"微信互动"平台，对社区矫正对象更好地进行监督管控、矫正教育。将辖区内的在册社区矫正对象全部纳入微信群或QQ群，与社区矫正对象进行交流互动，及时掌握社区矫正对象思想、生活动态，对发现的一些苗头性、倾向性问题，及时发送警示信息，第一时间予以解决。尤其加大在节假日和重大时段对社区矫正对象的监控，确保各项日常监管措施落到实处。

（二）安置帮教工作

一是及时造册建档。各所收到监所寄发的通知书和司法局安置帮教通知后，即着手做好接收准备工作。在接收时，对刑释解教在监、所的表现情况和家庭状况进行详细的记录，为以后开展安置帮教工作提供资料、打下基础。

二是及时签订帮教责任书。同有关村（居）委会、企业和家庭签订四方协作帮教责任书，进一步明确帮教双方的权利与义务。

三是及时进行法治教育。通过赠送法律常识读本、组织学习法律知识等途径，开展多种形式的法治教育，促使他们遵纪守法，避免重新违法犯罪。

四是针对性帮教。根据每个刑释解教人员的不一样状况，制定有针对性的帮扶计划和帮扶措施，切实帮助他们走上自食其力、合法经营、依法致富的道路。

（三）扫黑除恶专项斗争工作

一是加强动态管理，用心配合"扫黑除恶专项斗争"、防范和处理邪教工作，在开展"两类"人员排查活动中，通过深入细致地排查，对社区刑释解教人员登记造册，使辖区刑释解教人员做到底数清、状况明。如：×××、××、××、×××台账齐全。

二是依法依规走访，充分发挥社区安置帮教工作机构协调、管理作用，深入开展走访工作，及时掌握刑释解教人员的思想动态和现实表现状况。

三、存在主要问题

虽然整体情况较好，但在检查中仍然发现工作中存在不少问题，具体表现在：

一是工作档案建立不规范。部分司法所社区矫正对象档案建立不规范，虽做到了"一人一档"，但与档案资料齐全和规范的要求存在差距，具体表现在：无目录、文书名称不齐全、相关人员没有签字、社区矫正对象基本信息缺少照片或社区矫正对象签名未按手印等，没有如实体现监管真实情况。

二是日常监管工作不到位。部分司法所调查评估、评定管理不规范，集中教育、学习内容单一，甚至长时间一致，学习教育和劳动内容记载和图片欠缺，没有实质性材料能佐证活动开展情况；少数司法所走访记录不规范，缺少图片或社区矫正对象签名，请销假制度执行不规范，未严格遵守审批和报备制度，日常监管存在缺位现象。

三是平台录入不及时，电子定位监管不到位。没有准确核对更新的时间，单靠看位置，导致部分矫正对象长时间没有更新定位信息，造成临时脱管，等待上级催促。

四、整改意见

针对以上问题，提出如下工作整改意见：

一是严把社区矫正"入口关"。确保适用社区矫正调查评估的准确、全面、公正，从而降低对社区矫正对象脱管、漏管的风险系数。调查小组须通过深入、细致的调查走访工作后，形成调查笔录，并规范填写社区矫正调查评估报告。

二是规范工作流程。严格按照《中华人民共和国社区矫正法实施办法》规定的工作流程，做好社区矫正对象的接收、日常监管及社区矫正的解除和终止三大阶段工作。

三是加强重点人员管控。在排查摸底的基础上，分类管理，把思想易波动、行为不稳定、有违规违纪现象、有重新犯罪倾向的社区矫正对象作为重点监管对象，强化帮教管控措施，全力预防其重新违法犯罪现象的出现。诸如对吸毒涉毒、涉危涉爆、寻衅滋事、盗窃等社区矫正对象，要专门进行谈话和训诫，了解其平时生活工作动态，切实防范此类社区矫正对象重新违法犯罪。

四是实现执法"痕迹化"。社区矫正作为刑事执行活动，每个阶段的工作都应做到有据可查。从调查评估到接收社区矫正对象并进行监管，所有档案、文书须一一建档保存。日常监管工作中，组织社区矫正对象开展教育学习、社区服务或公益活动等要有痕有迹。

五是针对问题抓整改。请各司法所及社区矫正机构和安置帮教工作部门针对此次检查出的问题于××××年××月××日前落实整改，并将整改情况报告局办公室。

××县司法局

××××年××月××日

五、通报文书制作说明

1. 本文书根据《党政机关公文处理工作条例》和《党政机关公文格式》的相关规定制作。

2. 通报如果有必要报送上级机关，可采用抄送的方式。

3. 通报的决定事项不能与事实、政策相抵触。在撰写通报时，必须确保所通报的内容真实可靠，不夸大、不缩小、不歪曲事实。同时，也要确保决定事项符合国家法律法规和政策导向，维护社会公平正义。

六、撰写通报文书的注意与提示

1. 通报的事实，所引材料，都必须真实无误。动笔前要调查研究，对有关情况和事例要认真进行核对，客观、准确地进行分析、评论。

2. 无论哪一种通报，都要做到态度鲜明，分析中肯，评价实事求是，结论公正准确，用语把握分寸。否则通报不但会缺乏说服力，而且有可能产生副作用。

3. 通报中表扬和批评的通报还应注意用语分寸，要力求文实相符，不讲空话、套话，不讲过头的话。

4. 通报以叙述事实为主，在叙述时要做到准确无误，撰写之前必须深入调查，核准事实。

5. 通报涉及对人、事的定性问题，因此评议要严肃认真，合情合理，注意掌握分寸。

任务5　函的概述

一、函的概念

函是不相隶属机关商洽工作、询问和答复问题，或者向有关主管部门请示批准的公文。函的用途主要包括四个方面：

1. 平级机关或不相隶属机关单位之间的公务联系、往来；

2. 向无隶属关系的业务主管部门请求批准有关事项；

3. 业务主管部门答复审批无上下级隶属关系的机关请求批准的事项；

4. 机关单位对个人的事务联系，如回复群众来信等。

此外，函有时还可用于上级机关对某件原发文件作较小的补充或更正。不过这种情况并不多见。

二、函的结构

函属于拟制式文书，由标题、主送机关、正文、结语和落款五个部分组成。

（一）标题

函的标题一般有两种形式：一种由发文机关、事由和文种构成，另一种由事由和文种构成。

（二）主送机关

函的主送机关即受文并办理来函事项的机关单位。文首顶格写明全称或者规范化简称，其后用冒号。函的行文对象一般情况下是明确的、单一的，所以多数函只有一个主送机关，但有时也有内容涉及多部门，排列多个主送机关的情况。

（三）正文

函的正文结构一般由开头、主体、结尾、结语等部分组成。开头主要说明发函的缘由，即发函的原因、目的或依据，然后用"现将有关问题说明如下"或"现将有关事项函复如下"等过渡语转入下文。如果是复函，缘由部分一般首先引述来文的标题、发文字号与"收悉"两字，写明答复的依据。如用"×年×月×日贵单位来函收悉""经研究答复如下"作为过渡句引出复函的正文，然后针对来函所写的事项给予具体明确的答复。如果内容较多，可采用分项法或分几个问题去写。主体是函的核心内容部分，主要说明致函事项。无论是洽谈工作、询问和答复问题，还是向有关主管部门请求批准等事项，都要用简洁得体的语言把需要告诉对方的问题、意见叙写清楚。如果属于复函，还要注意答复事项的针对性和明确性。结尾一般用礼貌性语言向对方提出希望，或请对方协助解决某一问题，或请对方及时复函，或请对方提出意见，或请主管部门批准等。如要求对方协助的，可用"请予支持""请予大力协助"；如要求对方答复的，可用"即请复函""请予研究复告"；如答复对方的，可用"特此复函""特此函告"；如请示批准事项的，可用"请批准""请审批"之类的结语，以表示对业务主管部门的尊重，但不宜写"请予指示"。

（四）结语

函的结语通常应根据函询、函告、函商或函复的事项，选择运用不同的结束语。如"特此函询""请即复函""特此函告""特此函复"等。有的函也可以不用结束语，如便函，可以像普通信件一样，使用"此致""敬礼"。

（五）落款

落款一般包括署名和成文时间两项内容。署机关单位名称，写明成文时间年、月、日，并加盖公章。

三、函的撰写要求

1. 行文直白、言简意明。写作时要坚持开门见山、直陈事实，以简要的文字，将需要商洽、询问（答复）、申请、知照的事项（问题）明确具体地交代清楚。

2. 用语谦和，讲究分寸。用语要讲究礼节，不使用告诫性、命令性的词语，语气应委婉得体。涉外公函或不相隶属机关之间的公函，必要时还要使用尊称与致意性词语。

3. 内容单一，一函一事。函主要用于说明有关事项与提出要求，因事项部分内容单一，故要求一函一事，行文要直陈其事。要用简洁得体的语言把需要告诉对方的问题、意见叙写清楚。

4. 格式规范，结构完整。函是正式公文的文种，必须行文郑重，必须具备正式公文的规范格式，使用印有发文机关名称的信纸，拟定标题，结构要求完整，体现专业素养和严谨的态度。

××××关于×××××××××的函

×××××××：

……现将有关问题说明如下：

……

（结语）

×××× （公章）

××××年×月×日

四、函的示例

案例：按照某自治州机关事务管理局安排，该自治州司法局办公地点迁移，需发函告知当地州级人民政府和各县市人民政府。

××州司法局关于办公地点迁移的函

××州级人民政府，各县（市）人民政府：

根据××州机关事务管理局安排，我局原××路××号，现正式迁移至××市××大道集中办公区（通讯地址：××市××乡××大道××号××××办公区×栋×楼），××州法律援助中心地址不变（××市××××路××号），原办公电话不变。

特此函告。

××州司法局

××××年××月××日

五、函的文书制作说明

1. 本文书根据《党政机关公文处理工作条例》和《党政机关公文格式》的相关规定制作。

2. 要一函一事，切忌一函数事。

3. 要体现平等坦诚精神，文字恳切得体、简洁朴实，用语谦和有礼，不可盛气凌人。

4. 函要语句精练，交代清楚事情。拟写文件既要尽量节省用字、缩短篇幅、简洁通顺，又要注意交代的问题清楚明了。

六、撰写函的文书注意与提示

1. 函的写作，首先要注意行文简洁明确，用语把握分寸。无论是向平行机关或者是不相隶属机关行文，都要注意语气平和有礼，不要倚势压人或强人所难，也不必逢迎恭维、曲意客套。

2. 函也有时效性的问题，特别是复函更应该迅速、及时。像对待其他公文一样，及时处理函件，以保证公务等活动的正常进行。

3. 函采用书写、复印、打印、传真等传递方式均可。

4. 函的事项部分内容单一，一个函只讲一个问题或一件事情。

5. 如果是复函，应注意行文的针对性和答复的明确性。

6. 公函不同于私人信函，不用客套寒暄，应开门见山，直陈其事，也不需要写"此致""敬礼"之类的套话。

任务6 报告的概述

一、报告概念

报告是下级机关向上级机关汇报工作、反映情况、提出意见或者建议，以及答复上级机关的询问时使用的公文。

二、报告的结构

报告属于拟制式文书，由标题、主送机关、正文、结语和落款五个部分组成。

（一）标题

报告的标题通常由发文机关、事由和文种组成。事由就是报告所针对的问题，也就是报告的内容；文种即"报告"。

（二）主送机关

报告的主送机关一般是发文机关的直属上级机关。情况报告有时可不写主送机关。

（三）正文

报告的正文由缘由、事项、尾语三部分组成。报告缘由，主要交代报告的起因、理由或注明目的、意义等，是正文的开头。报告事项即正文的主体内容，如基本情况、措施与办法、成效与问题，或者是经验与教训、意见与建议、打算与设想等。

（四）结语

报告的结语根据类别而定，呈报性报告往往以"特此报告"或"以上报告如有不妥，请指正"等语作结。呈转性报告则会提出"以上报告如无不妥，请批转各地各部门执行"的要求。

（五）落款

落款写明发文机关名称和日期，并加盖公章。

三、报告的撰写要求

1. 材料真实典型。写作时，汇报工作、反映情况要选择真实、典型的材料和数据，事实叙述要清楚准确简明，不用刻画细节。

2. 少用议论分析。报告的内容要求以摆事实为主，要客观反映具体情况，不要过多地采用议论和说明，表达方式以陈述为主，语言要有概括性，分析要画龙点睛，语气要委婉、谦和，不宜用指令性语言。

3. 不得夹带请示事项。报告中不能夹带请示事项，请示内容应另文单独呈递。

××××关于×××××的报告

××××：

（报告缘由）……

（报告事项）……

（报告尾语）……

××××××（公章）

××××年×月×日

四、报告的示例

案例：某司法所按照该区司法局《××××年民主评议政风行风工作实施方案》的工作要求开展了民主评议活动，并进行自查自纠，活动后将自查自纠情况报告给区司法局。

××司法所关于民主评议政风行风工作的
自查报告

××区司法局：

按照贵局《××××年民主评议政风行风工作实施方案》的工作要求，我所精心安排，周密部署，在乡党委、政府的正确指导下，以深入推进"全区司法行政工作"为目标，认真开展民主评议活动，并进行自查自纠，现将民主评议活动自查自纠情况报告如下：

一、提高认识，加强领导

我所认真学习关于评议活动的相关文件精神，清醒地认识到纠正行业不正之风、改善服务态度、提高工作效率，增强为民服务意识的紧迫性。我所及时制发《实施方案》，明确目标，强调任务，细化步骤，制定措施。

二、完善制度，注重提高

为依法规范司法所工作实行制度化管理，我所在查摆问题、堵塞漏洞、强化措施的基础上，建立了各项规章制度，以建立一支政治坚定、纪律严明、业务精通、作风优良的司法行政队伍为目标，采取多种形式，使司法所人员在思想认识、工作作风、内部管理方面都有了很大改观。

三、接受监督，狠抓落实

我所坚持管行业就要管行风的原则，公开承诺，上下联动，主动接受监督，加强法律工作者执业纪律管理，逐步解决基层法律工作者素质参差不齐、法律服务不规范的问题，形成"人人抓评议"，"人人管评议"的良好局面，树立了××司法工作人员"廉洁、务实、高效"的崭新形象。

四、存在的问题和今后工作打算

虽然我所的工作取得了一定的成就，但也存在不足的方面，主要是一些同志在思想上仍然存在着厌倦情绪和应付了事思想，各项工作制度还需要进一步完善。因此，我所要在今后工作中着重抓好以下三方面工作：

1. 跟踪问效，狠抓落实，把评议活动引向深入。

2. 高标准、严要求，不走过场，务求实效。

3. 总结经验，完善机制，加强整改，把公正司法、执法为民的思想贯彻到工作的每个环节。

××司法所

××××年×月×日

五、报告文书制作说明

1. 本文书根据《党政机关公文处理工作条例》和《党政机关公文格式》的相关规定制作。

2. 报告应尽可能地避免无关信息，要尽可能简洁明了地传达主要内容，让读者易于理解和接受。

3. 报告完成后，需要进行审校和修改，检查报告的语言表达是否恰当、信息是否准确，排版是否整齐、美观等。

六、撰写报告文书注意与提示

1. 标题必须符合公文标题要求。在文种前一般不要加此报告的由来，如"总结""调查"等；也不要在文件前加涉及报告内容或写法的字词，如"工作""情况""综合""专题"等。

2. 报告的内容要重点突出，中心明确，做到一事一报。

3. 报告中不要夹带请示事项，不能向领导机关提出批复、批示要求。

4. 向上级机关汇报工作应该本着实事求是的态度，全面、真实地反映工作中的成绩或失误，不能夸大、虚构和隐瞒，构建诚信、透明的工作环境。

5. 注意不要将报告与请示、申请混用，报告不得夹带请示事项，否则会因报告不需要批复而影响事项的处理和解决。

任务 7 请示的概述

一、请示概念

请示是下级机关请求上级机关对某项工作、问题作出指示，对某项政策界限给予明确的答复，对某事予以审核批准时使用的一种请求性公文，适用于向上级机关请求指示、批准。

二、请示的结构

请示属于拟制式文书，由标题、主送机关、正文、结语和落款五个部分组成。

（一）标题

请示的标题由发文机关名称、事由和文种构成，如《××区司法局关于××××××的请示》；也有的只写事由和文种，如《关于×××××的请示》。但不可只写文种，一定要写明事由（请示的内容）。

（二）主送机关

请示的主送机关只有一个，即直接的上级主管机关，不能多头请示。如需同时送其他机关，可以用抄送的形式。若需多级请示，应按机关的隶属关系，逐级报送。在一般情况下，不得越级请示。若因特殊情况必须越级请示，也要抄送被越过的上级机关。

（三）正文

请示的正文包括缘由、事项和请求语。缘由即请示的原因，要突出请示事项的必要性和迫切性。缘由是请示的重点，要写得充分，有理有据。只有这样才能顺理成章地提出请求事项。写明缘由后，用惯用语过渡到下文，如"现将……问题请示如下""特请示如下"等。事项是请示的主体，主要写明请求上级机关批准或指示的具体事项。这部分说明的事项须明确，要进行具体细致的分析，还可提出处理意见和倾向性意见，供上级机关参考。内容要符合有关方针、政策并切实可行。这部分内容要单一，条理要清楚，结构上多用条款式。

（四）结语

请示的结语需另起一行空两字符书写，一般用"妥否，请指示（批示）""妥否，请批准""如无不妥，请批准"。

（五）落款

落款写明发文机关名称和日期，并加盖公章。

三、请示的撰写要求

1. 严格遵循"一文一事"原则。请示应一文一事，不能一文数事。如确有多个问题或事项需要请示，就要分别行文。只能写一个主送机关，如需同时送其他机关，可以用抄送的形式。在送达机关时，应遵循正规的行政程序，除领导个人交办的事项外，请示不得直接呈送领导者本人。

2. 必须逐级请示。除非行文规则中规定的特殊情况，不能越级请示，若需多级请示，应按机关的隶属关系，逐级报送，以免扰乱正常的行政程序。若因特殊情况必须越级请示，也要抄送被越过的上级机关，以保障信息的透明度。

3. 材料真实，理由充分。不要为了让上级领导批准而虚构情况，也不要没有认真调查而片面地摆情况，提问题，请示事项要明确、具体。

××××关于××××××的请示

×××××：

（缘由）……

（事项）……

妥否，请批示/指示/批准。

××××××（公章）

××××年×月×日

四、请示的示例

案例：某县司法局工作量大，人手不足，公益性岗位人员不稳定，该司法局希望通过招聘一批辅警以缓解此问题，所招辅警待遇参照政法系统辅警待遇。

××县司法局关于解决司法行政系统社区矫正工作
辅警岗位问题的请示

县人民政府：

20××年以来，××县司法局在县委、县政府坚强领导下，严格执行《中华人民共和国社区矫正法实施办法》规定，全面落实社区矫正对象日常监管各项措施，保证我县社区矫正工作始终走在全市前列。目前，我县累计接收监外社区矫正对象×名，已经解矫×名，目前在册×名，无一脱管、漏管，为维护社会稳定、促进经济发展起到了积极作用。

为适应社会管理创新要求，进一步加强社区矫正对象的管理和服务，20××年，县人民政府给我局配备了×名公益性岗位人员，专职负责社区矫正工作（其中县局机关×名，城关镇×名，其他各乡镇各×名），这些人员均为农村应届大学毕业生。两年来，这支队伍加班加点，超负荷工作，为全县社区矫正工作作出了巨大贡献。然而，由于聘用公益性岗位的条件限制，应届大中专毕业生聘用时限也仅为一年，而应聘人员随时有可能为谋求更好单位而辞去工作，目前已有1名人员辞职，部分人员因参加公务员考试也有意向辞职，这给我县社区矫正工作带来严峻考验。人社部门要求公益性岗位只针对城镇户口下岗困难职工（聘用时限三年）、应届大中专毕业生，不符合条件的一律辞退，城镇户口下岗困难职工由于文化素质、年龄、地域原因，无法胜任各乡镇社区矫正工作。因此，为了促进我县社区矫正工作的常态化健康发展，现请示县人民政府解决我局社区矫正工作辅警岗位15名，这些人员将从社会上招聘，并享受县政法系统辅警待遇。

妥否，请批示。

××县司法局
20××年×月×日

五、请示文书制作说明

1. 本文书根据《党政机关公文处理工作条例》和《党政机关公文格式》的相关规定制作。

2. 向上级机关的请示，在未获批示或批准前，不要向其他机关或下级机关抄送或下发。

3. 请示的标题不能写成"报告"或"请示报告"。

4. 不能越级请示，也不能同时抄送下级机关。

六、撰写请示的注意与提示

1. 请示的语气既不能出言生硬，也不要低声下气，过于谦卑。不要用要挟、命令、催促的口吻。在写请示事项时，只能写"拟"怎么办，不能写"决定"怎么办。

2. 请示是上行文，不得同时抄送下级机关，更不能要求下级机关执行上级机关未批准和未批复的事项。

3. 请示的问题、事项必须符合党和国家的方针、政策和法律法规；请示的理由要有说服力；对请示中所涉及的问题要积极提出力所能及的解决办法。

4. 注意请示与报告的区别。这是两种不同的公文，不可混淆，不能用报告代替请示或把请示写成报告，也不能写成"请示报告"。

5. 一般不得越级请示。按照组织原则，请示应当呈送直属的主管上级机关或者上级职能部门，逐级请示，不得越过直属上级机关请示问题。只有在非常情况下，事关重大、事情紧急或有其他不越级就不能解决的问题时，才可以越级请示，且同时应抄送越过的上级机关。

任务8　会议纪要的概述

一、会议纪要的概念

会议纪要是在会议记录的基础上，对会议的主要内容及议定的事项，经过摘要整理的、需要贯彻执行的或公布于报刊的具有纪实性和指导性的文件，是一份承载着组织文化、决策透明与工作实践的重要文档。它适用于记载会议主要情况和议定事项，但不同于会议记录。会议纪要对企事业单位、机关团体都适用。

会议纪要与会议记录的区别：

1. 会议记录是对会议过程及内容所做的实录，是撰写会议纪要的基础材料；会议纪要是对会议记录内容的整理、归纳和提炼。

2. 会议记录是存档备查用的内部材料，一般正式会议都要有；会议纪要是外发公文，具有一定的约束力。

3. 会议记录不具有运行性，无周知性；会议纪要则具有下行为主的多向运行性和周知性。

4. 会议记录是顺时实录式结构；会议纪要则以整理过的总分式结构为基本框架。

二、会议纪要的结构

会议纪要属于拟制式文书，由标题、正文和落款三个部分组成。

（一）标题

会议纪要的标题写法不同于其他公文的标题。一般由"会议名称"和"纪要"组成，如"××工作会议纪要"。

（二）正文

会议纪要的正文一般包括会议组织情况、会议议定事项、号召与要求三部分内容。第一部分是会议组织情况。概括叙述会议召开的目的、时间、地点、主办单位、主持人、参加人、列席与缺席人员、主要议程、议题，还可以对会议取得的成果作出评价。可以采用叙述式，也可以采用条目式。第二部分是会议议定事项。具体写明会议研究讨论的问题、作出的决定、布置的任务、将采取的措施。这部分常用的写法有以下三种：一是综合概述式。综合会议的议题、讨论的意见、决议事项，紧扣会议中心议题，按照会议的程序和内容分为若干段落，逐层逐段地叙述。这种写法多用于小型会议。二是归纳分类式。把会议讨论的内容、与会者的各种意见，按其内在联系和逻辑关系归纳分类，分成几个方面，用小标题的形式反映。这种写法多用于大中型工作会议、专业型和学术型会议。三是记录摘要式。按照发言的顺序，或按照内容类型顺序，摘取发言者的发言要点。可用"会议认为""会议指出""会议强调""多同志认为""与会者一致认为"等来叙述。第三部分是号召与要求。一般以"会议号召"领起下文。要围绕会议议定的事项和部署的工作任务，提出号召、要求和希望。这部分要写得短小精悍，富有鼓动性。

（三）落款

在正文的右下方写上会议主办单位的名称及日期。

三、会议纪要的撰写要求

1. 会前精心准备。要熟悉会议内容，包括会议文件及相关的以前的一些文件，大致了解不同领导的观点，思考可能出现的争议。

2. 会中用心记录。把会议内容进行录音，理解领导的意思，做好内容的记录。

3. 会后全面整理。对照会议记录反复听录音，确定会议纪要的框架，梳理会议内容，理顺逻辑关系，反复进行修改。

×××××会议纪要

（会议组织情况）……

（会议议定事项）……

（号召和要求）……

×××××
××××年×月×日

四、会议纪要的示例

案例：某区司法局在工作会议中就"干部纪律作风评价系统共同应用"和"统筹推进业务工作"相关事宜进行了商讨和部署，会后形成会议纪要。

××区司法局会议纪要

时间：××××年××月××日下午××时至××时××分

地点：××

记录人：×××

参加人员：×××××××××

会议内容：

一、干部纪律作风评价系统应用相关事宜

按照区纪委监委派驻第四纪检监察组要求，推广使用干部纪律作风评价系统，对窗口单位、司法所干部纪律作风进行评价监督。经会议研究决定，由办公室会同相关科室具体负责落实。

二、统筹推进业务工作相关事宜

抓好基础性工作，加强对上和横向沟通协调，学习借鉴其他地区先进经验，打造工作亮点。经会议研究决定，由办公室牵头，各科室配合落实。

会议要求，各科室认真落实会议精神，对照工作任务扎实开展好工作，抓好工作落实，并于××月××日前将落实会议工作情况总结和××××年×月重要工作事项上报局党组。

××区司法局
××××年××月××日

五、会议纪要的制作说明

1. 本文书根据《党政机关公文处理工作条例》和《党政机关公文格式》的相关规

定制作。

2. 注意会议纪要与会议记录的差异。会议纪要主要记述重要会议的情况，而且必须在会议结束后形成；会议纪要需要对会议讨论的意见和议定的事项进行综合分析，条理清晰地集中反映会议精神，具有高度的概括性和鲜明的政策性；会议纪要具有指挥功能，可以公布。

3. 注意会议纪要与决定、决议的差异。会议纪要往往要反映与会单位和人员的不同意见，可以非常灵活地同时写多个毫无关联的观点。

4. 注意会议纪要与会议简报的差异。会议纪要反映的是会议的整体内容。

六、撰写会议纪要的注意与提示

1. 会议纪要的撰写者，不能更改会议议定的事项，更不能随意改动会议的决定或达成的共识。

2. 撰写会议纪要应围绕会议主旨及主要成果来整理、提炼和概括。重点应放在介绍会议成果上，而不是叙述会议的过程，切忌记流水账。

3. 由于会议纪要反映的是与会人员的集体意志和意向，常以"会议"作为表述主体，"会议认为""会议指出""会议决定""会议要求""会议号召"等为称谓。

4. 要突出会议的主旨和基本精神，吸收正确意见，突出中心，围绕中心议题取舍材料。

5. 真实客观地反映会议情况，忠于会议精神。

6. 注意行文的概括性和条理性。

任务 9　行政公文写作的其它要求

一、行政公文的文面要求

（一）版头

1. 份号。份号即公文印制份数的序号，即将同一文稿印制若干份时，每份公文的顺序编号。涉密公文应当标注份号。顶格编排在版心左上角第一行。

2. 密级和保密期限。密级和保密期限是指公文的秘密等级和保密期限。涉密公文应当根据涉密程度分别标注"绝密""机密""秘密"和保密期限。一般用 3 号黑体字，顶格编排在版心左上角第二行；保密期限中的数字用阿拉伯数字标注。

3. 紧急程度。紧急程度是指行政公文送达和办理的时限要求。根据紧急程度，紧急公文应当分别标注"特急""加急"，一般用 3 号黑体字，顶格编排在版心左上角；如需同时标注份号、密级和保密期限、紧急程度，按照份号、密级和保密期限、紧急程度的顺序自上而下分行排列。

4. 发文机关标志。发文机关标志由发文机关全称或者规范化简称加"文件"二字组成，也可以只使用发文机关全称或者规范化简称。发文机关标志居中排布，上边缘至版心上边缘为 35 毫米，推荐使用小标宋字体，颜色为红色。

5. 发文字号。发文字号由发文机关代字、年份和发文序号组成。发文字号编排在发文机关标志下空两行位置，居中排布。年份、发文顺序号用阿拉伯数字标注；年份应标全称，用六角括号"〔〕"括入；发文顺序号不加"第"字，不编虚位，即"01""001"，在阿拉伯数字后加"号"字。

6. 签发人。签发人是代表机关核准并签字以示同意发出公文的发文机关负责人。上行文应当标注签发人姓名。签发人由"签发人"三字加全角冒号和签发人姓名组成，"签发人"三字用 3 号仿宋体字，签发人姓名用 3 号楷体字。如果联合上行文，所有签发人的姓名都须标出，签发人姓名按照发文机关的排列顺序从左到右、自上而下编排，一般每行排两个姓名，回行时与上一行第一个签发人姓名对齐。

7. 版头中的分隔线。版头与主体之间应有分隔线。发文字号之下 4 毫米处居中印一条与版心等宽的红色分隔线。

二、主体

（一）标题

标题一般用 2 号小标宋字体，编排于红色分隔线下空两行位置，分一行或多行居中排布；回行时，要做到词义完整，排列对称，长短适宜，间距恰当，标题排列应当使用梯形或菱形，"的"字不排行首。

（二）主送机关

主送机关是指收文办理机关，应当使用全称、规范化简称或统称。

（三）公文正文

正文是行政公文的主体，即具体内容。一般用 3 号仿宋字体，编排于主送机关名称下一行。文中结构层次叙述一般可以用"一、""（一）""1.""（1）"标注；一般第一级标题用黑体字，第二级标题用楷体字，第三级标题和第四级标题用仿宋体字标注。

（四）附件说明

附件说明是行政公文附件的顺序号和名称。

（五）发文机关署名

发文机关署名应署发文机关全称或者规范化简称。

（六）成文日期

成文日期及文书生效的时间，用阿拉伯数字表示，不用虚位，如"01"。

（七）印章

印章要印记清晰，位置端正，要盖在署名中央，以盖印时能压住年、月、日为宜。

（八）附注

附注指公文印发传达范围等需要说明的事项。如有附注，居左空二字加圆括号编排在成文日期下一行。

（九）附件

附件是公文正文的说明、补充或者参考资料。附件应当另面编排，并在版记之前，与公文正文一起装订。"附件"两字及附件顺序号用 3 号黑体字顶格编排在版心左上角第一行。附件标题居中编排在版心第三行。如附件与正文不能一起装订，则应当在附件左上角第一行顶格编排公文的发文字号并在其后标注"附件"两字及附件顺序号。

三、版记

（一）抄送机关

抄送机关是指除主送机关外需要执行或者知晓公文内容的其他机关，应当使用机关全称、规范化简称或者同类型机关统称。一般用 4 号仿宋体字，在印发机关和印发日期的上一行、左右各空一字编排。"抄送"二字后加全角冒号和抄送机关名称，回行时与冒号后的首字对齐，最后一个抄送机关名称后标句号。如需把主送机关移至版记，将"抄送"二字改为"主送"，编排方法同抄送机关。既有主送机关又有抄送机关时，应当将主送机关置于抄送机关的上一行，之间不加分隔线。

（二）印发机关和印发日期

印发机关和印发日期一般用 4 号仿宋体字，编排在末条分隔线之上，印发机关左空一字，印发日期右空一字，用阿拉伯数字将年、月、日标全，年份应标全称，月、日不编虚位，如"01"，后加"印发"二字。

版记中的分隔线与版心等宽，首条分隔线与末条分隔线用粗线（推荐高度为 0.35 毫米），中间的分隔线用细线（推荐高度为 0.25 毫米）。首条分隔线位于版记中第一个要素之上，末条分隔线与公文最后一面的版心下边缘重合。

四、页码

一般用 4 号半角宋体阿拉伯数字，编排在公文版心下边缘之下，数字左右各放一条一字线；一字线上距版心下边缘 7 毫米。单页码居右空一字，双页码居左空一字。公文的版记页前有空白页的，空白页和版记页均不编排页码。公文的附件与正文一起装订时，页码应当连续编排。

五、行政公文的内容要求

第一，符合国家法律法规和党的路线方针政策，符合本系统、本机关主管业务方面的方针政策和有关法规、规章。撰写者必须在相关政策、法规的框架内起草公文，以确保行政公文的合法性、合规性和有效性。

第二，符合发文机关意图或领导意图。公文的撰写者一定要善于领会和把握领导意图，因为这是形成公文主旨的关键。领导意图主要来自两个方面：一是本机关工作实际；二是上级机关的指示，包括党和国家的方针政策以及隶属关系中上级机关的公文和领导人的指导。

第三，主旨正确、鲜明、单一、周严。所谓正确，除了要符合相关方针政策和法律法规之外，还要符合客观规律，能够对实际工作、具体问题的解决起到指导作用，经得起实践的检验。所谓鲜明，就是要表达的主旨必须明确，态度和观点不能含糊，不能模棱两可。所谓单一，就是要集中笔墨讲一件事情、一个问题或者一个中心。所谓周严，就是公文撰写者的思维要严密，具有逻辑性，表述不能产生歧义，要体现科学的精神和严谨的工作作风。

六、行政公文的语言要求

第一，准确。要恰如其分地说明情况，表达思想。语句表达要完整，造句要合乎语法规则，合乎逻辑。要精确、细致地区分词义，有些词虽是同义词或近义词，但侧重点和表达程度却不尽相同。行政公文的语言表达要注意准确、严谨，这同样是公务人员精益求精、严谨务实工作态度的体现。

第二，简洁。语句简明扼要，直陈直叙，开门见山，实事求是，不说假话、空话、套话，切忌堆砌、重复，也不需要过分修饰雕琢，不要冗长繁杂，力求明白直接。

第三，庄重。庄重就是要端正立场、严肃态度。要达到庄重的效果，就要规范书面语言，按照现代汉语的规范要求，不使用口语、方言、土语。另外，还要恰当使用专用语，即一些已基本规范化、定型化的词句，如"根据""按照""遵照""为了""特此函达""特此通知""以上请示（意见、建议）当否，请批示""为盼""为要"等，这也有助于让公文更加正式、严谨。

🔍 工作法律依据

社区矫正工作中的行政公文的法律依据是《党政机关公文处理工作条例》第5、9、14、15条。

🔍 思考练习

1. 案例1：××市司法局行政执法监督科科员汪×，因工作期间饮酒，严重违反《中国共产党纪律处分条例》，依据《省纪委省委组织部省监察厅〈关于严禁机关工作人员影响公务和形象饮酒行为的暂行规定〉》，××市司法局决定对其给予停薪停职一周，自××××年×月××日至××××年×月××日，并处以严重警告处分。

请根据案例1所给出的材料，撰写一篇决定。

2. 案例2：为进一步促进社区矫正执法行为的规范化建设，提高社区矫正工作执法质量和执法水平，××省司法厅拟向各市、县（市、区）司法局发布一份《关于加强社区矫正执法监督工作的指导意见》。假设你是该省司法厅社区矫正工作管理处的一名工作人员，请你以省司法厅的名义，从"明确任务，充分认识加强社区矫正执法监督工作的重要意义""把握重点，切实增强社区矫正执法监督工作的针对性和实效性""加强保障，确保社区矫正执法监督工作顺利开展"三个方面写一份指导意见。

3. 案例3：找出下面这则通知中的错误并加以改正。

××市司法局关于印发"××省司法所星级评定办法"的通知

我局同意××省司法厅"××省司法所星级评定办法"，认为切实可行，现印发给你们，请各地结合实际，精心培育，努力推动司法所各项工作再上新台阶。

附：××省司法所星级评定办法

××××.××.××

4. 案例4：20××年，××区司法行政工作在区委、区政府的领导和××市司法局的指导下，认真贯彻党的二十大精神，紧密结合党的群众路线教育实践活动，紧紧围绕城市发展新区功能定位，致力创先争优、创新实干，圆满地完成了年度各项目标任务，涌现出一批先进集体和先进个人。为激励先进，树立典型，经推荐、评审、局党组研究，决定对××××律师事务所等15个先进集体、李××等25个先进个人予以通报表彰。

请根据案例 4 所给出的材料，撰写一篇通报。

5. 案例 5：××市人民检察院拟开展一次办案活动，该市司法局根据《人民监督员选任管理办法》第 5 条规定，通过人民监督员信息库抽选该市政府投资项目管理中心丁××为人民监督员参加本次市人民检察院办案活动的监督工作。

请根据案例 5 所给出的材料，以××市司法局的名义向市政府投资管理中心发出一份公函，告知此事。

6. 案例 6：为进一步深化法治宣传教育全覆盖工作，充分发挥典型示范、案例指导在法治宣传教育中的基础作用，××司法局大力推进律师、基层法律服务工作者开展"以案释法"工作。为此，××司法局采取了一系列行动，一是制定"以案释法"工作机制，二是开展形式丰富的宣传活动。活动期间，工作开展顺利，进一步营造了该区域的法治氛围。

请根据案例 6 所给出的材料，以××司法局的名义向省司法厅写一份情况报告。

7. 案例 7：找出下面这则公文中格式和语言的不当之处，加以改正。

关于要求解决司法所工作经费问题的请示报告

镇政府：

由于××××年我所工作任务量加大，急需各项工作经费共计 18000 元（详见附件）。现虽经我所多方积极筹措，但仍无法自行解决全部经费，请迅速将所需款项拨到我所，以解燃眉之急。特此请示。

××××年××月××日

附件：所需费用详单（略）

8. 案例 8：20××年×月×日 14 时至 15 时，××县司法局领导班子召开工作会议，会上讨论内容如下：

一、明确各部门职责分工。信访工作方面由××局长主持；政务公开工作由××书记负责；安全维稳工作由××局长负责；政治处工作由××局长暂时管理。

二、信息工作继续加强。确保局里各项工作持续开展，保证质量。同时要加大对外联系，对内则要加强各部门之间的配合。

三、警车使用规范化管理。必须严格依照《警车管理规定》，警车不得借给非警务单位使用，不得出租给个人使用，不得用于载客、运输以谋取不正当经济利益。

会议要求各部门要认真领会会议精神，切实履行相关规定，努力提高工作质量和执法水平。

请根据案例 8 所给出的材料，撰写一篇会议纪要。

拓展学习

一、行政公文的发文办理程序

1. 起草。由机关负责人主持、指导公文起草工作，起草前应深入调查研究，充分进行论证，广泛听取意见。公文涉及其他地区或者部门职权范围内的事项，起草单位必须征求相关地区或者部门的意见，力求达成一致。草稿应结构完整，内容简洁明了、条理清晰、语言规范、逻辑严密，注意用词的规范性和准确性。

2. 审核。审核是指对草拟好的公文进行审查，以确保内容的准确性、合法性和规范性。审核的内容包括公文的文种、格式、语言、标点、行文依据、行文理由，涉及的人名、地名、时间、数据、引文，以及是否符合国家法律法规和党的路线方针政策等，确保没有错误和遗漏。审核后，如存在问题，需提出修改意见和建议。

3. 签发。行政公文应当经本机关负责人审批签发，这是发文机关领导人对已审核的文稿进行的最后审定。签发人签发公文，应当签署意见、姓名和完整日期，并加盖公章或专用章，以确保公文的正式性和法律效力，彰显对法律法规的敬畏和遵守。

4. 复核。已经发文机关负责人签批的公文，印发前应当重点对审批、签发手续是否完备，附件材料是否齐全，格式是否统一、规范等进行复核；需作实质性修改的，应当报原签批人复审。

5. 登记。对复核后的公文，应当确定发文字号、分送范围和印制份数并详细记载。

6. 印制。公文印制必须做到准确、及时、规范、安全、保密，对于涉密公文应当在符合保密要求的场所印制，注重信息安全。

7. 核发。公文印制完毕，应当对公文的文字、格式和印刷质量进行检查后分发。

二、行政公文的收文办理程序

1. 签收。签收是外部公文经传递到达本机关之后的接收工作。收文机关对收到的公文应当逐件清点，核对无误后签字或者盖章，并注明签收时间。签收涉密公文应当确认公文份号。

2. 登记。登记是指对公文的收进、运转、处理进行记录。凡属于正式往来的公文必须登记，对公文的主要信息和办理情况应当详细记载。登记的内容包括收文日期、收文编号、来文单位、来文标题、密级、份数、承办单位或分送范围等。

3. 初审。初审是对收到的公文进行初步审核。初审的内容包括：是否应当由本机关办理，是否符合行文规则，文种、格式是否符合要求，涉及其他地区或者部门职权范围内的事项是否已经协商、会签，是否符合公文起草的其他要求，经初审不符合规定的公文，应当及时退回来文单位并说明理由。

4. 承办。承办是机关有关部门对公文的阅读、贯彻、执行、办复等具体办理公文、执行公文精神的活动。承办是公文处理的中心和核心环节。阅知性公文应当根据公文内容、要求和工作需要确定范围后分送；批办性公文应当提出拟办意见报本机关负责人批示或者转有关部门办理，需要两个以上部门办理的，应当明确主办部门；紧急公文应当明确办理时限；承办部门对交办的公文应当及时办理，有明确办理时限的应当在规定时限内办理完毕，一般公文应在文到之日起 3 日内交到承办部门或送至有关领导。

5. 传阅。传阅是指根据领导批示和工作需要将公文及时送传阅对象阅知或者批示。办理公文传阅应当随时掌握公文去向，不得漏传、误传、延误。

6. 催办。催办是指及时了解掌握公文的办理进展情况，督促承办部门按期办结，避免出现公文积压、办事拖拉的现象。紧急公文或者重要公文应当由专人负责催办。

7. 答复。答复是指将公文办理的结果及时告知来文单位。公文的办理结果应当及时答复来文单位，并根据需要告知相关单位。

🔍 **知识链接**

工作任务二十八　社区矫正工作中的事务文书

🔍 **任务目标**

1. 了解事务文书的基本概念、种类和写作方法；
2. 熟悉事务文书的撰写技巧与规范；
3. 理解事务文书在社区矫正工作中的实际应用；
4. 学习党的二十大精神，进行党的基本路线教育和社会主义现代化建设成就教育，中国国情教育，社会主义民主与法治教育。

🔍 **任务描述**

事务文书是机关、团体、企事业单位处理日常事务、沟通信息、安排工作、总结经验、研究问题、规范行为的实用文书，因此在社区矫正的行政工作中也很常用。由于这类管理类文书处理的日常事务亦为公务，所以事务文书属于广义的公文范畴。它与狭义公文（行政公文 15 种）的区别在于：一是无统一规定的文本格式；二是不能单独作为文件发文，需要时只能作为公文的附件行文；三是必要时它可公开面向社会，或提供新闻线索（如简报）或通过媒体宣传（如经验性总结、调查报告等）。事务文书既可以作为决策和执行的依据，为工作的开展提供参考，也可以用于记录工作的过程和成果，为后续的总结和评估提供依据。

事务文书使用频率高，应用范围广，常用的事务文书有计划、总结、简报、调查报告、会议记录、电话记录、讲话稿、述职报告等。本部分着重介绍计划、总结、简报、述职报告四个文种。

🔍 **工作场景**

2022 年初，某社区矫正工作管理局根据上一年的工作经验和社会环境变化，制定了一份详细的工作计划。计划中包括了对矫正对象的个案管理、心理辅导、法治教育、职业技能培训等方面的具体安排和预期目标，旨在帮助矫正对象更好地重新融入社会，成为遵纪守法、有社会责任感的公民。一年里，该局始终坚持以人为本、公正法治的原则，严格按照工作计划执行工作，并在年终时，对照工作计划，撰写了工作总结。

总结中回顾了全年的工作任务完成情况，分析了工作中遇到的困难与挑战，总结了成功经验，反思了存在的不足之处，用自我批判和反思的精神诠释对工作的敬业和对社会的责任。同时，在省司法厅党委的统一部署下，该局组织领导干部召开该年度述职述廉会议，领导干部们在会议上宣读个人述职报告，报告中阐述了各自在过去一年里的工作表现，包括主要职责、工作成绩、个人的自我评价和未来改进的方向等，充分体现了他们公正廉洁、勤勉务实的职业操守。会后，该局及时针对会议情况形成会议简报，以便存档备查。

上述工作展示了社区矫正行政工作中如何运用不同的事务文书来确保工作的连续性、透明性和自我完善性。通过计划、总结、简报和述职报告等文书，可以有效促进社区矫正工作的规范化管理和工作人员的职业发展。

🔑 工作任务

任务 1　计划的概述

一、计划的概念

计划是机关、企事业单位或个人为实现某一目标、完成某一任务或开展某项活动，为其确定目标、任务、要求，制定实施步骤、方法和措施的一种事务文书。计划具有目的性、针对性、可行性、预见性和约束性等特点。机关、企事业单位的计划具有上情下达、下情上报和统一步调的作用。

二、计划的结构

计划属于拟制式文书，由标题、正文和落款三个部分组成。

（一）标题

计划的标题一般由制定机关或适用领域、适用期限、计划内容、文种等要素组成。

（二）正文

1. 前言。计划的前言一般用简洁的文字阐明制定计划的指导思想，制定计划的依据，说明"为什么做""依据什么做""能不能做"的问题。这一部分是计划的纲领，不宜写得冗长，不能过多地论述制定计划的意义，应点到为止。本部分的最后可用"为此，特制定本计划"作为过渡语转入下部分的内容。

2. 主体。计划的主体是其核心部分。这一部分要写明以下内容：

（1）目标和任务。目标是计划的灵魂，任何计划都要写明计划期内所要完成的任务、目标，这些目标应与国家的发展目标和社会主义现代化建设目标相一致。如果任务较多，由若干个子目标组成，要把子目标内容的质的规定和量的要求都写清楚，尤其是经济计划，无论是总指标还是分指标都要做定量定性表述。

（2）措施和方法。措施和方法是完成任务的具体保证。计划制定出来便要执行，只有把具体的实施措施和完成任务的手段和方法构想出来，才便于执行。这一部分的主要内容是：组织领导、任务的分工、完成任务的物质条件、政策保障、采取的措施等。每项内容都要具体落实，且措施方法要符合国家法律法规，有利于社会和谐与进步。

（3）步骤和安排。计划的实施有一个步骤的先后顺序问题，因此，制定计划时要把完成计划的日程安排出来，这样才能使计划有条不紊地执行。步骤和时间的安排要科学化，过紧过松，都不利于计划的完成。有的计划步骤和安排可以不单独写，而是糅合在措施和方法中。

这三个层次的内容（也称为"三要素"）是计划的基本内容，相互关联，不可或缺。它保证了计划的完整性和可行性。

（三）落款

落款即写明计划制定者和日期。如系上报或下达的计划，还应加盖公章。

三、计划的撰写要求

1. 符合政策，遵循法规。制定计划要胸怀大局，了解党和国家的大政方针和上级机关的工作部署，领会本机关、本单位、本部门相关工作的指导思想、总体原则和要求，在法律法规的框架下结合实际，思考工作目标和工作重点。

2. 内容全面，重点突出。要逐项梳理打算完成的工作，仔细思考工作内容包括哪些方面，每一方面有哪些事项，重点难点是什么。工作的各个方面、事项无论大小轻重都是完成工作的有机组成部分，不能缺项。重点工作一般安排在先，并且着墨较多。

3. 目标明确，措施可行。工作目标要按定量定性原则用具体数字来量化，用可评结果来描述。在措施方面要按部门职责做好分工，明确责任部门或责任人，按轻重缓急明确实施路径、时间节点、完成时限，以及每个节点需要做到什么程度，便于责任部门或责任人有条不紊地安排进度，科学合理地管理时间。

4. 条理清晰，文字简明。要理清工作涉及条块和事项的主次、先后、点面、整体与部分等逻辑关系，做到条目分明，层次清晰。语言表达上要始终紧扣主题，不讲套话空话，一句话能说清楚的决不用两句话，务必简洁明了。

××××20××年度工作计划

（依据）……具体内容如下：

一、……

二、……

三、……

××××（公章）
××××年×月×日

四、计划的示例

案例：某司法所为更好地总结工作，推进基层司法行政工作进一步完善，该所制定了2022年下半年的工作计划。

2022年下半年××县××司法所工作计划

2022年下半年，司法行政工作将紧紧围绕县司法局党组以及镇党委、政府的中心工作，紧扣县局下达的责任目标，充分发挥人民调解职能作用，强力推进社会和谐稳定，进一步改善办公环境，不断提升服务质量，树立高标意识，抓住关键，突出重点，使司法所各项业务取得新进展，跨入市级先进行列。

2022年我所主要抓好以下六个方面的工作：

一、司法所建设

向上借力，取得支持，完成标准化司法所建设。我们将在镇党委、政府大力支持下，年底建成标准化司法所，办公面积不低于×××平方米，办公用房功能设施齐全、配置到位，并顺利投入使用。

二、人民调解工作

1. 各行政村调委会要全部达标，工作运行良好。

2. 民调员要准时参加每月×号的工作例会。

3. 按照市局卷宗审核标准，做好人民调解案件卷宗的初审工作，全年民调员每人要制作标准卷宗×本以上。

4. 对民调员实行绩效浮动工资，重奖严罚，实行末位淘汰制。

5. 上报人民调解典型案例至少×篇。

三、安置帮教和社区矫正

1. 健全安置帮教工作制度，刑释解教人员安置率要达100%，严防重新违法犯罪。

2. 实现安置帮教工作网上传送和报表的报送。

四、普法和依法治理工作

1. 制定"六五"普法计划和年度依法治理工作计划。

2. 认真开展"12·4"全国法制宣传日宣传活动，注重宣传效果。

3. 大力开展"法律六进活动"，全年为辖区居民上法治课不少于××场次。

4. 大济路沿线各村、新农村试点村要按标准制作固定法治宣传栏，定期更换普法内容。

5. 推荐1~2个村，积极开展省级民主法治村创建活动，及时报送各类材料。

五、法律援助工作。

大力开展法律援助应援尽援活动，完成市局下达的援助案件办理任务。

六、其他工作

1. 保质保量完成县局党委交办的其他工作，镇党委、政府交办的各项工作。

2. 积极主动参与辖区内调解工作，使司法所成为镇党委、镇政府的主力军。

3. 向当地党委、政府提供合理化司法建议6条以上。

××县××司法所
××××年×月×日

五、计划文书制作说明

1. 如所定计划属于未最后确定的计划，可在标题的右侧或正下方用括号标注"初稿""草案""讨论稿""征求意见稿"等字样。

2. 计划的前言一般交代计划拟定的背景、依据、目的、总体思路等，应根据需要确定长短。

3. 有些计划为了一目了然，最好以表格或清单形式呈现，包括工作（学习）事项、工作标准（要求）、责任部门、完成时间等，这种形式的计划既可以独立成文，也可作为文字类计划的组成部分。

4. 如果计划标题中包含制定机关，或标题下已署名制定机关或个人姓名及制定日期的，则不需要落款。

六、撰写计划的注意与提示

1. 计划的前言要注意深入领会党和国家的有关方针、政策和法律、法规精神，将之作为制定计划的指导思想。

2. 计划的主体要注意从本单位、本部门的实际情况出发，不要脱离现实，任务指标不要定得过高或过低。这要求我们具备实事求是的精神，不盲目追求高指标，而是根据现有资源和能力进行合理规划。同时，我们也要注重创新，不断探索新的方法和路径，以保障任务的高效完成。

3. 计划的表达方式应以说明为主，行文中不要夹杂不必要的议论。

任务 2　总结的概述

一、总结的概念

总结是党政机关、其他机关、企事业单位或个人在实施计划、完成任务或开展活动后，对某一阶段的工作、学习或思想进行的归纳概括、分析评价，从取得的成绩和存在的问题中找出经验和教训，以指导今后工作或学习的一种事务文书。

总结具有回顾性、归纳性、全面性、典型性和评价性等特点。回顾性是指对前一阶段已完成工作的做法、成效进行梳理分析；归纳性是指已完成工作的分类、概括、提炼；全面性是指紧扣主题、全面总结已完成工作的各个方面；典型性是指突出重点或特色工作，不要在工作的各个方面平均使用笔墨；评价性是指对工作的理性思考、体会，从中得出对以后的工作具有指导或借鉴价值的经验教训。

二、总结的结构

总结属于拟制式文书，由标题、正文和落款三个部分组成。

（一）标题

总结常见的标题有两种：公文式标题和文章式标题。

1. 公文式标题。其构成形式是"单位名称+总结时限+总结内容+文种"，如《××司法局××××年工作总结》。上述四项构成要素，除文种一项必须具备外，其余各项在标题中不一定同时出现，可以有所省略，或省略单位名称，或省略时间期限。

2. 文章式标题。这种标题可分为单标题和双标题。单标题多直接表明总结的基本观点和内容范围，专题总结特别是经验总结多用此类标题，如《我们是怎样解决工学矛盾的》《在竞争中求发展》。双标题由正题和副题构成，正题用文章式标题，副题采用公文式标题，如《从改革中寻出路，不拘一格选人才——××司法局中层干部公开竞聘上岗工作总结》。

（二）正文

总结的正文内容包括以下几个方面：

1. 基本情况概述。总结的开头，先简要地介绍工作的时间、地点、具体任务、进程、完成任务的情况等，有什么成绩、经验和问题，必要时还要介绍背景，这样可以先给读者一个大致整体的了解。这一部分的文字要求简明扼要。

2. 主要成绩和经验（或称收获、做法、体会）。这是总结的重点和核心，也是总结的目的所在，常常概括为几点或几个方面来写。成绩要写得具体，有典型事例，还要有令人信服的统计数据。要对成绩和经验进行认真地分析研究，找出成功的主客观原因，将感性认识上升到理性认识，从中找出规律性的东西。这一部分要注意内容的归类和层次的安排，使之观点鲜明，内容充实，中心突出，条理分明。

3. 存在的问题和教训。在总结成绩、经验的基础上，找出存在哪些不足，或尚待解决的问题，以及工作中的主要教训。要认真地进行分析，找出原因，以期达到缩小差距，改进工作的目的。这部分文字不必太长，明确问题即可。

4. 今后的努力方向。通过总结成绩和经验，查找问题和教训，从而明确任务和方向，提出今后的工作目标和打算。这样就能增强信心，鼓舞斗志，把未来的生产、工作、学习等完成得更好，这部分实际上是总结的收尾，宜简要概括。

正文的结构样式，常见的有以下几种：

1. 板块式结构。这是总结常用格式。这种结构形式把全篇按照内容的不同分成若干板块，如基本情况部分、成绩和经验部分、问题和教训部分、今后的努力方向和设想部分等。综合总结大多采用这种写法，其优点是整体性强，简明清晰。

2. 条目式结构（或称条文式结构）。这种结构形式除以一个基本情况概述为开头外，以下按工作项目分条列项，每项工作列为一个条目。每个条目内部都分成三部分：第一部分，基本情况、成绩和经验；第二部分，问题和教训；第三部分，对今后工作的要求。这种写法适合于内容繁杂的综合总结，其优点是条目鲜明，内容专一，若干条目组合在一起，就构成了一个完整的总结。

3. 小标题式结构。这种总结除开头有一段引言外，以下由若干小标题引出每一部分内容。小标题往往是成功经验的总结，或是工作阶段性的标志，或是问题症结之所在。这种写法比较适合于专题总结，其优点是结构灵活自由，便于逐层展开，文章脉络清晰。

（三）落款

总结的落款在正文右下方，先署名，即总结单位名称或个人姓名，后写出总结的具体日期。如在标题中有单位名称，只需写明总结的日期即可。如该总结要呈报上级单位，则需加盖公章。

三、总结的撰写要求

1. 注重平时积累，充分占有材料。材料的积累贵在平时、重在全面。在日常工作和生活中，要养成随时积累材料的习惯，采用多种形式将工作、生活中的琐事记录下来；要养成善于思考问题的习惯，总结工作、生活中所取得成绩和经验，分析存在问题的原因。

2. 把握工作重点，突出工作特色。总结是对某一阶段工作、学习的全面展示，是供他人学习、借鉴之用。总结要围绕本部门、本单位或个人的中心工作和重点工作进行，对大事要事、工作亮点、工作创新要浓墨重彩地写，特别是那些符合国家发展大局、服务社会需求、体现责任担当的工作亮点和创新实践，以突出工作特色。

3. 坚持实事求是，真实反映成绩。实事求是既是思想路线又是工作方法，也是总结文书的生命线。总结是对过去实践活动进行回顾，是对事实的结果进行中肯评价。因此，反映成绩时应用数据说话，用标志性成果说话。

4. 分析结果成因，提炼经验教训。总结旨在通过回顾和分析前一阶段的工作，实现肯定成绩、积累经验、发现问题、吸取教训、认识规律、指导实践的目的。因此，要分析工作的目的、路径、措施、效果、意义等，从中提炼出可学习、借鉴的经验和教训，以指导今后的工作和实践。

××××20××年度工作总结

……现将……的主要情况总结如下：

一、……

二、……

三、……

××××（公章）

××××年×月×日

四、总结的示例

案例：某司法所为更好地推进基层司法行政工作进一步完善，该所就上半年工作情况进行了总结，并找出存在的问题，制定了下半年工作计划。

××司法所××××年上半年工作总结

今年上半年以来，××司法所在上级部门及镇政府的正确领导下，根据上级有关文件精神和工作安排，结合我镇实际情况，进一步完善分工协作工作机制，加强齐抓共管等有力措施，积极有效地开展刑释解教人员安置帮教工作，为维护社会治安稳定，建设"和谐××"做出了积极的贡献。

一、加强安置帮教机构和队伍建设，完善组织网络

为加强对刑释解教人员安置帮教工作的领导，经××镇党委同意，及时成立了××镇刑释解教安置帮教工作领导小组，并设立了办公室，各村委会也专门成立了刑释解教安置帮教工作站，并指定专人负责。同时，根据人事变动情况及时更新和调整工作领导小组成员及工作站负责人，为刑释解教人员安置帮教工作的全面开展提供了组织保障。

二、把好"三道关口"，确保安置帮教工作步步推进

1. 把好衔接关。为做好矫正对象从"高墙内"到"高墙外"的接待工作，防止其处于失控状态，我所安置帮教工作严把衔接关，重点做到"四个及时"：一是及时造册建档。收到监所寄发的通知书和区里的通知，及时对有关人员进行摸底、排查、建立档案；二是及时确定安置帮教责任。帮教人员对帮教对象定措施、定方法、定制度，使帮教对象不失控；三是及时进行家访。矫正对象回家后，村帮教工作站负责人随即指派帮教人员到其家中进行家访，及时掌握其思想动态，并动员其家人共同做好思想转化工作；四是及时进行法治教育。定期送法进村，以开展普法讲座、赠送法律读本等形式对帮教对象开展法治宣传教育，促使他们遵纪守法。

2. 把好安置关。根据实际情况，我镇主要采取以下几种安置措施：一是对有家庭且具备一定生活条件的人员及时办理落户手续，划分责任田，让他们有地可耕；二是向企业推荐就业，帮教组织加强与相关部门及企业的沟通联系，向企业推荐有一技之长的刑释解教人员就业；三是对有一定经济条件的刑释解教人员，鼓励他们从事个体经营或自谋职业，在他们遇到困难时，帮教组织积极协助解决；四是对个别回家后无依无靠、无生活条件的人员，安置帮教组织积极争取社会各界力量的支持，

多方筹集资金为其解决临时生活费、必要的建房资金等问题。

3. 把好帮教关。矫正对象作为特殊的群体，更需要来自社会的关怀。我镇帮教工作始终坚持"以人为本"的理念，营造良好的帮教氛围。首先是结对帮教，即一名帮教干部对一名回归人员进行帮教；其次是重点帮教，积极向回归人员宣讲国家有关法律法规，开展谈心活动，特别是做好重点回归人员帮教工作，减少他们对社会的抵触情绪；最后是亲情帮教，在帮教过程中坚持用爱心去感化他们，用真情去打动他们，用道理去说服他们，用实际行动去取信他们，鼓励他们积极改造，早日回归社会。

三、强化管理，有效预防和减少刑释解教人员再犯罪

矫正对象的心态一般都存在一定缺陷，容易对社会产生抵触情绪，对自己的生活也存在得过且过的思想，不能真正融入社会。为杜绝他们思想行为上的重复犯罪现象，我们在加强思想教育、化解消极心态和安置落实工作的基础上，重视对这一部分人员的跟踪监督管理工作，主要包括几个方面：一是档案规范管理。及时建立安置帮教对象的电子资料库及文字资料库，并做到一人一档，安置帮教对象情况登记表、日常谈心记录、走访排查记录均列入安置帮教对象的个人档案，对刑释年满 5 年、解矫年满 3 年的，根据跟踪档案管理的记载，符合解除帮教条件的解除帮教，达到不失控、不漏帮的工作要求。二是落实排查专项管理。根据上级文件要求和特殊时期的行动部署，认真开展专项摸底排查统计工作，摸清每名刑释解教人员近年来就业、生活等方面的困难，了解他们的思想状况、家庭情况和存在问题，并将相关情况及时进行登记、汇总。三是突出重点管理。对原属暴力犯罪，现性格粗暴，劣迹较深，思想情绪不稳定，易铤而走险的矫正对象以及在服刑期间和劳教期间表现较差的矫正对象，将其纳入重点管理对象名单，加强与派出所民警和村"两委"干部的沟通与协作，对此类对象加强管控力度，摸清底细，预防其重新走上犯罪道路。

四、存在的问题以及下半年工作计划

（一）存在问题

1. 刑释解教人员流动面较大，面对面开展帮教工作有一定难度。

2. 衔接渠道不畅，公安、司法及村矫正对象底数难以统一。

3. 司法所人员少，帮教经费无着落，严重制约了帮教工作的开展。

（二）下半年工作计划

1. 进一步加强对刑释解教人员排查监管工作，有效化解和消除各类安全隐患，确保社会稳定。

2. 充分利用刑释解教人员信息管理系统平台，及时掌握矫正对象相关信息，进一步完善衔接登记、排查、谈话、建档等工作制度，使安置帮教工作制度化、规范化，形成严格的纵向到底、横向到边的动态管理机制。

3. 积极探索和创新新形势下的安置帮教工作新方法，不断拓宽刑释解教人员的就业安置渠道，鼓励刑释解教人员通过灵活多样的形式实现就业，逐步推进就业安置市场化、社会化；不断完善联系渠道、分类帮教等行之有效的帮教措施。

×××司法所

××××年×月×日

五、总结文书的制作说明

1. 写总结前要充分使用材料，要通过不同的形式，听取各方面的意见，了解有关情况，把总结的想法、意图提出来，同各方面的主管、同事商量。

2. 总结的内容要实事求是，成绩不夸大，缺点不缩小，要克服片面性，透过现象看本质，更不能弄虚作假。

3. 总结的结构要条理清楚，剪裁得体，详略适宜，重点突出，不能求全贪多、主次不分。

六、撰写总结的注意与提示

1. 总结要用第一人称来写，即要从本部门、本单位的角度来撰写。

2. 总结要抓住主要矛盾进行深入细致地分析，总结取得成绩的经验，找出存在问题的原因，明确下一步的改进措施。

3. 总结的表达方式应以叙述、议论为主，说明为辅，行文中可夹叙夹议并辅以说明。

任务 3　简报的概述

一、简报的概念

简报是用书面语言写成的简要情况报道。它是各级党政机关、人民团体、企事业单位用来反映情况、传递信息、交流经验、推动工作的一种内部的非正式公文的载体。由于它以内部报纸或期刊的面貌出现，又总是套红印刷，所以简报常被称为"红头小报"。常见的简报名称有"内部参考""情况反映""××动态"等。

二、简报的结构

简报属于拟制式文书，由报头、正文和报尾三个部分组成。

（一）报头

在简报首页的上方，占1/3或1/4的位置，用一条横线将报头与正文隔开。报头中间以大字套红标明简报名称，如"××动态""××简报""情况反映"等。名称下面是期数，一般按顺序编排。简报名称的右上方，标上密级，如"机密""秘密""内部刊物，注意保存"等。如系普通的简报，就没有必要标明密级。简报名称的右上方，是简报的编号，以便登记保存。简报名称的左下侧是编发单位的全称。在系统内部分发的，可用单位办公室的名称。如系部门会议简报，则用"××会议秘书处"。简报名称的右下侧是印发日期。

（二）正文

正文是简报的中心，是简报本质内容所在。它可以只刊登一篇文章，也可以刊登同类性质的一组文章。就简报中的一篇文章来说，通常包括标题、正文和结尾。如果是转发材料，一般还要加上"编者按"。

1. 标题。简报的标题要求直言其事，用简明、准确、醒目的语言概括出文章的中心内容。既可以是单行标题，也可以是双行标题，即正题和副题。

2. 编者按。上级机关对凡属编印转发的材料，通常需要做适当的文字处理，压缩篇幅，突出重点，同时在正文之前加上编者的按语。简报的按语，或说明转发原因，或交代转发意图，或强调其重要意义和参考价值，或提示其要点，或转达领导指示，或对今后工作提出要求等。按语写作要简短、明确，起画龙点睛之效，切不可脱离简报的主题，任意挥洒，冗长累赘。

3. 正文。简报的正文由导语、主体、结尾三部分组成。导语，也叫前言，是简报的开头部分，要求开门见山，用简练、生动的语句，准确地概述文章的主旨和反映的基本事实，一般应把时间、地点、人物、事件、原因、结果等因素交代清楚，给读者留下一个总印象。主体，是正文的重点所在。主体一定要紧扣主题，承接导语，逐层展开，深入阐述；要精选真实、典型的事例和数据，正反对照，充分地论证观点，力图使观点和材料有机结合；要安排好文章的结构，做到顺理成章，严谨自然，层次分明，首尾呼应。结尾，是正文的收束，要求简明有力，给读者留下深刻的印象。常见的结尾方式有点明主题，小结全文；展示前景，指明事情发展的趋向；提出希望，激励读者；点明问题之所在，警醒人们，防微杜渐等。有的简报结尾因文而定，如主体部分已将所要说的谈完，也可以不写结尾。

（三）报尾

正文结束之后，在简报最后一页的下方，一般用一条或两条通栏平行线隔开，注明报送范围，在横格线的右下方，还要用括号注明本期印刷份数。

三、简报的撰写要求

1. 内容要新。简报要把那些新形势下出现的新情况，思想上的新动态，工作上的新经验，做法上的新章法，富有启发的新见解，以及新事物的萌芽，或错误倾向的苗头等及时地反映出来，力求内容上的新颖性，否则将失去简报的价值。

2. 问题要准。简报根据党和国家的方针政策和上级指示，善于抓准社会生活中的问题，准确地反映带有普遍性的突出问题，及时为领导机关提供实际情况，以便做出正确的决策。同时，报道的内容要实事求是，真实可靠。事例、数据不能有任何虚假和差错，客观、全面、准确地反映情况是简报的生命所系，是简报必须遵循的基本准则。

3. 速度要快。简报具有新闻性的特点，时效性很强，只有及时反映工作中的新情况、新问题、新经验，做到快写、快审、快编、快印、快发，才能发挥它应有的作用。

4. 语言要简。简报的写作力求内容简明，中心明确，篇幅简短，文字精练，去掉一切不能说明问题的空话、套话和废话，以简短的篇幅反映出尽可能多的情况，让领导和有关人员尽可能在最短的时间内掌握更多的信息。

司法工作简报	第×期
××区司法所	××××年×月×日

（标题）×××××

（正文）……

报：×××××，××××××，×××××。

送：×××××，××××××，×××××。

发：×××××，××××××，×××××。

共印×××份

四、简报的示例

案例：某区司法局开展了全民国家安全教育日法治宣传活动，活动后形成工作简报。

司法工作简报　　　　　　　　　　　　第×期

××区司法所　　　　　　　　　　　　××××年×月×日

××区司法局开展全民国家安全教育日法治宣传活动

为推动总体国家安全观深入人心，落地生根，近日，××区司法局以践行总体国家安全观，统筹发展和安全，兼顾传统安全和非传统安全，营造庆祝建党100周年良好氛围为主题，组织了形式多样的法治宣传活动，大力营造全社会维护国家安全的良好法治氛围。

一、走出去，接受革命传统教育锤炼党性

××区司法局组织全局干部职工参观"全国国家安全教育基地"红色交通站，通过学习党的历史，接受革命传统教育，锤炼党性，铭记初心，传承红色基因。同时，组织全体党员干部到市公安局廉政警示教育基地参观学习，接受反腐倡廉主题教育，增强全体党员干部遵纪守法、廉洁自律、恪尽职守、全心全意为人民服务的自觉性和责任感。

二、请进来，学法强化总体国家安全观

××区司法局通过各司法所邀请社区法律顾问为机关干部职工开展普法讲座，使干部职工深刻领悟到什么是国家安全以及国家安全的重要性，让维护国家安全意识以及总体国家安全观植根心中。

×××司法所邀请驻社区法律顾问、××律师事务所×××律师为×××街道班子成员和各部门、各社区的中层干部开展国家安全法宣传讲座；××司法所邀请××××法律事务所×××律师为街道机关、居委干部职工开展国家安全法普法讲座。

三、办实事，法治宣传铸牢全民国家安全意识

××区司法局结合政法队伍教育整顿活动，组织普法志愿者积极为社区居民办实事，通过播放宣传标语和视频、发放宣传资料、设立法律咨询服务台、讲解法律常识等多种方式向社区居民宣传了国家安全法、反间谍法、生物安全法等法律法规。利用辖区内 LED 显示屏，在办事窗口、商场、沿街店铺、学校等人流密集场所，滚动播放国家安全宣传标语，有效增强了人民群众维护国家安全的意识，营造了浓厚的法治宣传氛围。

××司法所、×××司法所、×××司法所等分别为社区矫正对象举办国家安全法、生物安全法等普法讲座，播放宣传视频，开展警示教育。××司法所、××司法所分别开展法治宣传进社区、进乡村活动，设置宣传咨询点，向群众发放宪法、国家安全法、反间谍法等宣传折页和普法购物袋等宣传品，解答群众咨询。社区居民纷纷表示，通过参与活动，不仅提高了国家安全意识，还增强了运用法治思维和法治方式处理问题的能力。

接下来，××区司法局将继续践行总体国家安全观，坚持以人民为中心，结合司法行政工作职能，为民办实事，开展精准普法，为全区提供更加优质高效的法治宣传和法律服务。

送：×××××，××××××，×××××。

共印××份

五、简报的制作说明

1. 简报的使用范围广泛，种类繁多，按其性质和写作特点可以分为动态简报、工作简报、专题简报和会议简报四类。

2. 简报的格式要规范，报头、正文和报尾应符合简报的要求。

3. 简报正文需要根据简报的种类采取灵活多变的写作方式。

六、撰写简报的注意与提示

1. 简报的材料要典型，要体现并宣传国家的方针、政策；报道的内容要实事求是，反映的问题要符合实际，总结的经验要值得推广。

2. 简报所编发的内容应集中突出，提倡一事一报。内容质量要以一当十，富有深度。

3. 简报的标题要精练，不落俗套，能够吸引读者，给人以深刻的印象。

4. 简报一般篇幅较短小，只反映一个问题，甚至是问题的一个切面，不需要像工作总结一样全面深刻。

5. 简报要有亮点，有典型性，出新意。要善于挖掘新情况、提炼新经验、反映新问题，让人耳目一新，能够给人以新的启发和借鉴。

任务 4　述职报告写作

一、述职报告的概念

述职报告是指党政机关、社会团体、企事业单位的机关和部门负责人，向所在单位的权力机关、上级机关或者人民代表大会等部门陈述自己在一定时间内履行岗位工作的成绩、问题、情况等。述职报告是推动社会组织工作的重要环节，对于促进和监督机关和个人各项工作具有重要的意义。

述职报告可以看作是工作报告中的总结性报告。它除了向上级管理机关陈述自己某一阶段的工作情况之外，还要进行总结、回顾、分析、评价，找出内在的规律，用以指导未来实践工作，是一种具有较强综合性的事务文书。

二、述职报告的结构

述职报告属于拟制式文书，由标题、称谓、正文和署名四个部分组成。

（一）标题

述职报告的标题有两种：单标题和双标题。单标题一般由时间期限、述职事项和文种构成。也可以省略时间期限和述职事项，直接用"述职报告"作为标题。双标题由正标题和副标题组成，正标题用来概括、提示述职报告的主旨、主要经验或体会，副标题说明述职者所任职务及文种，如《以赤诚之心忠于职守——我任××主任的述职报告》。

（二）称谓

称谓要在标题的下一行并顶格书写。如果是口头述职报告，应写明接受对象的称谓，如"领导、同志们"。如果是向上级机关呈送的书面述职报告，则应写明呈送机关的名称。

（三）正文

1. 开头主要介绍述职者的任职概况，包括任职时间、所任职务、指导思想、工作目标和自我总体评价等。这一部分应简明扼要。

2. 主体是述职报告的核心部分。首先，应写明任职期间所做的主要工作，以及所取得的主要成绩，可从思想认识、政治素质、执法水平、分析判断、勤政廉政、工作作风和工作方法等方面着笔，突出表现德、能、勤、绩、廉，表现履行职责的能力。要对履行职责的情况和实绩进行深入细致地分析，从感性认识上升到理性认识，将个人工作与发展大局相结合，实现个人价值与社会价值的和谐统一。其次，要分析履行职责期间所存在的主要问题，从造成这些问题的主客观原因及解决的办法、建议等方面来分析，力求做到客观、全面、真实、准确，体现出对待问题的严谨态度和解决问题的积极意愿。

3. 结尾可对自己的工作做简要评价，表明态度。最后再加上一些习惯用语，如"以上报告，请审查"。

（四）署名

述职者的姓名应写在正文的右下方。如果标题中有姓名，可以不再署名，述职报告成文的日期应写在姓名的下一行。

三、述职报告的撰写要求

1. 突出重点。述职报告要抓住重点，着力展现有影响的、全局性的主要工作业绩，突出自己独有的能力。日常性、一般性、事务性的工作表述要尽量简洁。

2. 个性鲜明。述职人的岗位不同，则职责要求也不同，即使是相同的岗位，由于述职者的个性差异，其工作方法和工作业绩也会有所不同。因此，述职报告要表现出个性特点和个人风格。

3. 内容客观。述职报告的内容必须实事求是，客观真实，全面准确。既要讲成绩，又要讲失误；既要讲优点，也要讲不足；既不能夸大成绩，也不能回避问题。

4. 语言严肃。述职报告的语言要朴实得体，评价要中肯，措辞要严谨，语气要谦恭，尽量以陈述为主；可稍加议论，写一些工作的感想和启发，对个人业绩略加评述。

述职报告

××××××：

……现将主要工作（履职情况）汇报如下：

一、……

二、……

三、……

述职人：×××
××××年×月×日

四、述职报告的示例

案例：某区司法局领导按照要求进行一年一度的述职工作，需撰写一份述职报告。

述职报告

各位领导、各位同志：

××××年，我局在区委、区政府的正确领导下，在市局的指导下，我带领班子成员和全局同志，以服务××经济社会科学发展和维护社会稳定为宗旨，充分发挥司法行政职能作用，大力推进加强和创新社会管理工作，圆满地完成了各项任务，现将履职情况汇报如下：

一、加强理论业务学习工作，提高自身综合素质

作为领导干部，加强自身学习尤为重要，我始终把学习作为提高自身思想政治素质和业务能力素质的关键，采取集中学习、个人自学等形式，认真学习并实践中国特色社会主义理论体系，特别是将党的二十大精神作为思想学习的重中之重，深刻领会其核心要义和实践要求。同时，我也认真学习省、市、区有关保持党的先进性和纯洁性工作的材料和领导讲话，以及×××、×××等优秀共产党员的先进事迹和崇高精神。通过一系列学习，不断提高自己的政治敏锐性和政治鉴别力，切实做到讲政治、顾大局、守纪律，始终站稳党和人民的政治立场，正确把握党的基本理论、基本路线、基本纲领、基本经验，坚持正确的政治方向，自觉维护党的集中统一，在思想上政治上行动上同党中央保持高度一致。同时抓紧学习上级领导关于司法行政工作的讲话精神以及相关文件和专业书籍，从各种法律知识、业务知识和系统管理技能入手，将其作为自己学习的重要内容，不断提高自己的业务能力，以便更好地指导各项工作的开展。

二、加强社会管理创新工作，服务××发展大局

一是制定"一套规则"，完善我局对于街道办事处的考评机制。依照××书记"一套规则"集体调度会的要求，我局制定的《××××实施细则》经领导审查并在各司法所试行，我局还在×月底对于细则的试行情况进行了调研，随时对该细则进行修改完善，以便更有效地指导基层工作。同时按照考评办的要求，我局制定了对×个街道办事处特殊人群管理的办法。二是加强对全区青少年的法治宣传教育。我局为全区×所中小学聘请律师担任法治副校长，受聘的×名律师按照实施方案确定的活动安排，参与指导学校开展法治宣传教育，接受学校法律咨询，帮助学校妥善解决可能出现的法律纠纷，为青少年的健康成长和校园法治化建设提供优质高效的法律服务。在暑假来临之前，我局各司法所都结合本辖区内的特点，开展丰富的青少年法治宣传活动，××小学的加强假期安全法律知识宣传，×××司法所组织的预防青少年违法犯罪模拟法庭活动，×××街道××社区的未成年人保护法知识讲座，都为提高青少年法律知识水平发挥了积极的作用。

三、加强基层基础建设工作，发挥司法工作职能

一是完成司法所建设工作。年初以来，在我区加强和创新社会管理工作的推动下，我区司法所队伍建设得到了全面发展。在司法所的管理体制上实现了全部垂直管理，司法所的级别为正科级。通过在全区×个街道范围内遴选出×名司法所所长，区局选派了×名司法所所长，加上原有的×名司法所所长，目前，全区×个司法所的所长已经全部到位。二是积极推动司法所建设规范化。区局投资×万余元用于×××、××、×××、××司法所办公用房的装饰和装修，以及购置投影仪、监控摄像头、办公桌椅等办公设备，极大地改善了×个司法所的办公条件和外部形象，通过区有关部门组织各街道领导参观学习，推动了全区的司法所规范化建设。同时，根据省厅的工作要求和市局的具体安排，完成了全区×个司法所外观标识门楣的制作安装工作，省厅和市局基层处领导在视察工作时给予了充分肯定。三是积极探索建立人民调解网格化管理工作机制。在现有的街道、社区建立人民调解组织的情况下，在社区下设的×个网格设立人民调解小组。建立健全工作制度，扎实开展工作，取得了较好的效果。全区现有街道、社区人民调解委员会×个，企事业调解委员会×个，社区网格人民调解小组×个，三级以上调解员×人。各级调解组织通过开展矛盾纠纷排查调处活动，集中调处和化解了一批难点、热点矛盾纠纷，目前为止，共计调解各类民间纠纷×件，纠纷调解率达到×%，调解成功率达到×%。全区×%以上的基层调解组织达到一类调解委员会标准。四是完成了我区清理整顿法律服务市场专项行动工作。根据市政府有关工作部署，按照市局的相关工作安排，我区成立了清理整顿法律服务市场工作领导小组，召开了全区清理整顿法律服务市场专项行动工作会议。经过广泛的宣传发动，认真的摸排工作，工作组共计排查××家法律服务机构，其中，律师事务所××家，法律服务所×家，其他机构×家，对排查出的问题，及时要求责任单位限期整改。

四、加强特殊群体管理工作，维护社会和谐稳定

一是健全安置帮教工作组织机构。截至目前，我区共接收刑释人员×人，为加强安置帮教人员管理，我局积极健全区、街道、社区三级安置帮教工作组织体系，注重夯实基层帮教组织，区安置帮教工作领导小组办公室充分发挥组织、领导、协调的作用，重点抓好衔接登记、例会、档案、统计、信息、奖惩制度的落实，各街道能结合自身实际，有特色地落实各种制度，能够认真落实"一人一档案""一帮一结对"等管理制度。二是夯实安置帮教基础。积极做好安置就业工作，鼓励刑释人员通过灵活多样的形式实现就业，逐步实现安置就业市场化、社会化和多元化，并鼓励安置对象在社区服务岗位就业，比如从事社区的清洁、绿化、公共设施养护等公益性的工作。积极创建安置基地和安置点。目前我区有安置基地×个，安置点×个。三是抓好社区矫正工作。深化矫正工作改革，加强规范建设，提高工作效率，督促基层矫正工作者做实、做细矫正工作，确保无脱管漏管及突发事件的发生。目前为止，我区共有矫正对象×人，累计接收矫正对象×人，解除矫正×人。累计审前社会调查评估报告×份。目前我局×个司法所共有矫正小组×个，已开展集中教育×人，进行个别谈话教育×人，心理辅导×人，全区共设有社区服务基地×处。

五、加强法律援助服务工作，保障弱势群体利益

一是提供"家庭保姆式"法律援助服务。在辖区工作点为特殊群体开通法律援助视频咨询专线，对于行动不便的老年人及残疾人等特殊群体，开展"家访式"上门服务及开通维权绿色通道，使其不出街道、不出社区、不出家门，就可及时解决法律问题，并享受集接待、咨询、审查、审批、指派律师及案件跟踪回访于一体的"一站式"基层法援服务。同时实行法律援助的专人跟踪负责制，进行专项的接待服务和法律咨询服务。二是加强流动人口法律援助工作。增加流动人口服务窗口，建立流动人口法律援助体系，对于实施司法公正、维护人民群众合法权益具有重要意义。扩大法律援助的社会影响，把流动人口法律援助项目作为为弱势群体排忧解难，便民、亲民、近民的一项具体行动。三是顺利完成创建全国文明城市工作任务。实行三项惠民措施，即适时放宽非诉讼法律援助标准、壮大法律援助志愿者服务团队、开展"××××××××"主题活动。推进"五化"建设：即推进法律援助工作实施便利化、推进非诉讼案件质量标准化、推进工作流程制度化、推进法律援助工作运行信息化、推进法律援助监督管理规范化。创新"两个法律援助"社会工作模式：即深化法律援助诉前调解工作，构建法律援助机构主导模式。继续完善"××分钟法律援助服务圈"，专人值守保证线路畅通，提供优质高效便民服务。四是围绕"×××××"活动制定实施方案和工作章程。建立"×××××"领导机构和活动小组，将法律援助有关制度上墙公示，进一步扩大援助覆盖面，深化各项便民利民举措，切实为群众提供优质高效的法律援助服务。

述职人：×××

20××年×月×日

五、述职报告的制作说明

1. 述职报告的称谓要准确、全面。

2. 述职报告是在叙议结合的基础上进行概括总结，将理论与事实有机结合。

3. 正确区分述职报告与工作总结在目的作用、陈述内容、表达方式等方面的异同。

六、撰写述职报告的注意与提示

1. 述职报告反映的内容必须是个人亲身经历或负责的事实，要对自己在任期内的"德、能、勤、绩、廉"五个方面做出实事求是的评价。

2. 述职报告要对所有工作事实、数据、材料等进行认真的归纳、整理、分析、研

究，从中找出某种普遍性的规律，得出公正严谨的评价结论。

3. 述职报告要对自己在一定任期内所做工作进行评述，其评价标准是对本岗位职责的遵守情况和一定时期内工作任务的完成情况。

4. 述职时，要从客观上考虑报告对象所关心的问题，针对问题作出自己的解答。要适应受众的心理需要，使之产生亲切感与参与感。

任务5 事务文书写作的其它要求

一、事务文书的内容要求

1. 文书的内容必须明确，不能含糊其词，以确保接收方能准确理解文书的意图和要求。

2. 所记录的信息和内容必须准确、真实，不得虚构或歪曲事实，所提供的数据和事实必须经过核实，确保其真实可靠。这是事务文书的基本要求，也是其能够发挥实际作用的前提。

3. 事务文书的内容应该简明扼要，重点突出，避免冗长和烦琐的表述。这样可以提高事务文书的阅读效率和可读性，使其更加适用于实际工作需要。

二、事务文书的语言要求

1. 事务文书的语言应精确、确切。表示时间、地点、数量、范围等的词句要清晰明确，避免歧义和误解。

2. 语言要简洁明了，直截了当，避免冗长的句子和段落。尽量使用短句，避免复杂的从句结构。

3. 用词要规范，尽量使用标准的书面语，避免口语化、方言或俚语表达。格式要规范，遵循公文写作的惯例和规定。

4. 文章的结构要清晰，句子之间要有逻辑联系，使全文内容连贯、衔接自然。注意使用过渡词和短语来帮助读者理解文章的结构。

5. 信息要全面、完整，确保读者能够获得所有必要的信息。注意检查是否有遗漏或重复的内容。

6. 事务文书应客观陈述事实，避免主观臆断和感情色彩。即使需要表达个人观点或建议，也要基于事实和数据进行有理有据的分析。

🔍 工作法律依据

社区矫正工作中的事务文书的法律依据是《中华人民共和国政府信息公开条例》第5、6条,《中国共产党工作机关条例》第24条。

🔍 思考练习

1. 认真阅读下列材料，给这篇总结加上标题和小标题。

_____

20××年，全县司法行政工作坚持以习近平新时代中国特色社会主义思想为指导，深入学习贯彻党的二十大精神，坚持党对司法行政工作的绝对领导，坚持以人民为中心的发展思想，扎实开展"法助共富、法护平安"专项行动，奋力推进法治政府建设、司法行政数字化改革、公共法律服务、基层依法治理等工作，服务保障高质量发展，建设法治服务示范区县样板。

一、_____

抓好政治理论学习，持续深入学习宣传贯彻习近平新时代中国特色社会主义思想和党的二十大精神，精心组织开展好党史学习教育，把准工作方向、坚守为民情怀、展现优良作风，确保高标准高质量完成各项任务，持续推进党史学习教育走深走实。坚持党管意识形态，树立"抓意识形态工作就是抓工作"理念，多举措推进意识形态工作向纵深发展。切实增强"四个意识"，牢牢把握正确的政治方向和舆论导向，确保意识形态安全，筑牢意识形态主阵地。

二、_____

完善法治政府建设和依法行政工作领导机制，深入推行依法行政、法治政府建设各项工作。制定年度依法治县工作要点并抓好落实，加强法治建设规划布局，做好部署落实和组织保障。健全政府法律顾问业务运作机制，积极抓好法治政府建设示范创建工作。推进行政决策科学化、民主化、法治化，加强政府规范性文件和重大行政决策的监督管理，严格落实重大行政决策、规范性文件合法性审核机制，进一步推动××在高水平生态保护中实现高质量发展目标，营造法治化营商环境。完善行政执法协调监督机制，加强行政执法指导监督，全面推进全县镇街综合行政执法工作，落实省委《关于深化乡镇街道体制改革，完善基层治理体系的意见》，严格规范行政执法行为，推动全面落实行政执法三项制度，完善行政执法的人员管理，常态化做好行政执法人员教育培训工作，全面实行持证上岗和执法资格管理制度。

三、_____

继续深入开展社区矫正纪律作风专项巡查工作，严格社区矫正对象管理，抓好刑满释放人员衔接，确保特殊人群安全稳定。坚持落实矛盾纠纷排查常态化制度化，着力完善县、乡镇、村居三级调解网络，依托社会矛盾纠纷调处化解中心和××仲裁委员会××分会，努力推动矛盾纠纷化解"最多跑一地"。

四、

加强重点人群管理专项组工作，发挥组长单位牵头、协调作用，织密"管控网"，紧盯6类重点人群隐患风险，持续提高安全水平和应急处理突发事件能力。立足实战、实效、实用，深挖数字赋能，迭代升级"××矫正"帮教一体化应用，全面覆盖社区矫正对象、刑满释放人员，提升实战获得感、执法质量、监管效率和刑罚执行力，实现决策更科学、治理更精准、协同更高效。推进社区矫正公益活动基地和安置帮教基地建设，以"社区矫正+志愿服务"的全新模式，提高社区矫正的社会效果和法律效果。

五、

纵深推进司法行政数字化改革，加快开展"智慧矫正"中心创建，提升社区矫正工作规范化、精细化、智能化水平。认真抓好"法律服务一件事"全球通创建项目，解决群众公证办理难题。积极推进乡镇法治化综合改革，加强民主法治村创建，深耕

"法治带头人""法律明白人"培育工程，进一步提升基层依法治理水平。

　　六、_____

　　在全系统内深入推进学习贯彻党的二十大精神，坚持在学思践悟中砥砺初心使命，提升思想觉悟和理论水平。推动党的二十大作出的新部署、新要求、新举措在司法行政系统落地生根，打造一支党和人民信得过、靠得住、能放心的铁军队伍。以清廉机关建设为抓手，进一步打响"法政先锋"清廉品牌，持续整治"四风"问题，综合运用正风肃纪、专项督查、信访核查等方式，进一步加大监督检查力度。深化落实中央八项规定及其实施细则和省、市、区委实施办法，紧紧抓住党风廉政建设责任制这条主线，严格落实党组主体责任，促进党员干部廉洁从政，实现全系统违纪违法行为"零发生"。

　　2. 根据第 1 题中的工作计划，写一篇对应的工作总结，工作完成情况可根据自己所思所想，结合经验自由发挥。

　　3. 为学校的某次大型活动或大型会议撰写一份简报。

　　4. 请班干部写一篇个人述职报告，在主题班会或课堂上向全班同学宣读；然后请其他同学根据述职者的实际表现以及述职报告的写作要求，分组讨论、评议，并写出评议意见。

🔎 **拓展学习**

社区矫正事务文书在应用环节的程序要求

　　1. 确定目标。在撰写事务文书之前，首先要明确文书的目标，确定需要解决的问题或需要实现的目标。只有明确了目标，才能有针对性地撰写文书，确保内容与目标一致。

　　2. 收集资料。在撰写事务文书之前，需要收集相关的资料和信息，包括政策法规、相关数据、案例等。收集的资料要真实、准确、完整，以确保文书的质量和可信度。

　　3. 编写草稿。在收集完资料后，可以开始编写事务文书的草稿。在编写过程中，要注意文书的语言、格式、结构等方面，确保草稿内容清晰、条理分明、易于理解。

　　4. 审核修改。在草稿编写完成后，需要进行审核修改。审核修改的内容包括文书的语言、逻辑、格式、数据等方面，确保文书的准确性和完整性。如果有必要，还可以请相关专家或领导进行审核把关。

　　5. 定稿装订。在审核修改完成后，可以定稿装订事务文书。在装订过程中，要注意文书的排版、打印、装订等细节问题，确保文书的质量和美观度。

　　6. 归档保存。完成定稿装订后，要将事务文书归档保存。归档时要按照相关规定进行分类、编号、整理，以便于日后查阅和使用。

🔍 **知识链接**

🔍 **附件**

《中华人民共和国社区矫正法》（全文）

《中华人民共和国社区矫正法实施办法》（全文）